Antisemitismus in den Sozialen Medien

Monika Hübscher
Sabine von Mering (Hrsg.)

Antisemitismus in den Sozialen Medien

ZpB Zentralen für politische Bildung

Sonderausgabe für die Landeszentralen für politische Bildung in Deutschland

Bibliografische Information der Deutschen Nationalbibliothek
Die Deutsche Nationalbibliothek verzeichnet diese Publikation in der Deutschen Nationalbibliografie; detaillierte bibliografische Daten sind im Internet über https://portal.dnb.de abrufbar.

Dieses Buch ist nicht zum Verkauf bestimmt! Es wird für Zwecke der politischen Bildung kostenlos abgegeben.

Herzlichen Dank an den Theodore and Jane Norman Fund.

Titel des englischen Originals: Antisemitism On Social Media. First published 2022 by Routledge, 4 Park Square, Milton Park, Abingdon, Oxon OX14 4RN and by Routledge, 605 Third Avenue, New York, NY 10158.

Gedruckt auf FSC®-zertifiziertem Papier, CO_2-kompensierte Produktion

www.budrich.de

ISBN 978-3-8474-3013-1
eISBN 978-3-8474-1950-1
DOI 10.3224/84743013

Umschlaggestaltung: Bettina Lehfeldt, Kleinmachnow – www.lehfeldtgraphic.de
Lektorat: Dr. Andrea Lassalle, Berlin – andrealassalle.de
Satz: Ulrike Weingärtner, Gründau – info@textakzente.de
Druck: Elanders Waiblingen GmbH, Waiblingen
Printed in Europe

VORWORT

Moshe Zimmermann

Vor etwa 150 Jahren wurde Antisemitismus zu einer neuen, modernen Bezeichnung für ein altes Vorurteil – den Hass auf Juden. Dieses Konzept erwies sich nach 1879 als äußerst effektiv, als es von einem deutschen Journalisten namens Wilhelm Marr eingeführt und sofort von einem bekannten und angesehenen deutschen Historiker, Heinrich von Treitschke, propagiert wurde. Der extremste Ausdruck des Judenhasses, die „Endlösung", hätte ohne das Wort „Antisemitismus" nicht erdacht und umgesetzt werden können.

Von Anfang an waren Antisemit*innen auf der Suche nach den wirksamsten Möglichkeiten, ihre Überzeugungen und Parolen zu propagieren und zu verbreiten. Marr kritisierte die Taktik seines jüngeren Mitstreiters Theodor Fritsch, Argumente mehr als einmal zu wiederholen. Fritsch antwortete unverblümt: Wir brauchen keine neuen Argumente; wir wiederholen besser, was wir gesagt haben, immer wieder, bis wir die maximale Zuhörerschaft erreicht haben. Er hatte natürlich Recht. Er veröffentlichte nicht nur ein beliebtes Kompendium mit dem Titel *Handbuch der Judenfrage*, sondern druckte und verteilte Jahr für Jahr auch Tausende von Aufklebern und Flugblättern, die antisemitische Botschaften verbreiteten. Josef Goebbels trat in die Fußstapfen von Fritsch und bereitete den Boden für die „Endlösung".

Gefährlich werden Vorurteile erst dann, wenn sie effektiv verbreitet werden oder wenn sie mithilfe einer Gebrauchsanweisung umsetzbar werden. Heutzutage müssen wir anerkennen, dass das wirksamste Instrument zur Erreichung dieses Ziels die „elektronischen Sticker" in den sozialen Medien sind. Antisemitismus ist eines der Vorurteile, die in den sozialen Medien eine Renaissance erleben und dabei die Instrumente hinter sich lassen, die sie einst so wirksam machten, darunter Zeitungen, Flugblätter und Broschüren.

Die in diesem Band enthaltenen Beiträge lenken die Aufmerksamkeit auf das gefährliche Potenzial antisemitischer Hetze in den sozialen Medien. Sie tragen auch dazu bei, die Verwirrung zu überwinden, die durch die anhaltende Debatte über die Natur des heutigen Antisemitismus entsteht.

Die Herausgeberinnen hatten ein klares Ziel: ein neues interdisziplinäres Forschungsfeld zum Thema Antisemitismus zu etablieren. Ihre Arbeit macht unmissverständlich deutlich, dass die Erforschung und eingehende Analyse von Antisemitismus in sozialen Medien tatsächlich unerlässlich ist.

Inhaltsverzeichnis

EINLEITUNG

Sabine von Mering

Die englische Version dieses Bandes, die im März 2022 bei Routledge erschien, setzte sich zum Ziel, Antisemitismus in den sozialen Medien als Forschungsfeld zu etablieren. Bereits mit dem Erscheinen von Facebook im Jahr 2004 hatten antisemitische Memes begonnen, viral zu gehen, doch unser Band war 2022 der erste, der sich ausschließlich mit diesem Phänomen befasste. Schon 2022 zeigten wir auf, dass etliche Terroranschläge live auf Millionen Handys gelikt, kommentiert und geteilt worden waren. Einzeltäter*innen und terroristische Organisationen nutzten die Plattformen für ihre Interessen. In Myanmar wurde der Genozid an den Rohingya durch Facebook wesentlich befördert. Doch 2022 diskutierten wir noch, ob wir warnen sollten, dass Social Media auch strategisch gegen Jüdinnen*Juden eingesetzt werden könnten. Wir zögerten, denn wir wollten nicht übertreiben oder alarmierend klingen. Doch am 7. Oktober 2023, nur Monate vor der Veröffentlichung der deutschen Ausgabe dieses Bandes – wurde die strategische Nutzung sozialer Medien zur Verbreitung von Terror gegen Israelis und zur Anstiftung zum Hass gegen Jüdinnen*Juden grausame Realität. Die dringend notwendige Intensivierung und Erweiterung wissenschaftlicher Beschäftigung mit Antisemitismus in den sozialen Medien wurde durch die Erfahrungen seit dem 7. Oktober 2023 auf schreckliche Weise bekräftigt.

Vor diesem Hintergrund hat Monika Hübscher die Kapteil eins, drei, und fünf überarbeitet und aktualisiert, während Sabine von Mering vorrangig für die Übersetzungen der übrigen elf Kapitel verantwortlich zeichnet. Besonders das erste Kapitel, das wir in der englischen Version gemeinsam formuliert hatten, und worin es uns vor allem darum gegangen war, die Rolle von Technologie und Geschäftsmodell der Plattformen bei der Verbreitung antisemitischer Inhalte hervorzuheben und den Forschungsstand bzw Forschungsdesiderata zu benennen, hat nun zusätzliche Schwerpunkte erhalten. Monika Hübscher beschreibt darin die algorithmische Kuratierung von Antisemitismus vor dem Hintergrund des Terrorangriffs vom 7. Oktober 2023 und den Folgen für Jüdinnen*Juden. Zudem bietet Hübscher einen Einblick in Interviews mit nicht-jüdischen deutschen Jugendlichen und beschreibt die gängigen Gegenmaßnahmen im Vergleich zu den Möglichkeiten der Social Media Literacy (SML).

Armin Langer, der an der Übersetzung des zweiten Kapitels ins Deutsche freundlicherweise mitgewirkt hat, untersucht darin das Verschwörungskollektiv

QAnon, das seit seiner Gründung im Jahr 2017 in den USA und in der gesamten „westlichen“ Welt eine beunruhigend große und überraschend vielfältige Anhänger*innenschaft gewonnen hat, wobei die meisten Aktivitäten in den sozialen Medien ihren Anfang finden. Langer argumentiert, dass die Social-Media-Beiträge von QAnon archetypische Elemente verwenden – etwa Vorstellungen von geheimen Eliten und entführten Kindern –, die aus der Geschichte bekannte antisemitische Verschwörungsmythen widerspiegeln. Sein Kapitel bietet einen Überblick über die Geschichte und Präsenz von QAnon und untersucht die häufigsten Formen des Antisemitismus in QAnon-Posts auf Twitter und Telegram.

Sophie Schmalenberger und Monika Hübscher analysieren in Kapitel drei Social-Media-Beiträge der „Alternative für Deutschland“ (AfD) zum 8. Mai, dem Tag der Niederlage Nazi-Deutschlands im Jahre 1945, die von Mitgliedern der AfD für revisionistische Zwecke instrumentalisiert wurden. Mit Hilfe der Mixed-Methods-Software MaxQDA entwickeln Schmalenberger und Hübscher ein Codesystem, das antisemitische Hinweise identifiziert. Ihre Ergebnisse führen sie dazu, in Erweiterung des primären und sekundären Antisemitismus ein neues Konzept von „tertiärem Antisemitismus“ zu entwickeln. Sie stellen fest, dass die AfD soziale Medien strategisch nutzt, um eine revisionistische Interpretation des Zweiten Weltkriegs und des Holocaust zu kommunizieren, indem sie indirekte antisemitische Hinweise anstelle expliziter Äußerungen von Antisemitismus verwendet. Abschließend identifizieren die Autorinnen vier rhetorische Strategien in der Social-Media-Kommunikation der AfD, die Antisemitismus normalisieren, mainstreamen und rechtfertigen.

Im vierten Kapitel richtet Jakob Guhl, dem wir ebenfalls für seine Mitarbeit an der Übersetzung seines Kapitels danken, den Fokus auf die andere Seite des politischen Spektrums, nämlich auf Antisemitismus auf Facebook-Seiten von Mitgliedern der (linken) britischen Labour Party im Zeitraum von 2015 bis 2019. Nachdem Jeremy Corbyn zum Vorsitzenden der Labour Party gewählt wurde, kam es im September desselben Jahres im Vereinigten Königreich zu großen öffentlichen Debatten über Bedenken hinsichtlich des Antisemitismus in der Labour Party. Guhl weist darauf hin, dass die Dynamik sozialer Medien zwar oft im Mittelpunkt dieser Diskussionen stand, eine systematische und groß angelegte Analyse des Phänomens bisher jedoch kaum erfolgt ist. Seine Analyse zeigt, dass Online-Antisemitismus in Pro-Labour-Gruppierungen zwar in relativ geringem Umfang auftrat, aber noch immer leicht zugänglich ist und nicht immer verurteilt wird.

Monika Hübscher und Vanessa Walter beschreiben in Kapitel fünf einen antisemitischen Trollangriff in Deutschland, den sie live auf YouTube miterlebt haben, und der ihnen als Grundlage dient für die Analyse von Methoden und Zielen antisemitischen Trollings. Sie verwenden dabei eine Kombination aus qualitativer Diskursanalyse und digitaler Textanalyse mit Hilfe der digitalen Tool-Suite „Voyant“.

Die Autorinnen geben auch Hinweise zum Umgang mit dem Phänomen des Trollangriffs.

Cassie Miller untersucht im sechsten Kapitel das zeitgenössische neonazistische Beschleunigungsnetzwerk in den Vereinigten Staaten und dessen Nutzung sozialer Medien zur Verbreitung von Propaganda und zur Radikalisierung neuer Anhänger. Miller zeigt auf, dass die Bewegung zutiefst antisemitisch ist und den Einsatz von Gewalt zum Sturz westlicher Demokratien fördert, von denen ihre Anhänger glauben, sie stünden unter jüdischer Kontrolle. Das Kapitel zeichnet das Wachstum des Netzwerks nach, vom faschistischen Forum „Iron March", das 2011 entstand, über die neonazistische „Atomwaffen Division" im Jahr 2015 bis hin zu „The Base", einem gewalttätigen, antisemitischen Akzelerationisten-Netzwerk, das 2018 gegründet wurde. Obwohl diese Einheiten inzwischen nicht mehr existieren, zeigt Miller, dass eine riesige, vernetzte Beschleunigungsbewegung auf alternativen sozialen Plattformen wie Gab und Telegram weiterhin äußerst aktiv ist.

Der Beitrag von Navras Aafreedi in Kapitel sieben ist der erste wissenschaftliche Beitrag, der eine Analyse der antisemitischen Rhetorik auf YouTube in Urdu präsentiert, einer Sprache, die von Millionen Muslim*innen in Südasien gesprochen wird. Seine Fallstudie über den muslimischen Geistlichen Israr Ahmed beleuchtet, wie YouTube zur Verbreitung antisemitischer Verschwörungsmythen in Urdu genutzt wird. Aafreedi zeigt auf, aus welchen Gründen dieses Phänomen in Südasien bisher nicht die nötige Aufmerksamkeit erhält, und schlägt Maßnahmen gegen die Verbreitung von Antisemitismus auf Urdu vor.

Hendrik Gunz und Isa Schaller lenken den Blick in Kapitel acht zurück nach Deutschland, wo im Kontext der COVID-19-Pandemie auf der Straße und in den sozialen Medien eine lautstarke mit Vergleichen mit Nazi-Deutschland, Verschwörungstopoi und Antisemitismus-Erzählungen angefüllte Protestszene entstand. Gunz und Schaller, die dankenswerterweise ebenfalls an der deutschen Version ihres Kapitels mitgearbeitet haben, konzentrieren sich auf Attila Hildmann, der sich innerhalb von weniger als einem Jahr vom gefeierten veganen Koch und beliebten Talkshow-Gast in einen aggressiven Agitator verwandelte, der über seine Social-Media-Accounts nicht nur unverhohlenen, den Holocaust leugnenden Antisemitismus verbreitet, sondern auch direkt dazu aufruft, Juden zu töten. Die Ergebnisse ihrer Untersuchung bestätigen, dass Video-Hosting-Dienste wie YouTube und der Messenger Telegram, der häufig zur Mobilisierung von Protesten genutzt wird, eine wichtige Ressource für die Analyse von Antisemitismus darstellen. Ihre Studie beweist auch, dass eine Kombination aus hermeneutischem Ansatz und Häufigkeitsanalyse nützlich ist, wenn mit mehreren Plattformen gearbeitet wird und große Mengen unterschiedlicher Daten zu analysieren sind sowie, um die Merkmale narrativer Strukturen von Verschwörungsmythen zu kontextualisieren.

In Kapitel neun rekonstruieren Hendrik-Zoltan Andermann und Boris Zizek ein antisemitisches Meme mithilfe der qualitativen Methode der objektiven Hermeneutik und zeigen dabei in akribischer Detailarbeit das riskante Potenzial einer solchen visuellen Kommunikation antisemitischer Inhalte auf, die in sozialen Netzwerken weit verbreitet ist. Die Autoren erläutern die latenten Bedeutungsschichten und Botschaftsstrukturen der antisemitischen Illustration, um zu zeigen, warum sich solche Memes besonders für die Vermittlung antisemitischer Botschaften eignen. Wir sind auch Hendrik-Zoltan Andermann für seine Hilfe bei der Übersetzung des Kapitels dankbar.

Gabriel Weimann und Natalie Masri machen uns in Kapitel zehn auf TikTok aufmerksam, die derzeit am schnellsten wachsende Plattform mit 1,2 Milliarden aktiven Nutzer*innen. Ihre Studie basiert auf einer systematischen Inhaltsanalyse von TikTok-Videos und verdeutlicht die alarmierende Präsenz extrem antisemitischer Botschaften in Videoclips, Liedern, Kommentaren, Texten, Bildern und Symbolen in auf TikTok geposteten Inhalten. Anders als auf anderen Online-Social-Media-Plattformen, erklären Weimann und Masri, seien die TikTok-Nutzer*innen fast alle jung, meist Kinder und Jugendliche. Da TikTok einem chinesischen Unternehmen gehört, besteht noch weniger Aussicht auf Regulierung oder Maßnahmen zum Schutz der Benutzer*innen vor hasserfüllten, gewalttätigen und gefährlichen Inhalten durch öffentlichen Druck. Ein weiteres Problem besteht darin, dass TikTok in Bezug auf Hassreden und andere anstößige Inhalte keine eigenen Nutzungsbedingungen hat.

In Kapitel elf verfolgt Quint Czymmek wiederum einen anderen Ansatz, indem er Interviews mit drei jüdischen Social-Media-Nutzer*innen führt und anschließend analysiert. In den Interviews befragt er sie zu ihren Erfahrungen mit Antisemitismus in sozialen Netzwerken. Czymmek konzentriert sich auf vier Fragen: Wie nutzen die Befragten soziale Netzwerke, welche Formen von Antisemitismus erleben sie, wo treffen sie auf Antisemitismus und welche Gegenstrategien nutzen sie. Auch Quint sei für die Bearbeitung der Übersetzung seines Kapitels herzlich gedankt.

Das Team von Günther Jikeli, Damir Cavar, Weejeong Jeong, Daniel Miehling, Pauravi Wagh und Denizhan Pak von der Indiana University in Bloomington, Indiana, USA stellt in Kapitel zwölf seine Fortschritte bei der Ausarbeitung einer Definition von Antisemitismus vor, die zur automatischen Erkennung antisemitischer Botschaften in sozialen Medien verwendet werden kann. Sie kommen zu dem Schluss, dass hierfür nicht nur ein umfassendes Verständnis der Geschichte des Antisemitismus und seiner (wieder) aktuellen Formen erforderlich ist, sondern auch ein umfassender Datensatz, der mit einer klaren Definition von Antisemitismus gekennzeichnet ist. Sie nennen diesen gekennzeichneten Datensatz ihren „Goldstandard" und schlagen vor, ihn von Algorithmen zur Identifizierung antisemitischer Botschaften verwenden zu lassen. Die Ergebnisse ihrer Studie zeigen, dass der Anteil antisemitischer Nachrichten in Posts über Juden auf X (vormals Twitter) erheblich ist. In den von ihnen zwischen Mai und August 2020 gesammelten Live-Tweets wurde jeder siebte Tweet in Gesprächen über Juden*Jüdinnen als antisemitisch eingestuft. Günther Jikeli und Daniel Miehling auch herzlichen Dank für die Bearbeitung der Übersetzung ihres Kapitels.

Yfat Barak-Cheney und Leon Saltiel beschäftigen sich als Mitarbeitende des Jüdischen Weltkongresses mit vielen Jahren Berufserfahrung in Kapitel 13 mit der Rolle zivilgesellschaftlicher Organisationen im Umgang mit antisemitischer Hassrede in sozialen Medien. Sie stellen die Arten von Interventionen und Methoden der Zivilgesellschaft zur Bekämpfung von Antisemitismus in sozialen Medien dar und geben Empfehlungen für die Rolle der Zivilgesellschaft. Den Schwerpunkt legen sie auf das Melden antisemitischer Hassrede und setzen darauf, dass die Social-Media-Plattformen dabei überwacht werden, dass sie ihre eigenen Richtlinien auch einhalten. Barak-Cheney und Saltiel erklären, warum das von Organisationen, Wissenschaftler*innen und anderen Institutionen gewonnene Fachwissen als Leitfaden für die Gesetzgebung sowie die Gestaltung und Verbesserung von Richtlinien dienen muss. Ihrer Ansicht nach sollten die Plattformen sich bei der Bekämpfung von Antisemitismus nicht vorrangig auf Meldungen aus der Zivilgesellschaft verlassen dürfen. Vielmehr seien vor allem konkrete Gesetze und die effektive Durchsetzung stringenter Richtlinien gegen Hass auf den Plattformen durch die Unternehmen selbst nötig.

Im letzten Kapitel des Bandes stellt Michael Bossetta einige der Schlussfolgerungen in Frage, die in anderen Kapiteln auf der Grundlage einer Untersuchung bestehender quantitativer Forschung zu Antisemitismus und sozialen Medien präsentiert wurden, und argumentiert, dass es in sozialen Medien tatsächlich viel weniger Antisemitismus gibt als allgemein angenommen. Er erörtert, wie bestimmte Komponenten des Plattformdesigns erklären, warum Antisemitismus auf einigen Plattformen aufkommt, auf anderen jedoch nicht, und vergleicht das Design großer Social-Media-Plattformen mit Online-Foren. Letztlich argumentiert er, dass die zukünftige Forschung zu Antisemitismus und sozialen Medien die Untersuchung antisemitischer Inhalte in allen Online-Bereichen angehen sollte, mit besonderem Augenmerk auf die Auswirkungen solcher Inhalte auf die Radikalisierung von Nutzer*innen.

Die Beteiligung vieler deutscher Mit-Autor*innen am englischen Band legte eine deutsche Übersetzung nahe. Hinzu kam das große Interesse in Deutschland nach Erscheinen der englischen Ausgabe und wiederholte Bitten von Lehrenden und Vertreter*innen verschiedener Organisationen, die Arbeiten doch auch in deutscher Sprache bereitzustellen. Da wir uns dabei insbesondere erhoffen, dass der Band in Unterricht und Lehre zum Einsatz kommt, haben wir bewusst entschieden, alle englischen Zitate ins Deutsche zu übersetzen, um die Texte sowohl für Lehrende als auch für Lernende so zugänglich wie möglich zu machen.

Dieser Band setzt also den Anfang fort, den unser englischer Band gemacht hat, dieses Forschungsfeld zu etablieren. Wir erhoffen uns auch von der deutschen Ausgabe, dass sie viele und vor allem junge Forscher*innen auf der Suche nach neuen Forschungsthemen inspiriert, sich mit den unerforschten Aspekten von Antisemitismus in den sozialen Medien zu beschäftigen. Die Erfahrungen von 2023 deuten leider darauf hin, dass sich das Problem in den kommenden Jahren nicht verringern, sondern dass es eher noch zunehmen wird. Umso wichtiger ist es, dass sich noch wesentlich mehr wissenschaftliche Untersuchungen diesen Fragen widmen, um Gesellschaft, Politik und Lehre mit neuen Erkenntnissen zum Verständnis und zur Bewältigung von Antisemitismus in den sozialen Medien beratend zur Seite stehen zu können und die dafür notwendige Social Media Literacy mit neuen Methoden, Tools, und Ideen zu befördern.

1 ANTISEMITISMUS IN DEN SOZIALEN MEDIEN: EINE EINFÜHRUNG

Monika Hübscher[1]

Um circa 7:30 Uhr deutscher Zeit wurden am 7. Oktober 2023 die ersten Videos auf einem Hamas-Account auf der Messenger-App Telegram hochgeladen. Darin sind vermummte und bewaffnete Terroristen mit Motorrädern und Geländefahrzeugen zu sehen, die den Grenzzaun von Gaza zu Israel durchbrechen. Wie alle Inhalte auf Telegram können auch diese Videos heruntergeladen und dann auf Social Media gepostet und so weiterverbreitet werden. Am Schabbatmorgen während des Sukkot-Fests erlebt die Welt in den sozialen Medien mit, wie Terroristen auf einem Musikfestival ein Massaker verüben, mehrere Kibbuzim überfallen und Menschen entführen, foltern, verstümmeln, vergewaltigen und ermorden. Sie greifen Erwachsene, Kinder, Menschen mit Behinderungen, ältere Menschen und Holocaust-Überlebende an. Die extreme Gewalt, die Jüdinnen*Juden, Drusen*innen, Beduin*innen, Palästinenser*innen, Menschen aus Thailand und den Philippinen erfahren, flimmert über die Bildschirme, viele davon werden millionenfach angesehen. Ein Video auf der Plattform X (früher Twitter), das die Deutsch-Israelin Shani Louk mit entblößtem und verdrehtem Körper auf der Ladefläche eines Geländewagens zeigt, hat über 4 Millionen Aufrufe. Dass das Video von diesem Post aus mehr als zehntausendmal geteilt wurde, zeigt das Ausmaß der Verbreitung. Manchmal folgt auf die Gewaltvideos oder -bilder im Feed der jeweiligen Plattform dann Werbung für Modefirmen oder Reisen. So erschien im Januar 2024 im Facebook-Newsfeed nach einem Beitrag, der die blutenden und verstörten Gesichter von vier jungen entführten Israelinnen zeigt, Werbung für eine Videoreihe mit Pilatesübungen. Die Werbung zeigt zwei Bilder: das eine ist nur ein Ausschnitt von einem weiblichen Gesäß in knapper Unterwäsche, das andere darunter zeigt eine Frau, die nur mit Unterwäsche bekleidet und mit gespreizten Beinen am Boden Übungen durchführt. Die Bilder der Werbung im Kontrast zu den Gesichtern der weiblichen Geiseln lassen einen erschaudern.

Auch auf Facebook konnten User*innen die Terrorattacke im Livestream mitverfolgen. Im Kibbuz Nahal Oz dringen die Terroristen in ein Haus ein und streamen

1 Ein großer Dank gilt Justine Kohl für ihre wertvollen Korrekturen und Tipps, von denen der Text sehr profitiert hat. Herzlichen Dank auch an Thorsten Hertel, der mit seinen hilfreichen Hinweisen zu den Interviewzitaten den Text bereichert hat.

live auf Facebook, wie ein am Bein blutender Vater, neben ihm seine weinenden Töchter, seine Frau und der Teenager-Sohn um ihr Leben flehen. Der Livestream zeigt dann, wie der Sohn gezwungen wird, an den Haustüren der Nachbarn zu klopfen und wie die Menschen in diesen Häusern dann entführt oder ermordet werden (Sever 2023). Von der Familie überlebten nur die beiden Töchter das Massaker und die Entführung nach Gaza.

Die unzähligen Social-Media-Posts, die die Entführungen und Morde zeigen, sind Propagandamaterial aus der Täterperspektive und reviktimisieren mit jedem Aufruf die Betroffenen erneut. Sie sind so grausam und verstörend, dass man sie nicht beschreiben mag. Aber sie kursieren auf Social Media und unter vielen dieser Posts gibt es Kommentare in verschiedensten Sprachen, in denen die Taten gefeiert werden und sich über die Opfer lustig gemacht wird – auch auf Deutsch.

Infolge der Veröffentlichung von Videos und Bildern der Terrorattacke auf den Plattformen gab es eine erschreckende Menge an Posts, die diese Gräueltaten als Dekolonialisierung, Widerstand oder Freiheitskampf feierten. Neben dem Bejubeln von Morden an Zivilist*innen hatten viele dieser Posts auch eine antisemitische Konnotation. Auf die massenhafte Verbreitung der Gewalttaten auf den Plattformen folgte eine international angelegte Social-Media-Kampagne mit dem Ziel, die Hamas und ihre Morde zu legitimieren und anhand von antisemitischen Darstellungen in Bild und Wort nicht nur Israelis, sondern auch Jüdinnen*Juden zu entmenschlichen und Gewalt gegen sie zu normalisieren. Auf Social Media wurde der Hamas nicht nur die digitale Infrastruktur zur Verbreitung von Terror bereitgestellt bzw. die Nutzung dafür nicht verhindert, sondern die Plattformen trugen durch algorithmische Verbreitung auch maßgeblich zur Anstachelung von Hass gegen Israelis und Jüdinnen*Juden bei. Durch memetische Kriegsführung, also den gezielten Einsatz von Social-Media-Memes, zeigte sich nach der Terrorattacke, wie effektiv die Verbreitung und Normalisierung von Gewalt auf Social Media sein kann. Welche Relevanz der memetischen Kriegsführung auf Social Media mittlerweile zukommt, zeigt sich daran, dass es wissenschaftliche Publikationen des Kompetenzzentrums „Strategische Kommunikation" der NATO zu dem Thema gibt. So spricht sich Giesea (2016) für einen strategischen Einsatz von memetischer Kriegsführung gegen die Social-Media-Propaganda und Rekrutierungsstrategien des selbsternannten ‚Islamischen Staats' aus und bezeichnet memetische Kriegsführung als einen Wettbewerb um Narrative, Ideen und soziale Kontrolle, der auf dem Schlachtfeld der sozialen Medien stattfinde. Memetische Kriegsführung ist als spezifische Ausprägung der „Informationsoperationen" zu betrachten, die auf die Besonderheiten sozialer Medien zugeschnitten sind, und zielt darauf ab, Informationen zu sammeln und zu verbreiten, um einen Wettbewerbsvorteil gegenüber dem Gegner zu erlangen. Memetische Kriegsführung könnte zudem als eine Digital-Native-Variante der psychologischen Kriegsführung betrachtet werden, die im Allgemeinen als Propaganda bekannt ist (Giesea 2016: 69).

Auch die Hamas und ihre Verbündeten nutzten memetische Kriegsführung und verbreiteten mit Hilfe von Meme-Generatoren und bildgenerierender Künstlicher Intelligenz (KI) schnell, einfach und kostenlos Hass gegen Israelis und Jüdinnen*Juden. Beispielsweise zeigt ein Meme auf der Plattform X weinende und schreiende israelische Soldaten vor einem dunkelroten Hintergrund mit der Option, das Meme auf Englisch oder Arabisch zu posten. Durch das Klicken auf die englische Option „Tweet #EndOfIsrael" konnte das Meme, das zur Vernichtung Israels aufruft, dann schnell und unkompliziert im X-Feed veröffentlicht werden. So brauchte es bei diesem Beispiel nur zwei Klicks, um an der memetischen Kriegsführung auf der Plattform X teilzunehmen.

Die Eskalation von antisemitischer Gewalt nach dem 7. Oktober 2023 wirft viele Fragen auf: Wie lässt sich der Anstieg von Antisemitismus in den sozialen Medien nach dem Terroranschlag der Hamas erklären? Was treibt die Verbreitung von Antisemitismus auf den Plattformen an? Und welche Wirkung hat Antisemitismus in den sozialen Medien auf User*innen?

Dieses Kapitel soll als Einführung in die Auseinandersetzung mit Antisemitismus in den sozialen Medien dienen und beschäftigt sich unter anderem mit der Rolle des Geschäftsmodells und der Technologie, social-media-spezifischen Erscheinungsformen von Antisemitismus und Gegenmaßnahmen. Danach folgt eine Übersicht über den Stand der Forschung, die die Dringlichkeit wissenschaftlicher Auseinandersetzungen mit dem Thema verdeutlicht. Der dann folgende Einblick in die Studie „Antisemitismus und Jugend" zeigt außerdem, wie junge deutsche Social-Media-User*innen Antisemitismus in den sozialen Medien wahrnehmen und damit umgehen. Als erfolgsversprechende Gegenmaßnahme zur Reduzierung von Antisemitismus wird zuletzt das Konzept *Social Media Literacy gegen Antisemitismus* vorgestellt.

Was ist Antisemitismus in den sozialen Medien?

Antisemitismus in den sozialen Medien ist ein vielschichtiges Phänomen der Entmenschlichung von Jüdinnen*Juden auf algorithmisch kuratierten Plattformen wie X, YouTube, TikTok, Instagram, LinkedIn sowie Facebook. Auf Social Media manifestiert sich antisemitischer Hass in Posts, Reels, Vlogs, Memes, Kommentaren und GIFs sowie in digitalen Symboliken wie Hashtags und Emojis und kann zudem durch Zustimmung in Form von Likes unter antisemitischen Inhalten ausgedrückt werden.

In den Netzwerken zeigt sich Antisemitismus beispielsweise in Äußerungen und Visualisierungen, in denen Jüdinnen*Juden abgewertet oder als übermächtig dargestellt und jüdische Menschen und jüdisches Leben vereinheitlicht und ver-andert (Othering) werden. Es finden sich unzählige multimodale Beispiele auf den Plattformen, in denen der Genozid an Jüdinnen*Juden durch die Nationalsozialist*innen geleugnet oder relativiert wird. Weit verbreitet sind auf den Plattformen auch Inhalte, in denen die Kritik am Staat Israel mit antisemitischen Ideologemen verbunden oder das Existenzrecht von Jüdinnen*Juden in Israel in Frage gestellt wird.

Da antisemitische Ideologie in Deutschland in einem Genozid kulminierte, hat Antisemitismus kulturelles und historisches Gewicht, das sich durch antisemitische Äußerungen und Bilder auf Social Media überträgt und diese historische Gewalt festigt. Das bedeutet, dass das Potenzial für genozidale Gewalt in den Äußerungen von Antisemitismus in den sozialen Medien weiterhin besteht, denn: „Ein Hass, der nicht gestoppt wird, zielt auf Vernichtung." (Hornuff 2020:17).

Welche langfristigen Auswirkungen die Konfrontation mit antisemitischen Artikulationen auf Social Media hat, ist bis jetzt noch nicht hinreichend erforscht.

Aber bereits der Holocaust-Überlebende und Sprachwissenschaftler Victor Klemperer warnte: „Worte können sein wie winzige Arsendosen: Sie werden unbemerkt verschluckt, sie scheinen keine Wirkung zu tun, und nach einiger Zeit ist die Giftwirkung doch da." (Klemperer 1947/2020: 21). Er zeigt, dass die „Sprache des Nationalsozialismus" der Nährboden für die Handlungen, Haltungen und Denkgewohnheiten der Nazis war (ebd.: 40) und verdeutlicht damit eindrücklich, welche normalisierende und potenziell radikalisierende Gefahr von der ständigen Konfrontation mit antisemitischer und entmenschlichender Sprache ausgehen kann.

Obwohl Forschung zu antisemitischer Hassrede vorliegt, gibt es wenig Einblick in die Rolle antisemitischer Visualisierungen in sozialen Medien. Ungeachtet der großen Menge antisemitischer Abbildungen in verschiedenster Form in den sozialen Medien konzentrieren sich die meisten Forschungs- und Bekämpfungsstrategien nicht auf Bilder. Allerdings tragen insbesondere antisemitische Bilder dazu bei, Hass mit besonderer Hartnäckigkeit zu verankern (Hornuff 2020:15). Mehr als tausend Jahre lang wurden jüdische Menschen diskriminiert, indem ihnen negative Eigenschaften zugeschrieben wurden, die sich angeblich auch in ihrem Aussehen manifestierten (Gilman 1995). Beispielsweise erscheint das virale sogenannte „Happy Merchant"-Meme, das entmenschlichende physiognomische Stereotype jüdischer Männer zeigt, in zahlreichen visuellen Variationen (Oboler 2014). Das antisemitische Bild ermöglicht es User*innen, Sprachbarrieren, aber auch verbale Tabus zu überwinden. Die weite Verbreitung antisemitischer Visualisierungen und die ständige Wiederholung des Stereotyps verstärken die Tendenz, den Bildern eine Bedeutung zuzuschreiben (siehe Kapitel 9). Die verheerenden Auswirkungen entmenschlichender Sprache und Bilder werden durch aktuelle Vorfälle in den sozialen Medien deutlich. Im Jahr 2018 unterstrich ein alarmierender UN-Bericht die

Rolle von Facebook bei der ungehinderten Verbreitung von Hassrede, die zu genozidaler Gewalt gegen die muslimische Rohingya-Gemeinschaft in Myanmar führte (UN Human Rights Council 2018). Auch nach dem Angriff durch die Hamas auf Israel im Oktober 2023 verzeichneten Forscher*innen einen rapiden und massiven Anstieg der Zahl von antisemitischen Kommentaren auf YouTube unter Videos, die den Nahostkonflikt thematisieren (Rose, Guhl, Comerford 2023). Im Zuge der Gewalteskalation nach dem Terroranschlag ließ sich auch ein starker Anstieg von deutschsprachigen antisemitischen Aussagen auf den Plattformen verzeichnen (RIAS 2023: 9). Diese Gewalt schwappte auch in die Offline-Welt über und zeigte sich in einer erschreckenden Zahl von Angriffen auf Jüdinnen*Juden und jüdischen Institutionen (Heil, Laufer 2023).[2]

Obwohl soziale Medien eine große Rolle bei der Verbreitung von Antisemitismus spielen und trotz der Tatsache, dass jüdische Menschen sich vor allem auf den Plattformen mit Antisemitismus konfrontiert sehen, beziehen sich weder die Definition der International Holocaust Remembrance Alliance (IHRA) noch die Jerusalemer Erklärung zum Antisemitismus (JDA) oder die Nexus-Definition explizit auf soziale Medien. Auch die nationale Strategie gegen Antisemitismus und für jüdisches Leben (BMI 2023), herausgegeben vom Antisemitismusbeauftragten der Bundesregierung, setzt sich nicht dezidiert mit Antisemitismus in den sozialen Medien auseinander, obwohl es mehrere deutsche Studien gibt (z.B. Lange et al. 2019; LpB 2019; Bernstein et al. 2018; Salzborn, Kurth 2018), die die Plattformen als Nährboden für die Normalisierung und Verbreitung von Antisemitismus identifizieren. Die nationale Strategie der USA zur Bekämpfung von Antisemitismus hingegen befasst sich unter Einbezug wissenschaftlicher Quellen ausführlich mit der Rolle von sozialen Medien bei der Verbreitung von Antisemitismus und ist damit Wegbereiter bei der Entwicklung effektiver Strategien gegen antisemitische Gewalt (The White House 2023).

Auch in Deutschland stellen Antisemitismus in den sozialen Medien und die daraus resultierende Gefahr für Jüdinnen*Juden eine große gesellschaftliche Herausforderung dar. Es scheint daher dringend geboten, die Auseinandersetzung mit sozialen Medien in den Strategien zur Bekämpfung von Antisemitismus in Deutschland zu intensivieren.

2 Gleichzeitig war auch ein Anstieg palästinenser*innenfeindlicher und muslim*innenfeindlicher Hatespeech in den sozialen Medien zu verzeichnen sowie physische Attacken gegen Muslim*innen und auf muslimische Institutionen (Strack 2024).

Überblick zum Forschungsstand

Antisemitismus in den sozialen Medien ist ein vergleichsweise junges Forschungsfeld. Besonders im deutschsprachigen Raum gibt es bisher wenig wissenschaftliche Publikationen zu diesem Thema und der durch die Plattformen regulierte Zugang zu Daten beeinflusst, welche Forschungsvorhaben durchgeführt werden können. Das hat zur Folge, dass kritische, feministische und postkoloniale Ansätze, die die Branche hinterfragen, teilweise in den Hintergrund gedrängt werden (Gillespie 2023). Das Forschungsdesiderat bezüglich Antisemitismus in den sozialen Medien wird in Deutschland vor allem durch quantitative Studien, Berichte und Veröffentlichungen von Informationsstellen, Stiftungen und Thinktanks adressiert. Allerdings mehren sich aufgrund der Kontinuität und Eskalation antisemitischer Gewalt Forderungen nach akademischen Auseinandersetzungen, die sich dezidiert mit Antisemitismus in sozialen Medien beschäftigen. Der folgende Überblick über die bisherige wissenschaftliche Auseinandersetzung mit Antisemitismus in den sozialen Medien soll aufzeigen, wo Forschungsbedarf besteht.

Bereits im Jahr 2008, vier Jahre, nachdem Facebook online gegangen war, beschrieb Andre Oboler „Antisemitismus 2.0" als eine Kombination aus Technologie und einem neuen sozialen Umfeld, in dem Antisemitismus mit noch nie dagewesener Effizienz verbreitet wird (Oboler 2008). Oboler zeigt, dass Antisemitismus in den sozialen Medien (Web 2.0) keine geografischen oder sprachlichen Grenzen hat und dass die multimodalen Beiträge neue Formen der Verbreitung von Hass erzeugen. In einem weiteren Bericht von 2016 stellt Oboler fest, dass die meisten antisemitischen Inhalte auf YouTube zu finden sind, der zu diesem Zeitpunkt bei jungen Menschen beliebtesten Plattform. Die sprachwissenschaftliche Langzeitstudie „Antisemitismus 2.0 und die Netzkultur des Hasses" von Monika Schwarz-Friesel (2018) stellt fest, dass sich Antisemitismus im Internet normalisiert und intensiviert hat. Die Studie differenziert zwar nicht zwischen verschiedenen digitalen Formaten und den ihnen zugrunde liegenden Technologien, liefert aber eine ausführliche Analyse gängiger antisemitischer Topoi, die für zukünftige deutschsprachige Forschungsprojekte unerlässlich sind. Im Gegensatz dazu nimmt die Fallstudie zu englischsprachigen Kommentaren unter den YouTube-Videos des britischen Verschwörungsgläubigen David Icke durch Allington und Joshi (2020) Bezug auf die Technologie und kommt zu dem Schluss, dass die Videoplattform antisemitische Verschwörungsfantasien algorithmisch verstärkt. Auch Allington, Buarque und Flores (2020) untersuchen YouTube und zeigen, dass sowohl rechte als auch linke antisemitische Verschwörungsfantasien auf der Plattform kursieren. Sie stellen weiterhin fest, dass YouTube-User*innen auf latent antisemitische Inhalte mit explizit antisemitischen Äußerungen reagieren. Dass antisemitische Artikulationen User*innen dazu anstiften und verleiten können, Antisemitismus zu reproduzieren und sogar zu Gewalt aufzurufen, ist auch zentrales Ergebnis einer Analyse von Facebook-Posts der deutschen Partei „Alternative für Deutschland“ (Hübscher 2020a). Eine weitere Studie zu antisemitischen Artikulationen aus dem politischen Spektrum in Facebookgruppen, die mit der britischen Labour Party verbunden sind, basiert auf einer Umfrage zu den Einstellungen gegenüber Jüdinnen*Juden und Israel (Allington 2018). Sie zeigt, dass die Existenz von Antisemitismus innerhalb der Partei geleugnet wird und die Mitglieder, die Antisemitismus kritisieren, ausgeschlossen werden (zu Antisemitismus in der Labour Party siehe auch Kapitel 4 in diesem Band). Das Forschungsteam um Günther Jikeli (2019) zeigt, wie die IHRA-Definition von Antisemitismus auf die Analyse von Posts auf der damals noch Twitter heißenden Plattform (heute X) angewendet werden kann. Der Beitrag ist Teil eines Forschungsprojekts am Institute for the Study of Contemporary Antisemitism an der Indiana University Bloomington, für das das interdisziplinäre Team von Wissenschaftler*innen ein Annotationsportal erstellt hat. Jede*r Interessierte kann dort anhand von Beispielen von Antisemitismus aus der IHRA-Definition selbst Posts annotieren (siehe auch Kapitel 12 in diesem Band).[3]

Eine quantitative Studie zu Antisemitismus auf Twitter zeigt, dass antisemitische Posts durch Gegenrede ein höheres Engagement aufweisen (Ozalp et al. 2020). Die Studie impliziert positive Auswirkungen von Gegenrede, gibt aber keine qualitative Analyse der von der jüdischen Organisation verwendeten Argumente unter antisemitischen Posts. So zeigen Untersuchungen zur Effektivität von Gegenrede, dass diese selbst oft toxisch und beleidigend ist oder einfach ignoriert wird und eher zu Polarisierung statt zur Eindämmung von Hassrede führt (Sponholz 2023; Baider 2023). Eine Untersuchung, die Studien zur Gegenrede mit den Effekten algorithmisch betriebener sozialer Plattformen kontrastiert, unterstreicht, dass Gegenrede Antisemitismus eher verbreitet, und verdeutlicht die Unzulänglichkeiten dieser Strategien zur Verringerung von Antisemitismus (Hübscher 2020b). Helena Mihaljević und Elisabeth Steffen (2022) testen in ihrer Analyse zur Erkennung von Antisemitismus auf deutschen Twitter- und Telegram-Plattformen die Perspective API, eine von Google entwickelte KI-Plattform zur Erkennung von Toxizität in Online-Kommentaren. Dabei konstatieren sie, dass von der KI zwar explizite antisemitische Äußerungen als toxisch identifiziert werden, jedoch keine Erkennung impliziter Formen von Antisemitismus erfolgt, was auf die Limitationen automatisierter Hasserkennung hinweist. Auch das Forschungsprojekt „Decoding Antisemitism“ zielt darauf ab, ein automatisiertes Klassifizierungstool zur Online-Erkennung von Antisemitismus in Bildern und Text zu entwickeln. Trotz des ursprünglichen Ziels des fünfjährigen Projekts, eine KI zu trainieren, die Hassreden und -bilder erkennen kann, findet die Bilderkennung fast keine Erwähnung. Neben fünf Diskursreports zeigt die neueste

3 https://annotationportal.com/

Publikation aus dem Projekt anhand einer qualitativen Analyse von mehr als 10.000 Nutzer*innenkommentaren, die auf Social-Media-Profilen von Mainstream-Medien in Großbritannien gepostet wurden, wie Apartheid-Analogien in Kommentaren unter Posts zum Thema „Israel“ zu antisemitischen Stereotypen eskalieren (Bolton et al. 2023).

Wie alle anderen Publikationen aus der Studie zeigt auch diese die Grenzen linguistisch orientierter Untersuchungen zu Antisemitismus. Die Studie konzentriert sich schlaglichtartig auf antisemitische Artikulationen anhand bestimmter Ereignisse, vernachlässigt jedoch die Rolle der zugrundeliegenden Technologie, die die Verbreitung und Adaption von antisemitischen Äußerungen beeinflusst. Besonders hervorzuheben ist im Diskursreport 5 der Studie der Beitrag zu Grenzen und Möglichkeiten der automatischen Erkennung von Antisemitismus, der auf die enormen Herausforderungen eines so bahnbrechenden Projekts verweist (Chapelan et al. 2023). Wie bei der Arbeit von Jikeli und Davar bleibt jedoch auch hier unklar, wie die Datenbanken oder die KI zur Erkennung von Antisemitismus aus dem Projekt „Decoding Antisemitism“ tatsächlich eingesetzt werden könnten. Ohnehin bleibt das Problem bestehen, dass KI gegen Antisemitismus immer nur reaktiv wirken kann und dass das Trainieren von automatisierten Erkennungsalgorithmen ein enorm zeitintensiver Prozess ist.

Vor dem Hintergrund der hier vorgestellten Forschungsprojekte zeigt sich, dass sich Antisemitismus in den sozialen Medien durch die algorithmische Verbreitung signifikant von Offline-Antisemitismus unterscheidet.

Obwohl es also inzwischen mehr wissenschaftliche Auseinandersetzungen gibt, die sich mit Antisemitismus in sozialen Medien befassen, wurde dieses Thema bisher nur von wenigen Konferenzen und wissenschaftlichen Vorträgen fokussiert. Die Unzulänglichkeit in der Auseinandersetzung zeigt sich auch darin, dass die spezifische Dynamik sozialer Medien und die damit verbundene Möglichkeit, antisemitische Inhalte global zu verbreiten, weitgehend außer Acht gelassen wird. Der Mangel an wissenschaftlicher Auseinandersetzung mit Antisemitismus in sozialen Medien spiegelt sich nicht nur in der unzureichenden Reaktion der sozialen Netzwerkplattformen selbst wider, sondern auch in unwirksamen Gegenstrategien von Seiten der Politik, Nichtregierungsorganisationen und Bildungseinrichtungen.

Da in den meisten wissenschaftlichen Publikationen zu Antisemitismus in den sozialen Medien eine Auseinandersetzung mit der zugrunde liegenden Technologie fehlt, liegt in diesem Kapitel ein besonderer Schwerpunkt darauf.

Algorithmische Verstärkung von Antisemitismus und Gegenmaßnahmen

Soziale Medien haben die Entstehung und Verbreitung von Antisemitismus revolutioniert. Einer der Hauptfaktoren, die heute zur Verbreitung von antisemitischem Hass beitragen, sind Social-Media-Algorithmen. Ein Algorithmus ist eine schrittweise Abfolge von Anweisungen oder Regeln, die definiert, wie eine bestimmte Aufgabe oder ein bestimmter Prozess durchgeführt werden soll. Algorithmen dienen dazu, Probleme zu lösen, Daten zu verarbeiten oder eine spezifische Funktion auszuführen (Cormen et al. 2009: 5f.).[4] Social-Media-Algorithmen kuratieren Inhalte in sozialen Netzwerken (Gillespie 2018: 187) und werden kontinuierlich angepasst und aktualisiert, um die User*innenexperience zu verbessern und auf neue Trends und Bedürfnisse der User*innen zu reagieren (Lanier 2018: 13; Gillespie 2014).

Algorithmen organisieren soziale Medien, indem sie User*innen vorrangig Inhalte präsentieren, die für sie persönlich am relevantesten und interessantesten scheinen. Social-Media-Algorithmen stützen sich dabei in hohem Maße auf Engagement-Metriken wie Likes, Kommentare, Shares und Klickraten, um die Beliebtheit und Relevanz von Inhalten zu bestimmen. So werden positive und auch negative User*inneninteraktionen mit Inhalten berücksichtigt, um die Inhaltsempfehlungen zu verfeinern und das User*inneninteresse zu steigern, damit diese so viel Zeit wie möglich auf den Plattformen verbringen (Lanier 2018: 14ff.). Beiträge, die mehr Engagement erzeugen, erhalten oft eine größere Sichtbarkeit in den Feeds der User*innen. Mehrere Studien deuten an, dass Algorithmen vor allem die Sichtbarkeit von provokanten und hasserfüllten Inhalten steigern, da sie mehr Interaktion durch Likes, Dislikes, Kommentare und längere Ansichtszeit generieren und somit profitabler für die Plattformen sind (Munn 2020: 3). Vor allem für antisemitische Inhalte kann das bedeuten, dass sie algorithmisch verstärkt werden, da sie oft heftige Reaktionen hervorrufen.

Da Algorithmen aus dem Verhalten der User*innen lernen, spiegeln sie nicht nur die ideologischen Inhalte wider, sondern integrieren auch das damit verbundene Wissen in ihre Programmiersprache (Williams 2021: 280). Gibt es beispielsweise eine wiederholte Interaktion mit Akteur*innen die sich antisemitisch äußern, berücksichtigen Algorithmen diese Tendenz und zeigen weitere Inhalte im Feed an, die dieser entsprechen. Falls User*innen wiederholt mit antisemitischen Inhalten konfrontiert werden und solche Inhalte liken, teilen oder kommentieren, können Algorithmen dies als Präferenz registrieren. Infolgedessen könnten adaptive Algorithmen, die darauf abzielen, personalisierte und ansprechende Inhalte zu prä-

4 Algorithmen werden in Programmiersprachen geschrieben, den geschriebenen Text nennt man Code.

sentieren, vermehrt antisemitische Inhalte im Newsfeed anzeigen. Dies führt zur Entstehung von algorithmischem Antisemitismus, der sich dadurch manifestiert, dass antisemitische Inhalte weit verbreitet, etabliert und adaptiert werden (Hübscher 2023: 365).

Diese Dynamik verstärkt die Bedeutung und Präsenz antisemitischer Wissensbestände und Ausdrucksformen in sozialen Medien und normalisiert Antisemitismus (Williams 2021: 311). User*innen, die antisemitische Inhalte veröffentlichen und Likes, Shares und Kommentare erhalten, können sich in ihrer hasserfüllten Positionierung bestätigt fühlen und motiviert werden, mehr davon zu posten. Sean Parker, ehemaliger Präsident von Facebook und heute einer der schärfsten Kritiker der Plattform, erklärte, dass Kommentare und Likes als Feedbackschleife zur sozialen Bestätigung fungieren und zur Ausschüttung von Dopamin führen: Soziale Medien wurden entwickelt, um Einnahmen zu generieren, indem sie Schwachstellen in der menschlichen Psychologie ausnutzen, nämlich den Wunsch nach Bestätigung (Allen 2017).

Dementsprechend ist die wichtigste Einnahmequelle für viele Social-Media-Plattformen die Schaltung von Werbung, die im Newsfeed zwischen den Posts eingebettet wird und auch auf die Präferenzen von User*innen zugeschnitten ist. Werbetreibende nutzen die Strategie des Mikrotargeting, um basierend auf der algorithmischen Analyse von User*innendaten die Werbung so präzise wie möglich an die individuellen Interessen, Vorlieben und demografischen Merkmale der User*innen anzupassen (Barbu 2014). Es ist anzunehmen, dass unter dem Bild der verletzten israelischen Geiseln in dem oben genannten Beispiel Pilates-Werbung erschien, weil der*die User*in auf der Plattform Mitglied in Gruppen ist, die sich mit Pilates beschäftigen, einem Pilates-Studio-Profil folgt oder sich Inhalte in Verbindung mit diesem Sport angesehen hat.

Aber auch extremistische Gruppen können Microtargeting nutzen, um bestimmte Zielgruppen zu erreichen (Williams 2021: 321). Basierend auf den Präferenzen der User*innen, die möglicherweise auch antisemitische Vorurteile beinhalten, können sie ihre Botschaften anpassen und Künstliche Intelligenz verwenden, um die Schaltung von Anzeigen auf diejenigen Zielgruppen zu optimieren, die am empfänglichsten reagieren. Im Jahr 2017 testete ProRepublica, ob es möglich ist, Werbung auf den Facebook-Newsfeeds von fast 2.300 Personen zu posten, die Interesse an den Themen „~~Judenhasser~~“[5], „~~Wie man Juden verbrennt~~“ oder „~~Geschichte, warum Juden die Welt ruinieren~~“ (Übersetzung d. Autorin) bekundet hatten und Facebook genehmigte die Veröffentlichung der Anzeigen für die Zielgruppen innerhalb von 15 Minuten (Angwin et al. 2017). Obwohl Hassrede auf

5 Auch die Darstellung von Hass in Forschungsarbeiten wirkt reproduzierend. Deshalb werden hier hasserfüllte Artikulationen markiert, indem diskriminierende und abfällige Wörter durchgestrichen werden.

sozialen Medien, insbesondere auch auf Facebook, seit Jahren thematisiert wird, scheint die Plattform Probleme zu haben, ihre eigenen Richtlinien durchzusetzen. Denn auch im Frühjahr 2022, fünf Jahre nach den antisemitischen Facebook-Anzeigen, sammelte ein Forschungsteam acht reale Beispiele für Hassrede gegen die muslimischen Rohingya in Myanmar, um sie auf den Plattformen als Werbung anzuzeigen. Wieder wurden alle acht Anzeigen von Facebook zur Veröffentlichung akzeptiert (Global Witness 2022).

Neben dem Missbrauch von Microtargeting zur Verbreitung von Hass werden auch KI-Tools instrumentalisiert, um automatisch Texte und Bilder zu generieren und antisemitisches Material wie Memes und Deepfakes in großem Umfang zu erstellen und zu verbreiten. So kursieren beispielsweise KI-generierte Bilder, die eine Kissenschlacht in Auschwitz zeigen sollen, ebenso wie misogyne und pornographische Bilder, die Anne Frank nackt darstellen sollen, auf den Plattformen.

Seit Beginn des Krieges der israelischen Armee gegen die Hamas im Oktober 2023 zirkulieren massenhaft KI-generierte Bilder von Benjamin Netanjahu, die ihn beispielsweise in Blut watend und mit einem Davidstern auf der Stirn zeigen und so die die Ritualmordlegende reproduzieren. Doch auch KI-gesteuerte Bots können eingesetzt werden, um antisemitische Botschaften zu verstärken und die Illusion einer breiten Unterstützung für solche Ansichten zu erzeugen. Eigentlich sind Bots automatisierte Profile, die darauf programmiert sind, Inhalte zu posten oder zu teilen. Es hat sich aber gezeigt, dass Bots auch dafür missbraucht werden, Social-Media-Plattformen mit antisemitischen Inhalten zu überschwemmen, um diese sichtbarer und einflussreicher zu machen (Williams 2021: 295ff.).

KI wird nicht nur missbraucht, um Antisemitismus zu verbreiten, sondern wird auch von Social-Media-Plattformen eingesetzt, um Hassrede zu erkennen und zu entfernen. Allerdings sind Algorithmen zur Erkennung von Hass damit überfordert, die in diversen Manifestationen und in sämtlichen Sprachen sowie sich ständig anpassenden antisemitischen Inhalten zu identifizieren. Hass-Erkennungsalgorithmen funktionieren, indem sie die von User*innen eingegebenen Inhalte beispielsweise mit einer bestehenden Liste von antisemitischen Wörtern abgleichen, die entweder von der Plattform festgelegt oder von einem Drittentwickler erstellt wurde. Der Nachteil ist jedoch, dass bei der Erkennung die Bedeutung oder die Absicht, in der die Wörter verwendet werden, unbeachtet bleibt, sondern es sich lediglich um einen datenintensiven, rechnerisch einfachen Abgleich handelt (Gillespie 2018: 98). So kann es auch zum falsch-positiven (Entfernen von nicht-antisemitischen Inhalten) und falsch-negativen (Zulassen von antisemitischen Inhalten) Erkennen von Inhalten kommen (ebd.: 99). So werden auf den Plattformen immer wieder Inhalte, die zwar antisemitische Schlüsselwörter enthalten, aber über den Holocaust informieren oder über Antisemitismus aufklären, von automatisierten Erkennungsalgorithmen entfernt.

Der Einsatz von Hass-Erkennungsalgorithmen, um Antisemitismus in den sozialen Medien zu reduzieren, gleicht einem endlosen Kreislauf. Sobald die KI eine Form erkennen kann, gibt es bereits aktuellere Formen und neue digitale Möglichkeiten, Antisemitismus zu verbreiten. Dennoch bieten die aktuellen Forschungsprojekte, die mit KI experimentieren, wertvolle Einblicke in die Möglichkeiten und Grenzen ihres Einsatzes. Eine Möglichkeit, zu verstehen, wie KI zur Bestimmung antisemitischer Äußerungen eingesetzt werden könnte, ist Perspective API (Application Programming Interface), die mithilfe von maschinellem Lernen „toxische" Äußerungen online erkennt und frei verfügbar ist, um sie dafür zu verwenden, Inhalte zu überprüfen, bevor sie auf den sozialen Medien veröffentlicht werden.[6] Beispielsweise erkennt Perspective API keine Toxizität im englischen Titel des weitverbreiteten Memes „Leaked Anne Frank Nudes", das nichts weiter als drei Aschehaufen zeigt. Allerdings zeigt Perspective API an, dass die deutsche Übersetzung des Titels, also „Geleakte Anne-Frank-Nacktbilder" wahrscheinlich zu 78,23 Prozent toxisch ist (Stand Januar 2024). Aufgrund der strengen Einschränkungen und Löschungen von Nacktheit auf Social-Media-Plattformen ist anzunehmen, dass der Grund dafür, dass der Titel des Memes von der Perspective API als toxisch erkannt wird, nicht der Antisemitismus ist.

Da bisher fast ausschließlich explizite Formen erkannt werden und kontinuierlich neue Tools und KIs entstehen, die instrumentalisiert werden, um antisemitische Inhalte zu generieren und auf Social Media zu verbreiten, kann die Lösung also nicht allein bei der automatisierten Erkennung liegen.

Nachdem Social-Media-Plattformen begonnen hatten, KI zur Hasserkennung anzuwenden, zeigten sich verschiedene Manipulationstaktiken, um diese zu überwinden. So verwenden Nutzer*innen zunehmend Codewörter, Emoji-Kombinationen und absichtliche Tippfehler, wie beispielsweise „~~jill Kews~~". Diese Strategie, um Erkennungs-Algorithmen zu umgehen, wird als Algo-Speak oder Algorithmus-Speak bezeichnet (Levine 2022). Dazu gehören auch *adversarial attacks* (gegnerische Angriffe), bei denen die Pixel von Bildern für das menschliche Auge unsichtbar so verändert werden, dass die KI ein vorher bereits erkanntes antisemitisches Bild nicht mehr identifizieren kann (Grolman et al. 2022). Für die Plattformen selbst ist Content-Moderation zurzeit die relevanteste Strategie gegen Hass. Durch Content-Moderation auf den Plattformen können antisemitische Inhalte evaluiert und entfernt, User*innen, die Antisemitismus verbreiten, suspendiert oder die Sichtbarkeit entsprechender Beiträge reduziert werden.

Obwohl die Entfernung von Inhalten im Mittelpunkt öffentlicher Debatten steht, ist das Shadowbanning, also die Reduzierung der Sichtbarkeit hasserfüllter Inhalte, mittlerweile eine wichtige Moderationstechnik. Klassifikatoren für ma-

6 Siehe https://perspectiveapi.com/

schinelles Lernen werden verwendet, um beispielsweise antisemitische Inhalte zu identifizieren und ihre Sichtbarkeit zu verringern, indem sie von den algorithmischen Empfehlungen herabgestuft oder ausgeschlossen werden (Gillespie 2022). Aus Sicht der Social-Media-Unternehmen ist die Reduzierung der Sichtbarkeit von Inhalten politisch weniger riskant und durch die Herabstufung hasserfüllter Inhalte wird vermieden, Vorwürfe wegen Voreingenommenheit und Zensur auf sich zu ziehen. Durch die Reduzierung problematischer Inhalte kann die Plattform außerdem weiterhin finanziell von Werbeeinnahmen oder der Datensammlung profitieren und gleichzeitig die Bedenken der Öffentlichkeit hinsichtlich des in sozialen Medien verbreiteten Hasses berücksichtigen (ebd.). Allerdings fehlt es an Transparenz darüber, was die jeweiligen Plattformen als Antisemitismus klassifizieren. Klassifikatoren können potenziell immer ideologisch oder politisch vereinnahmt sein, da die Trainingsdaten die Vorurteile und Ansichten der (menschlichen) Annotator*innen widerspiegeln und dementsprechend antisemitische Artikulationen von den Plattformen entfernt bzw. dort belassen werden.

Eine Studie, die die Wirkungsweisen der Content-Moderation gegen Hass testete, kam zu dem Ergebnis, dass 2021 innerhalb von zwei Monaten 714 antisemitische Social-Media-Posts 7,3 Millionen Mal aufgerufen wurden und dass 84 Prozent dieser Posts nicht von den Social-Media-Unternehmen entfernt wurden (CCDH 2021). Die Studie zeigt auch, dass Facebook von 129 als antisemitisch klassifizierten Beiträgen insgesamt nur 14 (10,9 %), Twitter von 137 nur 15 (11 %), TikTok von 119 nur 22 (18,5 %), Instagram von 277 nur 52 (18,8 %) und YouTube nur 11 von 52 (21,2 %) entfernte (ebd.). Facebook beschäftigt derzeit weltweit rund 15.000 Inhalts-Moderator*innen (Zaft 2022), denen durchschnittlich 30 bis 60 Sekunden Bearbeitungszeit pro gemeldetem Post zur Verfügung steht. Im Gegensatz dazu zeigt eine Studie des World Jewish Congress (2016), dass alle 83 Sekunden antisemitische Inhalte auf Social-Media-Plattformen gepostet werden.

Bis jetzt schulden die Plattformen Jüdinnen*Juden, die wie alle anderen Menschen digitale Rechte haben, eine angemessene Strategie im Umgang mit dem Antisemitismusproblem. Da das Geschäftsmodell und die Technologie der Plattformen auf algorithmischer Kuration von Inhalten basieren, die problematische Inhalte verstärken können, sollten von den Plattformen angemessene Lösungsmechanismen eingefordert werden. Solange das nicht umfassend geschieht, benötigt die Zivilgesellschaft Umgangsstrategien, die auf Forschungsergebnissen basieren, um Jüdinnen*Juden sowie andere minorisierte Gruppen auf Social Media zu schützen und für die Gefahren, die von algorithmischem Hass ausgehen, zu sensibilisieren.

Erfahrungen mit Antisemitismus in den sozialen Medien

Es gibt kaum wissenschaftliche Befunde darüber, wie junge Menschen in deutschsprachigen Ländern mit Antisemitismus in den sozialen Medien umgehen. Da die meisten jungen Menschen täglich soziale Medien nutzen, kann der wiederholte Kontakt mit hasserfüllten Social-Media-Posts Angst, Unsicherheit und Schlafstörungen auslösen und schwerwiegende Auswirkungen auf das tägliche Leben der User*innen sowie auf ihre Beziehung zu ihrem sozialen Umfeld haben (Keipi et al. 2016: 78). Besonders bei Bildungsinitiativen sollte berücksichtigt werden, dass der Kontakt mit Hass in sozialen Medien für viele direkt Betroffene ähnliche Auswirkungen haben kann wie die Konfrontation mit physischer Gewalt (Williams 2021: 299).

Soziale Medien sind auch der Ort, an dem sich Jüdinnen*Juden am unmittelbarsten mit Antisemitismus konfrontiert fühlen. Im Jahr 2018 wurden für eine EU-Studie mehr als 10.000 jüdische Menschen in 13 Ländern zu ihren Alltagserfahrungen und Wahrnehmungen von Antisemitismus befragt (FRA 2018). Die Studie zeigt, dass 89 Prozent der befragten Jüdinnen*Juden Antisemitismus in sozialen Medien als am problematischsten einstufen, noch vor Erfahrungen mit Antisemitismus an öffentlichen Orten, in den Medien und in der Politik (für mehr Informationen zu Erfahrungen jüdischer User*innen mit Antisemitismus in den sozialen Medien siehe Kapitel 11).

Aber auch nicht-jüdische Social-Media-User*innen haben Erfahrungen mit Antisemitismus auf den Plattformen. Für das Projekt „Antisemitismus und Jugend“ an der Universität Duisburg-Essen wurden biografisch orientierte, leitfadengestützte Interviews mit Jugendlichen in Deutschland zu ihren Bildungserfahrungen mit Themen wie Antisemitismus und Holocaust, aber auch Judentum und Israel geführt. Im Jahr 2021 wurden insgesamt 31 Personen im Alter zwischen 17 und 26 Jahren aus verschiedenen Bildungskontexten und Regionen Deutschlands befragt. In einer zweistufigen Interviewanalyse wurden zunächst antisemitismusrelevante Wissensbestände bestimmt und dann lebensgeschichtliche Zusammenhänge dieses Wissens biografieanalytisch ausgewertet (vgl. auch Hübscher et al. 2021). Die hier vorgestellten Ergebnisse basieren auf einer diskursorientierten Analyse, die sich auf die Methodik der Grounded Theory bezieht. Thematisch relevante Teile der ausgewählten Interviews wurden kodiert und kategorisiert, um antisemitismusrelevantes Wissen und dessen Kritik in den Gesprächen junger Menschen über Judentum, Jüdinnen*Juden und jüdisches Leben, aber auch über den Holocaust und den Israel-Palästina-Konflikt zu identifizieren.

Der hier vorgestellte Einblick in die Studie gibt einen exemplarischen Eindruck von dem Spektrum der Erfahrungen junger Menschen mit Antisemitismus in den sozialen Medien und deutet darauf hin, dass diese Plattformen in der Konfrontation mit Antisemitismus eine entscheidende Rolle für junge Menschen spielen.

Es zeigt sich, dass einige der interviewten jungen Menschen einen Zusammenhang zwischen der Funktionsweise der sozialen Medien und ihren Begegnungen mit Antisemitismus auf diesen Plattformen herstellen können. Sarah, eine junge Abiturientin, beschreibt folgende Erfahrung:

> Also ich hab bis jetzt eigentlich noch nie einen Beitrag gelesen ähm wo […] Juden angegriffen wurden also natürlich das Internet zeigt mir auch nur das wofür ich mich wirklich interessiere also dann wird mir sowas natürlich nicht angezeigt aber ich denke schon dass […] es auf jeden Fall auch Seiten äh gibt die Sachen gegen, gegen Juden posten, ja. (Sarah, Z. 725–730)

Sarah ist sich bewusst, dass Algorithmen ihren Social-Media-Feed kuratieren und sie Inhalte basierend auf ihren Präferenzen angezeigt bekommt. Gleichzeitig signalisiert sie eine Gewissheit, dass ihre persönlichen Vorlieben sie davor bewahren können, mit antisemitischen Inhalten in ihrem Feed konfrontiert zu werden. Die 19-jährige Anja berichtet, dass ihr Antisemitismus in sozialen Medien vor allem im Profil eines jüdischen Rappers begegnet:

> […] Auf Social Media durchaus, weil es eben auf Social Media irgendwo, naja, da ist dann mal irgendwo 'n Kommentar oder sowas unter 'nem Bild […] mir ist mal aufgefallen, dass unter 'nem Bild von ihm relativ viele Leute halt das kommentiert haben und da immer noch, ehm, ja viel Hass irgendwie da war. (Anja, Z. 1324–1330)

Die meisten der befragten jungen Menschen fanden es schwierig, Antisemitismus in sozialen Medien zu erkennen. Im Gegensatz zu vielen anderen Befragten kann Anja explizite Äußerungen von Antisemitismus identifizieren:

> Abwertende Bilder dann eher auf anderen Profilen […] keine Ahnung, da ist 'n Profil das postet komische rassistische Sachen, ehm ja zum Beispiel hab ich da mal glaub ich mal nen Post gesehen wo ne brennende Flagge drauf war ehm mit ehm 'nem Stern drauf wo eben auch darunter stand ~~Tod den Juden~~ oder sowas […] unter dem Post also von dem Rapper dann eher so auf Englisch eben sowas keine Ahnung ~~scheiß Jude~~. (Anja, Z. 1341–1351)

Anja reflektiert über die verschiedenen Profile und Ausdrucksformen, in denen sich Antisemitismus zeigt. Sowohl Anja als auch Sarah erleben und beschreiben Antisemitismus als Diskriminierung von jüdischen Menschen.

Der 24-jährige Max schreibt antisemitische Äußerungen, insbesondere im Zusammenhang mit dem israelisch-palästinensischen Konflikt, ausschließlich Personen aus der marokkanischen und libanesischen Community zu. Seine persönlichen Erfahrungen deutet er dabei im Zusammenhang eines gesellschaftlichen Diskurses, in dem der Antisemitismus von ‚muslimischen Anderen' in den Fokus gerückt wird (Shomann 2022). Er berichtet:

> Viele, viele Freunde von mir auf Facebook dann mal bei solchen Sachen kommentieren und man bekommt ja man sieht ja wer da und da rumkommentiert und das sind oft Leute [aus] Marokko, viele marokkanische Freunde von mir auch dabei oder auch viele Libanesen die da auch ihre Meinung da offen kundtun [...] Ahh, da das geht so von Kommentaren so wie ja die ~~scheiß Juden~~ sollen sich endlich aus unserem Land verpissen bis zu ‚die Juden sind an an allem Schuld' oder sonst was. (Max, Z. 1020–1028)

Auch der 20-jährige Khalel thematisiert den Zusammenhang von antisemitischen Äußerungen auf Social Media und zugeschriebener kultureller Zugehörigkeit:

> Ähm in sozialen Werken schon in sozialen äh Netzwerken seh ich schon, dass man irgendwelche in Facebook oder Instagram Kommentare liest und da sieht man schon wie Antisemit und dass man sich da als Jude beleidigt oder auch im Deutschen auch als im Arabischen. (Khalel, Z. 1102–1106)

Khalel, der vor dem Krieg aus Syrien fliehen musste, erkennt die Existenz von Antisemitismus in sozialen Medien innerhalb der arabischsprachigen Community, aber auch bei deutschsprachigen Social-Media-User*innen. Anders als Max projiziert er das Problem nicht auf eine Gruppe, sondern erkennt, dass Antisemitismus in den sozialen Medien ein kulturell ungebundenes Phänomen ist. Die Erwähnung von Antisemitismus sowohl auf Deutsch als auch auf Arabisch unterstreicht den sprachübergreifenden Charakter dieses Problems und macht deutlich, dass es nicht auf eine einzelne kulturelle, religiöse oder sprachliche Gruppe oder ein Milieu beschränkt ist.

Der 20-jährige Malcolm verweist auf den Ausdruck ~~Du Jude~~ und versteht soziale Medien als Arena der Verbreitung und Normalisierung von Antisemitismus. Er beschreibt:

> Ich glaube das [sind] Symptome von den Medien die von den [Jugendlichen] am schlimmsten oder am einfachsten zu überprüfen sind, die äh ohne, dass sie es merken müssen so Aussagen wie ~~du Jude~~ oder du Ausländer sowas irgendwie, die man liest und die für salonfähig gemacht werden, obwohl sie es nicht sind. Und sobald dieser Jugendliche das dann liest, irgendwann in seinen aktiven Sprachgebrauch dann einsetzt,

> man es verbreitet … Ich glaub nicht, dass ein Jugendlicher von sich selbst auf die Idee kommt jemanden ~~du Jude~~ zu nennen, sondern dass er es irgendwo aufgeschnappt hat, sei es in WhatsApp, sei es in Instagram, sei es in Facebook was auch immer. Und dort dann sich denkt: ‚Das ist okay, da wird das benutzt und würde es nicht als salonfähig beschreiben aber dort ist es salonfähig, also kann ich es ja auch benutzen'. (Malcolm, Z. 986–997)

Maya, 17 Jahre alt, spricht im Kontext eines Instagram-Posts über einen Trailer für einen Film, in dem eine deutsche Frau einen jüdischen Mann rettet. Unter diesem Post fand sie beleidigende, antisemitische Kommentare:

> […] Ich hab 'ner Seite gefolgt die Filmtrailer gepostet hat und eh einer ging dann irgendwie über Juden das irgendwie eine deutsche Frau irgendwie nen Juden aufnimmt oder so ich bin mir nicht mehr sicher worum's genau ging und drunter hat einer gepostet irgendwie sowas wie eh wieso will sie sich mit 'nem Tier paaren oder sowas also den Kommentar hab ich auch gemeldet weil den fand ich zu krass aber sowas, solche Kommentare gibt's halt zu tausenden im Internet ganz einfach weil da halt jeder seinen Gehirnmüll da abladen kann. (Maya, Z. 937–947)

Maya reflektiert die Existenz antisemitischer Inhalte auf Social Media und folgt dem Aufruf, Hassreden zu melden, ist sich aber auch der begrenzten Wirksamkeit dieser Form der Gegenmaßnahme bewusst.

Für die 18-jährige Aylo sind soziale Medien ein wichtiger Erfahrungsraum, in dem sie sehr viel Zeit verbringt.

Im Interview zeigt sie starkes Mitgefühl für die von Diskriminierung Betroffenen und positioniert sich entschieden gegen antisemitische Gewalt. Obwohl ihre Schule eine ganze Woche dem Thema antisemitische Verschwörungsmythen gewidmet hat, zeigt das Interview, dass es ihr nicht gelingt, solche Narrative zu entschlüsseln, wenn sie ihr in den sozialen Medien begegnen. So berichtet Aylo von einem Instagram-Profil, auf dem sie gelernt hat, dass Kinder angeblich entführt, vergewaltigt und in eine Schockphase versetzt werden, in der sie sogenanntes ‚Adrenochrom' in ihrem Blut produzieren (siehe auch Kapitel 2 in diesem Band). Aylo erzählt weiter, dass den Kindern dann das Blut mit dem ‚Adrenochrom' abgenommen werde, und sich Prominente dieses einspritzen, um jünger auszusehen. Auf die Frage, ob Aylo glaubt, dass das wahr ist, antwortet sie:

> […] Ähm, ich sag nicht dass das jetzt, dass das jetzt äh stimmt aber ich denke schon, dass das ähm, dass das wirklich so abläuft […] aber ich bin mir nicht sicher, weil ja also ich weiß nicht genau weil ich denke mir manchmal dass warum sollten sich Verschwörungstheoretiker das aus-

> denken weil, ähm sie werden ja nich bezahlt oder so dafür dass sie das machen. (Aylo, Z. 877–902)

Beim ‚QAnon' Verschwörungsmythos um ‚Adrenochrom', auf den Aylo sich bezieht, zeigt sich eine adaptierte Form der Ritualmordlegende aus dem Mittelalter, d.h. dem antisemitischen Mythos, dass Jüdinnen*Juden an Pessach ungesäuertes Brot mit dem Blut christlicher Kinder backen. Die Anspielungen auf die Ritualmordlegende und Verschwörungsmythen rund um ‚Adrenochrom' sind auch in vielen Posts auf dem Instagram-Account zu finden, das Aylo im Interview genannt hat. Auf diesem Profil gibt es eine Audiodatei mit dem Titel „Achtung, das wird Sie schockieren. Rabbi Finkelsteins Rede über Menschenopfer", in der ein angeblicher Rabbi Finkelstein aus New York auf Englisch behauptet, dass seine Gemeinde Kinder von Leihmüttern kauft, um sie zu töten. Das deutsche Instagram-Profil hat etwa 10.000 Follower*innen und kann User*innen daher allein aufgrund der Follower*innenzahl legitim erscheinen. Auf den ersten Blick veröffentlicht das Profil hauptsächlich Inhalte über die Suche nach Wahrheit und Wissen.

Die aktualisierte und adaptierte Ritualmordlegende, die „von einem Rabbi erzählt wird", soll den vermeintlichen Beweis liefern, dass Menschenopfer Teil der jüdischen Religionspraxis sind und stellt so Jüdinnen*Juden als unmoralisch und grundsätzlich böse dar und dient letztendlich dazu, Diskriminierung und Gewalt gegen jüdische Menschen zu legitimieren.

Die Analyse des Interviews mit Aylo und dem von ihr erwähnten Instagram-Profil zeigt, dass Jugendliche, die mit antisemitismusrelevantem Wissen sozialisiert sind, anfällig für antisemitische Inhalte in sozialen Medien sein können. Auch die Studie des Unabhängigen Expertenkreis Antisemitismus (2017:137) macht deutlich, dass junge Menschen dazu neigen, antisemitische Inhalte in sozialen Medien unkritisch zu übernehmen und weiterzuverbreiten. Hinzu kommt, dass Social-Media-Features wie Likes, Teilen und Kommentieren, aber auch Algorithmen die Wahrnehmung der Social-Media-User*innen beeinflussen können. Aylo glaubt beispielsweise, dass sie bei der Suche nach der Wahrheit auf das Instagram-Profil gestoßen ist. Tatsächlich haben Algorithmen auf ihren Vorlieben basierend entschieden, dass sie dieses Profil sieht und nicht andere. Obwohl Aylo sich als kritisch gegenüber Antisemitismus positioniert, macht die Zustimmung in Form von Aufrufen, Likes, Shares und Kommentaren unter dem Beitrag sie möglicherweise blind für den antisemitischen Charakter. Die Tatsache, dass der Instagram-Post wahrscheinlich von amerikanischen Profilen nach Deutschland migriert ist, deutet auf das bereits erwähnte globale Ausmaß des Antisemitismus in sozialen Medien hin (Hübscher 2023: 370). Da junge Menschen in Deutschland in einer Gesellschaft aufwachsen, die von Wissen, Ästhetik und sozialen Praktiken geprägt ist, die Antisemitismus transportieren, können antisemitische Bilder und Äußerungen in den sozialen Medien Antisemitismus weiter in die Köpfe derjenigen einschreiben, die dafür empfänglich sind.

Vor dem Hintergrund der Analyse der Interviews lassen sich verschiedene Arten des Umgangs von Jugendlichen mit Antisemitismus in sozialen Medien identifizieren. Für Maya ist die Meldeoption eine Strategie des Umgangs mit besonders extremen Inhalten. Andere Jugendliche berichten, dass sie sich aufgrund der negativen Gefühle, die Hasskommentare auslösen, von bestimmten Plattformen zurückziehen oder diese ganz löschen. Andere befragte Jugendliche verweisen auf die Option der Gegenrede gegen Antisemitismus in sozialen Medien. Problematisch daran ist allerdings, dass Gegenrede wie eine Bestätigung der antisemitischen Inhalte wirkt, da sie als Reaktion der User*innen die Bedeutung der Inhalte erhöht. Auch die Verbreitung von Antisemitismus durch Social Bots und künstliche Intelligenz untergraben die Effektivität von Gegenrede (Hübscher, Pfaff 2024: 187).

Mit einer Reaktion auf einen Beitrag, unabhängig von seiner Aussage, gewinnt der Inhalt an Relevanz und wird häufiger angesehen. So erzählt uns Fania im Interview, dass sie auf hasserfüllte Inhalte in den sozialen Medien nicht mehr reagiert: „weil je mehr Klicks die haben, desto mehr wird es dann natürlich auch und das möchte ich nicht unterstützen [...]“ (Fania, Z. 585–586). Demzufolge zeigt das Zitat, dass die Jugendliche die technologischen Elemente und Infrastrukturen sozialer Medien kennt und dementsprechend angemessen reagieren kann. Damit User*innen einen wirksamen Beitrag zum Abbau von Antisemitismus in sozialen Medien leisten können, müssen sie nicht nur Antisemitismus erkennen, sondern auch die Rolle von Algorithmen verstehen (Hübscher, Pfaff 2024: 189).

Social Media Literacy gegen Antisemitismus

Die meisten Gegenstrategien aus institutionellen Bildungsprogrammen erzielen auf Social Media nicht den gewünschten Effekt, da sie nicht auf Grundlagenforschung basieren. Dass Antisemitismus in den sozialen Medien trotz Bildungs- und Gegenstrategien, die sich vor allem auf das Konzept der Gegenrede stützen, in den letzten Jahren zu einem immer größeren Problem geworden ist, spricht dafür, Bildungsprogramme zu entwickeln, die auf Forschung zu den Wirkungsweisen von Algorithmen und Validierungsfeatures (Likes, Kommentare, Views, Follower*innenzahlen) in sozialen Medien beruhen. Verschiedene Studien zeigen, dass Social Media Literacy wesentlich dazu beiträgt, die zugrundeliegende Technologie zu verstehen und dadurch gefährliche Inhalte wie Desinformation und Hass in sozialen Netzwerken zu reduzieren (Gordon et al. 2020; Syam, Nurrahmi 2020; Yeh, Swinehart 2020; Daneels, Vanwynsberghe 2017; McLean et al. 2017). Um auch Antisemitismus in den sozialen Medien wirksam zu reduzieren, sollten Bildungsprogramme nicht nur das Verständnis der Auswirkungen der Technologie, sondern auch die Identifizierung und Dekonstruktion von Antisemitismus zum Gegenstand haben.

Basierend auf den Ergebnissen der oben genannten Studie „Antisemitismus und Jugend“ wurde das Bildungsprogramm *Social Media Literacy gegen Antisemitismus* entwickelt (Hübscher, Pfaff 2024).

Social Media Literacy (SML) bezeichnet die Fähigkeit von User*innen, Inhalte in sozialen Medien kritisch zu bewerten, sowohl in technologischer, kognitiver als auch emotionaler Hinsicht. Auf der technologischen Ebene thematisiert SML die Rolle persönlicher Daten, Algorithmen und gezielter Werbung bei der Verbreitung von Antisemitismus und die daraus resultierenden gesellschaftlichen Auswirkungen. Auf kognitiver Ebene adressiert SML die Fähigkeit, trotz sozialer Bestätigung glaubwürdige Quellen zu identifizieren und Hassrede und Desinformation im Zusammenhang mit antisemitischen Inhalten zu erkennen. Auf emotionaler Ebene bestärkt SML User*innen darin, angemessen auf antisemitische Inhalte reagieren zu können. Die Bekämpfung von Antisemitismus erfordert die Verbindung von Fähigkeiten zur Dekonstruktion antisemitischer Inhalte mit Social Media Literacy. Durch die Integration der Dekonstruktion in SML können User*innen Tropen und Stereotype in antisemitischen Inhalten erkennen sowie die zugrundeliegenden Quellen und Motivationen verstehen. Die Dekonstruktion von Antisemitismus beinhaltet beispielsweise die kritische Auseinandersetzung mit falschen Behauptungen, Mythen über den Holocaust und Stereotypen, die Vorurteile gegenüber jüdischen Menschen aufrechterhalten. Zur Identifikation von Holocaust-Verzerrung, -Leugnung und Antisemitismus gehört es, die verschiedenen Erscheinungsformen dieser Phänomene erkennen und einordnen zu können. Die Dekonstruktion von Antisemitismus erfordert die Anerkennung seiner historischen Wurzeln, einschließlich der jahrhundertelangen Verfolgung, Diskriminierung und Gewalt gegen Jüdinnen*Juden sowie der Art und Weise, wie diese Diskriminierung in der heutigen Zeit fortgesetzt wird. Dies umfasst auch Wissen darüber, wie Antisemitismus und andere Formen der Diskriminierung, wie Rassismus, Misogynie und Hass gegen die LGBTQI+-Community, ineinandergreifen. Die Einbindung dieser Aspekte in Bildungskonzepte für SML befähigt User*innen dazu, Antisemitismus zu identifizieren, einzuordnen und zu dekonstruieren, was zu einer sichereren und inklusiveren Plattform beitragen kann (Hübscher, Pfaff 2024).

Fazit

Die Verbreitung von Antisemitismus auf den immer weiter expandierenden Social-Media-Plattformen führt zu erheblichen gesellschaftlichen Problemen, jedoch gibt es bisher weltweit nur begrenzte Interventionsmöglichkeiten zur Reduzierung von Antisemitismus in den sozialen Medien. Social-Media-Unternehmen, die diese

Plattformen aus wirtschaftlichen Gründen betreiben, legen nicht ausreichend Wert auf die Sicherheit ihrer User*innen, da dies mit potenziellen Einnahmeverlusten einhergehen könnte.

Der vorliegende Beitrag zeigt, dass Social-Media-Algorithmen Antisemitismus verstärken und normalisieren können. Um Antisemitismus effektiv zu reduzieren, ist es notwendig, dass Forschung und Bildungsmaßnahmen die Technologie und Wirkungsweisen der Plattformen miteinbeziehen. Plattformen wiederum müssen Wissenschaftler*innen unabhängigen Zugang zu Daten gewähren, um angemessene Strategien gegen Antisemitismus entwickeln zu können. Derzeitige Gegenmaßnahmen wie automatisierte Erkennungsalgorithmen oder Content-Moderation, haben bis jetzt nicht den erhofften Erfolg gezeigt. Der zunehmende Anstieg des antisemitischen Hasses trotz langjähriger Gegenrede-Initiativen verdeutlicht die dringende Notwendigkeit innovativer Bildungsstrategien, die die Rolle von Algorithmen und Validierungsfeatures berücksichtigen. Unter Einbeziehung der Dekonstruktion von Antisemitismus zeigt sich das hier vorgestellte Konzept „Social Media Literacy gegen Antisemitismus" als ein vielversprechender Ansatz zur Reduzierung von Antisemitismus auf Ebene der User*innen.

Der Auszug aus dem Interviewprojekt „Antisemitismus und Jugend" zeigt, dass soziale Medien für Jugendliche eine Arena der Konfrontation mit Antisemitismus darstellen, gegen die sie verschiedene Bewältigungsstrategien entwickeln. Weiterhin dokumentiert sich in der Studie, dass junge Menschen, die Antisemitismus kritisch gegenüberstehen, nicht davor sicher sind, für antisemitischen Hass in den sozialen Medien empfänglich zu sein. Sie verdeutlicht auch, dass Technologie und Validierungsfeatures beeinflussen, was in sozialen Medien glaubwürdig, sagbar und akzeptabel ist.

Die Forschung zu Antisemitismus in den sozialen Medien befindet sich noch in den Anfängen. Das Radikalisierungspotenzial und die Normalisierung von antisemitischer Gewalt, die das Leben von Jüdinnen*Juden gefährden, machen Antisemitismus in den sozialen Medien zu einem akuten Problem und die Auseinandersetzung damit zu einer dringenden Aufgabe.

Literaturverzeichnis

Allen, Mike (2017): Sean Parker unloads on Facebook: „God only knows what it's doing to our children's brains". In: *Axios*, 9. November. https://www.axios.com/2017/12/15/sean-parker-unloads-on-facebook-god-only-knows-what-its-doing-to-our-childrens-brains-1513306792 [Zugriff: 03.01.2024].

Allington, Daniel/Buarque, Beatriz L./Flores, Daniel B. (2020): Antisemitic conspiracy fantasy in the age of digital media: Three ‚conspiracy theorists' and their YouTube audiences. In: *SAGE* 30, 1. DOI: 10.1177/0963947020971997

Allington, Daniel (2018): „Hitler had a valid argument against some Jews“: repertoires for the denial of antisemitism in Facebook discussion of a survey of attitudes to Jews and Israel. In: *Discourse, Media & Context* 24: 129–136.

Allington, Daniel/Joshi, Tanvi (2020): What Others Dare Not Say: An Antisemitic Conspiracy Fantasy and its YouTube Audience. In: *Journal of Contemporary Antisemitism*. DOI: 10.26613/jca/3.1.42

Angwin, Julia/Varner, Marlen/Tobin, Ariana (2017): Facebook enabled Advertisers to Reach „Jew Haters“. In: *ProRepublica*, 14. September. https://www.propublica.org/article/facebook-enabled-advertisers-to-reach-jew-haters [Zugriff: 29.12.2023].

Baider, Fabienne (2023): Accountability Issues, Online Covert Hate Speech, and the Efficacy of Counter-Speech. In: *Politics and Governance, 11*(2), 249–260. DOI: 10.17645/pag.v11i2.6465

Barbu, Oana (2014): Advertising, Microtargeting and Social Media. In: *Procedia – Social and Behavioral Sciences*, 163, 44–49. DOI: 10.1016/j.sbspro.2014.12.284

Bernstein, Julia (2018): „Mach mal keine Judenaktion“. Herausforderungen und Lösungsansätze in der professionellen Bildungs- und Sozialarbeit gegen Antisemitismus. www.frankfurt-university.de/antisemitismusschule [Zugriff: 21.11.2023].

Bolton, Matthew/Becker, Matthias J./Ascone, Laura/Placzynta, Karolina (2023): Enabling Concepts in Hate Speech: The Function of the Apartheid Analogy in Antisemitic Online Discourse About Israel. In: Ermida, Isabel (Hrsg.): Hate Speech in Social Media. Cham:Palgrave Macmillan. DOI: 10.1007/978-3-031-38248-2_9

Bundesministerium des Inneren (2022): Nationale Strategie gegen Antisemitismus und für jüdisches Leben. https://www.bmi.bund.de/SharedDocs/downloads/DE/publikationen/themen/heimat-integration/nasas.pdf?__blob=publicationFile&v=6#:~:text=Die%20erste%20Nationale%20Strategie%20gegen,zu%20zeigen%20und%20zu%20vermitteln [Zugriff: 29.12.2023]

CCDH – Center for Countering Digital Hate, Failure to Protect (2021): How Tech Giants Fail to Act on User Reports of Antisemitism. https://www.counterhate.com/failuretoprotect [Zugriff: 21.11.2023]

Chapelan, Alexis/Ascone, Laura/Becker, Matthias J./Bolton, Matthew/Haupeltshofer, Pia/Krasni, Jan/Krugel, Alexa/Mihaljević, Helena/Placzynta, Karolina/Pustet, Milena/Scheiber, Marcus/Steffen, Elisabeth/Troschke, Hagen/Tschiskale, Victor/Vincent, Chloé (2023): *Decoding Antisemitism: An AI-driven Study on Hate Speech and Imagery*. Online Diskursreport 5. Berlin: Technische Universität Berlin. Zentrum für Antisemitismusforschung. https://depositonce.tu-berlin.de/items/c4a15ea5-f059-46f7-aedb-ab6ee1f6173e [Zugriff: 29.12.2023].

Cormen, Thomas H./Leiserson, Charles E./Rivest, Ronald L./Stein, Clifford (2009): Introduction to Algorithms (3. Aufl.). Cambridge, MA: MIT Press.

Daneels, Rowan/Vanwynsberghe, Hadwijch (2017): Mediating Social Media Use. Connecting Parents' Mediation Strategies and Social Media Literacy. In: *Cyberpsychology* 11, 3. https://doi.org/10.5817/CP2017-3-5 [Zugriff: 21.11.2023].

FRA – European Union Agency for Fundamental Rights (2018): Experiences and perceptions of antisemitism. Second survey on discrimination and hate crime against Jews in the EU. https://fra.europa.eu/sites/default/files/fra_uploads/fra-2018-experiences-and-perceptions-of-antisemitism-survey_en.pdf [Zugriff: 21.11.2023].

Giesea, Jeff (2016): It's time to embrace memetic warfare. Defence Strategic Communications, 1, 67–75. DOI: 10.30966/2018.RIGA.1.4

Gillespie, Tarleton (2023): The Fact of Content Moderation; Or, Let's Not Solve the Platforms' Problems for Them. In: Media and Communication, 11(2), 406–409. DOI: 10.17645/mac.v11i2.6610

Gillespie, Tarleton (2022): Do Not Recommend? Reduction as a Form of Content Moderation. In: *Social Media + Society*, 8(3). DOI: 10.1177/20563051221117552

Gillespie, Tarleton (2018): Custodians of the Internet: Platforms, content moderation, and the hidden decisions that shape social media. New Haven: Yale University Press.

Gillespie, Tarleton (2014): The Relevance of Algorithms. In: Gillespie, Tarleton/Boczkowski, Pablo J./Foot, Kirsten A. (Hrsg.): Media Technologies: Essays on Communication, Materiality, and Society, Cambridge, MA: MIT Press Scholarship. DOI: 10.7551/mitpress/9780262525374.003.0009

Gilman, Sander L. (1995):"Der jüdische Körper: Gedanken zum physischen Anderssein der Juden." In: *Die Macht der Bilder: Antisemitische Vorurteile und Mythen*. ed. Elisabeth Klamper, 168-179. Wien: Picus Verlag.

Global Witness (2022): New investigation shows Facebook approves ads containing hate speech inciting genocide against the Rohingya, 21. März. https://www.globalwitness.org/en/press-releases/new-investigation-shows-facebook-approves-ads-containing-hate-speech-inciting-genocide-against-rohingya/ [Zugriff: 29.12.2023].

Gordon, Chloe S./Rodgers, Rachel F./Slater, Amy E./McLean, Siân A./Jarman, Hannah K./ Paxton, Susan J. (2020): A cluster randomized controlled trial of the SoMe social media literacy body image and wellbeing program for adolescent boys and girls: Study protocol. In: *Body Image* 33, 27–37.

Grolman, Edita/Binyamini, Hodaya/Shabtai, Asaf/Elovici, Yuval/Morikawa, Ikuya/Shimizu, Toshiya (2022): Hate Versarial: Adversarial Attack against Hate Speech Detection Algorithms on Twitter. In: Proceedings of the 30th ACM Conference on User Modeling. DOI: 10.1145/3503252.3531309

Heil, Georg/Laufer, Daniel (2023):Welle antisemitischer Übergriffe seit 7. Oktober. Tagesschau, 9. November. https://www.tagesschau.de/investigativ/rbb/israel-hamas-antisemitismus-gewalt-deutschland-100.html [Zugriff: 29.12.2023].

Hornuff, Daniel (2020): Hassbilder. Berlin: Verlag Klaus Wagenbach.

Hübscher, Monika/Pfaff, Nicolle (2024): „Weil je mehr Klicks die haben, desto mehr wird es dann natürlich auch" – Umgangsformen junger Menschen mit Antisemitismus und Hass in den sozialen Medien. In: Dellagiacoma, Laura/Fielitz, Maik/Jaspert, Marcel/Klinker, Fabian (Hrsg.): Wissen schafft Demokratie. Schwerpunkt Netzkulturen und Plattformpolitiken, Band 14. Jena, 178–191.

Hübscher, Monika (2023): Algorithmic Antisemitism on Social Media. In: Weitzman, Mark/Williams, Robert J./Wald, James (Hrsg.): The Routledge History of Antisemitism. New York: Routledge, 364–372. DOI: 10.4324/9780429428616-40

Hübscher, Monika/Kaddor, Lamya/Pfaff, Nicolle (2021): „Ich weiß, dass sie existieren ...". Kontexte der Begegnung junger Menschen mit jüdischem Leben. In: *Aus Politik und Zeitgeschichte* 44–45, 49–54.

Hübscher, Monika (2020a): Likes for Antisemitism: The Alternative für Deutschland and Its Posts on Facebook. In: *Journal of Contemporary Antisemitism*. Vol. 3 (Issue 1), 11–34. DOI: 10.26613/jca/3.1.41

Hübscher, Monika (2020b): Meldeverfahren als Strategien gegen Antisemitismus in den Sozialen Medien? In: Grimm, Marc/Müller, Stefan (Hrsg.): Bildung gegen Antisemitismus. Spannungsfelder der Aufklärung. Frankfurt a.M.: Wochenschau Verlag, 102–116.

Jikeli, Günther, Cavar, Damir and Miehling, Daniel (2019). Annotating antisemitic online content. Towards an applicable definition of antisemitism. https://arxiv.org/abs/1910.01214 [Zugriff: 27.2.2024].

Keipi, Teo/Näsi, Matti/Oksanen, Atte/Räsänen, Pekka (2016): Online Hate and Harmful Content: Cross-national perspectives (1. Aufl.). London/New York: Routledge. DOI: 10.4324/9781315628370

Klemperer, Victor (1947/2020) Die Sprache des Dritten Reiches. Beobachtungen und Reflexionen aus LTI. Stuttgart: Reclam.

Lange, Armin/Mayerhofer, Kerstin/Porat, Dina/Schiffman, Lawrence H. (2019): Executive Summary. In: Lange, Armin/Mayerhofer, Kerstin/Porat, Dina/Schiffman, Lawrence H. (Hrsg.): Comprehending and Confronting Antisemitism. A Multi-Faceted Approach. Band 1 Berlin: De Gruyter, 13–18. https://db.degruyter.com/view/books/9783110618594/9783110618594-004/9783110618594-004.xml [Zugriff: 29.12.2023].

Lanier, Jaron (2018): Ten Arguments for deleting your Social Media content right now. London: Penguin Random House.

Levine, Alexandra S. (2022): From Camping to Cheese Pizza, ‚Algospeak' is taking over Social Media. In: *Forbes*, 19. September. https://www.forbes.com/sites/alexandralevine/2022/09/16/algospeak-social-media-survey/?sh=752da66655e1 [Zugriff: 29.12.2023].

McLean, Siân A./Wertheim, Eleanor H./Masters, Jennifer/Paxton, Susan J. (2017): A Pilot Evaluation of a Social Media Literacy Intervention to reduce risk factors for eating disorders. In: *International Journal for Eating Disorders*. 50, 7, 847–851. https://pubmed.ncbi.nlm.nih.gov/28370321/ [Zugriff: 29.12.2023].

Mihaljević, Helena/Steffen, Elisabeth (2022): How toxic is antisemitism? Potentials and limitations of automated toxicity scoring for antisemitic online content. In: *Proceedings of the 2nd Workshop on Computational Linguistics for Political Text Analysis* (CPSS-2022). https://old.gscl.org/en/arbeitskreise/cpss/cpss-2022/workshop-proceedings-2022 [Zugriff: 29.12.2023].

Munn, Luke (2020): Angry by design: toxic communication and technical architectures. In: Humanities and Social Sciences Communications 7, 53. DOI: 10.1057/s41599-020-00550-7

Oboler, Andre (2008). Online antisemitism 2.0. "Social antisemitism on the social web" Post-Holocaust and Antisemitism Series. JCPA, No. 67. http://jcpa.org/article/online-antisemitism-2-0-social-antisemitism-on-the-social-web [Zugriff: 29.12. 2023].

Oboler, Andre (2014): The Antisemitic Meme of the Jew. DOI: 10.13140/2.1.2736.7200

Ozalp, Sefa/Williams, Matthew L./Mostafa, Mohamed/Burnap, Pete/Han, Liu (2020): Antisemitism on Twitter: Collective Efficacy and the Role of Community Organizations in Challenging Online Hate Speech. *Social Media + Society,* **6(2).** DOI: 10.1177/2056305120916850

RIAS (2023): Antisemitische Reaktionen in Deutschland auf die Hamas-Massaker in Israel. https://report-antisemitism.de/documents/2023-10-18_antisemitische_reaktionen_in_deutschland_auf_die_hamas-massaker_in_israel.pdf [Zugriff: 29.12.2023].

Rose, Hanna/Guhl, Jakob/Comerford, Milo (2023): Rise in antisemitism on both mainstream and fringe social media platforms following Hamas' terrorist attack. In: Institute for Strategic Dialogue, 31. Oktober. https://www.isdglobal.org/digital_dispatches/rise-in-antisemitism-on-both-mainstream-and-fringe-social-media-platforms-following-hamas-terrorist-attack/ [Zugriff: 29.12.2023].

Salzborn, Samuel/Kurth, Alexandra (2019): Antisemitismus in der Schule. Erkenntnisstand und Handlungsperspektiven. Berlin/Gießen: Technische Universität Berlin & Justus-Liebig-Universität Gießen. https://archive.jpr.org.uk/download?id=9027 [Zugriff: 29.12.2023].

Schwarz-Friesel, Monika (2018): Antisemitismus 2.0 und die Netzkultur des Hasses. https://www.static.tu.berlin/fileadmin/www/10002023/PDF/Antisemitismus_2-0_Kurzfassung.pdf [Zugriff: 29.12.2023].

Sever, Merav (2023): A cold-blooded massacre, live on Facebook: How Hamas forced a 17-year-old to help them go door to door. In: *Israel HaYom*, 19. Oktober. ttps://www.israelhayom.com/2023/10/19/a-cold-blooded-massacre-live-on-facebook-how-hamas-forced-a-17-year-old-to-help-them-go-door-to-door/ [Zugriff: 29.12.2023].

Shooman, Yasemin (2022): Zum Verhältnis von Antisemitismus und antimuslimischen Rassismus. In: Mendel, Meron/Cheema, Saba-Nur/Arnold, Sina (Hrgs.): *Frenemies: Antisemitismus, Rassismus und ihre Kritiker*innen*. Erste Auflage. Berlin: Verbrecher Verlag, 45–58.

Sponholz, Liram (2023): Counter Speech: Practices of Contradiction on Hate Speech and their Effects. In: Febel, Gisela/Knopf, Kerstin/Nonhoff, Martin (Hrsg.): Contradiction Studies – Exploring the Field. Contradiction Studies, Wiesbaden: Springer VS. DOI: 10.1007/978-3-658-37784-7_5

Strack, Christoph (2024): Muslime in Deutschland – „Wie nach dem 11. September 2001“ In: Deutsche Welle, 14. Januar. https://www.dw.com/de/wie-nach-dem-11-september-2001-muslime-in-deutschland/a-67948582 [Zugriff: 29.12.2023].

Syam, Hamdani M./Nurrahmi, Febri (2020): „I Don't Know If It Is Fake or Real News“. How Little Indonesian University Students Understand Social Media Literacy. In: *Journal Komunikasi. Malaysian Journal of Communication* 36, 92–105. https://ejournal.ukm.my/mjc/article/view/36189 [Zugriff: 29.12.2023].

The White House (2023). The US strategy to counter antisemitism, 25. May. https://www.whitehouse.gov/wp-content/uploads/2023/05/U.S.-National-Strategy-to-Counter-Antisemitism.pdf [Zugriff: 29.12.2023].

UN. Human Rights Council (2018): Report of the Independent International Fact-Finding Mission on Myanmar, 12. September. https://digitallibrary.un.org/record/1648304?ln=en [Zugriff: 23.01.2024].

Unabhängiger Expertenkreis Antisemitismus (2017): Antisemitismusbericht 18/11970: Bericht des Unabhängigen Expertenkreises Antisemitismus, 7. April. http://dip21.bundestag.de/dip21/btd/18/119/1811970.pdf [Zugriff: 29.12.2023].

Williams, Matthew (2021): The Science of Hate. How Prejudice Becomes Hate and What We Can Do to Stop It. London: Faber & Faber.

World Jewish Congress/Vigo Social Intelligence (2016). The rise of Antisemitism on Social Media. Summary of 2016. https://www.worldjewishcongress.org/download/RVsVZzRXTaZwO41YbzlWwg?utm_source=WJC+Mailing+Lists&utm_campaign=78bfed156d-EMAIL_CAMPAIGN_2018_02_08&utm_medium=email&utm_term=0_04292c525e-78bfed156d-318920277 [Zugriff: 27.02.2024].

Yeh, Ellen/Swinehart, Nicholas (2022): Social media literacy in L2 environments: Navigating anonymous user-generated content. In: Computer Assisted Language Learning 2020, 1–23. https://www.tandfonline.com/doi/pdf/10.1080/09588221.2020.1830805 [Zugriff: 29.12.2023].

Zaft, Robert (2022): Twitter, Facebook, Et Al: The Case For Freelance Content Moderation. In: *Forbes*, 9. Oktober. https://www.forbes.com/sites/robertzafft/2022/10/09/twitter-facebook-et-al-the-case-for-freelance-content-moderation/ [Zugriff: 30.12.2023].

2 DER *DEEP STATE*, KINDEROPFER, UND DIE „PLANDEMIE"

Der historische Hintergrund antisemitischer Tropen innerhalb der QAnon-Bewegung

Armin Langer

Einführung

In den frühen 2020er Jahren sorgte das Verschwörungskollektiv QAnon in Deutschland für erhebliche Kontroversen und rückte mit seinen extremistischen Ideologien ins Rampenlicht. Auf seinem Telegram-Kanal mit etwa 150.000 Anhängern äußerte der deutsche QAnon-Ideologe Oliver Janich die drastische Forderung, „sämtliche Regierungsmitglieder im Bund und in den Ländern standrechtlich zu erschießen" (tagesschau.de 2022). Nach Beginn des russischen Überfalls auf die Ukraine im Februar 2022 verbreiteten QAnon-Anhänger die Behauptung, dass Putin unter der Führung des ehemaligen US-Präsidenten Trump im Zuge dieses Angriffskrieges einen Kinderhandel- und Sex-Ring sprengen wolle (Kagermeier 2022). Gegen Ende des Jahres 2022 wurde ein Komplott von Reichsbürgern und QAnon-Anhängern aufgedeckt, die den Sturz der deutschen Regierung planten (Ritzmann 2023). Diese Entwicklungen zeigen, wie QAnon tatsächliche Bedrohungen und gefährliche Handlungen offline hervorgerufen und sich als ernsthafte Herausforderung für die demokratischen Institutionen und die öffentliche Sicherheit erwiesen hat.

Die anhaltende globale Krise der Coronavirus-Pandemie mit bis September 2023 weltweit mehr als 700 Millionen Fällen und über 6,9 Millionen Toten erwies sich als Katalysator für QAnon. Die Reisebeschränkungen, Sperrungen und Schließungen von Einrichtungen, die zum Ziel hatten, die Ausbreitung der Krankheit zu verlangsamen, führten auch zu Falschinformationen und Verschwörungsmythen über das Ausmaß der Pandemie sowie Ursprung, Prävention, Diagnose und Behandlung der Krankheit. Sowohl vorsätzlich als auch unbeabsichtigt wurden falsche Informationen durch staatliche Medien in Ländern wie China oder Russland, durch Politiker, darunter Staatsoberhäupter der Vereinigten Staaten und Brasiliens, durch prominente Persönlichkeiten und insbesondere über soziale Medien verbreitet (Davis, Fenton, Freedman, Khiabany 2020: xii–xiii). Einige Menschen sind davon überzeugt, dass es sich bei dem Virus um eine gezielt oder versehentlich aus einem Labor freigesetzte Biowaffe handelt. Andere glauben, es handele sich dabei um ein System zur Bevölkerungskontrolle oder um die Nebenwirkungen von 5G-Upgrades der Mobilfunknetze (Singh Jat, Singh 2020: 43). In dieser Zeit der allgemeinen Verunsicherung gewann QAnon stark an Einfluss – und gleichzeitig damit auch eine Anzahl antisemitischer Tropen.

Nach einer Einführung in Ursprünge und Entwicklung von QAnon werden in diesem Kapitel der historische Hintergrund und Kontext antisemitischer Verschwörungsmythen innerhalb der QAnon-Bewegung erläutert. Obwohl bereits umfangreiche Literatur zu QAnon existiert – die hier ebenfalls einbezogen wird – wurde der historische Hintergrund der QAnon-Codes bisher noch nicht genauer untersucht. In diesem Kapitel werden einige der wirksamsten antisemitischen Mythen untersucht, etwa die einer jüdischen Weltverschwörung und die Ritualmordlegende, und es wird aufgezeigt, wie diese Mythen fortbestehen und von QAnon reproduziert werden. Die Verbindung zwischen historischen antisemitischen Entstellungen und zeitgenössischen Verschwörungsmythen, die von QAnon reproduziert wurden, belegt die Kontinuität des Antisemitismus über die Jahrhunderte bis in die aktuelle Welt der sozialen Medien. Da der antisemitische Inhalt einiger QAnon-Mythen auch indirekt oder impliziert sein kann, kann die Betrachtung des historischen Hintergrunds dieser Mythen zum Verständnis der QAnon-Bewegung und ihrer Gefahr beitragen.

QAnon: Eine internationale Meta-Verschwörung

Am 28. Oktober 2017 begann ein Benutzer, der sich als Q bezeichnete, auf dem anonymen Imageboard 4chan eine Reihe von Nachrichten zu posten.[1] In einem Beitrag behauptete Q, höchstwahrscheinlich eine amerikanische Einzelperson oder

1 4chan ist eine Website, die sich zum Zeitpunkt ihres Starts im Jahr 2003 auf japanische Animes und Mangas konzentrierte. Heute gibt es auch Unterseiten zu Themen wie „Waffen", „Sexy schöne Frauen" und „Politisch inkorrekt" (Conway et al., 2019: 11). Da 4chan keine Registrierung erfordert und jeder dort auch ohne Benutzernamen posten kann, zieht es viele an, die anonym bleiben möchten. 4chan gibt an, über 22 Millionen monatliche Besucher zu haben, bei denen es sich vermutlich überwiegend um junge Männer handelt. 4chan ist weithin bekannt für seine „regelfreie" Haltung und dafür, dass Benutzer das Posten illegaler Inhalte tolerieren, darunter Videoaufzeichnungen von Tier- und Kinderpornografie, Drohungen und Aufzeichnungen über tatsächliche Gewalt, Frauenfeindlichkeit und Rassismus. Q hat im Forum „Politically Incorrect" (auch bekannt als /pol/) der Website gepostet. Die /pol/-Beiträge dienen vor allem der extremen Rechten, insbesondere mit ihren „ironischen" Memes, die viele junge Erwachsene anziehen und im Endeffekt indoktrinieren (Condis 2018: 102–106). Das amerikanische Southern Poverty Law Center warnte vor „einer jungen Generation rechtsextremer Aktivisten, die im Internet aufgewachsen sind, [...] wo die klassischen Grundsätze des weißen Nationalismus [...] unter schwindelerregenden Schichten giftiger Ironie gedeihen" (Original: „a young generation of far-right activists raised on the internet [...] where the classic tenets of white nationalism [...] flourish under dizzying layers of toxic irony") (Hankes, Amend 2018).

Gruppe, er sei ein hochrangiger Regierungsbeamter mit der höchsten Sicherheitsfreigabe, der sogenannten Q-Stufe, mit Zugriff auf Dokumente des höchsten Geheimhaltungsgrads. Q behauptete, er wolle die Öffentlichkeit über den angeblichen Krieg des „Deep State" gegen US-Präsident Donald Trump informieren. „Deep State" ist in diesem Kontext ein Begriff, der sowohl wirkliche als auch imaginierte Gegner Donald Trumps beschreibt, was im Folgenden noch genauer analysiert wird. Q beschuldigte liberale Prominente und demokratische Politiker, an einem Kinderhandelsring beteiligt zu sein. Darüber hinaus behauptete Q, dass Trump eine Absprache mit den Russen vorgetäuscht habe, um Robert Mueller, den damaligen FBI-Direktor, dafür zu gewinnen, mit ihm gemeinsam den Ring enthüllen und einen Staatsstreich des demokratischen Politikers Barack Obama und der Demokratin Hillary Clinton gemeinsam mit George Soros, einem progressiven jüdischen Philanthropen, der oft von der politischen Rechten dämonisiert wird, verhindern zu können (Gallagher, Davey, Hart 2020: 3; Langer 2021). Ein weiteres Forum, in dem QAnon zunächst an Popularität gewann, war „Gab", eine rechtsextreme Social-Media-Plattform mit einem Twitter-ähnlichen Konzept.[2]

Seit Qs erstem Beitrag auf 4chan wurden Tausende von Beiträgen im Namen von Q verfasst. Während QAnon auf 4chan begann, wurden im Jahr 2020 die meisten „Qdrops" – neue „Informationstropfen" – auf dem Imageboard 8kun angekündigt, einer mit 4chan vergleichbaren Website. Ob die „Qdrops" vom Erstnutzer Q oder von seinen Followern, auch „Anons" genannt, enthüllt wurden, ist unklar (Greenspan 2020). Die zunehmende Zahl von „Qdrops" führte zur Entstehung von Verschwörungsmythen, die von Anti-5G- und Anti-Impf-Botschaften bis hin zu Theorien reichten, die behaupten, die Welt werde von pädophilen Eliten regiert, die Kannibalismus und rituelle Kinderopfer praktizierten (Gallagher, Davey, Hart 2020: 3). Doch QAnon erlangte seine Popularität nicht nur durch die Aktivität auf rechtsextremen Portalen. Bald wurde QAnon auch auf Mainstream-Plattformen aktiv, insbesondere auf Facebook, Twitter und YouTube. Durch die Duldung von Qanon durch Facebook und YouTube konnte der Verschwörungsmythos ein breiteres Publikum erreichen.[3]

---

2 *Gab* wurde einem breiteren Publikum bekannt, nachdem berichtet wurde, dass der rechtsextreme Terrorist, der elf Menschen in der *Tree of Life*-Synagoge in Pittsburgh, Pennsylvania, tötete, auf *Gab* aktiv war (Conway, Scrivens, Macnair 2019: 10; ISD 2019: 27, Langer 2023: 244).

3 Es ist zu beachten, dass Facebook nach der Präsidentschaftswahl 2016, als es nicht gelungen war, Desinformationsseiten zu erkennen und zu beseitigen, einen neuen Algorithmus entwickelte, der den Nutzern in ihrem Newsfeed mehr Beiträge anzeigte, die von Gruppen stammten. Durch die Priorisierung von Gruppen und die Einschränkung der Reichweite von Medienseiten wollte Facebook-Chef Mark Zuckerberg (2018) „sinnvolle soziale Interaktionen" fördern. Da Anons jedoch in Facebook-Gruppen aktiv waren, erhielten sie dadurch noch mehr Aufmerksamkeit als zuvor. Auch der Empfehlungsalgorithmus von YouTube spielte eine Schlüsselrolle bei der Online-Radikalisierung. Der Technologiejournalist Kevin Roose (2019) zeigte, dass, wenn ein Nutzer YouTube

Der Ethnograph Brian Friedberg (2020) postulierte: „Je länger eine ansteckende schlechte Idee unentdeckt und -entlarvt bleibt, desto wahrscheinlicher ist es, dass sie sich verbreitet und gesellschaftliche Bedeutung erlangt.“[4] Viele QAnon-Schlüsselwörter und -Themen sind aus wissenschaftlicher oder journalistischer Perspektive relativ unsinnig, wie beispielsweise „Adrenochrom“. Es gibt kaum Informationen zu diesen Themen, die nicht von „Anons“ selbst stammen. Dieser Mangel an ernsthafter Auseinandersetzung mit den Verschwörungsmythen hat jedoch eine Lücke erzeugt, die mit QAnon-Desinformation gefüllt ist. Da keine oder kaum seriöse Quellen verfügbar seien, argumentiert Friedberg, präsentierten Suchalgorithmen das Vorhandene, also die Verschwörungsmythen selbst. Aufgrund der Duldung dieser Verschwörungsmythen durch die Mainstream-Plattformen wurde QAnon zu einem internationalen Phänomen. Die amerikanische Organisation „Anti-Defamation League“, die Antisemitismus bekämpft, verzeichnete zwischen Oktober 2017 und Januar 2018 mehr als 3,3 Millionen Beiträge auf Twitter, die sich auf QAnon bezogen (ADL 2020). Im Jahr 2020 hatten allein QAnon-Gruppen auf Facebook über drei Millionen Mitglieder (Sen, Zadrozny 2020).

QAnon ist jedoch nicht auf soziale Medien beschränkt. „Anons“ sind auf populistischen Kundgebungen zu sehen, wo sie daran erkennbar sind, dass sie den Buchstaben Q tragen oder ihn auf einem Banner oder Schild hochhalten (Barker 2020). WWG1WGA ist ein Slogan, den man auch auf T-Shirts und Bannern von QAnon-Anhängern sehen kann: QAnon-Gläubige markieren ihre Social-Media-Beiträge üblicherweise mit dem Hashtag #WWG1WGA – Where We Go One, We Go All (Wo einer von uns hingeht, dahin gehen wir alle) (Thomas, Zhang 2020). Der Journalist Isaac Stanley-Becker (2018) stellte nach der Teilnahme an einer Trump-Kundgebung in Tampa, Florida, fest, dass Anhänger von QAnon bei der Veranstaltung „an vorderster Front und im Mittelpunkt“[5] standen. „Während der Präsident sprach, erhob sich im Publikum ein Zeichen. ‚Wir sind Q‘, hieß es.“ Stanley-Becker (2018) kommt zu dem Schluss, dass „QAnon eine neue Grenze überschreitet“.[6]

---

mit einem QAnon-Video startet, die Plattform weitere, immer radikalere QAnon-Inhalte vorschlägt. Hinter diesem Algorithmus stecken finanzielle Interessen: Je länger YouTube die Nutzer auf seiner Seite hält, desto mehr Anzeigen können sie dem Nutzer zeigen und Profit generieren. Die Social-Media-Giganten erkannten die Gefahr von QAnon nicht und/oder stellten den Profit in den Vordergrund und ließen die Verbreitung von QAnon zu. Erst in der zweiten Hälfte des Jahres 2020 begannen sie damit, QAnon-Inhalte zu entfernen.

4 „[t]he longer an infectiously bad idea goes undetected and debunked, the more likely it is to spread and develop social importance. “

5 „front and center“

6 Während es echte Menschen gibt, die QAnon folgen, wird angenommen, dass viele QAnon-Follower Bots sind, die mit Russland in Verbindung stehen. Laut der in DC ansässigen Denkfabrik Center for Strategic and International Studies spielte die russische Regierung eine wichtige Rolle bei der Verstärkung der QAnon-Verschwörung (Spaulding et al. 2019: 31f.).

Eine der Eigenschaften von QAnon, die zu seinem schnellen Erfolg beigetragen hat, ist seine Fluidität. Es konzentriert sich nicht auf eine einzelne Person oder Gruppe, sondern verbreitet mehrere Verschwörungsmythen über zahlreiche Personen und Gruppen gleichzeitig. QAnon wurde auch als „Meta-Verschwörung" beschrieben, da es verschiedene Verschwörungsmythen miteinander verknüpft, beispielsweise Verschwörungsmythen über Impfstoffe mit denen eines „Deep State" (Gallagher, Davey, Hart 2020: 3; Schabes 2020: 8). Diese Flexibilität machte es einfach, QAnon an politische Kontexte außerhalb der Vereinigten Staaten anzupassen. Nach 2018 wurden mehrere neue QAnon-Social-Media-Seiten, -Gruppen und -Accounts im Vereinigten Königreich, in Frankreich, Italien, den Niederlanden und Deutschland erstellt, auf denen in kürzester Zeit eine beachtliche Anzahl an Followern zusammenkam. Eine der größten QAnon-Plattformen in Europa war der im Oktober 2018 gegründete deutschsprachige YouTube-Kanal „Qlobal-Change", der im September 2020, kurz bevor YouTube den Kanal abschaltete, über 105.000 Abonnenten zählte. Eine weitere wichtige QAnon-Ressource im deutschsprachigen Raum ist die Website „Qlobal-change.blogspot.com" aus dem Jahr 2018. Ziel der Website ist es, „Menschen ohne die nötigen Sprachkenntnisse einen Einblick in die Q-Bewegung in den USA zu geben"[7]. Europäische Websites, darunter Qlobal-change.blogspot.com, behaupten, dass der „Deep State" keine Grenzen kenne und sich langsam verändere, um lokale Vertreter der „internationalen Eliten" mit den bereits bekannten QAnon-Themen wie Pädophilie oder der Weiterentwicklung der Neuen Weltordnung anzusprechen (Labbe et al. 2020).

Das rasante Wachstum von QAnon wurde auch durch die Unterstützung zuvor aktiver Verschwörungs-Anhänger und rechtsextremer Persönlichkeiten vorangetrieben. Der deutsche R&B-Sänger Xavier Naidoo, bekannt für seine Verbreitung rechtsextremer politischer Ansichten, war eine treibende Kraft hinter QAnon im deutschsprachigen Raum. Im Jahr 2020 veröffentlichte er auf seinem Telegram-Kanal Videos, in denen er sich QAnon zu eigen machte und behauptete, dass Regierungen die Pandemie nutzten, um eine Rettungsaktion durchzuführen, um von den „Eliten" inhaftierte Kinder zu befreien (Trauthig 2021). Die niederländische Filmemacherin Janet Ossebard produzierte eine zehnteilige YouTube-Serie mit dem Titel „Fall of the Cabal", die das Kernmaterial zu Q und der „Cabal", einer geheimnisvollen Versammlung, präsentierte. Bevor sich Ossebard selbst als „Anon" outete, erlangte sie Aufmerksamkeit durch die Verbreitung von Geschichten über Kornkreise, die außerirdischen Ursprungs seien (van Erp 2020). Auch andere bereits bestehende Kanäle trugen zur Verbreitung des QAnon in Europa bei, etwa das französische UFO-Gläubigerportal ExoPortail.com, der italienische Pro-Salvini-YouTube-Kanal Dentro la Notizia (Innerhalb der Nachrichten), die deutsche Ausgabe der Portale

7 „to give people without the necessary language skills an insight into the Q-movement in the USA."

Epoch Times und Compact Online oder die deutsche Verschwörungsplattform Pravda TV (Labbe et al. 2020).

Einer der frühesten Auftritte von QAnon in Deutschland war die bayerische Landtagswahl 2018, als QAnon-Anhänger die rechtspopulistische und rechtsextreme Alternative für Deutschland (AfD) unterstützten.[8] Aber QAnon gewann in Deutschland insbesondere während der COVID-19-Pandemie an Stärke. Wie Klara Sinha und Simon Schwarz (2020) feststellten, erwies sich die Pandemie als Katalysator für Verschwörungsmythen auf Social-Media-Plattformen.[9] QAnon spielte eine entscheidende Rolle bei den Kundgebungen gegen die COVID-19-Maßnahmen der Bundesregierung. Sie mobilisierten nicht nur Menschen zum Protest, sondern waren auch mit ihren Symbolen auf den Veranstaltungen sichtbar. Viele „Anons“ bezeichneten sich selbst als „Querdenker“, was notabene ebenfalls mit einem Q beginnt (Barker 2020). Maximilian Zehring und Emese Domahidi (2023) zeigen, wie einflussreich QAnon-Narrative in der Querdenker-Bewegung waren. Eine Umfrage des Center for Monitoring, Analysis and Strategy stellte fest, dass QAnon-Erzählungen im deutschsprachigen Raum vor allem unter Menschen populär sind, die sich geweigert haben, sich gegen COVID-19 impfen zu lassen: 46 Prozent von ihnen stimmen zentralen Verschwörungserzählungen der QAnon-Szene mindestens teilweise zu, während nur 8,7 Prozent der Menschen, die mindestens eine Schutzimpfung erhalten haben, solchen Erzählungen zustimmten.

Antisemitisches Hundepfeifen

Das gemeinnützige Media Diversity Institute stellte fest, dass „ein Großteil der überwachten Inhalte keinen offensichtlichen Antisemitismus enthielt, viele Mitglieder der QAnon-Bewegung jedoch antisemitische Hundepfeifen nutzten“[10] (MDI

8 Die in London ansässige Denkfabrik *Institute for Strategic Dialogue* (2019: 23) stellte fest, dass Accounts, die QAnon-Inhalte verbreiteten, häufig gleichzeitig AfD-Kampagnen-Hashtags förderten, beispielsweise durch die Verwendung von Hashtags wie #DrainTheSwamp, #HilaryForPrison, und #DrainTheDeepState zusammen mit pro-AfD-Hashtags wie #linksliegenlassen, #MerkelMussWeg, und #AfDwirkt. Die deutsche QAnon-Bewegung ist nur ein Beispiel für eine neue Online-Subkultur, die die Verbindungen zwischen QAnon und der internationalen Rechtsextremen vertieft (ISD 2019: 23f., 26).

9 Während der COVID-19-Krise hat QAnon begonnen, in ganz Europa eine breitere öffentliche Neugier zu wecken. Das Institute for Strategic Dialogue analysierte im Frühjahr 2020 155.705 Tweets mit dem Hashtag #ChineseCoronavirus und stellte fest, dass drei der zehn in diesen Posts am häufigsten verwendeten Hashtags auch mit #QAnon, #QAnon2020 und/oder #QAnon2018 getaggt waren (ISD 2020: 7). Facebook-Daten von öffentlichen Gruppen und öffentlichen Seiten zeigen einen Anstieg von Posts, in denen das Adrenochrom-Medikament erwähnt wird (ISD 2020: 6).

10 „while much of the content monitored did not include overt antisemitism, many of those within the QAnon movement utilized antisemitic dog whistling.“

2020: 5). Der Begriff „Hundepfeifenpolitik“ oder einfach „Hundepfeife“ bezeichnet die Verwendung von Botschaften, die in Reden eingebettet sind und einem allgemeinen Publikum harmlos erscheinen, jedoch bei einem bestimmten Publikum, das darauf eingestellt ist, sie zu empfangen, Resonanz finden (Langer 2023: 233). Der Begriff verwendet die Analogie der Hundepfeife, die von Hirten verwendet wird. Der hochfrequente Ton dieser Pfeifen ist für Hunde hörbar, für Schafe und Menschen jedoch nicht. Bei der Hundepfeifenpolitik werden Codewörter verwendet, die Mitglieder bestimmter Gruppen Macht verleihen, aber möglicherweise von der breiteren Bevölkerung überhört werden (Haney López 2014). Wie beispielsweise Bethany L. Albertson (2014) gezeigt hat, kann der Ausdruck „Familienwerte“ in einer politischen Kampagne als „Hundepfeife“ fungieren, da er konservative christliche Wähler stärkt, ohne nichtchristliche Wähler zu entfremden.

Hundepfeifenpolitik spielt eine wesentliche Rolle bei der Förderung antisemitischer Codes, wie ich an anderer Stelle gezeigt habe (Langer 2021; Langer 2022; Langer 2023). Eine solche antisemitische Hundepfeifen-Politik bezieht sich auf bestimmte Personen, Begriffe und Erzählungen, die ohne Kontext vage und harmlos erscheinen mögen, aber eine Form antisemitischer Hassrede signalisieren. Die Hundepfeife wird von QAnon ständig als Taktik eingesetzt, um prominente jüdische Persönlichkeiten des öffentlichen Lebens und die Juden allgemein auf nur allzu bekannte Weise anzuprangern. Da die codierte Sprache innerhalb von QAnon möglicherweise nicht auf den ersten Blick erkennbar ist, bedarf dieser Aspekt einer weiteren Erläuterung. Im Folgenden werden einige der häufigsten QAnon-Verschwörungsmythen vorgestellt, um zu zeigen, wie sie eine verschlüsselte oder suggestive antisemitische Sprache verwenden.

Der „Deep State“

Wie in der Einleitung dieses Kapitels erwähnt, war das „Deep State“-Narrativ seit seinen Anfängen ein zentraler Bestandteil von QAnon. Die „Deep State“-Theorie legt die Existenz von Absprachen innerhalb des politischen Systems der USA nahe, bei denen der „Deep State“ eine verborgene Regierung innerhalb und/oder neben der rechtmäßig gewählten Regierung darstellt. QAnon sieht die Gegner von Trump als den „Deep State“ – aber auch Trump und seine „echten“ Unterstützer beziehen sich auf den „Deep State“. Der republikanische Politiker Newt Gingrich beschuldigte das Congressional Budget Office – die Behörde, die für die Prüfung und Schätzung der nötigen und geplanten Ausgaben innerhalb eines Haushaltsjahrs verantwortlich ist – „Teil des Deep State“ zu sein, weil es die Republikaner im Senat kritisierte (Klaas 2017: 168). Der Fox-News-Moderator und Trump-Vertraute Sean Hannity behauptete, dass die Richter, die Trumps Anordnungen aufhoben, Teil des

„Deep State“ seien und „aktiv versuchen, den Präsidenten auszuschalten“[11]. InfoWars-Moderator Alex Jones behauptete, dass die Entscheidungen dieser Richter Teil einer Verschwörung zur Ermordung von Trump seien (Klaas 2017: 176). Präsident Trump selbst nannte das Außenministerium (auf Englisch: State Department) während eines Briefings zur Pandemie das „*Deep State* Department“ (Gross 2020). Trump hat den „Deep State“ oft als vermeintliches Hindernis für ihn und seine Verbündeten angeführt (Frum 2020). „Anons“ werfen dem „Deep State“ außerdem vor, für die COVID-19-Pandemie verantwortlich zu sein.

In diesem Kapitel argumentiere und belege ich, dass dieses wesentliche QAnon-Narrativ einer „Deep State“-Verschwörung, das auch außerhalb von QAnon weit verbreitet ist, mit der Idee einer jüdischen Weltverschwörung vergleichbar ist. Solche Geschichten über Verschwörungen von Juden gegen Nichtjuden gibt es schon seit mehr als 200 Jahren. Sie gehen auf einen französischen Jesuitenpriester namens Augustin Barruel zurück, der sich eine Verschwörung von Freimaurern und Revolutionären gegen das christliche Europa ausmalte (Burmistr 2010). Im Jahr 1806 erhielt Barruel einen Brief von einem gewissen Giovanni Battista Simonini, der dem Priester dazu gratulierte, dass er die „berüchtigten Sekten, die die Wege des Antichristen bereiten“, entlarvt habe, ihn aber dafür kritisierte, dass er die mächtigste Kraft von allen vernachlässigt habe: die Juden (Markner 2014: 311).[12] Obwohl Barruel (1995: 130, 171) die angeblichen Verschwörer als „Synagoge der Gottlosigkeit“ bezeichnet hatte und die Philosophen der Aufklärung mit „blasphemischen“ Juden verglich, hob er die Rolle der Juden bei der Verschwörung nicht besonders hervor. Simonini war daher mit Barruels antisemitischen Vergleichen nicht zufrieden. Er könne bezeugen, dass sowohl die Freimaurerei als auch die Illuminaten von Juden gegründet worden seien und letztendlich der Herrschaft der Juden dienten. Sein Brief ist eines der frühesten Beispiele antisemitischer Weltverschwörungen (Markner 2014: 311f.). Auf Simonini folgten bald viele andere, die eine geheime internationale jüdische Weltverschwörung imaginierten (Burmistr 2010; Langer 2021: 170).

Die Welle der jüdischen Emanzipation in der zweiten Hälfte des 19. Jahrhunderts trug zur Verbreitung antisemitischer Verschwörungsmythen bei. Zu diesem Zeitpunkt galt die sogenannte jüdische internationale Elite als eine von den Freimaurern getrennte Bedrohung (Byford 2011: 46). Antisemitische Verschwörungserzählungen waren auch in Russland beliebt, wo 1905 die *Protokolle der Weisen von Zion* veröffentlicht wurden. Die Herausgeber des Dokuments behaupteten, dass es sich dabei um das Protokoll eines Treffens Ende des 19. Jahrhunderts handelte, in dem die jüdischen Führer ihr Ziel einer globalen jüdischen Hegemonie erörterten,

11 „actively seeking to take out“ the president
12 the „infamous sets who prepare the ways of the antichrist“.

indem sie die Moral von Nichtjuden untergraben und die Presse und die Weltwirtschaft kontrollieren wollten. Die *Protokolle* wurden vermutlich von der zaristischen Geheimpolizei erdacht und bald in andere Sprachen übersetzt und in ganz Europa und weltweit verbreitet. In der Zeit zwischen 1920, als die *Protokolle* Weltruhm erlangten, und der Niederlage der Nazis im Jahr 1945 wurden die Verkaufszahlen des Buches nur von der Bibel übertroffen (Byford 2011: 46).

Doch bereits lange vor der weltweiten Verbreitung der in den *Protokollen* imaginierten jüdischen Weltverschwörung wurde Juden in Mitteleuropa vorgeworfen, einen „Staat im Staate" zu bilden. Der Historiker Jacob Katz (1982: 192) stellt fest, dass der Begriff bereits zur Stigmatisierung von Katholiken verwendet worden war, als ihn 1784 der preußische lutherische Pfarrer Johann Heinrich Schulz in den antisemitischen Kontext einführte. Schulz verwendete den Begriff im Rahmen einer öffentlichen Debatte um die Veröffentlichung des Werkes Über die Verbesserung des Zivilstandes der Juden des preußischen Beamten Christian Wilhelm von Dohm im Jahr 1781. Von Dohm rückte die Herausforderung der jüdischen Integration in den Mittelpunkt des öffentlichen Interesses. Während von Dohm an den preußischen Staat appellierte, die Gleichberechtigung von Christen und Juden zu gewährleisten, argumentierte Schulz, dass Juden sich freiwillig von den „westlichen" Gesellschaften trennten und durch die Einhaltung der jüdischen religiösen Normen eine eigene, exklusive Gesellschaft bildeten. Nach Ansicht von Schulz wurden jüdische religiöse Normen geschaffen, um eine Grenze zwischen Juden und Nichtjuden zu bilden und die Trennung der Juden zu gewährleisten (Katz 1982: 134; Langer 2020: 102ff.).

Der preußische Philosoph Johann Gottlieb Fichte, einer der Wegbereiter der Idee einer geeinten deutschen Nation, vertrat ebenfalls die Ansicht, dass Juden die Schaffung von Parallelgesellschaften innerhalb der deutschen Staaten anstrebten (Langer 2020: 103f.). Fichte trug wesentlich zur Popularisierung dieses Mythos bei (Katz 1982). Laut dem Historiker Malachi Hacohen (2019: 180) wurde im Laufe des 19. Jahrhunderts das Argument eines jüdischen „Staates im Staat" zum zentralen Argument gegen die jüdische Emanzipation. Diese Anschuldigung wurde in praktisch jeder Emanzipationsdiskussion des 19. Jahrhunderts wiederholt. Der Vorwurf, die Juden wollten einen Staat-im Staat errichten, blieb über die Jahrhunderte hinweg bestehen und diente als Nährboden für eine Reihe von Verschwörungsmythen über Juden, die sich gegen Nichtjuden verschworen (Langer 2020).

Auch wenn mir keine Forschung bekannt ist, die einen Zusammenhang zwischen diesen beiden Narrativen aufzeigt, behaupte ich, dass der Begriff „Staat im Staat" das Narrativ einer „jüdischen Weltverschwörung" ergänzt. Beide Theorien vertreten die Idee der Existenz einer geheimen Gruppe, die getrennt von der Mehrheit nach ihren eigenen Regeln arbeitet. Beide Theorien gehen davon aus, dass das Wirken dieser kleinen, verschwiegenen Gruppe den Interessen der Mehrheit zuwiderlaufe. Die Theorien vom „Staat im Staat" und der „jüdischen Weltverschwörung" überschneiden sich auch in ihrer Definition dessen, wer die Mitglieder dieser geheimen Gruppe sind – die jüdische Gemeinschaft.

Der Historiker Norman Cohn (1966) zeigte, wie mächtig die Mythen einer jüdischen Weltverschwörung waren und dass sie in der Nazizeit als „Rechtfertigung für Völkermord“ dienten. Die antisemitischen Mythen einer jüdischen Weltverschwörung haben bis heute nicht an Relevanz verloren – und QAnon ist der Beweis dafür. QAnon steht in dieser Tradition und reproduziert eben jene antisemitischen Mythen, wenn es um eine „Deep State“-Verschwörung geht. Antisemiten waren jedoch nicht immer so explizit wie die Autoren und Befürworter der *Protokolle* oder die oben erwähnten deutschen Intellektuellen, die sich gegen die jüdische Emanzipation stellten. Oftmals drückten antisemitische Autoren ihre Verschwörungsmythen mithilfe von Codewörtern aus, anstatt Juden direkt zu beschuldigen. Das erste Codewort für die in den *Protokollen* beschriebene jüdische Weltverschwörung war „die Rothschilds“ – ein Codewort, das auch heute noch häufig verwendet wird, auch von „Anons“.

Die Rothschilds und Soros

Die Bankendynastie der Rothschilds ist seit dem 19. Jahrhundert der Inbegriff der internationalen jüdischen Verschwörung. Für Antisemiten des 19. Jahrhunderts vereinten die Rothschilds Judentum, finanziellen Reichtum und internationale Verbindungen. Sie galten als Symbol für die wachsende Macht der Juden im modernen Kapitalismus. Die Anti-Rothschild-Verschwörungsmythen vermischten Antisemitismus mit Antikapitalismus und Antimodernismus. Die Behauptung, die Rothschilds stünden hinter der Gründung finsterer geheimer und halbgeheimer Organisationen, ist in den meisten modernen und sogar zeitgenössischen Verschwörungsgeschichten über die Neue Weltordnung zu finden. Auch wenn es der Familie nicht gelang, in den Vereinigten Staaten eine feste Niederlassung zu gründen, und ihre Dependancen noch heute in Europa beheimatet sind, wurde das Bild der Familie Rothschild auch von amerikanischen antisemitischen Akteuren übernommen (Byford 2011: 104ff.; Langer 2022). Auch „Anons“ beziehen sich häufig auf die Rothschilds.

Die Vorstellung von der angeblichen Macht der Rothschilds hallt bis in die Gegenwart nach, auch wenn die Bankendynastie im 20. Jahrhundert unterging und keines der heutigen Familienmitglieder für politisches oder soziales Engagement bekannt ist. Nach Angaben von S&P Global Market Intelligence gehört die Investmentbank Rothschild & Co – die 2003 nach der Fusion der britischen und französischen Filialen der Familie gegründet wurde – nicht einmal zu den 100 größten Banken weltweit (Garrido, Chaudhry 2019). Dennoch wurde den Rothschilds vorgeworfen, die Verbreitung des neuartigen Coronavirus und eine Reihe anderer Manipulationen finanziert zu haben. QAnon-Unterstützer behaupten, die Familie

Rothschild sei tief in das „böse Projekt der Milliardäre“ verwickelt und „Ausbeuter der Pandemie“, die die COVID-19-„Patente“ besäßen, die angeblich zur Herstellung der Krankheit genutzt wurden. Um die angeblich versteckte Agenda der Rothschilds hinter COVID-19 hervorzuheben, bezeichnen „Anons“ die Pandemie oft als „Plandemie“ (MDI 2020: 8).

Viele „Anons“ verwenden nicht nur den antisemitischen Code der Rothschilds, sondern beziehen sich auch auf den amerikanisch-jüdischen Philanthropen und Geschäftsmann George Soros. Obwohl es die Soros-Verschwörungsmythen schon seit den frühen 1990er Jahren gibt, erlangten sie erst zwei Jahrzehnte später internationale Bedeutung (Langer 2021). Der ungarische Ministerpräsident Viktor Orbán machte Soros 2013 zum Staatsfeind Nummer eins und griff den Milliardär auf Plakaten und in als Bekanntmachungen der öffentlichen Verwaltung getarnten Anzeigen als Feind des ungarischen Volkes an. Während der sogenannten Migrationskrise 2015 behauptete Orbán fälschlicherweise, Soros habe die muslimischen Flüchtlinge nach Europa geführt, um das Christentum zu schwächen. Dieses Narrativ wurde von Nationalisten und Populisten in ganz Europa und den Vereinigten Staaten übernommen (Langer 2021; Langer 2022). Seitdem wird Soros, ein Mensch, dessen jüdische Herkunft weithin bekannt ist, oft als Strippenzieher dargestellt, der nationale Ereignisse für bösartige Zwecke manipuliert. In der Fantasie der Antisemiten erfüllt George Soros eine ähnliche Rolle wie die Rothschilds. Dies könnte erklären, warum Soros und die Rothschilds im Kontext von QAnon oft gemeinsam erwähnt werden (MDI 2020: 8).

Die „Anons“ beziehen sich häufig auf Soros. Ein QAnon-Facebook-Video bezeichnet George Soros als „das Gesicht des Globalismus“ und die „böse Kreatur“. QAnon-Anhänger beschuldigten Soros, den politischen Aktivisten der amerikanischen Ureinwohner Omaha, Nathan Phillips, finanziert zu haben, der für seine Rolle bei der Auseinandersetzung am Lincoln Memorial in Washington, D.C. im Januar 2019 bekannt ist, bei der Teenager MAGA-Hüte trugen (Procházka, Blommaert 2019: 18, 21). QAnon stellte die Weltgesundheitsorganisation (WHO) als eines der Instrumente dar, das die „globale“ Elite nutze, um die Kontrolle zu erlangen und/oder zu behalten. In ihrer Erzählung wird die WHO von Bill Gates geleitet und von den Rothschilds und Soros unterstützt (MDI 2020: 8).

Jüdische Persönlichkeiten des öffentlichen Lebens werden auch von QAnon-Gruppen außerhalb der USA ins Visier genommen. Während sich die amerikanischen „Anons“ auf Soros und die Rothschilds konzentrieren, stellen ihre französischen Kollegen beispielsweise die jüdisch-französischen öffentlichen Intellektuellen Jacques Attali und Bernard Henri Lévy als Teilnehmer der Bilderberg-Konferenz dar und beschuldigen sie, sich zu verschiedenen Formen der Weltherrschaft verschworen zu haben, einschließlich der einer „Neuen Weltordnung“ (MDI 2020: 14). Darüber hinaus verwenden QAnon-Anhänger häufig den Begriff „Cabal“, um die angeblichen Intrigen der Eliten zu beschreiben. Sie greifen bewusst oder unbewusst auf einen Begriff zurück, der seit Jahrhunderten Teil des antisemitischen Kanons ist. Das Wort Kabale leitet sich von der Kabbala ab, der mystischen und spirituellen Interpretation der hebräischen Schriften des Judentums. Auf Hebräisch bedeutet Kabbalah „empfangen" oder „annehmen" und bezeichnet die geheime Ebene der jüdischen Exegese. In der nichtjüdischen europäischen Kultur wurde die Kabbala mit okkulten Lehren in Verbindung gebracht und galt fortan als eine Gruppe von Verschwörern (Dan 2006: 7; Langer 2023: 240). QAnons Entscheidung, die „internationalen Eliten" als „Kabale" zu bezeichnen, ist ein weiterer Beweis für das antisemitische Hundepfeife innerhalb der Bewegung.

Die Verwendung von Hashtags ist ein einheitliches Kodierungssystem für QAnon. Ihre Beiträge enthalten bestimmte Hashtags wie #GeorgeSoros oder #NWO, um die Idee zu verbreiten, dass Juden versuchen, die Weltherrschaft zu erobern. Darüber hinaus markieren sie nichtjüdische „Marionetten" dieser jüdischen Personen (MDI 2020: 14, 23). Die Verwendung des Begriffs „Marionette" ist ein gängiger antisemitischer Ausdruck, der den „Juden" als den Puppenspieler darstellt, der hinter den Kulissen zu seinem eigenen Vorteil die Fäden zieht. Die Darstellung von Biden als Marionette von Soros ist ein immer wiederkehrendes Bild in QAnon-Beiträgen (siehe z.B. Direct to the people 2020). Dasselbe geschieht mit anderen nichtjüdischen Gegnern von Trump.

Hollywood und die „Adrenochrom-Ernte"

Ein Teil der „geheimen internationalen Elite", die an der Opferung von Kindern beteiligt ist, ist die „Hollywood-Elite". Im Jahr 2020 verbreiteten QAnon-Anhänger die Geschichte, dass „Hollywood-Eliten" an der „Adrenochrom-Ernte" beteiligt seien, bei der das Hormon Adrenalin aus dem Blut gefolterter Kinder gewonnen werde, um zur psychoaktiven Droge Adrenochrom oxidiert zu werden. Adrenochrom ist ein Medikament, das in der Medizin zur Verlangsamung des Blutverlustes und zur Förderung der Blutgerinnung bei offenen Wunden eingesetzt wird. Während der COVID-19-Pandemie verbreiteten „Anons" die Geschichte, dass eine große Anzahl Prominenter aus dem „liberalen Hollywood" aufgrund einer verunreinigten Charge Adrenochrom an dem neuen Coronavirus erkrankt sei (Adams 2020).

Der Verschwörungsmythos um die lebensverlängernde Geheimdroge Adrenochrom geht auf den amerikanischen Autor Hunter S. Thompson (1998: 132) zurück. Thompson schrieb 1971 in seinem psychedelischen Roman *Fear and Loathing in Las Vegas* – auf Deutsch erschienen als *Angst und Schrecken in Las Vegas* –, dass nur „die Adrenalindrüsen eines *lebenden* menschlichen Körpers" verwendbar seien:

Es nütze nichts „wenn man es aus einer Leiche herausholt"[13]. Das heißt, nur durch die Opferung eines lebenden Menschen kann Adrenochrom angeblich gewonnen werden. Die Idee wurde in der Verfilmung des Buches durch Regisseur Terry Gilliam 1998 aufgegriffen. Ein YouTube-Clip der Szene, in der der Schauspieler Johnny Depp Adrenochrom einnimmt, hat fast zwei Millionen Aufrufe und zahlreiche Kommentare, in denen Nutzer darauf hinweisen, wie die Hollywood-„Eliten" „uns die Wahrheit direkt vor die Nase setzen, um uns zu verhöhnen" (Movieclips 2011). Während viele „Anons" zu glauben scheinen, dass Adrenochrom eine tatsächlich existierende Droge sei, die von „Eliten" verwendet werde, um ihr Leben zu verlängern, ist es wichtig daran zu erinnern, dass der Gonzo-Journalismus, Thompsons Schreibstil, auf der Übertreibung realer Ereignisse basiert. Adrenochrom kann die alternden „internationalen Eliten" nicht wiederbeleben, und Thompson glaubte nicht wirklich an die Existenz einer solchen lebensverlängernden Droge und gab zu, die ganze Sache erfunden zu haben (Adams 2020; Friedberg 2020).

Viele der „Hollywood-Eliten", denen diese Verbrechen an Kindern vorgeworfen werden, sind keine Juden. QAnon-Anhänger beschuldigten beispielsweise Oprah Winfrey, eine Schlüsselfigur in ihrem angeblich riesigen Sexhandelsring zu sein. Dennoch wurzelt die Kritik an den „liberalen Hollywood-Eliten" im Antisemitismus. Bereits in den 1920er Jahren beklagte sich der Ku-Klux-Klan über die „unmoralischen Filme, die von der ‚judenkontrollierten' Hollywood-Filmindustrie produziert werden" (Gillis 2017: 267). Der *Dearborn Independent,* eine Zeitung im Besitz des Industriellen Henry Ford, behauptete, dass es eine „jüdische Vorherrschaft" gäbe, die unter der Kontrolle der „jüdischen Manipulatoren der öffentlichen Meinung" stünde. Schon in den 1970er Jahren wurde Juden von amerikanischen Rechtsextremen vorgeworfen, „antichristliche und antiamerikanische Bilder" zu fördern (Gillis 2017: 267, 280). Im Jahr 1964 glaubten 50 Prozent der Amerikaner, dass „die Juden" Hollywood kontrollierten; im Jahr 2008 sank diese Zahl auf nur noch 22 Prozent. Auch das ist noch eine hohe Zahl, wie der ehemalige Vorsitzende der Anti-Defamation League, Abe Foxman, betont. Obwohl es stimme, dass Juden in der amerikanischen Kreativbranche überproportional vertreten seien, sei die Vorstellung, dass „die Juden" Hollywood kontrollierten, laut Foxman „sehr gefährlich" (Stein 2020). Diese antisemitischen Legenden passen gut zu QAnons Behauptung, Hollywood-Schauspieler würden Adrenochrom von Kindern ernten.

Ritueller Mord und sexueller Missbrauch

Während der Coronavirus-Pandemie verzeichnete Google Trends signifikante statistische Ausreißer bei Suchanfragen nach Adrenochrom. Im Juli 2020 veranstaltete

13 „[t]he adrenaline glands from a living human body. [...] It's no good if you get it out of a corpse."

QAnon den ersten „Child Lives Matter“-Protest in Hollywood, um den Kinderhandel „aufzudecken“, und bewarb die Veranstaltung mit Hinweisen auf Adrenochrom. Friedberg (2020) warnte, dass „ein jahrhundertealter antisemitischer Mythos in den rechtsextremen Ecken der sozialen Medien frei verbreitet wird – was darauf hindeutet, dass ein neues digitales dunkles Zeitalter angebrochen ist“[14]. Legenden darüber, dass Juden christliche Kinder töteten und ihr Blut für Rituale verwendeten, reichen mindestens bis ins zwölfte Jahrhundert zurück. Wenn ein christliches Kind vermisst wurde, war es üblich, die Schuld den ortsansässigen Juden zuzuschieben, auch wenn es keine Beweise für deren Beteiligung gab. Einige Christen behaupteten, dass die Juden das Blut von Kindern als Zutat für das ungesäuerte Pessach-Mazza-Brot verwendeten oder dass der Wein, den Juden bei den Pessach-Seder-Feiern tranken, in Wirklichkeit Blut sei. Andere behaupteten, dass Juden Kinderblut als Medizin oder Aphrodisiakum verwendeten. Diese Mythen sind auch als „Ritualmordvorwurf“ beziehungsweise im englischsprachigen Raum als *blood libel* bekannt und haben in der Vergangenheit häufig zu Mobgewalt und Pogromen und gelegentlich zur Dezimierung ganzer jüdischer Gemeinden geführt (Teter 2020).

„Kinder zu verletzen ist eines der schlimmsten Dinge, die man jemandem nachsagen kann. Es ist eine einfache Methode, den Feind zu dämonisieren“, sagt die Historikerin Kathryn Olmsted (Breland 2019).[15] Dies könnte erklären, warum Ritualmordlegenden noch nicht verschwunden sind, wie die Judaistin Magda Teter (2020: 1f.) feststellt. Teter nennt einige aktuelle Fälle: Im Jahr 2015 gedachten britische Neonazis des kleinen Hugh, der angeblich Opfer eines Ritualmordes geworden war. Facebook löschte erst 2019 eine Seite mit dem Titel „Jüdischer Ritualmord“. Der rechtsextreme Terrorist, der 2019 eine jüdische Frau in der Poway-Synagoge tötete, berief sich in seinem Online-Manifest auf ein weiteres mutmaßliches minderjähriges Opfer jüdischer Ritualmorde, Simon von Trent (Langer 2024).

Der Ritualmord ist ein wiederkehrendes Beispiel für den Einsatz von Hundepfeifen bei QAnon. Unter dem Hashtag #SaveOurChildren hat QAnon wiederholt behauptet, dass es ein internationales Netzwerk von Eliten gebe, die Kinder für rituelle Zwecke missbrauchen. Dies baut auf einem Verschwörungsmythos aus dem Jahr 2016 namens Pizzagate auf. Dieser Mythos behauptete, dass Hillary Clinton und andere prominente Persönlichkeiten der Demokratischen Partei in Tunneln unter der Pizzeria Comet Ping Pong im Wohnviertel Chevy Chase in Washington, D.C. einen Pädophilenring betrieben. Die Pizzagate-Geschichte hat bisher zu zwei Anschlägen geführt: Ein Pizzagate-Gläubiger feuerte 2016 in dem Restaurant eine Waffe ab, ein weiterer legte dort 2019 ein Feuer. Auch wenn bei diesen Vorfällen

14 „a centuries-old anti-Semitic myth is spreading freely on far-right corners of social media - suggesting a new digital Dark Age has arrived.“

15 „Hurting children is one of the worst things you can say someone is doing. It’s an easy way to demonize your enemy.“

niemand verletzt wurde, offenbaren sie die Macht verschwörerischer Paranoia (Shermer 2020) und zeigen außerdem, wie mächtig Jahrhunderte alte antisemitische Tropen sein können.

Die Ritualmordlegende steht in Verbindung mit weiteren Verschwörungsmythen über die „Eliten“, die an den Kindern, die an den Ritualen beteiligt sind, sexuelle Verbrechen begehen. QAnon hat die Pizzagate-Theorie seitdem weiter aktualisiert: Während die „traditionellen“ Pizzagate-Anhänger behaupteten, dass die Sexualverbrechen der liberalen Elite auf eine Pizzeria in Washington D.C. reduziert waren, erweiterten die „Qdrops“ diese Vorstellung und behaupteten, dieser Pädophilenring sei nun international und involviere Sexualverbrecher aus vielen Ländern, von Hollywood bis Europa (Neiwert 2020:85). Der Zusammenhang zwischen Ritualmord und Sexualverbrechen ist nicht neu. Die Beschuldigung von Juden wegen Sexualverbrechen gehört zum antisemitischen Kanon. Um die Wende zum 20. Jahrhundert stellten Antisemiten Juden so dar, als ob sie über reichlich sexuelle Triebe verfügten, und Prostitutionsringe betrieben. Juden wurden mit sexuell übertragbaren Krankheiten, insbesondere Syphilis, und einer korrupten Sexualmoral in Verbindung gebracht. In antisemitischen Pamphleten wurde behauptet, die Beschneidung jüdischer Männer führe zu sexuellen Anomalitäten (Rose 2016:14). Die berüchtigte deutsche Wochenzeitung *Der Stürmer* (1923–1945) verkaufte die meisten Exemplare, als sie Sonderausgaben zu angeblichen jüdischen Sexualverbrechen und Ritualmorden herausbrachte (Bytwerk 2005:687). Anschuldigungen wegen ritueller Sexualmorde beschäftigten die Öffentlichkeit vor einem Jahrhundert genauso wie sie heute die Nutzer sozialer Medien beschäftigen.

Diskussion: Antisemitismus in sozialen Medien erkennen und bekämpfen

Die Verbreitung von Verschwörungsmythen nimmt überall auf der Welt zu, und populistische Politiker geben den Gläubigen Recht.[16] Das gilt insbesondere für QAnon und die Vereinigten Staaten. Die Kommunikationswissenschaftlerin Megan Condis (2018:102) deutet an, dass Trump die Alt-Right Bewegung und die extreme Rechte politisch legitimierte, indem er ihre Themen in sozialen Medien und in Interviews wiederholte und ihre Memes retweetete. Die *New York Times* berichtete, dass Trump als US-Präsident zwischen Januar 2017 und Oktober 2019 in 1710 sei-

---

16 Russell Muirhead und Nancy L. Rosenblum (2019) erklärten den Aufstieg von QAnon mit der Theorie einer neuen Art von Verschwörung. Muirhead und Rosenblum stellten fest, dass klassische Verschwörungsmythen zwar durch angebliche Beweise gestützt werden, neuere Verschwörungsgeschichten jedoch gar nicht erst versuchten, Fakten zu finden, die sie stützen würden. In den sozialen Medien kommt es nicht auf Beweise an, sondern vielmehr auf die Anzahl der Retweets, Re-Posts und Likes.

ner Tweets Verschwörungsmythen verbreitete. Dies ist nur ein Beispiel dafür, wie Verschwörungsgeschichten in den letzten Jahren die Mainstream-Medien und die politische Rhetorik unterwandert haben. Trumps Bereitschaft, sich auf Verschwörungsmythen zu berufen, normalisiert diese und setzt gefährdete Personen Fehlinformationen aus (Shear, Haberman, Confessore, Yourish, Buchanan & Collins, 2019). Trump ließ sich sogar mit dem für QAnon werbenden Fernseh- und Radiomoderator Michael „Lionel“ Lebron fotografieren (Hassan, 2019, S. 190). Im Dezember 2019 retweetete Trump den QAnon-Hashtag #WWG1WGA an seine fast 70 Millionen Follower. Im August 2020 begrüßte Trump QAnon offen und sagte in einem Briefing im Weißen Haus: „Ich weiß nicht viel über die Bewegung, außer dass ich verstehe, dass sie mich sehr mögen, was ich zu schätzen weiß“ (Liptak 2020; Relman 2019).[17] Während des Präsidentschaftswahlkampfs 2020 weigerte sich Trump wiederholt, QAnon zu verurteilen (Berman 2020). Für viele Beobachter war dies keine Überraschung, da QAnon, um den Berater für psychische Gesundheit Steve Hassan (2019) zu paraphrasieren, eine Form des „Trump-Kults“ ist. Daher behaupte ich, dass Trump als Präsident der Vereinigten Staaten dazu beigetragen hat, den Antisemitismus zu legitimieren und zu normalisieren.

Verschwörungsmythen werden oft als unglaubwürdige Hirngespinste von Randgruppen der Gesellschaft abgetan. Sogar Behörden und Politikwissenschaftler*innen neigen zur Beschreibung von QAnon als „Randverschwörungstheorie“ (Spaulding et al. 2019: 31; FBI 2019). Dennoch glauben 15% der Amerikaner und 23% der Republikaner an QAnon-Mythen (PRRI 2021). Das sind keine trivialen Zahlen. Es gibt eine wachsende Zahl von Menschen, die manchmal gewalttätige Entscheidungen auf der Grundlage von QAnon-Inhalten treffen, die in sozialen Medien geteilt werden. Verschwörungsmythen haben eine außergewöhnliche Kraft, Menschen zum Handeln zu motivieren. Antisemitische Social-Media-Inhalte können zu Hasskriminalität und Gewalt gegen Juden und andere Minderheiten, ihre Verbündeten oder Menschen führen, die als Mitglieder dieser Gruppen wahrgenommen werden (Gallagher et al. 2020: 3; Langer 2023). Erkenntnisse aus einer Analyse von QAnon und antisemitischen Narrativen unter „Anons“ können erhebliche Auswirkungen auf die öffentliche Sicherheit sowie den Schutz demokratischer Institutionen haben (Tangherlini et al. 2020: 34).

Das Federal Bureau of Investigation (FBI 2019) stufte QAnon als inländische Terrororganisation ein und stellte fest, dass Verschwörungsmythen „sehr wahrscheinlich auf dem modernen Informationsmarkt auftauchen, sich verbreiten und weiterentwickeln werden, was gelegentlich sowohl Gruppen als auch einzelne Ext-

17 „I don’t know much about the movement other than I understand they like me very much, which I appreciate.“

remisten dazu veranlassen wird, kriminelle oder gewalttätige Taten zu begehen."[18] Das FBI (2019:1) warnte, dass QAnon bereits Extremisten mobilisiert habe, die „die Aktivitäten mutmaßlicher Verschwörer als existenzielle Bedrohung betrachteten, die nur durch drastische oder sogar gewalttätige Mittel gestoppt werden kann" (FBI 2019:7).[19] Im Juni 2018 fuhr QAnon-Anhänger Matthew Wright mit seinem gepanzerten Fahrzeug auf eine Brücke in der Nähe des Hoover-Staudamms an der Grenze zwischen Nevada und Arizona und geriet dabei in eine Auseinandersetzung mit der Polizei. Wright schickte Trump Briefe mit dem Motto von QAnon: „Wo einer von uns hingeht, dahin gehen wir alle" (Hassan 2019:191).[20] Im April 2020 ließ Zug Ingenieur Eduardo Moreno einen Zug entgleisen, in der Hoffnung, ihn gegen das im Hafen von Los Angeles liegende Krankenhausschiff Mercy der US-Marine zu fahren. Moreno wollte auf eine von „Anons" propagierte Verschwörung im Zusammenhang mit COVID-19 aufmerksam machen, wonach das Schiff COVID-19-Opfer nach Guantanamo Bay bringen würde (Ackerman & Peterson 2020: 62). Im selben Monat verhaftete die New Yorker Polizei Jessica Prim mit einem Auto voller Messer. Sie drohte, den mutmaßlichen Präsidentschaftskandidaten der Demokraten, Joe Biden, zu töten. Prims Facebook-Seite war voll von QAnon-Verweisen(Amarasingam & Argentino 2020; McKay 2020).

Gewalttätige Fälle von Hassverbrechen, die auf Verschwörungsmythen beruhen, sind kein neues Phänomen. Doch wie der bereits erwähnte FBI-Bericht (2019: 4–5) betont, ermöglichen soziale Medien den Verbreitern von Verschwörungsmythen heute schneller als je zuvor ein größeres Publikum zu erreichen. Auch Steven Hassan (2019: xvi) betont die Bedrohung junger Erwachsener durch das Internet und stellt fest, dass „durch die Medien und das Internet Menschen auf ihren Smartphones und zu Hause indoktriniert – und sogar rekrutiert" werden können."[21] Die „Anons" waren wichtige Akteure bei der Verbreitung von Desinformation im Zusammenhang mit COVID-19 und den Black-Lives-Matter-Protesten nach der Ermordung von George Floyd im Sommer 2020. Bei den US-Wahlen 2020 standen 14 Kongressabgeordnete auf dem Stimmzettel, die QAnon unterstützen. Die Studie beobachtete auch einen deutlichen Anstieg der QAnon-Präsenz auf Facebook und Instagram. Eine Erklärung für diesen Anstieg war, dass die Menschen aufgrund der COVID-19-Sperren mehr Zeit in den sozialen Medien verbrachten (Gallagher et al. 2020:3).

---

18 „very likely will emerge, spread, and evolve in the modern information marketplace, occasionally driving both groups and individual extremists to carry out criminal or violent acts".

19 „the activities of alleged conspirators as an existential threat that can only be stopped through drastic, or even violent means".

20 „for where we go one, we go all".

21 „through the media and the internet, people can be indoctrinated – and even recruited – on their smartphones and in their homes".

Social-Media-Plattformen müssen mit Antisemitismus-Experten zusammenarbeiten und eine Politik der Null-Toleranz gegenüber Antisemitismus und anderen Formen des Hasses umsetzen, um weitere Taten rechtsextremer Terroristen, die sich auf diesen Plattformen radikalisieren, zu verhindern (Langer 2024). Doch bevor sie definieren können, welche Beiträge die Definition antisemitischer Hassrede erfüllen, müssen sie sich mit der Analyse der Narrative dieser Verschwörungsmythen befassen. Anhand historischer Beispiele für die antisemitischen Parolen, die QAnon heute reproduziert, zeigt dieses Kapitel, wie QAnon Antisemitismus fördert.

Literaturverzeichnis

Ackerman, Gary and Peterson, Hayley (2020): Terrorism and COVID-19: Actual and potential Impacts. *Perspectives on Terrorism,* 14(3), S. 59–73.

Adams, Josie (2020): The truth about adrenochrome. *The Spinoff.* https://thespinoff.co.nz/society/07-04-2020/explainer-adrenochrome-the-drug-that-doesnt-exist [Zugriff: 18.11.2023].

ADL (2020): Quantifying Hate: A Year of Antisemitism on Twitter. New York: Anti-Defamation League.

Albertson, Bethany L. (2014): Dog-whistle politics: polyphonic communication and religious appeals. In: *Political Behavior,* 37(1), 3–26.

Amarasingam, Amarnath/Argentino, Marc-André (2020): The QAnon Conspiracy Theory: A Security Threat in the making? In: *CTC Sentinel,* 13(7), 37–44.

Barker, Tyson (2020): Germany is losing the fight against QAnon. In: *foreign policy*, 2. September; https://foreignpolicy.com/2020/09/02/Germany-is-losing-the-fight-against-qanon/ [Zugriff: 18.11.2023].

Barruel, Augustin (1995): Memoirs illustrated by the history of Jacobinism. Fraser, MI: American Council on Economics and Society.

Berman, Russel (2020): Trump fails the QAnon test. In: *The Atlantic,* 15.Oktober. https://www.theatlantic.com/politics/archive/2020/10/trump-qanon-denounce/616751/ [Zugriff: 18.11.2023].

Breland, Ali (2019): Why are right-wing conspiracy theories so obsessed with pedophilia? In: *Mother Jones,* Juli/August. https://www.motherjones.com/politics/2019/07/why-are-right-wing-conspiracies-so-obsessed-with-pedophilia/ [Zugriff: 18.11.2023].

Burmistr, Svetlana (2010): Jüdische Internationale. In: Benz, Wolfgang (Hrsg.), Handbuch des Antisemitismus: Begriffe, Theorien, Ideologien. Berlin/New York: Walter de Gruyter, 164–166.

Byford, Jovan (2011): Conspiracy Theories: A Critical Introduction. Basingstoke: Palgrave Macmillan.

Bytwerk, Randall L. (2005): Der Stürmer. In: Levy, Richard S. (Hrsg.), Anti-Semitism: One historical encyclopedia above Prejudice and Persecution, Volume 1. Santa Barbara: ABC-CLIO, 687–688.

Cohn, Norman (1966): Warrant for genocide: The myth of the Jewish world conspiracy and the protocols of the elders of Zion. New York: Harper & Row.

Condis, Megan (2018): Gaming Masculinity: trolls, fake geeks and the gender battle for Online Culture. Iowa City: University of Iowa Press.

Conway, Maura/Scrivens, Ryan/Macnair, Logan (2019): Right-wing extremists' persistent online presence: History and contemporary trends. Den Haag: International Counter-Terrorism Center.

Dan, Joseph (2006): Kabbalah: A very short Introduction. Oxford: Oxford University Press.

Davis, Aeron/Fenton, Natalie/Freedman, Des/Khiabany, Gholam (2020): Media, democracy and social Change: Reimagining political communication. London: SAGE Publications.

Direct to the people (dttpeople) (2020): Me: I don't know if that 89-year-old man should rule the country. Someone: You mean 77. Me: No, I mean 89. #Soros #GeorgeSoros #Biden #JoeBiden #DemocraticParty #QAnon #Q #QAnons #WWG1WGA. Tweet vom 5. März 2020 https://twitter.com/dttpeople/status/1235435915293552641 [Zugriff: 18.11.2023].

FBI (2019): Anti-government, identity-based and fringe conspiracy theories very likely motivate some domestic extremists to commit criminal, sometimes violent activity. Phoenix: Federal Bureau of Investigation Field Office in Phoenix.

Friedberg, Brian (2020): The dark virality of a Hollywood blood harvesting conspiracy. In: *WIRED,* 31. Juli. https://www.wired.com/story/opinion-the-dark-virality-of-a-hollywood-blood-harvesting-conspiracy/ [Zugriff: 18.11.2023].

Frum, David (2020): Trumpocalypse: Restoring American Democracy. New York: HarperCollins.

Gallagher, Aoife/Davey, Jacob/Hart, Mackenzie (2020): The genesis of a conspiracy theory: Key trends in QAnon activity since 2017. London: Institute for Strategic Dialog.

Garrido, Francis/Chaudhry, Saqib (2019): The World's 100 largest banks. In: *S&P Global.* 5. April. https://www.spglobal.com/marketintelligence/en/news-insights/trending/t-38wta5twjgrrqccf4_ca2 [Zugriff: 18.11.2023].

Gillis, William (2017): The antisemitic roots of the „liberals NewsMedia“ critique. In: *American Journalism,* 34(3), 262–288.

Greenspan, Rachel E. (2020): A forum previously known for hosting mass shooters now gets most traffic from QAnon websites, data shows. In: *Insider.* 7. Oktober. https://www.insider.com/qanon-q-8kun-website-drive-most-of-traffic-data-shows-2020-10 [Zugriff: 18.11.2023].

Gross, Terry (2020): „In Deep“ challenges president Trump's notion of a *Deep State* Conspiracy. In: *National Public Radio* (NPR). 15.April. https://www.npr.

org/2020/04/15/834874400/in-deep-challenges-president-trump-s-notion-of-a-deep-state-conspiracy [Zugriff: 18.11.2023].

Hacohen, Malachi (2019): Jacob & Esau: Jewish European history between nation and empire. Cambridge, New York: Cambridge University Press.

Haney López, Ian (2014): Dog Whistle Politics: How coded racial appeals have reinvented racism and wrecked the middle class. Oxford: Oxford University Press.

Hankes, Keegan/Amend, Alex (2018): The Alt-Right is killing People. Montgomery: Southern Poverty Law Center.

Hassan, Steven (2019): The cult of Trump: A leading cult expert explains how the president uses mind control. New York: Free Press.

Institute for Strategic Dialogue (ISD) (2019): The Battle for Bavaria: online information campaigns in the 2018 Bavarian State Election. London: Institute for Strategic Dialogue.

Institute for Strategic Dialogue (2020): Covid-19 disinformation briefing No. 1. London: Institute for Strategic Dialogue.

Kagermeier, Elisabeth (2022): Warum Querdenker nun prorussische Propaganda verbreiten. In: *BR24*, 25. März. https://www.br.de/nachrichten/deutschland-welt/warum-viele-querdenker-nun-prorussische-propaganda-verbreiten,T10vAvf [Zugriff: 18.11.2023]

Katz, Jacob (1982): Zur Assimilation und Emanzipation der Juden. Darmstadt: Wissenschaftliche Buchgesellschaft.

Klaas, Brian (2017): The despot's apprentice: Donald Trump's attack on Democracy. London: Hurst & Company.

Labbe, Chine/Padovese, Virginia/Richter, Marie/Harling, Anna-Sophie (2020): QAnon's Deep State Conspiracies spread to Europe. New York: NewsGuard Technologies.

Langer, Armin (2020): „Judaism is not a Religion, but a political organization.“ German Jews under suspicion in the Age of Enlightenment and parallels to contemporary Islamophobic Discourses. In: *Islamophobia Studies Yearbook,* 11, 91–110.

Langer, Armin (2021): The eternal George Soros: Rise of an antisemitic and Islamophobic conspiracy theory. In: Önnerfors, Andreas/Krouwel, André (Hrsg.), Europe: continent of conspiracies: Conspiracy theories in and about Europe. Oxon: Routledge, 163–183.

Langer, Armin (2022): Dog-whistle politics as a strategy of American nationalists and populists: Soros, the Rothschilds and other conspiracy theories. In: Jacob, Frank/Schapkow, Carsten (Hrsg.), Nationalism and Populism: Expressions of Fear or Political Strategies?. Berlin: De Gruyter Oldenbourg, 157–187.

Langer, Armin (2023): Zusammenhänge zwischen antisemitischer Hundepfeifenpolitik und rechtsextremer Gewalt: Das Beispiel der George-Soros-Verschwörungstheorien und des QAnon-Kollektivs. In: Coester, Marc/Daun, Anna/Hartleb, Florian/Kopke, Christoph/Leuschner, Vincenz (Hrsg.), Rechter Terrorismus: international – digital – analog. Wiesbaden: Springer VS, 231–252.

Langer, Armin (2024): Populist conspiracy myths in far-right terrorirst manifestos: A transnational perspective. ELAD-SILDA : Études de Linguistique et d'Analyse des Discours – Studies in Linguistics and Discourse Analysis. Forthcoming.

Liptak, Kevin (2020): Trump embraces QAnon conspiracy because ‚they like me'. In: *CNN,* 19. August. https://www.cnn.com/2020/08/19/politics/donald-trump-qanon/index.html [Zugriff: 18.11.2023].

Markner, Reinhard (2014): Giovanni Battista Simonini: Shards from the disputed life of an Italian antisemite. In: Ciccarini, Marina/Marcialis, Nicoletta/Ziffer, Giorgio (Hrsg.), Kesarevo Kesarju: scritti in honore di Cesare D. G. Michelis. Florenz: Firenze University Press, 311–319.

McKay, Tom (2020): NYPD arrests QAnon conspiracist, who allegedly threatened to kill Joe Biden, had car full of knives. In: *Gizmodo,* 30. April. https://gizmodo.com/nypd-arrests-qanon-conspiracist-who-allegedly-threatene-1843187117 [Zugriff: 18.11.2023].

MDI (2020): QAnon and the growing conspiracy theory trend on social media. Brüssel: Media Diversity Institute.

Movieclips (2011): Fear and Loathing in Las Vegas (10/10). Film clip – Too much adrenochrome (1998). https://www.youtube.com/watch?v=m6kFCNsnQpQ&t=6s. [Zugriff: 18.11.2023].

Muirhead, Russel/Rosenblum, Nancy L. (2019): A lot of people are saying: The new conspiracism and the assault on democracy. Princeton, NJ, Oxford: Princeton University Press.

Procházka, Ondrej/Blommaert, Jan (2019): Ergoic framing in new right-wing online groups: Q, the MAGA kid and the *Deep State* theory. In: *Tilburg Papers in Culture Studies,* April (224), 1–27.

PRRI (2021): Understanding QAnon's connection to American politics, religion, and media consumption. Washington, DC: Public Religion Research Institute. https://www.prri.org/research/qanon-conspiracy-american-politics-report/ [Zugriff: 18.11.2023].

Relman, Eliza (2019): Trump just retweeted a „QAnon" conspiracy-theory hashtag to his 68 million followers. In: *Business Insider.* 27. Dezember. https://www.business-insider.com/trump-retweeted-qanon-hashtag-to-his-68-million-followers-2019-12 [Zugriff: 03.08.2024].

Ritzmann, Alexander (2023) The December 2022 German Reichsbürger Plot to Overthrow the German Government. In: *CTC Sentinel* 16(3), 15–20.

Roose, Kevin (2019): The making of a YouTube radical. In: *The New York Times,* 8. Juni. https://www.nytimes.com/.interactive/2019/06/08/technology/youtube-radical.html [Zugriff: 18.11.2023].

Rose, Alison (2016): Antisemitism, Gender Bias, and the „Hervay Affair" of 1904: Bigotry in the Austrian Alps. Lanham, MD: Lexington Books.

Schabes, Emily (2020): Birtherism, Benghazi and QAnon: Why conspiracy theories pose a threat to American democracy. In: *DePauw University Honor Scholar Theses,* 158, 1–82.

Sen, Ari/Zadrozny, Brandy (2020): QAnon groups have millions of members on Facebook, documents show. In: *NBC News.* 10. August. https://www.nbcnews.com/tech/tech-news/qanon-groups-have-millions-members-facebook-documents-show-n1236317 [Zugriff: 18.11.2023].

Shear, Michael D./Haberman, Maggie/Confessore, Nicholas/Yourish, Karen/Buchanan, Larry/Collins, Keith (2019): How Trump reshaped the Presidency in over 11,000 tweets. In: *The New York Times.* 2. November. https://www.nytimes.com/interactive/2019/11/02/us/politics/trump-twitter-presidency.html [Zugriff: 18.11.2023]

Shermer, Michael (2020): Why People believe in conspiracy theories. In: *Skeptic,* 25(1), 12.

Singh Jat, Dharm/Singh, Charu (2020): Artificial intelligence-enabled robotic drones for COVID-19 outbreak. In: Dey, N./Santosh, K. C./Joshi, A. (Hrsg.): Intelligent Systems and Methods to combat COVID-19. Singapore: Springer, 37–46.

Sinha, Klara/Schwarz, Simon (2020): Strategisches Framing: Verschwörungstheorien und rechte Propaganda auf YouTube. In: *Cuckoo,* 6, 21–28.

Spaulding Suzanne/Nair, Devi/Nelson, Arthur (2019): Beyond the Ballot: How the Kremlin Works to undermine the US justice system. Washington, DC: Center for Strategic and International Studies.

Stanley-Becker, Isaac (2018): „We are Q“: A deranged conspiracy cult leaps from the internet to the crowd at Trump's „MAGA“ tour. In: *The Washington Post.* 1. August. https://www.washingtonpost.com/news/morning-mix/wp/2018/08/01/we-are-qa-deranged-conspiracy-cult-leaps-from-the-internet-to-the-crowd-at-trumps-maga-tour/ [Zugriff: 18.11.2023].

Stein, Joel (2020): Who Runs Hollywood? C'mon. In: *Los Angeles Times* 19.Dezember. https://www.latimes.com/archives/la-xpm-2008-dec-19-oe-stein19-story.html. [Zugriff: 18.11.2023].

tagesschau.de (2022): Verschwörungsideologe Janich festgenommen. *Tagesschau,* 17.08.2022. https://www.tagesschau.de/ausland/janich-philippinen-festgenommen-101.html. [Zugriff: 18.11.2023].

Tangherlini, Timothy R., Shahsavari, Shadi, Shahbazi, Behnam, Ebrahimzadeh, Ehsan, & Roychowdhury, Vwani (2020): An automated pipeline for the discovery of conspiracy and conspiracy theory narrative frameworks: Bridgegate, Pizzagate, and Storytelling on the Web. In: *PLOS ONE,* 15(6), 1–39.

Teter, Magda (2020): Blood libel: On the trail of an anti-Semitic myth. Cambridge, MA/London: Harvard University Press.

Thomas, Elise/Zhang, Albert (2020): ID2020, Bill Gates and the Mark of the Beast: How Covid-19 catalyzes existing online conspiracy movements. Canberra: Australian Strategic Policy Institute.

Thompson, Hunter S. (1998): Fear and Loathing in Las Vegas: A savage journey to the heart of the American Dream. New York: Random House.

Trauthig, Inga (2021): Assessing Attempts at Removing German Far-Right Conspiracy Content in the Aftermath of Trump's Presidency. In: *Global Network on Extremism & Technology*, 5.Februar. https://gnet-research.org/2021/02/05/assessing-attempts-at-removing-german-far-right-conspiracy-content-in-the-aftermath-of-trumps-presidency/ [Zugriff: 18.11.2023].

van Erp, Pepijn (2020): Coronacomplotten. In: *Skepter,* 33(2). https://skepsis.nl/product/skepter-33-2-2020-pdf/ [Zugriff: 18.11.2023].

Zehring, Maximilian/Domahidi, Emese (2023): German Corona Protest Mobilizers on Telegram and Their Relations to the Far Right: A Network and Topic Analysis. In: *Social Media + Society*, *9*(1). DOI: 10.1177/20563051231155106

Zuckerberg, Marc (2018): Post. *Facebook*, 11. Januar. https://www.facebook.com/zuck/posts/10104413015393571 [Zugriff: 18.11.2023].

3 TERTIÄRER ANTISEMITISMUS IN SOCIAL-MEDIA-POSTS DER „ALTERNATIVE FÜR DEUTSCHLAND“

Sophie Schmalenberger und Monika Hübscher

Einführung[1]

Nachdem Deutschland sechs Jahre lang einen Angriffs- und Vernichtungskrieg geführt hatte, der im Holocaust kulminierte, kapitulierte das nationalsozialistische Regime am 8. Mai 1945. In der Bundesrepublik Deutschland spielt der 8. Mai eine wichtige Rolle für das Gedenken an den Genozid und den Zweiten Weltkrieg. Bis zur Gründung der heute in Teilen rechtsextremistischen Alternative für Deutschland (AfD) im Jahr 2013 war das Gedenken an den Holocaust und deutsche Täterschaft ein Konsens, der von allen großen politischen Parteien weitestgehend geteilt wurde. Die AfD weicht von dieser Norm ab: Die Partei, die zurzeit in 15 von 16 Landesparlamenten und seit 2017 auch mit mehr als 10 Prozent der Wähler*innenstimmen im Bundestag vertreten ist, propagiert nun ein Geschichtsbild, das Deutsche vornehmlich als Opfer darstellt sowie von deutscher Täterschaft ablenkt und somit deutsche Schuld relativiert.

In ihrem öffentlichen Auftreten stellt sich die AfD zumeist als Opfer von „politischer Korrektheit“ und Zensur durch politische Kontrahent*innen, etablierte Medien und Journalist*innen dar. Dementsprechend nutzt sie verstärkt und strategisch soziale Medien, um journalistisches Gatekeeping sowie kritische Einordnungen ihrer Äußerungen und Standpunkte zu umgehen. In der Tat ist die AfD die erfolgreichste Partei in den deutschen sozialen Medien und scheint insbesondere Facebook zu dominieren (Via, Beirich 2021: 12). Soziale Medien bieten eine Infrastruktur, in der AfD-Politiker*innen ihre rechtsextreme Ideologie (Krämer 2017), einschließlich geschichtsrevisionistischer und antisemitischer Botschaften (Hübscher 2020) verbreiten und direkt an (potenzielle) Unterstützer*innen kommunizieren können. In diesem Kapitel zeigen wir, wie ausgewählte AfD-Mitglieder soziale Medien nutzten, um anlässlich des 8. Mai 2020 ein antisemitisches Geschichtsbild zu artikulieren. Der 75. Jahrestag des Endes des Zweiten Weltkriegs in Europa bot der AfD die Gele-

1 Wir bedanken uns bei Christoffer Kølvraa für sein wertvolles und hilfreiches Feedback zu einem frühen Entwurf dieses Kapitels.

genheit, das offizielle Narrativ der Befreiung durch die Alliierten in Frage zu stellen, indem sie versuchte, das Kriegsende als Tag, der vor allem deutsches Leid markiert, darzustellen (Schmalenberger 2021).

Für die Analyse ausgewählter Social-Media-Posts wird mithilfe der Mixed-Methods-Software MaxQDA untersucht, ob diese Re-Interpretationen deutscher Geschichte antisemitismusrelevante Anspielungen enthalten, wie diese Anspielungen kommuniziert werden und inwiefern sie antisemitischen Narrativen und Ideologien einen Nährboden bieten (Schmalenberger 2021). Diese Analyse wird von den folgenden Forschungsfragen geleitet:

1. Welche antisemitische Anspielungen finden sich in den Social-Media-Posts von AfD-Funktionär*innen anlässlich des 8. Mai 2020?
2. Welche rhetorischen Strategien werden verwendet, um antisemitismusrelevante Anspielungen zu vermitteln?
3. Wie reagieren Nutzer*innen sozialer Medien auf antisemitische Inhalte in den AfD-Posts?

Um uns diesen Fragen anzunähern, erläutert dieses Kapitel kurz die Rolle des 8. Mai in der etablierten deutschen Erinnerungskultur. Desweiteren geben wir einen kurzen Einblick in den Forschungsstand zu Antisemitismus innerhalb der AfD und zur strategischen Nutzung sozialer Medien durch die AfD. Danach erläutern wir das methodische Vorgehen und den analytischen Rahmen unserer Studie und stellen das für die Analyse ausgewählte Material vor. Anschließend werden die wichtigsten Formen antisemitismusrelevanter Anspielungen und rhetorischer Strategien der AfD in ausgewählten Social-Media-Posts präsentiert. Um zu zeigen, wie antisemitismusrelevante Inhalte und Anspielungen wahrgenommen werden, wird außerdem eine Untersuchung der Reaktionen auf diese Posts vorgestellt.

Der 8. Mai und die deutsche Erinnerungskultur in der Bundesrepublik

Die Rede von Bundespräsident Richard von Weizsäcker zum 40. Jahrestag des 8. Mai 1945 im Deutschen Bundestag war ein wichtiger Meilenstein in der Erinnerungskultur der Bundesrepublik. In seiner Rede versprach von Weizsäcker den Bundesbürger*innen Erlösung durch Erinnerung und behauptete, die Deutschen seien am 8. Mai 1945 nicht besiegt, sondern durch die Alliierten von dem menschenverachtenden System der nationalsozialistischen Gewaltherrschaft befreit worden (von Weizsäcker 1985). Mit dieser historisch inkorrekten Aussage markierte er einen Wendepunkt in der nachkriegsdeutschen Erinnerungskultur. Nach Jahrzehnten der kollektiven Amnesie wurde das Erinnern an den Holocaust und den Zweiten

Weltkrieg nun zu einem Akt der erinnerungspolitischen Selbstermächtigung (Jureit, Schneider 2011: 39): Statt die Vergangenheit zu verdrängen, wurde das Gedenken an die Opfer des Holocaust zum Kern eines neuen Selbstverständnisses des modernen Deutschlands als nationale Gemeinschaft geläuterter Täter, die glauben, aus ihrer Vergangenheit gelernt zu haben (Forchtner 2016). Seit von Weizsäckers Rede wird der 8. Mai 1945 daher im dominanten erinnerungskulturellen Narrativ als Tag der Befreiung erzählt und betrachtet. Er gilt somit als Tag, der Deutschland und somit der deutschen Tätergesellschaft die Chance gab, eine bessere, freiheitlich-demokratische Version ihrer selbst zu werden. Der 8. Mai ist damit ein zentrales Datum im Programm des deutschen „Gedächtnistheater" (Bodemann 1996; Czollek 2018), das rituell mit Kranzniederlegungen und Reden hochrangiger deutscher Politiker*innen begangen wird, die symbolisch an die Opfer des Holocaust und des Zweiten Weltkriegs erinnern.

AfD und Antisemitismus

Die AfD hat wiederholt versucht, Vorfälle von primärem, explizitem Antisemitismus (Benz 2016) innerhalb der Partei als Einzelfälle oder Missverständnisse darzustellen (Pfahl-Traughber 2016; Salzborn 2017: 33ff.), während sie Kritiker*innen vorwirft, die AfD durch Antisemitismusvorwürfe diffamieren zu wollen. Tatsächlich duldet die Partei jedoch Antisemit*innen in ihren Reihen, wie der Fall des AfD-Mitglieds Wolfgang Gedeon zeigt. Dieser hatte in öffentlichen Äußerungen und Schriften jahrelang das antisemitische Narrativ einer angeblichen zionistischen Weltverschwörung propagiert. Gedeons letztendlicher Ausschluss aus der Partei im Jahr 2020 wurde dabei weithin nicht als Selbstkritik oder klare Ablehnung antisemitischer Einstellungen verstanden, sondern als Versuch, den Ruf der Partei zu retten (Salzborn 2018: 89).

Sekundärer Antisemitismus, also Versuche, den Holocaust und andere NS-Verbrechen zu verharmlosen und zu relativieren, ist ein wesentlicher Bestandteil der Geschichtspolitik der AfD. Dies zeigt sich beispielsweise in ihrem Grundsatzprogramm, in dem es heißt: „Die aktuelle Verengung der deutschen Erinnerungskultur auf die Zeit des Nationalsozialismus ist zugunsten einer erweiterten Geschichtsbetrachtung aufzubrechen, die auch die positiven, identitätsstiftenden Aspekte deutscher Geschichte mit umfasst" (AfD 2016: 48). Dieses revisionistische Geschichtsbild kommt auch in Äußerungen des ehemaligen AfD-Vorsitzenden Alexander Gauland eindringlich zum Ausdruck, der die NS-Herrschaft als „nur ein Vogelschiss in unserer über 1000-jährigen Geschichte" verharmloste (AfD-Bundestagsfraktion 2018). Ganz ähnlich behauptete der Thüringer AfD-Chef Björn Höcke im völkischen Duktus, die Deutschen seien das einzige Volk, das im Herzen seiner eigenen Hauptstadt ein Mahnmal der Schande errichtet habe, und forderte eine „180-Grad-Wende“ in der deutschen Erinnerungspolitik (Oltermann 2017).

Als strategische Provokationen zielen diese Neuinterpretationen der deutschen Geschichte darauf ab, bestehende Tabus im öffentlichen Diskurs zu brechen und geschichtsrevisionistische und antisemitische Interpretationen der deutschen Vergangenheit zu etablieren (Wodak 2015, 2019). Um zugleich Rechtsextremismus- und Antisemitismusvorwürfen entgegenzuwirken (Wodak 2015: 95ff.), distanziert sich die AfD symbolisch von der nationalsozialistischen Ideologie (Salzborn 2018: 78ff.). Darüber hinaus dienen die innerparteiliche Gruppe „Juden in der AfD“ und die Ernennung einer Antisemitismusbeauftragten sowie Unterstützungserklärungen für die israelische Regierung als symbolische Schutzschilde zur Legitimierung und Normalisierung der rechtsextremen Positionen der Partei. Im Widerspruch zu einschlägigen Studienergebnissen aus der Antisemitismusforschung und behördlichen Statistiken verortet die AfD Antisemitismus einzig bei Muslim*innen und Migrant*innen (Grimm, Kahnmann 2017: 51ff.) und legitimiert so auch ihre islam- und muslim*innenfeindlichen politischen Positionen.

Während ausgewählte Vorfälle von primärem und sekundärem Antisemitismus sowie die allgemeinen geschichtsrevisionistischen Ambitionen und Äußerungen der AfD bereits Gegenstand wissenschaftlicher Abhandlungen waren (Salzborn 2016; Pfahl-Traughber 2016; Salzborn 2017; Grimm, Kahmann 2017; Salzborn 2018; Schmalenberger 2021), fehlt eine systematische Analyse der weniger direkten, impliziten Art und Weise, auf die die AfD eine antisemitische Weltanschauung propagiert. Wir argumentieren, dass soziale Medien der primäre Raum sind, in dem die AfD Formen des Antisemitismus verbreitet, die indirekt und daher schwerer zu identifizieren, aber auch allgegenwärtig und daher nicht weniger gefährlich sind.

Die AfD in den sozialen Medien

Die AfD kann als Deutschlands Social-Media-Partei bezeichnet werden, da sie Facebook, YouTube, Twitter und andere Plattformen strategisch nutzt, um ihre völkischen und einwanderungsfeindlichen Botschaften sowie andere Bestandteile ihrer in Teilen rechtsextremen Ideologie zu verbreiten (Via, Beirich 2021: 13). Der Erfolg der Partei in den sozialen Medien im Allgemeinen und insbesondere auf Facebook (Diehl et al. 2019; Davis, Livingston, Hindman 2019) ist kein Zufall. Im Jahr 2017 beauftragte die Partei die in Texas ansässige Werbeagentur Harris Media mit der Unterstützung ihrer digitalen Strategie. Das internationale Unternehmen beriet auch rechte Politiker*innen auf der ganzen Welt, wie z.B. Donald Trump in den USA und Benjamin Netanjahu in Israel, bei ihren provokativen und aggressiven Kampagnen (Via, Beirich 2021: 13). Soziale Medien ermöglichen es der AfD, sich journalistischem Gatekeeping zu entziehen und somit die volle Kontrolle über ihre Äußerungen zu behalten, einschließlich der Möglichkeit, auf den Plattformen kritische Kommentare zu blockieren oder zu löschen. Das ermöglicht der AfD auch, uneingeschränkt Hatespeech auf ihren Profilen zu veröffentlichen oder in Kommentaren zu tolerieren. Dabei beruft sich die Partei oft auf das Ideal der Meinungsfreiheit, die auch diskriminierende und diffamierende Äußerungen zulässt. Die Nutzung sozialer Medien durch die AfD ist von zentraler Bedeutung für ihre strategische Kommunikation und erlaubt es der Partei, Kombinationen aus audiovisuellen (Videos), visuellen (Bilder) Inhalten und Textelementen zu nutzen, um ihre Botschaften zu kommunizieren. Die AfD publiziert in den sozialen Medien mehr Inhalte als jede andere deutsche Partei (Davis, Livingston, Hindman 2019). Ihre Beiträge haben aufgrund der skandalisierenden, antagonistischen und diffamierenden Sprache und Bildsprache sowie durch das unverwechselbare AfD-typische Design einen hohen Wiedererkennungswert (Hübscher 2020; Davis, Livingston, Hindman 2019: 3f.).

Es gibt kaum systematische wissenschaftliche Erkenntnisse darüber, wie die AfD in den sozialen Medien Antisemitismus und geschichtsrevisionistische Interpretationen der deutschen Vergangenheit verbreitet. Hübscher publizierte 2020 eine erste Forschungsarbeit zu Antisemitismus in AfD-Beiträgen auf Facebook. Die qualitative Analyse untersucht, wie führende AfD-Politiker*innen stereotype physiognomische Konstrukte von Juden*Jüdinnen nutzen, um ihre (sozialdemokratischen) politischen Gegner*innen auf Facebook zu diffamieren. Die Studie zeigt, dass durch die Karikaturen in den Facebook-Posts antisemitische Ideologien in gesellschaftlichen und politischen Diskursen normalisiert werden. Darüber hinaus trivialisieren hochrangige AfD-Politiker*innen auf Facebook die historischen Realitäten des Zweiten Weltkriegs und des Holocaust durch strategische Verweise auf deutsche Widerstandskämpfer. Solche Beiträge versuchen die Illusion einer moralisch integren deutschen Wehrmacht zu etablieren, während sie den Holocaust außer Acht lassen (Hübscher 2020: 27). Mit diesen revisionistischen Verfälschungen versucht die AfD, sich als heutiger moralischer Widerstand gegen ein vermeintlich totalitäres Regime unter der ehemaligen Bundeskanzlerin Merkel zu inszenieren und einen positiven Bezug zur belegten kriminellen Vergangenheit der deutschen Wehrmacht herzustellen (Hübscher 2020).

In den folgenden Abschnitten präsentieren wir eine systematische Analyse der Social-Media-Aktivitäten der AfD anlässlich des 8. Mai 2020, dem 75. Jahrestag des Endes des Zweiten Weltkriegs in Europa. Dabei entwickeln wir ein Codesystem, das offene sowie weniger explizite antisemitische Botschaften systematisch erfasst. Ein besonderer Fokus liegt darauf, antisemitische Weltanschauungen zu identifizieren, die durch revisionistische Interpretationen der deutschen Geschichte aufrechterhalten werden.

Konzeptionelle Herangehensweise

In Anlehnung an die Jerusalemer Erklärung zum Antisemitismus (JDA 2021) sehen wir Antisemitismus als ein vielschichtiges Phänomen tradierter antijüdischer Stereotype und Verschwörungsmythen, das in der NS-Zeit zum Genozid an Jüdinnen*Juden eskalierte. Da die nationalsozialistische Ideologie zur Zeit des Nationalsozialismus aller Teile der deutschen Gesellschaft durchdrang, wurde auch antisemitisches Wissen an die deutsche Post-Holocaust-Gesellschaft weitergegeben. Trotz intensiver antisemitismuskritischer Bildungsarbeit wird man in Deutschland in einer Gesellschaft sozialisiert, die von jahrhundertealten antisemitischen Traditionen, antisemitischem Wissen, antisemitischer Ästhetik wie auch darin verhafteten sozialen Praktiken geprägt ist (Schäuble, Scherr 2009). Dies äußert sich in der Stereotypisierung und Ver-Anderung von Jüdinnen*Juden (primärer Antisemitismus) und der Verharmlosung und Leugnung des Holocaust (sekundärer Antisemitismus). Da sich die Fallstudien in diesem Kapitel auf den Holocaust beziehen, spielt der gegen Israel gerichtete Antisemitismus, der ebenfalls tief in der deutschen Gesellschaft verankert ist, in dieser Studie keine Rolle. Antisemitismusforscher*innen weisen auf die wichtige Rolle hin, die Social-Media-Plattformen bei der Erstellung und massenhaften Verbreitung antisemitischer Inhalte spielen (vgl. Lange et al. 2019).

Bisher gibt es jedoch kaum Forschung darüber, wie Antisemitismus in den sozialen Medien wahrgenommen wird. Anhand der Analyse der Kommentare unter antisemitischen Beiträgen bietet dieses Kapitel erste Einsichten über das Erkennen von und das Reagieren auf Antisemitismus. Im Rahmen dieser Recherche konnten wir vor allem implizite und verschleierte Formen des Antisemitismus identifizieren. Daher lag der Fokus eher auf antisemitischen Anspielungen als auf expliziten Ausdrücken antisemitischer Stereotype und antisemitischer Weltanschauungen. Wir definieren antisemitische Anspielungen als textliche oder visuelle Elemente, die nicht ausdrücklich Hass gegen Jüdinnen*Juden zum Ausdruck bringen oder den Holocaust verharmlosen, sondern vielmehr auf Interpretationsmuster und Narrative verweisen, die für eine antisemitische Weltanschauung konstitutiv sind. Diese Anspielungen können antisemitisches Wissen triggern und dazu führen, dass auch expliziter Antisemitismus zum Ausdruck kommt.

Um aufzuzeigen, wie antisemitische Anspielungen kommuniziert werden, haben wir die rhetorischen Strategien untersucht, die AfD-Funktionär*innen in ihren Beiträgen in sozialen Medien anwenden. Während andere Forschung sich diskursiven Strategien widmet, die „Wir“- und „Die Anderen“-Gruppen konstruieren (vgl. Wodak, Forchtner 2014; Wodak 2015; Reisigl, Wodak 2016), konzentriert sich unser Konzept rhetorischer Strategien darauf, wie Antisemitismus als harmlos und legitim dargestellt wird.

Primärquellen

Geeignete Beiträge wurden auf der Grundlage unserer Beobachtung der Social-Media-Aktivitäten von relevanten AfD-Politiker*innen am 7. oder 8. Mai 2020 auf Twitter, Facebook und YouTube identifiziert. Wir haben textbasierte Posts, Vlogs und Bild-Text-Kombinationen ausgewählt, die sich direkt oder indirekt auf das Gedenken am Jahrestag des 8. Mai beziehen. Da es sich bei diesem Kapitel um eine explorative Studie handelt, die den ersten Schritt in Richtung eines Codesystems für die Untersuchung impliziter Formen von Antisemitismus in sozialen Medien darstellt, wurden schließlich nur sechs Posts aus dieser Stichprobe in unsere Analyse aufgenommen. Auch wenn diese kleine Stichprobe nicht repräsentativ für die gesamte Aktivität der AfD in den sozialen Medien am 8. Mai 2020 ist, so zeigen die Beiträge doch, wie AfD-Mitglieder an diesem Gedenktag antisemitische Anspielungen kommunizieren.

Tabelle 3.1: Merkmale der Primärdatenquellen. Zusammenstellung der Autor*innen

Name	**Position**	**Datum**	**Beitrag**	**Reaktionen**	**Kommentare**	**Shares**	**Ansichten**
Enrico Komning	Mitglied des Deutschen Bundestages (aus Mecklenburg-Vorpommern)	8.5.2020	Vlog auf Facebook	64	22	32	1863
Stephan Protschka	Mitglied des Deutschen Bundestages (aus Bayern)	7.5.2020	Vlog auf YouTube	138 Likes 23 Dislikes	80	-	3916
Nicole Höchst	Mitglied des Deutschen Bundestages (aus Rheinland-Pfalz)	8.5.2020	Facebook-Post	359	202	178	
Martin Sichert	Mitglied des Deutschen Bundestages (aus Bayern)	8.5.2020	Facebook-Post	986	81	375	
Georg Pazderski	Fraktionsvorsitzender der AfD im Berliner Abgeordnetenhaus	7.5.2020	Vlog auf Facebook und YouTube	Facebook: 416 YouTube: 479 Likes, 11 Dislikes	Facebook: 57 YouTube: 66	Facebook: 121	YouTube: 2865 Facebook: 9101
AfD Bayern[2]	AfD-Fraktion im Freistaat Bayern	8.5.2020	Auf Twitter posten	Unbekannt	Unbekannt	Unbekannt	

2 Der Tweet wurde später von der AfD Bayern gelöscht.

Methodik

Da ein Codesystem zur Erfassung spezifischer Formen des geschichtsrevisionistischen, schuldabweisenden Antisemitismus nicht existierte, haben wir ein solches System entwickelt, in der Hoffnung, dass es weitere wissenschaftliche Auseinandersetzung mit diesem Thema anregt. Die Entwicklung des Codessystems orientierte sich lose an der Forschung zu Antisemitismus in Briefen an den Zentralrat der Juden in Deutschland und die israelische Botschaft in Berlin (Schwarz-Friesel, Reinharz 2013) und dem Codesystem, das Becker (2018) für seine Analyse von Leser*innenkommentaren in verschiedenen Online-Nachrichtenmedien entwickelt hat.

In Anlehnung an die Paradigmen der Grounded Theory wurde eine computergestützte, induktive qualitative Inhaltsanalyse (Mayring, Fenzl 2019) von sechs Social-Media-Posts mithilfe der Software MaxQDA durchgeführt. Um ein Codesystem zu erhalten, mit dem die Social-Media-Posts systematisch analysiert werden konnten, waren mehrere Schritte notwendig. Wir haben die Facebook- und Twitter-Posts als PDF-Dateien heruntergeladen und die Vlogs transkribiert. Nach dem Import der Dateien in MaxQDA führten wir eine systematische Sichtung des Materials und eine erste Runde der induktiven Kodierung von antisemitischen, geschichtsrevisionistischen Aussagen auf der Grundlage der oben genannten Forschungsfragen durch. Die Entwicklung von Codes und Subcodes, die verschiedene antisemitische Äußerungen und Anspielungen erfassen, sowie von Codes für rhetorische Strategien basiert auf der Literatur zu primärem und sekundärem Antisemitismus (siehe oben). Das Codesystem erfasst antisemitische Äußerungen wie die implizite Ablehnung der deutschen Schuld am Holocaust, die Leugnung oder Verharmlosung der deutschen Schuld oder Aussagen, die Deutsche als Opfer darstellen. Darüber hinaus haben wir die rhetorischen Besonderheiten festgehalten, mit deren Hilfe solche Botschaften normalisiert und als legitim dargestellt werden.

Die Codes wurden in mehreren Runden verfeinert, überarbeitet, umbenannt, zusammengeführt, spezifiziert oder verworfen. Dadurch entwickelten wir ein Codesystem, das aus verschiedenen Codekategorien und entsprechenden Subcodes besteht. Mit diesem Codesystem kodierten wir deduktiv die ausgewählten Beiträge im letzten Schritt unserer Analyse.

Kontext und Inhalt der Primärquellen

Im Jahr 2020 wurden die Gedenkfeiern zum 8. Mai in Deutschland von einer Debatte darüber begleitet, ob der Tag zum Feiertag erklärt werden sollte, um die Befreiung Europas und Deutschlands von den Nazis zu feiern. Dies hatte die damalige Vorsitzende des Deutschen Auschwitz-Komitees, Esther Bejarano, vorgeschlagen (Sternberg 2020). Als Reaktion darauf behauptete der Ehrenvorsitzende der AfD,

Alexander Gauland, der 8. Mai sei ein „ambivalenter Tag", der „nicht zum Glückstag für Deutschland" gemacht werden könne.

Während der 8. Mai, so Gauland, „[f]ür die KZ-Insassen [...] ein Tag der Befreiung gewesen" sei, habe das Kriegsende für Deutschland auch einen „Tag der absoluten Niederlage, ein[en] Tag des Verlustes von großen Teilen Deutschlands und des Verlustes von Gestaltungsmöglichkeit" bedeutet. Weiterhin gäbe es Positives am 8. Mai, „aber die in Berlin vergewaltigten Frauen werden das ganz anders sehen als der KZ-Insasse", behauptete Gauland (Sternberg 2020).

Drei der analysierten Beiträge greifen die Aussagen Gaulands implizit auf und reproduzieren sie in ihren Social-Media-Posts, nämlich die von Georg Pazderski, Enrico Komning und Stephan Protschka.

Pazderskis Vlog wurde vor der Kaiser-Wilhelm-Gedächtniskirche in Berlin aufgenommen, die im Zweiten Weltkrieg zerstört wurde und 2016 Schauplatz eines islamistischen Terroranschlags war. Der bewusst gewählte Ort erinnert somit an deutsche Opfer in der Vergangenheit und Gegenwart. Pazderski spricht direkt in die Kamera und propagiert eine revisionistische Darstellung der deutschen Geschichte, die Deutsche als unschuldige Opfer darstellt. Gleichzeitig erwähnt er den Holocaust nicht, was von einem Mangel an Empathie mit jüdischen und anderen NS-Opfern zeugt.

In einem anderen Vlog, der auf Facebook gepostet wurde, steht Enrico Komning im deutschen Parlament und spricht direkt in die Kamera, wobei er sich persönlich an seine Follower wendet. Seine Rede zeichnet sich durch ein stark geschichtsrevisionistisches Narrativ aus, das Deutsche als Opfer des Zweiten Weltkriegs konstruiert. Auch er erwähnt den Holocaust nicht.

In der nächsten Fallstudie, dem auf YouTube veröffentlichten Vlog von Stephan Protschka, spricht Protschka direkt in die Kamera. Seine Rede wird von trauriger Instrumentalmusik und Bildern begleitet, welche die Vertreibung von Deutschen aus den ehemaligen Ostgebieten zu veranschaulichen scheinen: Sie zeigen frierende Kinder, weinende Frauen, die Luftaufnahme einer zerbombten Stadt und auf Feldern liegende Leichen. Im Kontrast dazu werden Bilder berühmter Deutscher gezeigt, die in den ehemaligen Ostgebieten geboren wurden, wie Immanuel Kant und Paul von Hindenburg. So werden Deutsche gleichzeitig als überlegen und tugendhaft sowie als Opfer dargestellt. Sein Vlog enthält eine revisionistische Interpretation der deutschen Beteiligung am Zweiten Weltkrieg, die deutsches Leiden betont und den Holocaust nicht erwähnt.

Der Beitrag auf dem Facebook-Profil von Nicole Höchst, der einzigen weiblichen AfD-Repräsentantin in unserem Sample, ist als Reaktion auf eine Aussage aus der Gedenkrede von Bundespräsident Steinmeier am 8. Mai 2020 formuliert.[3]

3 Ein Link zu einem Nachrichtenartikel über Steinmeiers Rede ist in dem Beitrag enthalten.

Steinmeier hatte in seiner Rede betont, dass man Deutschland aufgrund seiner „gebrochene[n] Geschichte mit der Verantwortung für millionenfachen Mord und millionenfaches Leid“ während des Holocaust und des Zweiten Weltkriegs nur mit „gebrochenem Herzen“ lieben könne. Während sie eine unspezifische Schuld einräumt, nennt Höchst im Gegensatz zu Steinmeier den Holocaust nicht beim Namen und konstruiert Deutsche als exklusive ethno-nationale Gruppe, die „[u]ngebrochen, aufrecht und voller Liebe [...] in den Spiegel der Vergangenheit [blickt]“. Für eine deutsche Politikerin nach dem Holocaust stellt Höchsts Aussage einen dramatischen Tabubruch dar. Sie scheint zu wollen, dass Deutschen trotz oder sogar – was noch beunruhigender ist – wegen des Holocaust ihr Land lieben sollen.

Der Facebook-Post von Martin Sichert hat keinen direkten Bezug zum Gedenktag des Endes des Zweiten Weltkriegs, wurde aber am 8. Mai gepostet und kann daher als impliziter Kommentar zu diesem Anlass verstanden werden. Er besteht aus einem Satz vor rotem Hintergrund, in dem es heißt: „Wer Völkern ständig die Verbrechen der Vorfahren anlastet, steht in der Tradition jener, die jahrhundertelang Juden wegen der Ermordung Jesus [sic!] verfolgten.“ Er versäumt es nicht nur, den Holocaust zu benennen, sondern setzt darüber hinaus das Gedenken an den Holocaust mit Antisemitismus gleich. Die Kommentare unter dem Beitrag werden in einem Exkurs untersucht, um zu zeigen, wie seine antisemitische Aussage von User*innen wahrgenommen wird (siehe unten).

Unser letztes Fallbeispiel ist die AfD Bayern, die die Gelegenheit nutzte, um Bundeskanzlerin Merkel in einem Tweet anzugreifen. Der Tweet besteht aus einer Text-Bild-Kombination, die das heutige Deutschland mit der NS-Diktatur gleichsetzt und das offizielle Holocaust-Gedenken in Deutschland ablehnt. Das Bild zeigt Bundeskanzlerin Merkel in einem grauen Blazer, die ihren rechten Arm hochhält. Die graue Jacke soll wohl an die Uniform eines SS-Soldaten erinnern, während die gezeigte Geste als implizite Anspielung auf den Hitlergruß gedeutet werden kann. Begleitet wird das Bild von der Aussage „8. Mai? Merkels Rücktritt wäre ein ECHTER Tag der Befreiung!“.

Befunde

Die signifikanteste Beobachtung während der zahlreichen Kodierungsrunden war, dass es sich bei den Äußerungen in den untersuchten Posts nicht um Vorfälle von (explizitem) primärem oder sekundärem Antisemitismus handelt. Antisemitische Anspielungen in den Beiträgen der AfD zum 8. Mai konnten nicht in isolierten Aussagen oder einzelnen Wörtern identifiziert werden. Vielmehr muss der Kontext, der Tag der Befreiung, sowie das, was in den Social-Media-Posts der AfD nicht erwähnt oder erinnert wird, berücksichtigt werden. Dies hat uns zum einen dazu inspiriert, das Konzept des „tertiären Antisemitismus“ zu entwickeln, um diese eher impliziten Formen des Antisemitismus zu erfassen (siehe Schlussfolgerung). Zum anderen unterstreicht diese Beobachtung die Angemessenheit einer induktiven, qualitativen Analyse: Denn mit einer quantitativen, automatisierten Analyse, die darauf ausgelegt ist, vordefinierte Schlüsselwörter und Phrasen zu erfassen, könnten diese implizit antisemitischen Anspielungen nicht erfasst werden. Gegliedert nach dem Codesystem, das wir für unsere Analyse entwickelt haben, werden wir unsere wichtigsten Ergebnisse anhand von Zitaten aus den Social-Media-Posts der AfD illustrieren und zusammenfassen. Im Folgenden werden die von uns entdeckten antisemitischen Anspielungen als Kategorien dargestellt.

Kategorie 1: Erinnerung an Deutsche als Opfer

Die Darstellung von Deutschen als Opfer im Zusammenhang mit dem 8. Mai 1945 ist in den Vlogs von Georg Pazderski, Enrico Komning, Stephan Protschka, aber auch in dem Beitrag von Martin Sichert vorherrschend. Die AfD-Politiker verweisen auf die Vertreibung von Deutschen aus den ehemaligen Ostgebieten, auf Erfahrungen sexualisierter Gewalt gegen deutsche Frauen durch die Alliierten, auf die Nöte deutscher Wehrmachtssoldaten (darunter auch Truppen, die maßgeblich an der Vernichtung der jüdischen Bevölkerung beteiligt waren) und stellt Deutsche generell als historische Opfer dar. Diese Narrative neigen dazu, in eine Täter-Opfer-Umkehrung zu eskalieren, bei der das Leiden von Deutschen indirekt mit dem der Opfer des Nationalsozialismus gleichgesetzt wird. Die folgenden Auszüge aus Social-Media-Beiträgen veranschaulichen verschiedene Formen dieser strategischen Umdeutung der Geschichte. Die Beispiele verdeutlichen nicht nur die Fokussierung auf deutsche Opfer, das Nicht-Erwähnen von NS-Opfern und die Verharmlosung von NS-Verbrechen, sondern auch, wie die AfD implizit ein revisionistisches Gedenken an deutsche statt an jüdische Opfer propagiert. Während das Erinnern an deutsche Kriegsopfer nicht per se antisemitisch ist, ergibt sich der antisemitische Charakter der AfD-Posts in den sozialen Medien aus der Tatsache, dass sie an einem Tag, der dem Gedenken an jüdische und andere Opfer des Nationalsozialismus vorbehalten ist, der Deutschen gedenken. Der Holocaust und seine jüdischen und nichtjüdischen Opfer werden dabei nicht geleugnet, aber nur am Rande erwähnt und erscheinen somit als bestenfalls von untergeordneter Bedeutung. Stattdessen werden zu Opfern erklärte Deutsche und deutsche Verluste zu Protagonisten in der Darstellung der AfD-Politiker*innen, wie die folgenden Beispiele zeigen.

Untercode: Opfer-Täter-Umkehr

Es war das Ende großen Leids (Pause) des massenhaften Sterbens junger Soldaten an den Fronten. (Enrico Komning)

Untercode: Hinweise auf sexualisierte Gewalt gegen deutsche Frauen

Massenweise wurden Frauen und Mädchen vergewaltigt. (Stephan Protschka)

Untercode: Hinweis auf die Ausweisung von Deutschen

Mit [dem Ende der Nazidiktatur] begann aber auch für viele Deutsche das Leid erst richtig und mündete in der größten Vertreibungsgeschichte der Menschheitsgeschichte. 15 Millionen Deutsche wurden aus dem Sudetenland, Ostpreußen, Danzig, Pommern, Schlesien aus Ostbrandenburg vertrieben. (Stephan Protschka)

Untercode: Allgemeiner Mythos der deutschen Opferrolle

Vernichtend waren die Schutz- und Rechtlosigkeit gegen die Siegerwillkür, die Gebietsabtrennungen und Vertreibungen, das Elend der Kriegsgefangenen in den Rheinwiesen, die Teilung des Landes und der Aufbau einer neuen Diktatur in der DDR. (Georg Pazderski)

Kategorie 2: Relativierung/Trivialisierung, Leugnung und Auslassung des Holocaust

Während sich einige Beiträge auf Nazi-Verbrechen und jüdische Opfer beziehen, andere euphemistische Beschreibungen verwenden oder sich auf eine vage, nicht näher spezifizierte Schuld beziehen, wird in keinem der von uns analysierten Beiträge der Holocaust explizit genannt. Während das Nicht-Erwähnen des Holocaust anlässlich des 75. Jahrestages also ein durchgängiges Merkmal ist, sind implizite Leugnungen, Verharmlosungen und Relativierungen und damit ein indirekter sekundärer Antisemitismus auch in den Social-Media-Posts der AfD präsent. Stephan Protschka leugnet implizit den Holocaust, indem er behauptet, dass Vorfahren von Deutschen tatsächlich Opfer des „größten Verbrechens gegen die Menschheit" geworden seien. Anstatt den Holocaust explizit mit anderen Völkermorden zu vergleichen, setzen AfD-Politiker*innen das NS-Regime und seine Verbrechen entweder mit dem heutigen Deutschland, mit der DDR oder mit dem Sozialismus gleich, wodurch der Holocaust indirekt verharmlost und relativiert wird und die AfD als heutige Dissidenten implizit mit Holocaust-Opfern gleichgesetzt werden, wie die folgenden Auszüge verdeutlichen.

Untercode: Nicht-Erwähnen des Holocaust

> Wir leben mit dem Erbe. Mit der Schuld der Vergangenheit. Wir müssen Sorge dafür tragen, dass wir nie wieder eine derartige Schuld auf uns laden. (Nicole Höchst)

Untercode: Holocaust-Leugnung

> Lasst uns daher heute gedenken an unsere Vorfahren, an unsere Väter und Mütter, an unsere Großeltern, die Opfer des größten Völkerverbrechens geworden sind und uns für die heutige Zeit ein Symbol sind. (Stephan Protschka)

Untercode: NS-Vergleiche

> Nie wieder, Missbrauch staatlicher Machtstrukturen. Nie wieder Verfolgung von Minderheiten. Nie wieder Gewalt gegen Andersdenkende. Nie wieder Sozialismus, egal ob rechts oder linksradikal geprägt. (Georg Pazderski)

Kategorie 3: Schuldabwehr

Diese Kategorie veranschaulicht Aussagen von AfD-Vertreter*innen, die Deutsche nicht als historische Tätergesellschaft, sondern als unschuldiges Kollektiv darstellen, das nicht zum Aufstieg des NS-Regimes beigetragen hat und nicht am Holocaust oder anderen (Kriegs)Verbrechen beteiligt war. Damit wird der Mythos aufrechterhalten, dass die meisten Deutschen nichts vom Holocaust und anderen Verbrechen der Nazis mitbekommen hätten und dass Deutsche trotz der vielen (jüdischen) Widerstandsbewegungen, die gegen die Nazis kämpften, keine Möglichkeit gehabt hätten, den Krieg und den Holocaust zu verhindern. Oft kulminieren diese Erzählungen in Geschichten, in denen Deutsche selbst Opfer des Nationalsozialismus sind. Dies geschieht vor allem durch das Hervorheben deutscher Leidensgeschichten, die nach Ansicht der AfD Vertreter*innen nach dem Zusammenbruch des nationalsozialistischen Regimes begannen. Dadurch werden die Schuld und die Verantwortung Deutschlands für den Holocaust entschärft und implizit jüdische durch deutsche Opfer ersetzt. Anstelle nationalsozialistischer Deutscher werden die Alliierten als die alleinigen Täter hervorgehoben, die deutsche Frauen vergewaltigt und angeblich sogar Konzentrationslager betrieben hätten. Laut AfD-Vertreter*innen sind es also nicht deutsche Schuld und Täterschaft, sondern die Verbrechen anderer an der angeblich unschuldigen deutschen Bevölkerung, die den Zweiten

Weltkrieg aus deutscher Sicht definieren, wie die beiden folgenden Beiträge von Stephan Protschka veranschaulichen.

Untercode: Kollektive Unschuld

> Der Verlust der Demokratie, der Verlust der Meinungsfreiheit, die Kriminalisierung der Opposition, mündet schnell in eine Diktatur und führt zu einer Katastrophe eines ungeahnten Ausmaßes. Dies geschah sehr plötzlich und schnell über Nacht. Es kann uns aber auch heute noch treffen. Schleichend und langsam, so dass kaum jemand davon etwas mitbekommt. (Stephan Protschka)

Untercode: Alliierte als Täter

> Massenweise wurden Frauen und Mädchen vergewaltigt. Vielerorts wurden Konzentrationslager weiter betrieben, diesmal von den Siegermächten. (Stephan Protschka)

Kategorie 4: Deutsche als ethno-nationales Kollektiv

In den Fallstudien zu den Posts der AfD in den sozialen Medien wird die deutsche Nation als ethno-nationales Kollektiv konstruiert. Ethno-Nationalismus ist die essenzialistische Idee, dass ein bestimmtes Volk durch gewisse kulturelle oder sogar biologistische Merkmale ausgezeichnet, in einem bestimmten angestammten geografischen Gebiet verwurzelt sei und sich dadurch von anderen Völkern unterscheide. Diese Ideologie ermöglicht es, das Phantasma eines deutschen Volks nicht als Gemeinschaft ehemaliger Täter*innen, sondern als ein Kollektiv zu konstruieren, das durch Blutsverwandtschaft, deutsche Tugenden und Traditionen verbunden ist. Dies knüpft an die völkisch-nationalistische Ideologie an, die einen Kern der NS-Ideologie darstellt und die per Definition antisemitisch ist, weil sie Jüdinnen*Juden von der Zugehörigkeit zur deutschen Nation ausschließt. Nicht die historische Schuld an den Massenmord an Jüdinnen*Juden durch Nazi-Deutschland, sondern die Verwurzelung in einer konstruierten deutschen Abstammung werden nach Ansicht der AfD-Politiker*innen zu den bestimmenden Merkmalen der modernen deutschen Nation, die letztlich Jüdinnen*Juden und andere minorisierte Gruppen ausschließt. Darüber hinaus werden diejenigen, die die Niederlage des nationalsozialistischen Deutschlands am 8. Mai 1945 feiern, sowie diejenigen, die die deutsche Schuld anerkennen und zum Gedenken an NS-Opfern auffordern, aus dieser konstruierten Wir-Gruppe ausgeschlossen, wie in den folgenden Beispielen deutlich wird.

Subcodes Ethno-nationale Wir-Gruppe

> Mein Herz schlägt für [...] diese geduldigen, vertrauensseligen, gastfreundlichen, starken, intelligenten, kreativen, fleissigen, optimistischen, charakterstarken [...] Menschen. Ungebrochen, ungestüm, unzähmt. (Nicole Höchst)

Untercode: Feindliche Markierung

> Der achte Mai für mich persönlich ein Tag des Gedenkens und Erinnerns es ist kein Fest, wie die Linken in Berlin ausgerufen haben. (Stephan Protschka)

Untercode: Ausschluss aus der Wir-Gruppe durch Schuldeingeständnis

> Wenn Sie ihr Land nicht lieben können, Herr Steinmeier, dann treten Sie zurück. (Nicole Höchst)

Rhetorische Strategien

Im Zuge unserer induktiven Analyse konnten wir die folgenden rhetorischen Strategien identifizieren, die dazu beitragen, antisemitische Anspielungen in den Social-Media-Posts der AfD zu präsentieren und zu transportieren:

Strategie 1: Mimikry

Unter Mimikry verstehen wir hier die rhetorisch-performative Aneignung etablierter Rituale, Narrative oder anderer Elemente der offiziellen deutschen Erinnerungskultur. Satzstrukturen oder Formulierungen werden kopiert, aber transportieren Erzählungen, die sich implizit oder explizit von der hegemonialen Interpretation der deutschen Vergangenheit unterscheiden und diese in Frage stellen. Das anschaulichste Beispiel für diese Strategie ist die Aneignung des etablierten erinnerungskulturellen Satzes „Nie wieder (Holocaust)!" und der Verweis auf die „Lehren" (Forchtner 2016) aus der NS-Vergangenheit.

> Nie wieder Missbrauch staatlicher Machtstrukturen. Nie wieder Verfolgung von Minderheiten. Nie wieder Gewalt gegen Andersdenkende. Nie wieder Sozialismus, egal ob rechts oder linksradikal geprägt. Nur das kann unsere Lehre aus dem verheerenden Zweiten Weltkrieg sein. (Georg Pazderski)

Strategie 2: Dekontextualisierung

Diese Kategorie beschreibt die Strategie, historische Ereignisse (wie die deutsche Vertreibung oder das Ende des Zweiten Weltkriegs) oder Fakten (Massenvergewaltigung deutscher Frauen) losgelöst von ihrem unmittelbaren historischen Kontext und ihrer Ursache (z.B. Holocaust und deutscher Angriffskrieg) zu erwähnen. Diese Strategie trägt vor allem zu einer generellen Ausblendung des Holocaust bei, die subtiler ist als die etablierten Formen der Holocaustleugnung, -relativierung oder -verharmlosung durch rechtsextreme Akteure. Entsprechende Aussagen konstruieren ein deutsches Geschichtsbild, in dem der Holocaust keine Rolle spielt und das Leiden und Sterben von Millionen jüdischen und anderen NS-Opfern unsichtbar gemacht oder, wie der folgende Beitrag exemplarisch zeigt, mit den Erfahrungen der AfD als Oppositionspartei unter der Regierung Merkel gleichsetzt wird.

> Nicht der 8. Mai – Merkels endgültiger Rückzug aus der Politik wird einst als Tag der Befreiung in die Geschichte eingehen! AfD Bayern

Strategie 3: Tokenismus

In ihren Social-Media-Posts setzen AfD-Politiker strategisch Tokens ein, d.h., sie verweisen gezielt auf bekannte, populäre historische oder politische Persönlichkeiten, (Vertreter von) minorisierte(-n) Gruppen oder die Erfahrungen von Familienmitgliedern. Diese Verweise zielen darauf ab, eine bestimmte Behauptung oder Interpretation der deutschen Geschichte zu legitimieren und als harmlos, fundiert und weniger extrem erscheinen zu lassen. Ein Beispiel dafür sind die beiden folgenden Aussagen, in denen Pazderski seinen familiären Hintergrund und den ehemaligen Politiker Theodor Heuss benutzt, um seinen Aussagen mehr Integrität, moralische Legitimität und Wahrheitswert zu verleihen.

> Als Sohn eines polnischen Zwangsarbeiters, der selbst Opfer der Nationalsozialisten wurde, lasse ich mir das nicht bieten […] (Georg Pazderski)

> […] am 8. Mai 1949 fand der spätere erste Präsident der Bundesrepublik Deutschland, der FDP-Politiker Theodor Heuss, für uns Deutsche die richtigen und noch heute gültigen Worte. (Georg Pazderski)

Strategie 4: Präventive Verteidigungsmaßnahmen

Abgesehen von Tokens verwendet die AfD andere rhetorische Mittel, die präventiv darauf abzielen, (Extremismus-)Vorwürfe seitens politischer Gegner zu widerlegen und so einer Aussage Legitimität und (moralische) Integrität zu verleihen und sie als weniger extremistisch erscheinen zu lassen. Dazu gehören unter anderem symbolische Abgrenzungen gegenüber dem nationalsozialistischen Deutschland oder die Behauptung, dass geschichtsrevisionistische Äußerungen mit nicht-extremistischen, guten Absichten gemacht werden oder lediglich historische Fakten benennen, wie das folgende Beispiel zeigt.

> Es geht mir nicht darum, die Schuld der Deutschen im Zweiten Weltkrieg zu relativieren. Es geht mir darum, dass wir aus der Geschichte lernen und das können wir nur, wenn wir die gesamte Geschichte kennen. (Stephan Protschka)

Exkurs: Untersuchung der Wahrnehmung von antisemitischen Anspielungen in Social-Media-Posts: Analyse der Kommentare

Im Folgenden geben wir Einblicke, wie eine antisemitische Anspielung in Martin Sicherts Facebook-Post von anderen Facebook-Nutzer*innen wahrgenommen wird.

Kommentare unter dem Originalbeitrag, in dem es heißt: „Wer Völkern ständig die Verbrechen der Vorfahren anlastet, steht in der Tradition jener, die jahrhundertelang Juden wegen der Ermordung Jesus [sic!] verfolgten" (siehe oben), bestätigen und reproduzieren den Antisemitismus des Originalbeitrags in Form von Schuldabwehr, Holocaust-Vergleichen und dem Vorwurf eines „Schuldkults". Sie fordern ein Ende der Tradition des Holocaust-Gedenkens in Deutschland und behaupten, die Erinnerung an den Holocaust sei ungerecht. Darüber hinaus finden sich in den Kommentaren explizit antisemitische Stereotype wie die Behauptung, Juden seien gierig, hätten vom Holocaust profitiert oder seien selbst schuld an ihrer Verfolgung sowie mehrere Verweise auf gängige antisemitische Verschwörungsmythen. Die Kommentare unterscheiden sich von dem Antisemitismus, der im Post des AfD-Politikers zum Ausdruck kommt, dadurch, dass sie antisemitische Botschaften oft explizit formulieren. In der Tat scheint Sicherts ursprünglicher Beitrag andere Nutzer*innen dazu ermutigt zu haben, primären und sekundären Antisemitismus zu äußern. Seine antisemitische Anspielung eskaliert in den Kommentaren und führt dazu, dass klassische antisemitische Stereotype, die für die Entmenschlichung und Verfolgung von Jüdinnen*Juden im Nationalsozialismus wesentlich waren und deren Ermordung legitimierten, geäußert werden. Zusammenfassend zeigt die Untersuchung der Nutzerkommentare, dass aufgrund der Sozialisierung mit antisemitismusrelevantem Wissen die antisemitischen Anspielungen in den Beiträgen der AfD verstanden und reproduziert werden und zum Ausdruck von explizitem Antisemitismus ermutigen (vgl. Hübscher 2020: 20).

Schlussfolgerung

Insgesamt liefern unsere Befunde weitere Belege dafür, dass die AfD als antisemitische Partei angesehen werden kann (Salzborn 2018). Basierend auf unseren Ergebnissen kommen wir jedoch zu dem Schluss, dass die AfD in den sozialen Medien antisemitische Botschaften kommuniziert, die mit den Konzepten des primären oder sekundären Antisemitismus nicht vollständig erfasst werden können. Wir haben daher das Konzept des tertiären Antisemitismus entwickelt, das am besten als Erweiterung des primären und sekundären Antisemitismus verstanden werden kann. Tertiärer Antisemitismus wurde von Teilen der Wissenschaft im Zusammenhang mit islamistischem Antisemitismus definiert. Da der Begriff jedoch eine Kontinuität zu primärem und sekundärem Antisemitismus aufweist und somit eine historische und kulturelle Verbindung zum Holocaust und Nationalsozialismus impliziert, halten wir eine solche Definition nicht für sinnvoll. Daher schlagen wir die folgende Konkretisierung vor:

Als Erweiterung des primären und sekundären Antisemitismus ist der tertiäre Antisemitismus eine implizite Form des Antisemitismus, die darauf abzielt, ein revisionistisches Bild der deutschen Geschichte zu zeichnen, in dem der Holocaust fragmentiert, marginalisiert oder ausgelassen wird. Der antisemitische Charakter des tertiären Antisemitismus tritt im Kontext der jeweiligen Äußerungen zutage und gründet sich häufig auf die Nichterwähnung jüdischer und anderer Holocaust-Opfer und die implizite Ersetzung von Holocaust- und anderen NS-Opfern durch deutsche Opfer. Tertiärer Antisemitismus bedient sich spezifischer rhetorischer Strategien wie Mimikry, Dekontextualisierung, Tokenismus und präemptiver Verteidigung, die zum Mainstreaming, zur Normalisierung und zur Rechtfertigung von Antisemitismus beitragen.

Tertiärer Antisemitismus unterscheidet sich vom sekundären Antisemitismus nicht durch seinen geschichtsrevisionistischen Inhalt und sein Ziel, sondern durch seine Form, da er auf direkte Vergleiche und ausdrückliche Relativierungen verzichtet. Er stellt die nationalsozialistischen Verbrechen in den Hintergrund, indem er den Holocaust nicht beim Namen nennt und ihn somit unsichtbar und unbedeutend macht. Aufgrund seines impliziten Charakters und der rhetorischen Strategien, die zu seiner Vermittlung eingesetzt werden, ist der tertiäre Antisemitismus in der Lage, in hohem Maße zur Normalisierung von Antisemitismus beizutragen, insbesondere in den sozialen Medien, da die entsprechenden Äußerungen nicht eindeutig identifizierbar sind und daher nicht durch KI oder andere bestehende Mittel zur Extremismusbekämpfung auf den jeweiligen Plattformen gefunden werden können. Tatsächlich ergibt sich der antisemitische Charakter des tertiären Antisemitismus durch die systematische Auslassung des Holocaust bei Anlässen, zu denen die offizielle (deutsche) Erinnerungskultur dieses Ereignisses gedenkt, das Nicht-Erwähnen (jüdischer) NS-Opfer oder durch Erzählungen, die deutsche Unschuld betonen und deutsche Opfer (oft implizit) mit NS-Opfern gleichsetzen.

Hervorzuheben ist, dass tertiärer Antisemitismus, wie er von der AfD propagiert wird, nicht so sehr von den extremistischen Rändern der Gesellschaft ausgeht oder an diese appelliert, sondern an Narrative und Erinnerungen innerhalb des deutschen Mainstreams anschließt. Die Abwehr einer Kollektivschuld und ein Mythos kollektiver (deutscher) Unschuld sind in der deutschen Erinnerungslandschaft der Nachkriegszeit präsent (Salzborn 2020), insbesondere wenn es sich um mediatisierte und fiktionalisierte Narrative (Kansteiner 2019; Salzborn 2020) und persönliche und familiäre Erinnerungen handelt (Welzer, Moller, Tschuggnall 2002). Letzteres spiegelt sich in der MEMO-Studie 2019 (Rees et al. 2019: 14) wider, die zeigt, dass 70 Prozent der Deutschen glauben, ihre Vorfahren seien keine Täter im Nationalsozialismus gewesen. Zudem behauptet eine Mehrheit, ihre Vorfahren seien entweder Opfer des Nationalsozialismus gewesen (36 %) oder hätten diesen Opfern geholfen (29 %) – Einschätzungen, die den historischen Realitäten widersprechen. Das Gefährliche am tertiären Antisemitismus ist also, dass er an bereits vorhandene Abgrenzungs- und Verdrängungstendenzen anschließt und Wünsche nach Entlastung und einem ‚Schlusstrich' unter der NS-Vergangenheit weniger explizit zum Ausdruck bringt und sie dadurch als weniger extrem erscheinen lässt.

Unsere Befunde zeigen, dass tertiärer Antisemitismus anlässlich des 75. Jahrestages des Endes des Zweiten Weltkriegs von einer ausgewählten Gruppe von AfD-Politiker*innen in den sozialen Medien kommuniziert wird, wo sie journalistisches Gatekeeping oder kritische Konfrontation und Bewertung umgehen. Die sozialen Medien ermöglichen es der AfD somit, ein (erinnerungskulturelles) Umfeld zu schaffen, in dem ein „Deutschland ohne Holocaust" durch eine geschichtsrevisionistische Interpretation imaginiert werden kann. Ein solcher Diskurs lehnt sowohl die Rolle Deutschlands als Täter als auch den Status des Holocaust als prägendes historisches Ereignis und die Verpflichtung Deutschlands, sich daran zu erinnern, ab.

Das gefährliche antisemitische Potenzial der AfD liegt also nicht nur in den skandalösen, explizit revisionistischen und antisemitischen Äußerungen von AfD-Funktionären, sondern in der Fähigkeit der AfD, soziale Medien strategisch zu nutzen, um ein alternatives erinnerungskulturelles Umfeld zu kultivieren, das den Nährboden für eine antisemitische Weltanschauung schafft. Eine explorative Untersuchung der Kommentare unter einem Facebook-Post der AfD legt nahe, dass tertiärer Antisemitismus tatsächlich von anderen Facebook-Nutzer*innen verstanden und reproduziert wird und zur Reproduktion von primärem und sekundärem Antisemitismus anregt.

Weitere Forschung ist notwendig, um ein umfassendes Verständnis dafür zu erlangen, wie Nutzer*innen sozialer Medien auf die antisemitischen Anspielungen der AfD reagieren. Weitere Erkenntnisse zur Wahrnehmung von tertiärem Antisemitismus in sozialen Medien sind dringend notwendig, um nicht nur technologische Gegenstrategien, sondern auch pädagogische Tools für die Bildungsarbeit zu entwickeln. Darüber hinaus müssen Journalist*innen und Pädagog*innen für diese impliziten Formen von Antisemitismus sensibilisiert werden, um sie zu erkennen und zu dekonstruieren, anstatt entsprechenden AfD-Aussagen eine Plattform zu geben.

Literaturverzeichnis

AfD (2016): Grundsatzprogramm für Deutschland. Das Grundsatzprogramm der Alternative für Deutschland [pdf]. https://www.afd.de/wp-content/uploads/sites/111/2017/01/2016-06-27_afd-grundsatzprogramm_web-version.pdf [Zugriff: 08.12.2023].

AfD-Bundestagsfraktion (2018): Wortlaut der umstrittenen Passage der Rede von Alexander Gauland. https://afdbundestag.de/wortlaut-der-umstrittenen-passage-der-rede-von-alexander-gauland/ [Zugriff: 08.12.2023].

Becker, Matthias J. (2018): Analogien der „Vergangenheitsbewältigung“. Antiisraelische Projektionen in Leserkommentaren der Zeit und des Guardian. Nomos: Baden-Baden.

Benz, Wolfgang (2016): Die „Alternative für Deutschland“ und der Antisemitismus. Bundeszentrale für Politische Bildung, 26. Juli. https://www.bpb.de/geschichte/zeitgeschichte/deutschlandarchiv/231398/die-alternative-fuer-deutschland-und-der-antisemitismus [Zugriff: 08.12.2023]

Bodemann, Y. Michal (1996): Gedächtnistheater. Die jüdische Gemeinschaft und ihre deutsche Erfindung. Hamburg: Rotbuch Verlag.

Czollek, Max (2018): Desintegriert Euch! München: Hanser Verlag.

Davis, Trevor/Livingston, Steven/Hindman, Matt (2019): Suspicious Election Campaign Activity on Facebook. In: School of Media and Public Affairs, 22. Juli. https://iddp.gwu.edu/suspicious-election-campaign-activity-facebook. George Washington University.

Diehl, Jörg/Lehberger, Roman/Müller, Ann-Katrin/Seibt, Philipp (2019): Facebook Frenzy: Wie die deutsche Rechte die sozialen Medien dominiert. In: *Spiegel Online,* 29. April. https://www.spiegel.de/international/germany/germany-afd-populists-dominate-on-facebook-a-1264933.html [Zugriff: 08.12.2023].

Forchtner, Bernhard (2016): Lessons from the Past? Erinnerung, Narrativität und Subjektivität. London: Palgrave Macmillan UK.

Grimm, Marc/Kahmann, Bodo (2017): AfD und Judenbild. Eine Partei im Spannungsfeld von Antisemitismus, Schuldabwehr und instrumenteller Israelsolidarität. In: Grigat, Stephan. (Hrsg.), AfD & FPÖ. Antisemitismus, völkischer Nationalismus und Geschlechterbilder. 1. Aufl. Baden-Baden: Nomos, 41–60.

Hübscher, Monika (2020): Likes for Antisemitism: The Alternative für Deutschland and Its Posts on Facebook. In: *Journal of Contemporary Antisemitism* 3 (1), 11–34. DOI: 10.26613/jca/3.1.41

JDA – Jerusalemer Erklärung zum Antisemitismus (2021): Die Jerusalemer Erklärung zum Antisemitismus, 26. März. https://jerusalemdeclaration.org/wp-content/uploads/2021/03/JDA-deutsch-final.ok_.pdf [Zugriff: 08.12.2023].

Jureit, Ulrike/Schneider, Christian (2010): Gefühlte Opfer: Illusionen der Vergangenheitsbewältigung. Stuttgart: Klett-Cotta. Print.

Kansteiner, Wulf (2019): "Migration, Racism, and Memory." *Memory studies* 12, no. 6: 611–616.

Krämer, Benjamin (2017): Populist Online-Practices: The Function of the Internet in Right-Wing Populism. In: *Information, Kommunikation & Gesellschaft*, 20(9), 1293–1309.

Lange, Armin/Mayerhofer, Kerstin/Porat, Dina/Schiffman, Lawrence (2019): Executive Summary. In: Lange, Armin/Mayerhofer, Kerstin/Porat, Dina/Schiffman, Lawrence (Hrsg.), *Comprehending and Confronting Antisemitism (Band 1).* Berlin, Boston: De Gruyter, 13–18.

Mayring, Philip/Fenzl, Thomas (2019): Qualitative Inhaltsanalyse. In: Baur, Nina/Blasius, Jörg (Hrsg.), Handbuch Methoden der empirischen Sozialforschung. Wiesbaden: Springer Fachmedien.

Oltermann, Philip (2017): AfD-Politician says, Germany should stop atoning for Nazi crimes. In: *The Guardian*, 18. Januar. https://www.theguardian.com/world/2017/jan/18/afd-politician-says-germany-should-stop-atoning-for-nazi-crimes [Zugriff: 08.12.2023].

Pfahl-Traughber, Armin (2016): AfD: Antisemiten finden Durchlass. Es ist kein Zufall, dass in der „Alternative für Deutschland" ständig judenfeindliche Skandale auftauchen. In: *Jüdische Allgemeine*, 6. Juni. https://www.juedische-allgemeine.de/politik/afd-antisemiten-finden-durchlass/ [Zugriff: 08.12.2023].

Rees, Jonas/Zick, Andreas/Papendick, Michael/Wäschle, Franziska (2019): Multidimensionaler Erinnerungsmonitor (MEMO) II/2019. Forschungsbericht IKG, Bielefeld: Institut für interdisziplinäre Konflikt- und Gewaltforschung (IKG), Universität Bielefeld.

Reisigl, Martin/Wodak, Ruth (2016): The Discourse-Historical Approach. In: Wodak, Ruth/Meyer, Michael (Hrsg.), Methods of Critical Discourse Studies, 1. Aufl., London: SAGE Publications, 23–61.

Salzborn, Samuel (2016): Renaissance der Neuen Rechten in Deutschland? Eine Auseinandersetzung mit neurechten Elementen im deutschen Rechtsextremismus heute. In: *Deutsche Politik und Gesellschaft*, 34 (2), 36–63.

Salzborn, Samuel (2017): Von der offenen zur geschlossenen Gesellschaft: Die AfD und die Renaissance des Deutschen Opfermythos im rechten Diskurs. In: Griga, Stephan. (Hrsg.): AfD & FPÖ: Antisemitismus, völkischer Nationalismus und Geschlechterbilder, 1. Auflage. Baden-Baden: Nomos, 27–40.

Salzborn, Samuel (2018): Antisemitismus in der Partei „Alternative für Deutschland“. In: *Deutsche Politik und Gesellschaft*, 36(3), 74–93.

Salzborn, Samuel (2020): Kollektive Unschuld. Die Abwehr der Shoah im deutschen Erinnern. Leipzig: Hentrich & Hentrich.

Schäuble, Barbara/Scherr, Albert (2009): Politische Bildungsarbeit und Antisemitismus bei Jugendlichen. In: Scharathow, Wiebke/Leiprecht, Rudolf (Hrsg.): Rassismuskritik. Band 2: Rassismuskritische Bildungsarbeit, 1. Aufl. Frankfurt am Main: Wochenschau Verlag, 283–299.

Schmalenberger, Sophie (2021): An „ambivalent day“: How the AfD attempts to reframe the 8th May as day to commemorate German Victimhood. In: Leidig, Eviane (Hrsg.), CARR-Yearbook 2020/2021, 1. Aufl. Hannover: ibidem-Verlag.

Schwarz-Friesel, Monika/Raynharts, Yehudah: (2013): *Die Sprache der Judenfeindschaft im 21. Jahrhundert*. Berlin [u.a: De Gruyter. Print.

Sternberg, Jan (2020): Gauland gegen Feiertag am 8. Mai: „Es war auch ein Tag der absoluten Niederlage“. In: Redaktionsnetzwerk Deutschland, 8. Mai. https://www.rnd.de/politik/feiertag-am-8-mai-darum-ist-alexander-gauland-afd-dagegen-DGQCKQIZ5RDVJKY27ZASXC27XI.html [Zugriff: 02.01.2024].

Via, Wendy/Beirich, Heidi (2021): Democracies under Threat. How Loopholes for Trump’s Social Media Enabled the Global Rise of Far-Right Extremism. Global Project against Hate and Extremism. https://www.politico.eu/wp-content/uploads/2021/03/16/GPAHE_Democracies-Under-Threat.pdf [Zugriff: 23.05.2021].

Weizsäcker, Richard von (1985): Rede von Bundespräsident Richard von Weizsäcker bei der Gedenkfeier zum 40. Jahrestag des Endes des Krieges in Europa und der nationalsozialistischen Gewaltherrschaft am 8. Mai 1985 im Bundestag. 8. Mai 1985, Bonn. https://www.bundespraesident.de/SharedDocs/Reden/DE/Richard-von-Weizsaecker/Reden/1985/05/19850508_Rede.html [Zugriff: 03.01.2024].

Welzer, Harald/Moller, Sabine/Tschuggnall, Karoline (2002): „Opa war kein Nazi“. Nationalsozialismus und Holocaust im Familiengedächtnis. Frankfurt am Main: Fischer Taschenbuch Verlag.

Wodak, Ruth (2015): The Politics of Fear. What Right-Wing Populist Discourses Mean. London: SAGE Publications.

Wodak, Ruth (2019): Aufbruch in die „Post-Scham-Ära“: Der Aufstieg von illiberaler Demokratie, Populismus und Neo-Autoritarismus in Europa. In: *Global Discourse: An Interdisciplinary Journal of Current Affairs*, 9(1), 195–213.

Wodak, Ruth/Forchtner, Bernhard (2014): Umkämpftes Wien 1683/2010: Rechtspopulismus, kollektive Erinnerung und die Fiktionalisierung von Politik. In: *Visuelle Kommunikation*, 13(2), 231–255.

4 „NIEMAND, DEN ICH KENNE, IST ANTISEMITISCH“

Antisemitismus auf Facebook-Seiten von Unterstützern der britischen Labour Party[1]

Jakob Guhl

Einführung

Der „alte Hass“ gegen jüdische Gemeinden hat in den letzten Jahren exponentiell zugenommen, sowohl in der institutionellen Politik als auch im Online-Diskurs und bei gezielter Gewalt (Anti-Defamation League 2020; CST 2021; Comerford, Gerster 2021). Hervorzuheben ist auch, dass die Feindseligkeit gegenüber der jüdischen Gemeinschaft nicht auf rechtsextreme und islamistische Gruppen beschränkt, sondern zunehmend auch in linken Diskursen zu finden ist.

Die Existenz von Antisemitismus unter Linken mag kontraintuitiv erscheinen, wenn man bedenkt, dass Universalismus, Antirassismus und die Emanzipation aller Menschen für viele linke Schriftsteller*innen, Aktivisten*innen und Wissenschaftler*innen Kernprinzipien ihrer Weltanschauung sind. Dennoch gibt es eine lange Geschichte des Antisemitismus innerhalb sozialistischer Bewegungen und Staaten, von der ambivalenten Haltung der Aufklärungsdenker gegenüber der jüdischen Emanzipation über die antisemitische Einstellung einiger linker Philosophen im 19. Jahrhundert und die gleichzeitig antizionistische und antisemitische sowjetischen Propaganda im 20. Jahrhundert bis schließlich zur heutigen Vermengung von israelischer Politik und Juden, die häufig stellvertretend für die Handlungen oder sogar die Existenz Israels verantwortlich gemacht werden (Spencer, Fine 2018). Dies geschieht in einem Kontext, in dem Israel von vielen Linken als Außenposten des westlichen Kolonialismus und Imperialismus wahrgenommen wird (Rich 2018b: 19f.). Neben dem israelbezogenen Antisemitismus werden Juden oft als Sinnbild der globalen Elite und einer als privilegiert und einflussreich geltenden Minderheit bezeichnet. Antisemitismus wird daher häufig als weniger problematisch wahrgenommen als andere Formen des Rassismus (Pagano 2018).

---

1 Kommentar eines Users in einer Pro-Labour-Facebook-Gruppe während einer Diskussion über Antisemitismus in der Partei.

Wie David Hirsh in seinem Beitrag zur Chakrabarty-Untersuchung zu Antisemitismus in der Labour Party (siehe Abschnitt „Hintergrund: Die Debatten über Antisemitismus in der Labour Party“) betonte, ist

> Antisemitismus in der Linken nicht nur ein Ausdruck der allgemeinen Vorurteile, die in der gesamten Gesellschaft vorkommen, sondern es gibt eine spezifisch linke Tradition von Antisemitismus. [...] Einige Linke haben sich schon immer von der These verführen lassen, dass „die Juden“ zwischen uns und dem guten Leben stünden. (Hirsh 2016: 1)[2]

Das vermeintliche Scheitern technokratischer Regierungen der politischen Mitte in den letzten zwei Jahrzehnten hat den Spielraum akzeptabler politischer Diskurse in westlichen Demokratien erweitert, sowohl auf der linken als auch auf der rechten Seite. Diese Verschiebung des „Overton- Fensters“[3] hat nicht nur zu einem stetigen Anstieg des Rechtspopulismus in ganz Europa und Nordamerika geführt, sondern auch zu einer Rückkehr radikal linker Ideen in den Mainstream-Diskurs einiger Länder. Eines der zentralen Symbole dieser Entwicklung war die Wahl von Jeremy Corbyn zum Vorsitzenden der britischen Labour Party im September 2015.

Während Corbyn mit seiner Anti-Austeritätsbotschaft und seiner nicht interventionistischen außenpolitischen Agenda ein breites Spektrum von Wähler*innen begeisterte, gab es anhaltende Bedenken hinsichtlich des Antisemitismus in seiner Partei, was zu großen öffentlichen Debatten im Vereinigten Königreich und darüber hinaus führte. Die Intensität, mit der diese Themen in der britischen Linken und insbesondere in der Labour Party selbst diskutiert wurden, erreichte unter Corbyns Führung neue Höchstwerte (BBC 2019).

Dieses Kapitel analysiert den linken Antisemitismus in sozialen Medien im Vereinigten Königreich zwischen 2015 und 2019, insbesondere auf öffentlichen Facebook-Seiten, die die Labour Party unterstützen, und erläutert seine wichtigsten Dynamiken. Im Ergebnis wird festgestellt, dass zwar keiner der Beiträge auf den Parteiseiten selbst eindeutig antisemitisch war, 56 Prozent aller Kommentarbereiche jedoch mindestens einen und in den meisten Fällen mehr als einen antisemitischen Kommentar enthielten und diese Kommentare in 59 Prozent der Fälle unangefochten blieben. Dies zeigt, dass der online Antisemitismus in Pro-Labour-Gemeinschaften zwar mengenmäßig relativ wenig ausgeprägt ist, er aber dennoch

---

2 „antisemitism on the left is not only a reflection of the general prejudice that occurs throughout society, there is a specifically left-wing tradition of antisemitism [...] Some on the left have always been tempted by the proposition that ‘the Jews’ stand between us and the good life.“

3 Das „Overton Window“, benannt nach dem Amerikanischen Politikwissenschaftler Joseph P. Overton, beschreibt die Bandbreite an Ideen, die zu einem bestimmten Zeitpunkt im politischen Mainstream-Diskurs als akzeptabel angesehen werden.

leicht zugänglich bleibt und die Verantwortlichen nicht immer zur Rechenschaft gezogen werden.

Mithilfe einer datengesteuerten Analyse des Ausmaßes, der Narrative und der Entwicklung des linken Antisemitismus versucht dieser Artikel, eine Lücke im Nachweis dieser Phänomene zu schließen und die öffentliche Diskussion wie auch das Verständnis antisemitischer Codes, Akteure, und der Stimmung innerhalb linker Bewegungen zu verbessern. Es bleibt zu hoffen, dass sie die wissenschaftliche Beweisgrundlage für eine ernsthafte Debatte zu diesem Thema bereitstellt und die verschiedenen Gerüchte, Anekdoten, Anschuldigungen und Verschwörungen widerlegt, die derzeit ein Handeln verhindern.

Hintergrund: Die Debatten über Antisemitismus in der Labour Party

Schon zu Beginn von Corbyns Führung der Labour Party äußerten seine Kritiker*innen Bedenken hinsichtlich früherer antisemitischer Äußerungen und seiner Toleranz gegenüber antisemitischen Personen oder Bewegungen. Dazu gehörte seine Beschreibung der islamistischen Terrororganisationen Hamas und Hisbollah (die er ins Parlament eingeladen hatte) als „Freunde" und Hamas insbesondere als „eine Organisation, die sich dem Wohl des palästinensischen Volkes widmet und langfristigen Frieden und soziale Gerechtigkeit und politische Gerechtigkeit in der gesamten Region herbeiführen will" (Guardian 2017). Weitere Beispiele betrafen seine frühere Verbindung zum iranischen Staatsmediensender Press TV (Payne 2016), seine Unterstützung für den antisemitischen Geistlichen Raed Salah (Jewish Chronicle 2019), sein früheres Engagement für die Organisation des Holocaustleugners Paul Eisen, von dessen Ansichten Corbyn angeblich nichts wusste (Mendick 2017), und seine Teilnahme an den Al-Quds-Kundgebungen (Harpin 2017).

Während diese Aussagen und Zugehörigkeiten bekannt waren, erregten die Debatten über Antisemitismus im Jahr 2016 größere öffentliche Aufmerksamkeit, als bekannt wurde, dass die Parlamentsabgeordnete aus Bradford, Naz Shah, während des Gaza-Krieges im Jahr 2014 ein Bild gepostet hatte, das andeutete, dass der Nahostkonflikt durch eine Umsiedlung Israels auf das Territorium der Vereinigten Staaten gelöst werden könnte. Dies führte zu heftiger Kritik an Shah. Der frühere Londoner Bürgermeister Ken Livingstone verteidigte seine Labour-Kollegin jedoch. Er räumte ein, dass Schahs Kritik übertrieben habe, es aber kein Antisemitismus gewesen sei. Livingstone fügte hinzu:

Erinnern wir uns, als Hitler 1932 seine Wahl gewann, war seine Politik damals, dass Juden nach Israel umgesiedelt werden sollten. Er unterstützte den Zionismus – bevor er verrückt wurde und schließlich sechs Millionen Juden tötete. (Stone 2016)[4]

Während sich Shah seitdem für ihre Äußerungen entschuldigt hat, bereute Livingstone nichts, obwohl seine Äußerungen weithin als „kategorisch falsch" (Snyder 2016) oder sogar als Verharmlosung der Gräueltaten der Nazis (Simons 2016) kritisiert wurden. Für Livingstone ging es nicht um Antisemitismus im Gewand der Kritik an Israel, sondern um die angebliche zionistische Instrumentalisierung des Holocaust. Am Holocaust-Gedenktag 2018 trat Livingstone im iranischen Staatssender Press TV auf, um über die folgende Frage zu sprechen: „Wurde der Holocaust ausgenutzt, um andere zu unterdrücken?" (Times of Israel 2018).

Wie im Fall Livingstone zu erlebt war, kam es oft zu einer seltsamen sofortigen, fast reflexartigen Ablehnung als Reaktion auf Vorwürfe des linken Antisemitismus, die allzu oft ohne weitere Untersuchung abgewiesen wurden. Darüber hinaus wurden Antisemitismusvorwürfe als Teil einer „sehr gut orchestrierten Kampagne der Israel-Lobby angesehen, um jeden, der die israelische Politik kritisiert, als antisemitisch" zu diffamieren, wie Livingstone es im selben Interview ausdrückte (Times of Israel 2018).[5] Dies bezeichnete Hirsh (2010) als „Livingstone-Formulierung". Hirsh argumentiert, dass Antisemitismusvorwürfe allzu häufig zurückgewiesen würden, indem man sogar antisemitische Codes, Stereotype und die Verteidigung offensichtlich antisemitischer Akteure unter dem allumfassenden Deckmantel der „Kritik" an Israel zusammenfasst. Laut Hirsh sehen viele Linke diese antisemitischen Äußerungen als akzeptabel an, sofern sie auch als israelkritisch verstanden werden können.

In einem weiteren aufsehenerregenden Fall im Jahr 2016 behauptete die stellvertretende Vorsitzende der Labour-Aktivistengruppe „Momentum", Jackie Walker, dass Juden die „Hauptfinanziers des Zucker- und Sklavenhandels"[6] gewesen seien (Elgot 2019). Solche Vorwürfe rufen die antisemitischen Behauptungen in dem 1991 erschienenen Buch *The Secret Relationship Between Blacks and Jews*, veröffentlicht von der Nation of Islam, ins Gedächtnis, die vom Southern Poverty Law Center aufgrund ihrer „zutiefst rassistischen, antisemitischen und anti-schwulen Rhetorik" als Hassgruppierung eingestuft wurde.[7]

Als die Chakrabarty-Untersuchung zu Antisemitismus und anderen Formen von Rassismus in der Labour Party (Chakrabarty 2016) im Juni 2016 abgeschlos-

---

4 „over the top, but it's not antisemitism". Linvingstone added: „Let's remember when Hitler won his election in 1932, his policy then was that Jews should be moved to Israel. He was supporting Zionism – this before he went mad and ended up killing six million Jews."

5 „very well-orchestrated campaign by the Israel lobby to smear anybody who criticizes Israeli policy as anti-Semitic [sic]."

6 „chief financiers of the sugar and slave trade"

7 „Nation des Islam". Southern Poverty Law Center – Extremistenakten. Online verfügbar: https://www.splcenter.org/fighting-hate/extremist-files/group/nation-islam

sen war, hofften diejenigen innerhalb der Partei, die die gesamte Episode als nichts anderes als eine „Verleumdungskampagne" betrachteten, wahrscheinlich, dass das Problem gelöst sei. Doch keine zwei Jahre später zog eine vom Board of Deputies of British Jews und dem Jewish Leadership Council organisierte Demonstration im März 2018 Hunderte von Demonstranten an, darunter Labour-Abgeordnete, um gegen den Antisemitismus in ihrer eigenen Partei und deren Führung zu protestieren, weil diese sich nicht überzeugend davon distanzierten (Shirbon 2018). Offensichtlich war die Debatte über Antisemitismus in der Labour Party und in der britischen Linken im Allgemeinen noch immer nicht vorbei.

Insbesondere im Sommer 2018 kamen erneut zahlreiche Vorfälle aus unterschiedlichen Perioden ans Licht, bei denen Corbyn, seinen engen Vertrauten oder seinen Unterstützern eigenes antisemitisches Verhalten oder die Duldung antisemitischer Äußerungen anderer vorgeworfen wurde. In diesem Zusammenhang verschärfte die anfängliche Weigerung der Labour Party, die Arbeitsdefinition von Antisemitismus der International Holocaust Remembrance Alliance (IHRA)[8] und alle ihre Beispiele zu übernehmen (Labour hatte ursprünglich nur sieben von elf Beispielen übernommen), die Debatten über das angebliche Versäumnis der Partei, Antisemitismus zu bekämpfen, zumal die britische Regierung die Definition bereits übernommen hatte (BBC 2018a).

Beispielsweise tauchten Bilder auf, auf denen Corbyn an einer Kranzniederlegung für die Zivilisten teilnahm, die 1985 bei einem israelischen Luftangriff getötet worden waren. Basierend auf einem *Morning-Star*-Artikel Corbyns aus dem Jahr 2014 gedachte die Zeremonie wahrscheinlich auch zwei mutmaßlichen Organisatoren der Münchner Olympia-Anschläge von 1972 (BBC 2018b). Im selben Sommer wurde bekannt, dass Corbyn 2012 den Graffiti-Künstler Mear One in Schutz genommen hatte, dessen Wandgemälde „Freedom of Humanity" von den örtlichen Behörden im Londoner Stadtteil Tower Hamlets entfernt worden war, aufgrund der Kritik, es erhalte antisemitische Stereotype aufrecht, etwa, Jüd*innen hätten einen unverhältnismäßigen, sozial schädlichen Einfluss in Finanzwesen und Politik. Corbyn unterstützte später die Entfernung des Wandgemäldes und sagte: „Ich bedauere aufrichtig, dass ich mir das Bild, das ich kommentiert habe, nicht genauer angesehen hatte" (BBC 2018c).

Während viele der Kontroversen rund um den Antisemitismus in der Labour Party zumindest indirekt mit Israel und dem Zionismus zu tun hatten, argumentierten einige, dass der Begriff „Zionist" zunehmend synonym mit „Jude" verwendet werde. Im August 2018 tauchte das Video einer Rede Corbyns aus dem Jahr 2013 auf, in der er behauptete, dass einige Zionist*innen „keine Geschichte studieren

8 Der vollständige Text der IHRA-Definition ist online verfügbar: https://www.holocaustremembrance.com/resources/working-definitions-charters/working-definition-antisemitism

wollen“ und „die englische Ironie nicht verstehen“, obwohl sie „schon sehr lange im Vereinigten Königreich gelebt haben, wahrscheinlich ihr ganzes Leben lang“ (Guardian 2018).[9] Wie der Historiker David Rich im Unterhaus darlegte, schien es unwahrscheinlich, dass Corbyn sich auf nichtjüdische Zionist*innen wie Teresa May und Tony Blair bezog, wenn er sich auf Zionist*innen bezog, die angeblich keine englische Ironie verstünden.[10]

Im Jahr 2019 kündigte die Equality and Human Rights Commission (EHRC) eine Untersuchung Labours an, um festzustellen, ob die Partei ihre jüdischen Mitglieder diskriminiert habe. Damit war sie nach der rechtsextremen British National Party (BNP) eine von zwei Parteien, die jemals von der Kommission untersucht wurden. Der Bericht, der die Ergebnisse der Untersuchung des EHRC zusammenfasst, wurde im Oktober 2019 veröffentlicht. Darin macht die Kommission Labour für rechtswidrige Belästigungen und Diskriminierungen wegen Antisemitismus innerhalb der Partei verantwortlich und nennt Beweise für (rechtswidrige) politische Einmischung in die Bearbeitung von Antisemitismusbeschwerden im gesamten Zeitraum der Untersuchung (Equality and Human Rights Commission 2020).

Zur gleichen Zeit durchgeführte Umfragen zeigen, dass die Mehrheit der britischen Jüd*innen zunehmend besorgt über den Antisemitismus innerhalb der *Labour Party* und die möglichen Folgen für sie war. Laut einer Umfrage des Meinungsforschungsunternehmens Survation aus dem Jahr 2019 glaubten 87 Prozent der Befragten, Corbyn sei antisemitisch. Von Theresa May glaubten dies nur ein Prozent der Befragten (Hamid 2019). In einer anderen von YouGov für die Campaign Against Antisemitism durchgeführten Umfrage gaben 42 Prozent der britischen Jüd*innen an, dass sie aufgrund von Antisemitismus darüber nachgedacht hätten, das Vereinigte Königreich zu verlassen, wobei sich zwei Drittel davon auf Labour-Führer Corbyn bezogen (Campaign Against Antisemitism 2019). Im Juli 2018 veröffentlichten die drei größten jüdischen Zeitungen im Vereinigten Königreich einen gemeinsamen Leitartikel (Jewish Chronicle 2019), in dem sie die Möglichkeit einer von Corbyn geführten Regierung als „existenzielle Bedrohung für das jüdische Leben in diesem Land“[11] bezeichneten.

Das Phänomen des Antisemitismus in der Labour Party sowie die Leugnung seiner Existenz oder zumindest seines Ausmaßes waren insbesondere für jüdische linke Aktivist*innen entmutigend, die das Gefühl hatten, die Unterstützung einer

9 Das Video der Bemerkungen über „englische Ironie“ ist online verfügbar: https://www.theguardian.com/politics/video/2018/aug/24/jeremy-corbyns-2013-remarks-on-some-zionists-not-understanding-english-irony-video

10 Antisemitismus und die Linke – Dr. Dave Rich, Unterhaus, Dezember 2018 (ab 11.00 Uhr). https://soundcloud.com/user-771239343/antisemitism-and-the-left-dr-dave-rich-house-of-commons-december-2018.

11 „an existential threat to Jewish life in this country.“

Bewegung zu verlieren, die ihnen ihrer Meinung nach zur Seite stehen sollte. In seiner Veröffentlichung *Contemporary Left Antisemitism* aus dem Jahr 2017 äußert der Soziologe Hirsh seinen Pessimismus hinsichtlich der Entwicklung von Jüd*innen innerhalb linker Bewegungen und der Möglichkeit, eine Zukunft zu erreichen, in der Antisemitismus irgendwann besiegt sein würde. Hirsh erläuterte es so:

> In gewisser Weise haben Menschen, die andere Formen der Intoleranz [bigotry] bekämpfen, das Gefühl gehabt, dass die Geschichte auf ihrer Seite ist […] Beim Antisemitismus empfinde ich das nicht so. Ich habe das Gefühl, dass sich die Dinge langsam, aber stetig, Schritt für Schritt, von uns entfernen. (Hirsh 2017: 254)[12]

Trotz ihrer endgültigen Niederlage bei den Parlamentswahlen 2019 sind Corbyn und die ihn umgebende Bewegung zu einer Inspiration für linke Aktivist*innen und Parteien außerhalb des Vereinigten Königreichs geworden. Um eine Normalisierung von Antisemitismus über den britischen Kontext hinaus zu verhindern, wird es von entscheidender Bedeutung sein, den Antisemitismus und seine Entwicklung innerhalb der britischen Labour Party in den letzten Jahren besser zu verstehen.

Ansatz

Die Dynamiken innerhalb der sozialen Medien standen oft im Mittelpunkt der Diskussionen über Antisemitismus in der Labour Party. Die online Beschimpfungen (häufig weiblicher) jüdischer Labour-Lokalpolitiker*innen und hochrangiger Abgeordneter wie Luciana Berger, Margaret Hodge und Ruth Smeeth durch Labour-Anhänger*innen zeigten, wie soziale Medien als Waffe eingesetzt wurden, um diejenigen zu schikanieren und einzuschüchtern, die sich kritisch gegenüber dem Umgang der Führung mit den Vorwürfen geäußert hatten.[13] Ebenso wurde bekannt, dass Labour-Chef Jeremy Corbyn Mitglied geschlossener Facebook-Gruppen war, die eine große Anzahl antisemitischer Beiträge enthielten (Elgot 2018).

---

12 „there is a sense in which people fighting other forms of bigotry have had the feeling that history is on their side […] I do not feel like that with antisemitism. I feel that things are moving away from us, slowly but consistently, one step at a time."

13 Zu den Berichten über diese Angriffe gehört unter anderem Kentish, B. (2019). „Der Missbrauch hat mich körperlich krank gemacht": Luciana Berger verrät, wie viel sie im Kampf gegen Antisemitismus geleistet hat, während Labour-Abgeordnete sich weigerten, ihr zur Seite zu stehen. In: *The Independent*. https://www .independent.co.uk/news/uk/politics/luciana-berger-labour-antisemitism-jeremy-corbyn-election-latest-liberal-democrats-finchley-a9196696.html; Times of Israel (2019): Jüdischer Kandidat der britischen Labour Party mit antisemitischen Morddrohungen bombardiert. https://www.timesofisrael.com/jewish-candidate-for-uk-labour-party-bombarded-with-anti-semitic-death-threats/.

Die wenigen empirischen Studien zu diesem Phänomen analysierten bisher linksgerichtete antisemitische Diskurse in einer kleinen Anzahl von Online-Communitys (Allington 2018) oder Netzwerke von Pro-Corbyn-Accounts (CST 2019) qualitativ.

Ziel der für dieses Kapitel durchgeführten Analyse war es, Erkenntnisse aus einem breiteren Datenbestand hinzuzufügen und den Umfang relevanter Inhalte über Juden und Israel sowie die Verbreitung und Art antisemitischer Beiträge auf Labour-Seiten auf Facebook zwischen 2015 und 2019 zu bewerten. Über das Social-Listening-Tool „Crowdtangle", das der Analyse öffentlicher Facebook-Seiten und -Gruppen dient, lud ich Beiträge herunter, die Schlüsselwörter enthielten, die für die Diskussionen um britische Juden, Zionismus und Antisemitismus relevant waren. Basierend auf der Definition von Antisemitismus der International Holocaust Remembrance Alliance (IHRA) unterschied ich anschließend zwischen antisemitischen und nicht antisemitischen Inhalten, aber auch zwischen verschiedenen Arten von Erzählungen, die in der Definition dargelegt werden.

Definition

In diesem Kapitel stütze ich mich auf die Antisemitismusdefinition der IHRA: „Antisemitismus ist eine bestimmte Wahrnehmung von Juden, die sich als Hass gegenüber Juden äußern kann. Rhetorische und physische antisemitische Äußerungen richten sich gegen jüdische oder nichtjüdische Personen und/oder deren Eigentum, gegen jüdische Gemeindeeinrichtungen und religiöse Einrichtungen." [14] Darüber hinaus greife ich auf die elf in der Definition bereitgestellten Beispiele zurück, die spezifische Erscheinungsformen von Antisemitismus skizzieren (z.B. Holocaustleugnung, doppelte Loyalität, klassischer Antisemitismus, antisemitische Ausdrucksformen des Antizionismus, Mythen über jüdische Verschwörungen).

Liste der Pro-Labour-Facebook-Seiten

Für dieses Kapitel habe ich auf eine Liste von 39 Labour-freundlichen Seiten zurückgegriffen, die meine Kolleg*innen am Institute for Strategic Dialogue im Rahmen eines Projekts, in dem Desinformation im Vorfeld der britischen Parlamentswahlen 2019 analysiert wurde, zusammengestellt haben. Die Liste umfasst offizielle Parteiseiten aus dem gesamten Vereinigten Königreich, Pro-Corbyn-Seiten sowie Pro-Labour-Gruppen wie Momentum. Diese Seiten hatten zwischen 601 und 1.600.000 Follower, mit durchschnittliche 41.630 Followern und einer Median-Followerzahl von 4.442.

---

14 „Antisemitism is a certain perception of Jews, which may be expressed as hatred towards Jews. Rhetorical and physical manifestations of antisemitism are directed towards Jewish or non-Jewish individuals and/or their property, towards Jewish community institutions and religious facilities."

Schlagwortsuche

Mit Crowdtangle, einem Facebook-eigenen Tool, das Zugriff auf die Beiträge öffentlicher Seiten und Gruppen auf der Plattform ermöglicht, habe ich die folgenden Schlüsselwörter verwendet, um Beiträge zu identifizieren, die für Diskussionen über Juden und Israel relevant sind:

"antisemite," "anti-semite," "antisemites," "anti-semites," "antisemitic," "anti-semitic," "antisemitism," "anti-semitism," "antizionism," "anti-zionism," "antizionist," "anti-zionist," "Black September," "Board of Deputies," "CAA," "Chakrabarti Inquiry," "Chris Williamson," "Community Security Trust," "CST," "Definition of antisemitism," "EHRC," "Ephraim Mirvis," "Freedom for Humanity," "Hajo Meyer," "Hamas," "Hezbollah," "Hobson," "Holocaust," "IHRA," "International Holocaust Remembrance Alliance," "Israel," "Israeli," "Jackie Walker," "Jew," "Jewdas," "Jewish," "Jews," "JLM," "Jonathan Sacks," "Judaism," "JVL," "Ken Livingstone," "Labour Against the Witchhunt," "Louise Ellman," "Luciana Berger," "Margaret Hodge," "Mear One," "Mossad," "Mural," "Palestine," "Palestine Liberation Organization," "Palestinian," "Passover Seder," "Paul Eisen," "Pears Institute," "PLO," "Quds Day," "Rabbi," "Ruth Smeeth," "Shoah," "Smear Campaign," "Working Definition," "wreath laying," "Zionism," "Zionist."

Anschließend habe ich zwei Datensätze mit Beiträgen aus der oben erwähnten Liste der Seiten der Labour Party heruntergeladen. Der erste Datensatz enthält alle Beiträge der 39 Labour-Seiten im Zeitraum vom 1. Januar 2015 bis zum 31. Dezember 2019 (91.069 Beiträge), während der zweite Datensatz alle Beiträge enthält, die eines der von mir zusammengestellten Schlüsselwörter enthalten, die sich auf Juden und Israel beziehen (2.098 Beiträge, 2,3 Prozent der Gesamtzahl). Zum Vergleich: Seit Corbyns Nachfolger Keir Starmer Vorsitzender der Labour Party wurde, waren es 2,2 Prozent (443 Beiträge von insgesamt 19.994).

Auch wenn in der Liste zweifellos Schlüsselwörter fehlen, die zu weiteren relevanten Beiträgen geführt hätten, sollten die wichtigsten Schlüsselwörter abgedeckt sein. Ebenso legt die qualitative Analyse der Beiträge, die eines der Schlüsselwörter enthielten, nahe, dass es nur wenige „falsch positive" Ergebnisse gab, die für die von mir gesuchten Themen nicht relevant waren. Anhand dieser beiden Datensätze konnte ein ungefährer relativer Anteil der Beiträge auf den Labour-Seiten ermittelt werden, die sich auf Juden oder Israel beziehen. Anstatt sich auf die absolute Anzahl solcher Beiträge im Zeitverlauf zu verlassen, berücksichtigt diese Metrik das unterschiedliche Aktivitätsniveau und die zunehmende Anzahl von Labour-Seiten, die im Zeitverlauf erstellt wurden, und vermeidet so falsche Rückschlüsse aus der im Zeitverlauf steigenden Anzahl absoluter Beiträge.

Umfang der Beiträge über Juden und Israel Zeitverlauf

Im Bezug auf die Anzahl der Beiträge wurde das größte Volumen im August 2018 erreicht (7,2 % aller Beiträge betrafen Diskussionen über Jüd*innen und Israel), als die anhaltenden Kontroversen über Antisemitismus in der Labour Party mit den Protesten an der Gaza-Grenze, dem Pessach-Fest und Corbyns Besuch in palästinensischen Flüchtlingslagern im Nahen Osten zusammenfielen, wie Abbildung 4.1 zeigt. Der zweite Höhepunkt (6,2 % aller Beiträge) folgte auf das BBC-Dokumentar Format Panorama im Juli 2019, in dem Whistleblower der Labour Party wichtige Funktionäre innerhalb der Parteiführung, darunter Seumas Milne und Jennie Formby, beschuldigt hatten, Disziplinarverfahren im Zusammenhang mit Antisemitismusvorwürfen aktiv zu untergraben (Ware 2019).

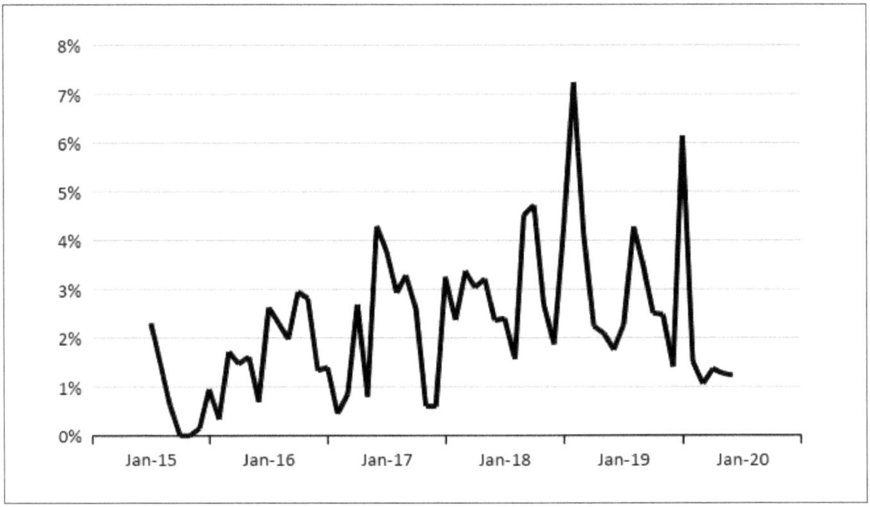

Abbildung 4.1: Erwähnungen von Schlüsselwörtern mit Bezug zu Jüd*innen und Israel in britischen Labour-Facebook-Posts von Januar 2015 bis Dezember 2019 (eigene Darstellung).

Im März (4,5 %) und April (4,7 %) des Jahres 2018 kam es ebenfalls zu einem größeren Anstieg. Dieser wurde wahrscheinlich durch die vom Board of Deputies of British Jews und dem Jewish Leadership Council gemeinsam organisierte Demonstration im März 2018, die Diskussion über das Mear-One-Wandgemälde und die Enthüllung, dass Corbyn Mitglied in Facebook-Gruppen mit antisemitischen Beiträgen war, verursacht. Ein früherer Höhepunkt im Dezember 2016 (4,3 %) fiel mit Chanukka zusammen und enthielt kaum Hinweise auf Antisemitismus in der Labour

Party. Der Anstieg im Februar 2019 (4,3 %) erfolgte, nachdem eine Gruppe von sieben Abgeordneten die Labour Party aus Unzufriedenheit mit der Parteiführung aufgrund des Umgangs mit dem Brexit und den Antisemitismusvorwürfen verlassen hatte und die Independent Group gründete, die später zu Change UK wurde (Chakelian 2019).

Wie verbreitet war Antisemitismus in diesen Gruppen?

Um die qualitative Datenanalyse überschaubar zu halten, wurde eine randomisierte Stichprobe von 100 Beiträgen in Excel erstellt. Anschließend habe ich analysiert, ob die Beiträge der Pro-Labour-Seiten selbst oder die Kommentare als Reaktion auf sie antisemitische Äußerungen im Sinne der IHRA-Arbeitsdefinition darstellten. Darüber hinaus habe ich aufgezeichnet, welche Art von Antisemitismus auf Labour-Seiten auf Facebook geäußert wurde und ob es von anderen Nutzer*innen Widerstand gegen solche Kommentare gab.

Die Analyse der ausgewählten Beiträge und der Kommentarbereiche darunter ergab eine Reihe interessanter Muster:

- Erstens: Keiner der Beiträge der Parteiseiten entsprach selbst eindeutig der IHRA-Definition oder einem ihrer Beispiele für Antisemitismus.
- Zweitens: Obwohl keiner der Beiträge eindeutig antisemitisch war, enthielten 56 Prozent aller Kommentarbereiche mindestens einen und in den meisten Fällen mehr als einen Kommentar, der laut Definition eindeutig als Antisemitismus gelten kann. Dennoch machten antisemitische Kommentare auch in den Kommentarspalten, in denen es mehrere antisemitische Kommentare gab, immer nur einen sehr kleinen Teil der Gesamtdiskussion aus.
- Drittens: Es besteht möglicherweise ein Zusammenhang zwischen der Länge des Kommentarabschnitts und der Wahrscheinlichkeit, dass dieser antisemitische Kommentare enthält. Während der durchschnittliche Kommentarbereich, der mindestens einen antisemitischen Kommentar enthielt, 440 Kommentare aufwies, waren die Kommentarbereiche, die keinen solchen Kommentar enthielten, deutlich kürzer (durchschnittlich 273 Kommentare). Es ist jedoch zu beachten, dass ich Kommentarbereiche mit insgesamt nur 15 Kommentaren identifiziert habe, die Antisemitismus enthielten, und Kommentarbereiche mit fast 1.500 Kommentaren, in denen dies nicht der Fall war.
- Viertens: 41 Prozent der antisemitischen Kommentare wurden von anderen Nutzern angefochten.

Dies zeigt, dass Online-Antisemitismus in Labour-freundlichen Gemeinschaften nicht immer unwidersprochen blieb. Es deutet jedoch darauf hin, dass er allzu oft, und tatsächlich wohl in den meisten Fällen, unwidersprochen blieb.

Aus diesen Erkenntnissen ergibt sich ein differenziertes Bild hinsichtlich der Verbreitung von Antisemitismus auf Facebook-Seiten von Unterstützer*innen der Labour Party. Auch wenn viele Follower*innen dieser Seiten und Unterstützer*innen der Labour Party festgestellt haben, dass Antisemitismus in diesen Diskussionen relativ selten vorkommt, ist es sehr unwahrscheinlich, dass sie nicht auf solche Kommentare gestoßen sind. Dennoch scheint es wahrscheinlich, dass der Antisemitismus, mit dem sie konfrontiert waren, nicht immer in Frage gestellt wurde, was Kritiker*innen des Umgangs der Partei mit Antisemitismusvorwürfen dazu veranlasste, dieses Versagen als Toleranz gegenüber solchen Einstellungen zu interpretieren.

Welche Arten von Antisemitismus wurden in diesen Gruppen gefunden?

Meine Analyse der Beiträge und Kommentare auf den Labour-freundlichen Seiten auf Grundlage der IHRA-Arbeitsdefinition ergab, dass Verschwörungsmythen die am häufigsten in den Kommentarbereichen gefundene Art von Antisemitismus darstellen, also z.B. die Behauptung, Juden kontrollierten die Medien und die Wirtschaft, die Regierung oder andere gesellschaftliche Institutionen (35,7 % aller antisemitischen Kommentare), Vergleiche der zeitgenössischen israelischen Politik mit der der Nazis (25 %), das Bestreiten des Rechts des jüdischen Volkes auf Selbstbestimmung (14,3 %) und die Behauptung, Jüd*innen trügen die kollektive Verantwortung für Aktionen des Staates Israel (10,7 %). Es gab einzelne Beispiele für die Verwendung von Symbolen des klassischen Antisemitismus, der Holocaustleugnung, den Vorwurf des Fehlverhaltens gegenüber Nichtjuden*-jüdinnen, stereotype Anschuldigungen gegenüber „lügenden Jüd*innen“ und den Vorwurf, jüdische Bürger*innen seien Israel gegenüber loyaler als den Interessen ihrer eigenen Nationen. Ein Kommentar schien seine Unterstützung für die antisemitische Terrorgruppe Hisbollah und das iranische Regime zum Ausdruck zu bringen.

Die folgenden Abschnitte bieten eine detailliertere Analyse der konkreten Fälle mit antisemitischem Inhalt.

Verschwörungsmythen

Verschwörungsmythen, denen zufolge mächtige Jüd*innen einen sozial schädlichen und unverhältnismäßigen Einfluss auf politische und wirtschaftliche Angelegenheiten ausüben, beispielsweise durch die Kontrolle der Medien, der Wirtschaft, der Regierung oder anderer gesellschaftlicher Institutionen, waren die am häufigsten anzutreffende Form antisemitischer Inhalte in den Kommentaren auf Facebook-Seiten von Unterstützer*innen der britischen Labour Party.

Zu den identifizierten Beiträgen gehörten die Behauptungen, der vom Assad-Regime 2013 in Ghouta (einem Vorort von Damaskus) verübte Saringas-Angriff sei im Auftrag der „Israel-Lobby" inszeniert worden, die britischen Medien würden von den Zionisten kontrolliert oder Israel stecke insgeheim hinter dem IS. Einige Beiträge bezogen sich auch auf Vorwürfe, jüdische Finanziers seien die treibende Kraft hinter dem transatlantischen Sklavenhandel gewesen, oder behaupteten, die Familie Rothschild, ein häufiges Ziel antisemitischer Verschwörungsmythen, übe weiterhin einen unverhältnismäßigen Einfluss auf die Wirtschaft und das politische Establishment Großbritanniens aus. Ein Kommentar bezog sich auch auf den Zwischenfall mit der USS Liberty während des Sechs-Tage-Krieges im Jahr 1967, bei dem ein israelisches Flugzeug versehentlich ein Schiff der US-Marine angegriffen und dabei 34 Menschen getötet hatte. Der Fall ist in antisemitischen Kreisen online ein populärer Verschwörungsmythos, u.a. bei den rechtsextremen Groypers unter der Führung des Holocaustleugners Nicolas J. Fuentes in den Vereinigten Staaten.

Solche Kommentare scheinen auch bei einigen Labour-Anhänger*innen zum Nachdenken über das Problem des Antisemitismus innerhalb der Partei geführt zu haben. Unter einem Beitrag rund um ein Video des alternativen Pro-Corbyn-Medienunternehmens Novara Media (das selbst von einigen Beobachter*innen wegen seiner Rolle in der Antisemitismus-Krise der Labour Party kritisiert wurde), in dem populäre Verschwörungsmythen entlarvt werden, äußert ein Nutzer seine Besorgnis darüber, was er als Verschwörung ansah, und antwortet auf das Video im Kommentarbereich: „Ich habe mir das Video angesehen und dachte, wir brauchen das sicher nicht, das glaubt sicher niemand [...] Dann habe ich eure Kommentare gelesen. [...] Wir haben tatsächlich ein Antisemitismusproblem, wenn ihr wirklich meint, was ihr hier schreibt." (eigenes Material aus den Facebook-Kommentarspalten)

Vergleich der heutigen israelischen Politik mit der der Nazis

Die am zweithäufigsten identifizierte Form von Antisemitismus waren Vergleiche und häufig Gleichsetzungen der heutigen israelischen Politik mit der Politik der Nazis. Während einige dieser Vergleiche möglicherweise darauf zurückzuführen sind, dass von den User*innen nicht berücksichtigt wurde, welche Empörung solche Vergleiche verursachen können, verweisen die Kommentator*innen in anderen Fällen bewusst auf den genauen Text des spezifischen IHRA-Beispiels zu Nazi-Analogien. Dies deutet darauf hin, dass sie bewusst darauf abzielten, den Holocaust mit den

Menschenrechtsverletzungen gleichzusetzen, die die Palästinenser*innen als Folge der israelischen Politik oder des Verhaltens ihrer Sicherheitsdienste erleiden.

Zu den Beispielen für Vergleiche zwischen der heutigen israelischen Politik und der der Nazis gehören Schimpfwörter wie „ZioNazi“, Behauptungen, dass auf den Uniformen israelischer Soldaten nur die Buchstaben „SS“ fehlten, aber auch Aussagen, die beide noch expliziter gleichsetzen: Ein Kommentar, der Ken Livingstones Äußerungen darüber verteidigte, dass Hitler vermeintlich den Zionismus unterstützt habe, argumentiert, dass „wir Stellung zu Palästina beziehen müssen, denn, was die Israelis dort tun, ist nicht besser als das, was Hitler den Juden angetan hat“ (eigenes Material aus den Facebook-Kommentarspalten). In einem anderen Kommentar wird behauptet, „eine Generation von Menschen kann sich nicht daran erinnern, was ihren Eltern/Großeltern während des Holocaust widerfahren ist“, und füge nun „einer anderen Gruppe von Menschen die gleichen Schrecken zu“ (eigenes Material aus den Facebook-Kommentarspalten). In einem letzten Beispiel behauptet ein Nutzer: „Israel ist der neue Nazi-Staat. Wie können sie sich so verhalten, nach dem, was die Nazis den Juden angetan haben?“ (eigenes Material aus den Facebook-Kommentarspalten)

Dem jüdischen Volk sein Recht auf Selbstbestimmung verweigern

Dem jüdischen Volk das Recht auf Selbstbestimmung zu verweigern, beispielsweise durch die Behauptung, ein Staat Israel sei ein rassistisches Unterfangen, das über die Bezeichnung spezifischer Richtlinien der israelischen Regierung als rassistisch hinausgeht, könnte laut IHRA eine Form von Antisemitismus darstellen. Solche Inhalte wurden unter einem Beitrag der Labour-Kampagnengruppe Momentum gefunden, in dem „That’s Funny, You Don’t Look Antisemitic“ beworben wurde, ein Buch von Steve Cohen aus dem Jahr 1984 über linken Antisemitismus. In einem Kommentar wird behauptet, Israel strebe die Schaffung eines rein weißen Landes an, das ausschließlich aus europäischen und amerikanischen Jüd*innen bestehe, und der Zionismus sei daher ein Synonym für ethnische Säuberung. Ein anderer Nutzer äußert sich ebenfalls überrascht darüber, dass die „Verurteilung europäischer Migrant*innen, die Indigene Semiten in ihrem angestammten Land unterdrücken“ als antisemitisch gelte. Andere Kommentare verwenden (vermutlich bewusst) die in den Beispielen der IHRA-Definition verwendete Sprache, um zu argumentieren, dass „Israel de facto ein rassistisches Unterfangen ist und diejenigen, die es zu rechtfertigen oder zu unterstützen versuchen, die wahren Anti-Semiten [sic] und Rassisten sind“ (eigenes Material aus den Facebook-Kommentarspalten).

Weitere Beispiele finden sich unter einem Beitrag, in dem es um die Reaktion auf die Kritik des israelischen Ministerpräsidenten Benjamin Netanjahu an Jeremy Corbyns Teilnahme an der Kranzniederlegung für Aktivisten des Schwarzen September ging. Corbyn hatte argumentiert, dass Netanyahus Behauptungen falsch seien und dass stattdessen die Morde während der Proteste an der Gaza-Grenze im Jahr 2018 verurteilt werden sollten. Dies veranlasste einen Corbyn-Anhänger dazu, Netanyahu dafür zu kritisieren, dass er „ohne Faktenprüfung" twittere und den israelischen Premierminister als „den Führer eines sogenannten Landes" bezeichne. Dies impliziert, dass Israel kein „echtes" Land, sondern ein künstliches Konstrukt sei. Während man natürlich argumentieren kann, dass Staaten immer soziale Konstrukte sind, impliziert die Tatsache, dass Israel als künstliches Land herausgestellt wird, eine Doppelmoral und eine Leugnung des Existenzrechts Israels und des Rechts des jüdischen Volkes auf Selbstbestimmung.

Juden kollektiv für Aktionen des Staates Israel zur Verantwortung ziehen

Juden, darunter auch Nicht-Israelis, für das tatsächliche oder vermeintliche Fehlverhalten der israelischen Regierung verantwortlich zu machen, ist eine Form des israelbezogenen Antisemitismus, der in den Kommentarbereichen von Labour-freundlichen Facebook-Seiten zu finden ist. Anfang 2019 beispielsweise wurde der überzeugte Corbyn Anhänger und damalige Abgeordnete Chris Williamson aus der Partei ausgeschlossen, weil seine Äußerungen als Verharmlosung des Ausmaßes von Antisemitismus innerhalb der Labour Party interpretiert wurden. In einem Beitrag zu dem Fall brachte ein jüdisches Labour-Mitglied seine Unterstützung für Williamsons Auschluss zum Ausdruck (interessanterweise, während er Corbyn jedoch weiterhin unterstützte) und wurde daraufhin dafür angegriffen, dass er sich über den Antisemitismus beklagte, obwohl er eigentlich lieber kritisieren sollte, was „Juden in Israel tun". Nachdem die palästinensische Sanitäterin Rouzan al-Najjar durch israelische Streitkräfte während der Gaza-Grenzproteste 2018 erschossen worden war, behauptete ein User, er habe gerade an die Labour-Abgeordnete Margaret Hodge über den Vorfall geschrieben, und bat andere, ihr ebenfalls zu schreiben, und teilte ihre (angebliche) E-Mail-Adresse im Beitrag. Die Jüdin Hodge geriet ins Visier, weil sie Corbyn und seinen Umgang mit den Antisemitismusvorwürfen innerhalb der Labour-Partei kritisiert hatte.

Unter demselben Beitrag hieß es in einem weiteren Kommentar: „Wenn du es jemals wagst, dich gegen Juden auszusprechen, bist du am Arsch." (eigenes Material aus den Facebook-Kommentarspalten)[15] Beachtenswert ist aber, dass dieser Kommentar von einem anderen Nutzer mit dem Argument angefochten wurde, dies sei eine falsche und kontraproduktive Formulierung, und „niemand muss sich ge-

15 „[I]f you ever dare speak out against Jews, you're fucked."

gen Juden aussprechen. Wir müssen unsere Stimme gegen Israel erheben" (eigenes Material aus den Facebook-Kommentarspalten)[16].

Andere Arten antisemitischer Inhalte

Es wurde noch eine Reihe andersartiger antisemitischer Inhalte festgestellt. Die im folgenden Abschnitt beschriebenen Kommentare stachen weniger heraus, fallen aber in einigen Fällen (z.B. Holocaustleugnung) besonders extrem aus. Unter einem Beitrag von Corbyn zum Holocaust-Gedenktag antwortete ein Nutzer: „Es war ein WELTKRIEG, den *alle* erlitten haben." (eigenes Material aus den Facebook-Kommentarspalten)[17] In einem Fall behauptete ein Nutzer auch, der Holocaust habe nicht stattgefunden und sei lediglich „zionistische Propaganda", die nicht erinnerungswürdig sei.

Unter einem Beitrag, der die angebliche Tötung eines palästinensischen Kindes durch israelische Sicherheitskräfte während der zweiten Intifada zeigt, heißt es in einer Antwort: „Tausende sind im Vereinigten Königreich unter der Sparpolitik der Konservativen gestorben, Blutgeld ist das, wovon sie sich ernähren. Dieses arme Kind ist nur ein weiteres Opfer ihrer Gier." (eigenes Material aus den Facebook-Kommentarspalten)[18] Auch wenn die genaue Bedeutung etwas unklar ist, kann man doch zu dem Schluss kommen, dass der Benutzer sich auf Stereotype beruft, die denen der antisemitischen Ritualmordlegenden ähneln, die Juden im Mittelalter beschuldigten, (christliche) Kinder zu ermorden, um ihr Blut für rituelle Zwecke zu nutzen. Eine ähnliche Sprache wird verwendet, um den „rassistischen, illegalen und blutrünstigen Besatzer, der Palästina gestohlen hat"[19] zu beschreiben.

In einigen Fällen gingen die Reaktionen auf Beiträge von Labour-Seiten über israelische Menschenrechtsverletzungen in eine entmenschlichende Sprache über, etwa in Behauptungen, dass „sie nicht zur menschlichen Spezies gehören"[20], oder, dass Juden, Israelis oder Zionisten (häufig wird dies nicht näher erläutert) Ideologien verträten, die Überlegenheit postulieren. Wie ein User es ausdrückte: „In den Augen vieler von ihnen sind sie reiner als die meisten Menschen und wir alle verdienen den Tod. Es ist, als ob durch die Folgen des Zweiten Weltkriegs die Rollen vertauscht wurden." (eigenes Material aus den Facebook-Kommentarspalten)[21]

---

16 „nobody needs to speak out against Jews. We need to speak out against Israel."

17 „[I]t was a WORLD WAR [sic.] everyone suffered."

18 „thousands have died in the UK under tory austerity, blood money is what they feed on. This poor child is just another victim of their greed."

19 „racist, illegal and blood thirsty occupier that stole Palestine."

20 „they don't belong in the human race."

21 „In many of their eyes, they are purer than most humans and we all deserve death. It's as if the hangover of WW2 has reversed roles."

Leugnung und der Vorwurf einer „Verleumdungskampagne"

Viele innerhalb der Labour Party argumentierten, dass Behauptungen über Antisemitismus lediglich eine „Verleumdungskampagne" seien, was zu einem der Haupthindernisse bei der direkten Bewältigung des Problems wurde. In dem Abschlussbericht zur Untersuchung von Antisemitismusvorwürfen in der Partei befand die EHRC (2020), dass die Labour Party in zwei Fällen (mit 18 weiteren Grenzfällen) für Belästigungen rechtlich verantwortlich sei. Zu den Arten von antisemitischem Verhalten, die einer rechtswidrigen Belästigung gleichkamen, gehörte zu suggerieren, Beschwerden über Antisemitismus seien „falsch" oder „üble Nachrede". Die EHRC (2020) argumentierte, dass die Behauptung, jüdische Parteimitglieder hätten „absichtlich Antisemitismusbeschwerden erfunden, um die Labour Party zu untergraben",(EHRC) einem antisemitischen Verhalten gleichkommen könnte.

Es überrascht nicht, dass in allen für dieses Kapitel analysierten Kommentarabschnitten Leugnungen des Vorhandenseins oder des Ausmaßes von Antisemitismus innerhalb der Labour Party zu finden waren. Leider ist es fast immer sehr schwer zu beurteilen, ob sich diese Kommentare an jüdische Mitglieder richteten und ob diesen jüdischen Mitgliedern vorgeworfen wurde, vorsätzlich zu handeln, um der Labour Party zu schaden. Obwohl solche Kommentare daher nicht als antisemitisch einzustufen sind, es sei denn, sie fallen auch aus anderen Gründen unter die IHRA-Definition, werden im folgenden Abschnitt dennoch einige dieser Beispiele aufgeführt, die einen wichtigen Kontext zu einem der häufigsten Themen der Diskussionen über Antisemitismus liefern.

In vielen Fällen wurde in solchen Kommentaren nicht geleugnet, dass Antisemitismus innerhalb der Labour Party existiere, sondern bestritten, dass dieser schlimmer sei als in anderen Parteien, und behauptetet, dass die Konservative Partei und die „rechte Presse" sich aus politischen Gründen unverhältnismäßig stark auf Antisemitismus innerhalb der Labour Party konzentrierten. Um solche Behauptungen zu untermauern, zitierten sie häufig Umfragen wie die Umfrage der Campaign Against Antisemitism aus dem Jahr 2017, aus der hervorging, dass weniger Mitglieder der Labour Party bestimmten antisemitischen Aussagen zustimmten als Mitglieder der Konservativen Partei.

Wie oben erwähnt, war in allen analysierten Kommentarbereichen die Behauptung zu finden, die Vorwürfe des Antisemitismus in der Labour Party seien übertrieben. Dazu gehörten Forderungen, Labour solle „aufhören, den Köder zu schlucken und weitermachen"[22], als Reaktion auf Beiträge der Partei, die stärkere Maßnahmen gegen Antisemitismus innerhalb der Partei versprachen. Andere behaupteten, dass die Krise ohne die ständige Berichterstattung und die falschen Anschuldigun-

22 „stop taking the bait and move on"

gen, die „die Medien" gegen Corbyn und seine Mitarbeiter erhöben, nicht existieren würde. Häufig wurde Kritik an der Rolle der BBC geäußert, der vorgeworfen wurde, die Führung von Corbyn untergraben zu wollen und damit ihr Mandat einer unparteiischen Berichterstattung zu verraten.

Die Müdigkeit, die offensichtlich viele Labour-Anhänger angesichts der Diskussionen über Antisemitismus verspürten, führte manchmal zur Verwendung antisemitischer Symbole. In einem Kommentar zu einem Beitrag über Antisemitismus wurde das Symbol der dreifachen Klammer verwendet, das Antisemit*innen als Code nutzen, um die jüdische Identität von Einzelpersonen, Gruppen oder Institutionen hervorzuheben und Gelangweiltsein von dem Thema auszudrücken. Andere behaupteten, sie seien „stolz, Antisemiten zu sein"[23], wenn das bedeute, dass sie die israelischen Menschenrechtsverletzungen gegen die Palästinenser*innen kritisierten oder dass es ihnen „egal sei, wenn jemand Corbyn oder die Labour-Partei als antisemitisch bezeichnet"[24].

Viele andere Kommentare versuchten, die Aufmerksamkeit sofort vom Thema Antisemitismus abzulenken. Ein Beitrag über einen Vorfall auf einem Universitätscampus in den Vereinigten Staaten, bei dem ein Hakenkreuz auf die Bürotüren eines jüdischen Professors gesprüht worden war, mag diesen Punkt veranschaulichen. Während viele Benutzer*innen über den Vorfall schockiert waren oder Solidarität mit den vom Antisemitismus Betroffenen äußerten, gab es eine beträchtliche Anzahl von Antworten, die darauf abzielten, den Vorfall zu verharmlosen oder gar zu widerlegen. Dazu gehörten Kommentare, in denen argumentiert wurde, dass Hakenkreuze im Kontext östlicher Religionen eine völlig andere Bedeutung hätten, andere, in denen behauptet wurde, dass „Zionisten" das Hakenkreuz möglicherweise selbst gemalt hätten, und auch Kommentare, die sich darüber beschwerten, dass sich der fragliche Beitrag auf die Vereinigten Staaten beziehe, nicht das Vereinigte Königreich.

Ein anderer Post, in dem Corbyn ein antisemitisches Hassverbrechen gegen einen Rabbiner in London anprangerte, löste ebenfalls Reaktionen aus, die sofort versuchten, die Aufmerksamkeit vom Problem des Antisemitismus abzulenken. Dazu gehörten Beiträge, in denen argumentiert wurde, dass das Hassverbrechen zwar „schrecklich" sei, Labour-Anhänger jedoch „nicht schikaniert und dazu gezwungen werden sollten, es niemals zu wagen, die israelische Regierung zu kritisieren".[25] Andere beschuldigten die Berichterstattung der BBC über Antisemitismus (den ande-

23 „proud to be an antisemite"

24 „could not give a shit if someone calls Corbyn or the LAbour party antisemitic."

25 „terrible", „Labour supporters should not be bullied and coerced into never daring to criticize the Israeli government."

ren Kommentaren der Nutzer*innen nach zu urteilen, nicht in ironischer Absicht), antisemitische Ideen „in die Köpfe rechter Schläger“[26] zu bringen.

Ein Kommentar, der auf große Unterstützung stieß, behauptet, dass die angebliche Bedeutung von Antisemitismus im öffentlichen Diskurs ein Zeichen dafür sei, dass finstere Kräfte im Spiel seien: „Habe etwas recherchiert. Kann mir bitte jemand erklären, warum es eine IHRA gibt und warum sie so viel Einfluss auf die britische Politik hat? Warum wird eine Gruppe von Menschen über alle anderen gestellt? Das erscheint völlig unfair und undemokratisch.“[27]

Einschränkungen

Es gibt eine Reihe wichtiger Einschränkungen bei der retrospektiven Analyse öffentlicher Facebook-Seiten.

- Erstens könnten Beiträge und Kommentare von den Personen, die sie ursprünglich veröffentlicht haben, bearbeitet oder gelöscht oder von den jeweiligen Moderator*innen entfernt worden sein.
- Zweitens haben Forscher*innen aufgrund des Datenzugriffs durch die Facebook-eigene Analysesoftware Crowdtangle leider nur umfassenden Zugriff auf die Beiträge öffentlicher Seiten und Gruppen auf der Plattform. Kommentare unter diesen öffentlichen Beiträgen oder Inhalte aus geschlossenen Gruppen sind nicht umfassend und in vielen Fällen auch aus ethischen Gründen nicht erfassbar. Diese Gruppen könnten explizitere Beispiele für Antisemitismus enthalten. Eine Untersuchung der *Sunday Times* im April 2018 ergab mehr als 2.000 Beispiele antisemitischer, beleidigender und gewalttätiger Posts auf Facebook, die sich gegen jüdische Abgeordnete und Aktivist*innen richteten, in privaten Pro-Corbyn-Gruppen (Kerbaj et al. 2018).
- Drittens werden einige der bösartigsten antisemitischen Äußerungen, Angriffe und Drohungen in den sozialen Medien die Zielpersonen wahrscheinlich durch Direktnachrichten erreichen. Es gibt eine umfangreiche Berichterstattung über Angriffe auf Labour-Mitglieder, die den Antisemitismus innerhalb der Partei kritisieren, sowie von jüdischen Personen, die der Partei überhaupt nicht angehörten.[28]
- Da es sich bei den heruntergeladenen Daten um unstrukturierten Text handelt, ist es möglich, dass die Verteilung verschiedener Elemente innerhalb der Stich-

26 „into the heads of right-wing thugs“

27 „Did some research. Please can someone explain to me why there is an IHRA and why they have so much clout in British politics? Why is one group of people upheld above all others? This seems entirely unfair and undemocratic.“

28 Siehe vorige Fußnote.

probe von 100 zufällig ausgewählten Beiträgen nicht der tatsächlichen Verteilung innerhalb der Bevölkerung entspricht (alle Beiträge). Es ist daher schwierig zu garantieren, dass die Stichprobe wirklich repräsentativ ist. Dennoch stellt die randomisierte Stichprobe sicher, dass die analysierten Beiträge und Kommentare einen zufälligen Querschnitt von Beiträgen von Labour nahestehenden Seiten repräsentieren, die für Juden und Israel relevant sind.

Diese Einschränkungen legen nahe, dass wir durch die retrospektive Analyse dieser öffentlichen Debatten in den sozialen Medien nur Zugang zur Spitze des Eisbergs in Bezug auf Online-Antisemitismus unter den Anhänger*innen der Labour Party erhalten können und dass das wahre Ausmaß des Problems wahrscheinlich größer ist als hier beschrieben.

Schlussfolgerungen

In diesem Kapitel wurde der linke Antisemitismus auf öffentlichen Facebook-Seiten analysiert, die die Labour Party im Vereinigten Königreich zwischen 2015 und 2019 unterstützten. Die Ergebnisse zeigen, dass innerhalb der analysierten Stichprobe die Beiträge der Seiten selbst nicht antisemitisch waren und viele Follower dieser Seiten und Unterstützer*innen der Labour Party festgestellt haben werden, dass Antisemitismus in Diskussionen über Jüd*innen und Israel relativ selten vorkommt. Andererseits war es in mehr als der Hälfte der analysierten Kommentarbereiche immer noch leicht, antisemitisches Material zu finden, was darauf hindeutet, dass es sehr unwahrscheinlich ist, dass Nutzer*innen, die an diesen Diskussionen teilnehmen, nicht auf solche Kommentare gestoßen sind. Darüber hinaus scheint es, dass Antisemitismus, wenn er in diesen öffentlichen Foren geäußert wurde, nicht immer ausreichend bekämpft wurde. Dies könnte dazu beigetragen haben, dass die Kritiker*innen des Umgangs der Partei mit Antisemitismusvorwürfen den Eindruck hatten, Labour-Anhänger*innen seien zu tolerant gegenüber Antisemitismus.

Die heute verfügbaren antisemitischen Kommentare umfassen unterschiedliche Formen von Antisemitismus. Am bekanntesten sind Verschwörungsmythen, denen zufolge Jüd*innen die Medien, die Wirtschaft, die Regierung oder andere gesellschaftliche Institutionen kontrollieren, Vergleiche der zeitgenössischen israelischen Politik mit der der Nazis, die Nicht-Anerkennung des Rechts des jüdischen Volkes auf Selbstbestimmung und Kommentare, die Jüd*innen kollektiv für die Handlungen des Staates Israel verantwortlich machen. Während israelbezogener Antisemitismus eindeutig am häufigsten vorkam, gingen die gefundenen antisemitischen Kommentare über Diskussionen über Israel und den Zionismus hinaus.

Die offensichtliche Erkenntnis, dass Kritik an einer Regierung nicht mit Hass gegenüber Menschen gleichgesetzt werden sollte, ist eine unzureichende Antwort auf die Tatsache, dass Kritiker*innen Israels manchmal auf antisemitische Tropen zurückgreifen, ihre Unterstützung für Antisemit*innen zum Ausdruck bringen, dem jüdischen Volk das Recht auf Selbstbestimmung absprechen und alle Juden für die Handlungen der israelischen Regierung verantwortlich machen. Die gleiche Dynamik zeigt sich auch in Umfragen. Eine Umfrage des Institute for Jewish Policy Research und des Community Security Trust (CST) aus dem Jahr 2017 ergab, dass „86 % derjenigen, die keinen antiisraelischen Aussagen zustimmen, auch keinen antisemitischen Haltungen zustimmen – wohingegen von denjenigen, die eine große Anzahl antiisraelischer Einstellungen vertreten, nur 26 % keine antisemitischen Einstellungen vertreten“ (Staetsky 2017: 7).[29] Diese Ergebnisse zeigen, dass es zwar möglich ist, äußerst kritisch gegenüber der israelischen Politik zu sein, ohne antisemitisch zu sein, es jedoch häufig einen Zusammenhang zwischen Kritik an Israel und der Zustimmung zu antisemitischen Äußerungen gibt. Die Analyse für dieses Kapitel zeigt, dass es den Unterstützer*innen der Labour Party zwischen 2015 und 2019 allzu oft nicht gelungen ist, diesen Unterschied zu erkennen und andere kritisch zu hinterfragen, die ihn ebenfalls nicht erkannten.

Literaturverzeichnis

Allington, Daniel (2018): „Hitler had a valid argument against some Jews“: Repertoires for the denial of antisemitism in Facebook discussion of a survey of attitudes to Jews and Israel. In: *Discourse, Context & Media,* 24, 129–136.

Anti-Defamation League (2020): Audit of Antisemitic Incidents 2019. https://www.adl.org/audit2019 [Zugriff: 17.07.2023].

BBC (2018a): Labour adopts full Antisemitism Definition. *BBC*, 4.September. https://www.bbc.co.uk/news/uk-politics-45414656 [Zugriff: 17.07.2023].

BBC (2018b): Jeremy Corbyn's wreath row explained. *BBC,* 15. August. https://www.bbc.co.uk/news/uk-politics-45196409 [Zugriff: 17.07.2023].

BBC (2018c): Jeremy Corbyn Regrets Comments about ‚Anti-Semitic mural‘ *BBC,* 23.März. 2018. https://www.bbc.co.uk/news/uk-politics-43523445 [Zugriff: 17.07.2023].

BBC (2019): A Guide to Labor Party Antisemitism Claims. *BBC.* 18.11.2020. https://www.bbc.com/news/uk-politics-45030552 [Zugriff: 21.07.2023].

Booth, Robert (2017): Does the Tory attack ad take Corbyn's remarks out of context?. In: *The Guardian,* 02.Juni. https://www.theguardian.com/politics/2017/jun/02/tory-attack-ad-corbyn-remarks-context [Zugriff: 17.07.2023].

29 Im Original: “86% of those who do not hold any anti-Israel attitudes do not hold any antisemitic attitudes either; whereas, among those holding a large number of anti-Israel attitudes, only 26% do not hold any antisemitic attitudes”.

Campaign Against Antisemitism (2017): Anti-Semitism Barometer 2017. https://antisemitism.org/wp-content/uploads/2017/08/Antisemitism-Barometer-2017.pdf [Zugriff: 21.07.2023].

Campaign Against Antisemitism (2019): Anti-Semitism Barometer 2019. https://antisemitism.org/wp-content/uploads/2019/12/Antisemitism-Barometer-2019.pdf [Zugriff: 21.07.2023].

Chakelian, Anoosh (2019): Who are the seven MPs Leaving the Labour party? In: *New Statesman,* 18. Februar. https://www.newstatesman.com/politics/2019/02/who-are-seven-mps-leaving-labour-party [Zugriff: 21.07.2023].

Chakrabarty, Shami (2016): THE_SHAMI CHAKRABARTI INQUIRY, 30. Juni https://labour.org.uk/wp-content/uploads/2017/10/Chakrabarti-Inquiry-Report-30June16.pdf [Zugriff: 21.07.2023].

Comerford, Milo/Gerster, Lea (2021): The rise of antisemitism online during the pandemic: A study of French and German content. Institute for Strategic Dialogue. London. https://www.isdglobal.org/isd-publications/the-rise-of-antisemitism-during-the-pandemic/ [Zugriff: 21.07.2023].

Corbyn, Jeremy (2014): PALESTINE UNITED Unity was in evidence during a major meeting in Tunisia, reports JEREMY CORBYN. In: *Morning Star.* https://morningstaronline.co.uk/a-98de-palestine-united-1 [Zugriff: 26.02.2024].

CST – Community Security Trust (2019): Engine of Hate. The Online Networks Behind the Labour Party's Antisemitism Crisis. 04. August. https://cst.org.uk/news/blog/2019/08/04/engine-of-hate-the-online-networks-behind-the-labour-partys-antisemitism-crisis [Zugriff: 17.07.2023].

CST – Community Security Trust (2021): Antisemitic Incidents Report 2020, 10. Februar. https://cst.org.uk/public/data/file/7/2/Incidents%20Report%202020.pdf [Zugriff: 17.07.2023].

Elgot, Jessica (2018): Labor suspends party members in ‚anti-Semitic‘ Facebook group. In: *The Guardian,* 8. März. https://www.theguardian.com/politics/2018/mar/08/labour-suspends-party-members-in-antisemitic-facebook-group [Zugriff: 17.07.2023].

Elgot, Jessica (2019): Labour expels Jackie Walker because of leaked antisemitism remarks. In: *The Guardian,* 27. März. https://www.theguardian.com/politics/2019/mar/27/labour-expels-jackie-walker-for-leaked-antisemitism-comments [Zugriff: 17.07.2023].

Equality and Human Rights Commission (2020): Investigation into the Labour Party, 29.Oktober. London: Equality and Human Rights Commission. https://www.equalityhumanrights.com/en/inquiries-and-investigations/investigation-labour-party [Zugriff: 21.07.2023].

Guardian (2018): Jeremy Corbyn's 2013 remarks on some Zionists not understanding English irony – video. In: *The Guardian.* 24.08.2018. https://www.theguardian.com/politics/video/2018/aug/24/jeremy-corbyns-2013-remarks-on-some-zionists-not-understanding-english-irony-video [Zugriff: 26.02.2024].

Hamid, Rushaa L. (2019): New polling of British Jews show tensions remain strong between Labour and the British Jewish Community. In: *Survation,* 05. September. https://www.survation.com/new-polling-of-british-jews-shows-tensions-remain-strong-between-labor-and-the-british-jewish-community/ [Zugriff: 17.07.2023].

Harpin, Lee (2017): Jeremy Corbyn not expected to attend this year's Al Quds Day. In: *Jewish Chronicle,* 15.Oktober. https://www.thejc.com/news/uk/jeremy-corbyn-not-expected-to-attend-this-year-s-al-quds-day-march-1.440115 [Zugriff: 17.07.2023].

Hirsh, David (2010): Accusations of malicious intent in debates about the Palestine-Israel conflict and about antisemitism. The Livingstone formulation, „playing the antisemitism card" and contesting the boundaries of antiracist discourse. In: *Transversal,* 1, 47–77.

Hirsh, David (2016): Submission to the Labour Party inquiry into antisemitism. https://engageonline.files.wordpress.com/2016/06/david-hirsh-submission-to-the-labour-party- inquiry-into-antisemitism.pdf [Zugriff: 17.07.2023].

Hirsh, David (2017): Contemporary left Antisemitism. London: Routledge.

International Holocaust Remembrance Alliance. Working definition of antisemitism. https://www.holocaustremembrance.com/resources/working-definitions-charters/working-definition-antisemitism [Zugriff: 17.07.2023].

Jewish Chronicle (2019): ‚Blood libel' cleric who was praised by Corbyn is jailed in Israel for inciting violence. In: *Jewish Chronicle,* 10. Oktober. https://www.thejc.com/news/israel/blood-libel-cleric-raed-salah-who-was-praised-by-jeremy-corbyn-jailed-israel-for-inciting-violence-1.496669 [Zugriff: 17.07.2023].

Kentish, Benjamin (2019): „The abuse made me physically ill": Luciana Berger reveals toll of fighting antisemitism while Labour MPs refused to stand by her. In: *The Independent,* 09. November. https://www.independent.co.uk/news/uk/politics/luciana-berger-labor-antisemitism-jeremy-corbyn-election-latest-liberal-democrats-finchley-a9196696.html [Zugriff: 21.07.2023].

Kerbaj, Richard/Pogrund, Gabriel/Ungoed, Thomas, J./Shipman, Tim (2018): Exposed: Jeremy Corbyn's hate factory. In: *Sunday Times,* 01. April. https://www.thetimes.co.uk/article/exposed-jeremy-corbyns-hate-factory-kkh55kpgx [Zugriff: 21.07.2023].

Mendick, Robert (2017): Jeremy Corbyn's 10-year association with group which denies the Holocaust. In: *The Telegraph,* 20. Mai. https://www.telegraph.co.uk/news/2017/05/20/jeremy-corbyns-10-year-association-group-denies-holocaust/ [Zugriff: 17.07.2023].

Pagano, John-Paul (2018): How antisemitism's true origin makes it invisible to the left. In: *The Forward,* 29. Januar. https://forward.com/opinion/393107/how-anti-semitisms-true-origin-makes-it-invisible-to-the-left/ [Zugriff: 17.07.2023].

Payne, Adam (2016): Jeremy Corbyn was paid by an Iranian state TV station, that was complicit in the forced confession of a tortured journalist. In: *Business Insider,* 2. Juli. https://www.businessinsider.com/jeremy-corbyn-paid-iran-press-tv-tortured-journalist-2016-6?r=US&IR=T [Zugriff: 17.07.2023].

Rich, Dave (2018a): Antisemitism and the Left – Dr. Dave Rich House of Commons, December 2018. https://soundcloud.com/user-771239343/antisemitism-and-the-left-dr-dave-rich-house-of-commons-december-2018 [Zugriff: 17.07.2023].

Rich, Dave (2018b): The Left's Jewish Problem: Jeremy Corbyn, Israel and Antisemitism. London: Biteback Publishing.

Shirbon, Estelle (2018): British Jews protest Labour's Corbyn over anti-Semitism. In: *Reuters,* 26. März. https://www.reuters.com/article/cnews-us-britain-labour-anti-semitism-idCAKBN1H21H1-OCATP [Zugriff: 21.07.2023].

Simons, Ned (2016): Ken Livingstone branded a ‚Nazi apologist' in angry confrontation with Labour MP John Mann. In: *Huffington Post,* 28. April [Zugriff: 17.07.2023].

Snyder, Timothy (2016): Livingstone Hitler comments „inaccurate". In: *BBC,* 28.April. https://www.bbc.co.uk/news/uk-36165298 [Zugriff: 17.07.2023].

Southern Poverty Law Center (o.D.): Nation of Islam. Southern Poverty Law Center – extremist files. https://www.splcenter.org/fighting-hate/extremist-files/group/nation-islam [Zugriff: 17.07.2023].

Spencer, Philip/Fine, Robert (2018): Antisemitism and the Left: On the return of the Jewish question. Manchester: Manchester University Press.

Staetsky, L. Daniel (2017): Antisemitism in Today's Great Britain: A study of Attitudes towards Jews and Israel. London: Institute for Jewish Political Research.

Stone, Jon (2016): Labour antisemitism row: Read the Ken Livingstone interview transcripts in full. In: *The Independent,* 29. April. https://www.independent.co.uk/news/uk/politics/labour-anti-semitism-row-full-transcript-ken-livingstone-s-interviews-a7005311.html [Zugriff: 17.07.2023].

Times of Israel (2018): Ken Livingstone appears on Iranian state TV on Holocaust Remembrance Day. In: *Times of Israel.* 29. Januar. https://www.timesofisrael.com/ken-livingstone-appears-on-iranian-state-tv-on-holocaust-remembrance-day/ [Zugriff: 17.07.2023].

Times of Israel (2019): Jewish candidate for UK Labour party bombarded with antisemitic death threats. In: *Times of Israel.* 27. November. https://www.timesofisrael.com/jewish-candidate-for-uk-labour-party-bombarded-with-anti-semitic-death-threats/ [Zugriff: 17.07.2023].

Ware, John (2019): Is Labour antisemitic? In: *BBC Panorama.* 20. Juli. https://www.youtube.com/watch?v=Z4Qq_M_0RaE [Zugriff: 17.07.2023].

5 „JAAAA, SCHLIMM MIT DEM ANTISEMITISMUS“ – ANTISEMITISCHES TROLLING AUF YOUTUBE[1]

Monika Hübscher und Vanessa Walter

Im September 2020 saßen wir gebannt vor unseren Laptops. Monika durfte sich in Israel nur 100 Meter von ihrer Wohnung entfernen und Vanessa studierte isoliert in ihrem Homeoffice in Deutschland. Aufgrund der Covid-19-Pandemie waren alle Veranstaltungen und Konferenzen abgesagt und endlich ergab sich für uns die Möglichkeit, an einer Online-Tagung mit Expert*innen aus Wissenschaft und Praxis zum Thema Antisemitismus teilzunehmen. Kurz nachdem im Livestream die ersten Wissenschaftler*innen begannen, ihre Forschung vorzustellen, überfluteten antisemitische Nachrichten unaufhaltsam den Chat. Nach dem ersten Schock und einiger Verwirrung war uns klar, dass die Veranstaltung gegen Antisemitismus Ziel einer antisemitischen Trolling-Attacke geworden war.

Was ist Trolling?

Unter dem Begriff Trolling versteht man das Phänomen, dass sich reale Personen zusammenschließen oder auch automatisierte Bots („Trolls“) angewandt werden, um gezielt in sozialen Medien Hassrede und Desinformation zu verbreiten, Konflikte auszulösen und zu stören. Paavola et al. (2017: 105) definieren Trolling als etwas, „[…] das in der Interaktion zwischen Internetnutzern auftritt, mit dem Ziel, durch anstößige, emotional aufgeladene Inhalte eine starke Resonanz bei möglichst vielen Nutzern zu erzielen. Daher erfordert die Identifizierung von Trolling, dass die Interaktion 1) das Internet als Plattform, 2) anstößige und emotionale Inhalte und 3) eine beabsichtigte starke Reaktion des Publikums umfasst“ (Übersetzung der Autorinnen).

Die Technologie und Funktionsweise sozialer Medien ermöglicht Trolling durch das Posten einer riesigen Anzahl an Kommentaren in Sekundenschnelle. Insbesondere auf Plattformen wie X (ehemals Twitter), Facebook und YouTube werden

1 Dieser Artikel erschien zuerst im englischen Sammelband *Antisemitism on Social Media*. Es handelt sich um eine deutsche Übersetzung mit leichter Überarbeitung.

Veranstaltungen sowie Wissenschaftler*innen und Multiplikator*innen, die sich gegen Antisemitismus engagieren, zum Ziel solcher Angriffe. Für Trolling melden sich Personen, häufig aus dem rechten bis rechtsextremen Spektrum, gezielt zu Veranstaltungen an oder besuchen frei zugängliche Online-Veranstaltungen, um diese dann mit unangemessenen Inhalten in Form von Videos, Bildern, Emojis und Kommentaren zu überfluten und erheblich zu stören. Dabei geht es nicht um die eigene Positionierung in und Teilnahme an einem konstruktiven Diskurs, sondern um das gezielte Erzeugen von Emotionen und Reaktionen durch Tabubrüche und provokatives Verhalten (Marwick, Lewis 2017; Hardaker 2010; Buckels, Trapnell, Paulhus 2014).

Antisemitisches Trolling

Antisemitische Trolling-Attacken artikulieren sich auf unterschiedlichste Weise. Häufig wird der Holocaust geleugnet, es werden Verschwörungsmythen sowie stereotype Darstellungen und Konstruktionen von Jüdinnen*Juden verbreitet oder jüdische Menschen werden antisemitisch beleidigt und angegriffen. Diese Trolling-Angriffe zielen auf die Verbreitung und Normalisierung von antisemitischen Inhalten sowie Desinformation und können auch im Zusammenhang mit anderen Ideologien der Ungleichheit auftreten, in denen Menschen rassistisch, muslim*innenfeindlich, misogyn sowie queerfeindlich beleidigt und oft auch bedroht werden. Bereits 2017 erregte die 5000 User*innen umfassende Trollfabrik „Reconquista Germanica“ in Deutschland größeres Aufsehen. Mit koordinierten Aktionen beeinflussten sie während der Bundestagswahl 2017 den politischen Diskurs in den sozialen Medien, indem sie Hashtags kreierten und dafür sorgten, dass diese trenden, d.h. eine hohe Sichtbarkeit und Verbreitung erzielten. Mit einer enormen Anzahl von Posts auf sämtlichen Plattformen wurde gegen Geflüchtete und andere marginalisierte Gruppen gehetzt (Martin 2018).

Die folgenden vier Beispiele verdeutlichen das Spektrum antisemitischen Trollings. Im Jahr 2019 ereignete sich eine massive antisemitische Trolling-Welle auf Facebook und Twitter, in der rechte Trolle von der Plattform 4Chan gefälschte jüdische Profile zur Umgehung der Zensur dieser Plattformen nutzten. Um jüdische Profile zu imitieren, wurden auch echte Profilfotos von Jüdinnen*Juden gestohlen, denen vor allem aufgrund traditioneller Kleidung Jüdischkeit zugeschrieben wurde. Diese gefälschten jüdischen Profile verbreiteten antisemitische Verschwörungsmythen über einen angeblichen jüdischen Einfluss auf die Weltwirtschaft, die Pornoindustrie und die Medien (Dolsten 2019). Die Verwendung gefälschter jüdischer Profile sollte als Beleg für einen vermeintlichen Wahrheitsgehalt der antisemitischen Verschwörungsmythen sowie zur Abwehr von Kritik an Antisemitismus dienen.

Auch während einer Zoom-Veranstaltung zum Holocaustgedenktag im Jahr 2020, an der Vanessa teilnahm, kam es zu einer antisemitischen Trolling-Attacke. Während eines Vortrags des israelischen Holocaustforschers David Silberklang, Mitarbeiter von Yad Vashem und Sohn von Holocaustüberlebenden, hatten antisemitische Agitatoren die Kontrolle über das Zoom-Meeting erlangt. Sie zeichneten ein riesiges Hakenkreuz über den gesamten Bildschirm. Die Zuhörer*innen, die Veranstalter*innen sowie David Silberklang selbst waren sichtlich schockiert und verletzt. Infolgedessen entschieden sie sich dazu, den Vortrag vorzeitig abzubrechen.

Während des Israel-Palästina-Konflikts im Mai 2021 wurde der Twitter-Account des Zentralrats der Juden in Deutschland Ziel einer antisemitischen Trolling-Attacke. Unter dem Vorwand der Solidarität mit Palästinenser*innen drohten Trolle Jüdinnen*Juden mit dem Tod (Zentralrat der Juden in Deutschland [Twitter] 2021).

Im September 2020 wurde eine Veranstaltung der Kompetenznetzwerke gegen Antisemitismus und Rechtsextremismus ebenfalls Ziel einer Trolling-Attacke. Die zu diesem Zeitpunkt neu gebildeten Netzwerke, in denen sich verschiedene Vereine, Organisationen und Akteur*innen organisieren, darunter die Bildungsstätte Anne Frank (BAF), richteten eine Online-Tagung mit dem Titel „Antisemitismus und Rechtsextremismus: Angriffe auf die Demokratie“ aus, an der wir teilnahmen. Die Vorträge wurden auf YouTube gestreamt und an zwei aufeinanderfolgenden Tagen durch in enormer Geschwindigkeit gepostete antisemitische Kommentare im Live-Chat neben dem Video gestört. Der Link zum Livestream der Veranstaltung wurde im Telegram-Kanal des rechtsextremen „Volkslehrers“ gepostet. Der bereits wegen Holocaustleugnung verurteilte selbsternannte „Volkslehrer“ ist ein prominenter Agitator der deutschen rechtsextremen Szene, der wiederholt durch antisemitische und rassistische Äußerungen aufgefallen ist, die er insbesondere über Telegram und YouTube verbreitet (Gehrke, Geiler 2022). Nachdem es einige Zeit dauerte bis realisiert wurde, dass die Veranstaltung gezielt attackiert wurde, versuchten die Chatmoderator*innen der Bildungsstätte Anne Frank (BAF), auf provokative Kommentare mit Gegenrede zu reagieren, antisemitische Inhalte zu löschen und vereinzelt antisemitische Störer*innen zu blockieren.

Aufgrund der verstörenden, gewaltvollen Kommentare im Live-Chat und der Frage nach einer angemessenen Intervention beschlossen wir, die antisemitischen Kommentare zu dokumentieren. Diese Dokumentation dient als Grundlage für die vorliegende Analyse, die sich auf Chatinhalte vom ersten Tag der Veranstaltung beschränkt.

Da Trolling eine aktuelle Erscheinungsform von antisemitischer Gewalt in sozialen Medien ist, muss dieses Thema stärker in den Fokus wissenschaftlicher Diskussionen rücken. Unsere Fallanalyse soll dazu beitragen, die Mechanismen und Auswirkungen von Trolling-Attacken besser zu verstehen und effektive Gegenmaßnahmen zu entwickeln. Daher arbeiten wir im Folgenden anhand einer qualitativen Diskursanalyse, unterstützt durch digitale Textanalyse, Charakteristika einer Trolling-Attacke und deren Manifestation in Form von antisemitischen Ausdrücken heraus. Unsere Analyse greift dabei zum einen auf die vier Charakteristika einer Trolling-Attacke nach Claire Hardaker (2010) zurück: Aggression, Täuschung, Störung und Erfolg. Zum anderen beziehen wir uns in unserer Analyse auf den Topoibegriff nach Wengeler (2007), um antisemitische Argumentationsmuster herauszuarbeiten. Leitend sind dabei folgende Fragen: Welche antisemitischen Argumentationsmuster und Topoi enthalten die Trolling-Kommentare und wie werden sie kommuniziert? Welche Charakteristika und Motive des Trollings zeigen sich in den Kommentaren und welchen Einfluss haben diese auf die Diskussion im Live-Chat?

Abschließend geben wir einen Ausblick auf die sich aus der Analyse ergebenden Konsequenzen für die Praxis, die sich vor allem auf die Risiken im Umgang mit antisemitischem Trolling fokussieren.

Trolling aus wissenschaftlicher Perspektive

Antisemitische Trolling-Attacken sind ein anhaltendes Phänomen in sozialen Medien. Im Kontrast dazu steht, dass kaum wissenschaftliche Auseinandersetzungen damit vorliegen und es an forschungsbasierten Interventionsmöglichkeiten dagegen mangelt. Auch wenn mit der Popularisierung von sozialen Medien Troll-Attacken allgemein als Phänomen stärker in den Fokus von Forschung geraten sind, existiert unseres Wissens bisher keine wissenschaftliche Analyse einer antisemitischen Trolling-Attacke.

Bereits 2002, als Social Media noch nicht die heutige Popularität besaß, legten Forscher*innen eine Fallanalyse von Trolling-Kommentaren und Reaktionen vor, mit der sie erste Einblicke in die Strategien des Trollings boten. Darin wurden insbesondere die Instrumentalisierung von Emotionen sowie das strategische Einsetzen von Behauptungen und Verleumdungen, um Reaktionen hervorzurufen, als Merkmale des Trollings herausgearbeitet (Herring et al. 2002). Die Linguistin Claire Hardaker erarbeitete basierend auf einer analysierten Trolling-Attacke vier Charakteristika des Trollings (Aggression, Täuschung, Störung und Erfolg), die eine Systematik zur Erkennung und Dekonstruktion von Trolling-Attacken bieten. Die Involvierung sogenannter Troll-Fabriken in weitreichende Desinformationskampagnen hat die Dynamik und Dimension von Trolling-Angriffen erheblich beeinflusst und gleichzeitig die Frage nach der Identifizierung von Trolling dringlicher gemacht (Atanasov, De Francisci Morales, Nakov 2019; Golovchenko et al. 2020).

Deshalb fokussieren sich zahlreiche Studien auf die automatisierte Erkennung von Trolling-Kommentaren (Tomaiuolo et al. 2020; Cambria et al. 2010). Beispielsweise entwickelten Forscher*innen im Jahr 2018 ein speziell auf Twitter zugeschnittenes System zur Troll-Erkennung (Fornacciari et al. 2018). Obwohl die Entwicklung und Anwendung von Erkennungstechniken für Trolling im Allgemeinen von großer Bedeutung sein können, stellt die Spezifik von antisemitischen Trolling-Attacken eine Herausforderung dar. Die wissenschaftliche Auseinandersetzung zum Thema berücksichtigt bisher weder umfassend die Sprachenvielfalt in der digitalen Kommunikation noch historische und kulturelle Eigenheiten, wie sie in der deutschsprachigen antisemitischen Trolling-Attacke vorzufinden sind. Vor allem ist Künstliche Intelligenz (KI) noch nicht in der Lage, antisemitische Codierungen, implizite Gehalte und Auslassungen automatisiert zu erkennen. Deswegen nehmen wir im Folgenden zur Bestimmung von antisemitischen Argumentationsmustern und Topoi eine Kombination aus qualitativer und quantitativer Analyse vor.

Methodisches Vorgehen

Unsere qualitative Fallstudie wird mit einer quantitativen Analyse durch die Tool-Suite Voyant unterstützt. Voyant Tools ist eine webbasierte Open-Source-Anwendung zur Durchführung von digitalen Textanalysen, die 2003 von Stéfan Sinclair und Geoffrey Rockwell basierend auf früheren Analyse-Tools entwickelt wurde und insbesondere von Wissenschaftler*innen im Bereich der Digital Humanities genutzt wird. Voyant ermöglicht eine auf Worthäufigkeiten basierende quantitative Datenanalyse und beinhaltet verschiedene Tools, mit Hilfe derer das Korpus auf unterschiedliche Weise analysiert und visualisiert werden kann.

Das Korpus unserer Fallstudie besteht ausschließlich aus den antisemitischen Chat Kommentaren[2] der Trolling-Attacke, die während der Veranstaltung „Antisemitismus und Rechtsextremismus – zwei Seiten einer Medaille“ stattfand. Aufgrund der Geschwindigkeit und durch das Löschen von Kommentaren durch Moderator*innen existiert kein vollständiges Korpus der Attacke. Zudem wurde das Korpus, um eine präzise Datenanalyse zu ermöglichen, mit Hilfe einer Stoppwortliste bereinigt und Rechtschreibfehler wurden korrigiert. Insgesamt umfasst das Korpus 3369 Wörter und ist damit verhältnismäßig klein. Daher sollte die Datenanalyse als Ergänzung zur Kontextualisierung und zur qualitativen Auswertung betrachtet werden. Sie dient dazu, den Einfluss des Trollings auf den Verlauf der Diskussion zu visualisieren. Darüber hinaus möchten wir anhand unseres Fallbeispiels veranschaulichen, wie Visualisierungen und damit ein quantitativer Ansatz für die inhaltliche Auseinandersetzung mit einer Troll-Attacke aussehen kann. Die Verwendung des digitalen Text-Mining-Tools Voyant diente der Identifizierung relevanter Stellen im Korpus (*blended reading*). Darüber hinaus wurde die quantitative Herangehens-

2 In der qualitativen Analyse werden die Kommentare im Original mit (fehlerhafter) Rechtschreibung und Zeichensetzung zitiert.

weise zur Überprüfung der Plausibilität der Thesen aus der Diskursanalyse (*close reading*) genutzt (Dröge 2020; Lemke 2016). Dies ermöglicht eine zusätzliche Dimension bei der Untersuchung und Validierung der qualitativen Ergebnisse.

Zu beachten ist bei diesem Vorgehen, dass die Analyse sich nicht auf den gesamten Live-Chat bezieht, sondern exemplarisch prägnante Themen aufgreift. Zudem äußert sich Antisemitismus auch implizit oder codiert, was eine erhebliche Herausforderung für die Auswahl von Suchwörtern darstellt. Dieser Schritt hat jedoch für die digitale Textanalyse eine hohe Relevanz und stellt bereits eine folgenreiche Selektion dar. Dementsprechend bleibt es Aufgabe der qualitativen Analyse, die Kommentare als antisemitisch zu klassifizieren.

Quantitative Analyse

Für die quantitative Datenanalyse mit Voyant wurden folgende trunkierte Suchbegriffe genutzt, die sich aus einem explorativen Zugang und dem blended Reading ergaben: afd*, antisem*, islam*, muslim*, jud*, verschwörung*, loxismus*, volkslehrer*. Die am häufigsten vorkommenden Begriffe des Korpus der Trolling-Attacke nach Bereinigung durch die Stoppwortliste waren Wörter, die überwiegend im Kontext von antisemitischen Äußerungen im Chat standen: Frank (29), Anne (23), Bildungsstätte (20), antisemitismus (19), volkslehrer (17), frage (14), juden (11) und afd (10).[3]

Bereits diese spezifischen Worthäufigkeiten deuten auf eine antisemitische Trolling-Attacke hin. Dem Wort ‚frage‘ kommt im Korpus ein besonderer Stellwert zu, da das stetige (suggestive) Nachfragen eine elementare Strategie des Trollings ist und sich daher gleichzeitig oft nur im Kontext antisemitisch entfaltet. Die Wörter ‚Anne‘, ‚Frank‘ und ‚Bildungsstätte‘ verweisen auch auf die Bildungsstätte Anne Frank, die Gastgeberin der Veranstaltung gegen Antisemitismus war. ‚AfD‘ steht für die im Bundestag vertretene und für ihre antisemitischen Aussagen bekannte Partei Alternative für Deutschland.

Antisemitische Argumentationsmuster und Topoi in der Trolling-Attacke

Durch die qualitative Analyse der Trolling-Kommentare im Live-Chat lassen sich verschiedene antisemitische Argumentationsmuster und Topoi identifizieren. Anhand von Beispielen zeigen wir schlaglichtartig auf, wie Ver-Anderung, Geld und Macht, Erinnerungs- und Schuldabwehr sowie Verschwörungsmythen und Exter-

3 Hier sind Variationen der Wörter (z.B. antisemitisch) nicht mitgezählt.

nalisierung von Antisemitismus kommuniziert werden und wie sich diese antisemitischen Argumentationsmuster und Topoi maßgeblich durch die Strategie des Derailings zu einer antisemitischen Trolling-Attacke entwickeln.

Ver-Anderung (Othering)

Die Dichotomie zwischen Jüdinnen*Juden und einer als „Deutsche“ bezeichneten Gruppe zieht sich als antisemitische Diskriminierungsform durch den Chat, was sich insbesondere durch generische und homogenisierende Bezeichnungen (bspw. „die Juden“) zeigt. Diese Unterteilung ist grundlegender Bestandteil antisemitischer Erzählungen, die auf einer vermeintlichen Unvereinbarkeit von Jüdinnen*Juden aufgrund ihrer imaginierten Andersartigkeit mit einer erzeugten „Wir-Gruppe“, z.B. der Nation, beruht. Die damit einhergehende Homogenisierung von Jüdinnen*Juden im Kommentar „Darf man ‚die Juden‘ kritisieren so wie man ‚die Deutschen‘ kritisieren darf oder ist das dann schon Antisemitismus?“ bezeichnet Ruth Wodak als notwendige Implikation antisemitischen Sprachverhaltens (2018: 14). Das bedeutet, dass in antisemitischen Argumentationsmustern die Homogenisierung von Jüdinnen*Juden eine notwendige Implikation und demnach ein zwingender Bestandteil der Ver-Anderung ist. Der Chat-Kommentar legt unter anderem nahe, dass Jüdinnen*Juden nicht zu einer imaginierten deutschen „Wir-Gruppe“ gehören können. Zudem wird die Thematisierung von Antisemitismus als übertriebener, voreiliger Vorwurf betrachtet und dient der Abwehr von Antisemitismuskritik. Der Kommentar verharmlost sowohl die historische Dimension als auch die gegenwärtige Bedrohung durch Antisemitismus in Deutschland. Im Kommentar „Wie soll das auserwählte Volk mit den Gojim verfahren?“ werden Jüdinnen*Juden als die Anderen konstruiert. Konzepte wie ‚das auserwählte Volk‘ und „Gojim“ (nicht-jüdische Menschen) werden aus ihrem (religiösen) Kontext gelöst und instrumentalisiert, wobei mit dem Wort „Gojim“, ein aus dem Hebräischen stammender Begriff, ein jüdischer Sprachgebrauch zur Abwertung von Jüdinnen*Juden imitiert wird. Die negative Verwendung der Begriffe zielt auf eine Polarisierung durch Feindbildkonstruktionen bei der die Dichotomie als Element des Antisemitismus verkehrt wird: Jüdinnen*Juden, hier bezeichnet mit ‚auserwähltem Volk‘, wird unterstellt, die im Antisemitismus vorgenommene Dichotomisierung selbst vorzunehmen, wobei das Konstrukt einer jüdischen Übermacht eine zentrale Rolle spielt. So stellt die Frage nach dem ‚Verfahren mit Nichtjuden‘ eine Projektion dar, in der die antisemitische „Judenfrage“ auf Jüdinnen*Juden übertragen wird. Die Bezugnahme auf jüdische religiöse Konzepte, wie das ‚auserwählte Volk‘ wird als vermeintliches Indiz für eine Überlegenheit sowie als Bestätigung der propagierten Andersartigkeit von Jüdinnen*Juden ausgelegt (Wodak 1990: 348f.).

Geld und Macht

Die Zuschreibung von Macht an Jüdinnen*Juden ist konstitutiv für Antisemitismus. In den Chat-Kommentaren ist diese immer wieder besonders pointiert zu finden und verbindet sich mit der Assoziation von Jüdinnen*Juden mit Geld und Reichtum, was ein bereits seit langer Zeit tradiertes und sich immer wieder aktualisierendes Topos darstellt (Peham 2022: 18f., 197ff.). So wird beispielsweise in einem Trolling-Kommentar nach der reichsten Familie der Welt gefragt. Auch ohne Verweise auf Jüdinnen*Juden besitzt die Frage eine antisemitische Konnotation, die sich durch den Kontext der Veranstaltung entfaltet. In Reaktion auf die Thematisierung von Antisemitismus zielt die Frage auf die Aktivierung antisemitismusrelevanten Wissens (Hübscher et al. 2023), nämlich der antisemitischen Verknüpfung von Jüdinnen*Juden mit Reichtum, ohne dies explizit machen zu müssen. Aufgrund der Sozialisation mit antisemitismusrelevantem Wissen in Deutschland, wie dem Erlernen antisemitischer Stereotype, beispielsweise die Verbindung von Jüdinnen*Juden und Reichtum, kann der suggestiv in der Frage angelegte antisemitische Gehalt erkannt werden. Zugleich kann die Frage in der Logik einer Trolling-Attacke als Provokation gesehen werden, um Reaktionen hervorzurufen. Der implizite Antisemitismus in der Frage nach der reichsten Familie der Welt wird im folgenden Kommentar erkannt und reproduziert: „falsch Rothschild. 200.000.000.000“. Der antisemitische Mythos um die Familie Rothschild wird als Chiffre für die Identifizierung von Jüdinnen*Juden mit Reichtum und Einfluss über das Finanzwesen angeführt (Foxman 2018). Weitere Kommentare bezogen sich im Verlauf des Live-Chats auf die Finanzierung der Veranstaltung, darunter befanden sich Fragen nach dem Honorar der Referent*innen und der Höhe der jährlichen Projektfinanzierung der Bildungsstätte Anne Frank (BAF). Die BAF scheint aufgrund ihres Namens in den Kommentaren stellvertretend für einen vermeintlichen Einfluss von Juden*Jüdinnen wahrgenommen zu werden. So fragte ein Chat-Kommentar, ob die Referent*innen sich auch für Juden*Jüdinnen einsetzen würden, wenn es keine staatliche Unterstützung gäbe. In anderen Kommentaren wird impliziert, dass Jüdinnen*Juden in Deutschland ungerechterweise bevorzugt behandelt werden würden, wie sich in folgendem Chat Kommentar exemplarisch zeigt: „ich verstehe halt nicht warum 100.000 Juden in Deutschland so eine Lobby brauchen obwohl ihnen hier von den einheimischen gar keine Gewalt angetan wird.“ Der Fokus der Veranstaltung auf antisemitische Gewalt wird hier als unverhältnismäßig und ungerecht dargestellt und als Lobbyarbeit angesehen. Gleichzeitig wird Jüdinnen*Juden die Dringlichkeit des Schutzes abgesprochen und die Kontinuität antisemitischer Gewalt in Deutschland sowie die Zunahme antisemitischer Vorfälle in den letzten Jahren geleugnet (Verein für Demokratische Kultur in Berlin e.V., Recherche- und Informationsstelle Antisemitismus Berlin 2021; Bundesregierung 2021). Die Fokussierung auf ‚Einheimische' deutet zudem eine Externalisierung von Antisemitismus an, die eine besondere Rolle während der Trolling-Attacke spielt (siehe: Externalisierung von Antisemitismus auf Muslim*innen).

Die Kommentare zeigen auf unterschiedliche Art und Weise, wie Jüdinnen*Juden als machtvoll imaginiert und mit Geld oder Reichtum assoziiert werden. Zugleich wird die Existenz von Antisemitismus und antisemitischer Gewalt in der deutschen Gesellschaft relativiert und die daraus resultierende Bedrohung geleugnet. Stattdessen wird antisemitismuskritische Arbeit delegitimiert und als vermeintliche Einflussnahme von Jüdinnen*Juden ausgelegt.

Erinnerungs- und Schuldabwehr am Beispiel von Anne Frank

Im Live-Chat wurde auf unterschiedliche Weise die Erinnerung an die Shoah angegriffen und abgewehrt. Ein Kommentar fragte: „Wann hört die deutsche Schuld und die Zahlungen nach Israel auf?" und drückt den Wunsch nach einem sogenannten ‚Schlussstrich' unter die deutsche Aufarbeitung der deutschen Täter*innenschaft und die Reparationszahlungen nach dem Holocaust aus (Salzborn 2020). Des Weiteren suggeriert der Kommentar, dass Israelis und damit auch Jüdinnen*Juden, sich durch den Holocaust bereichern würden, indem impliziert wird, dass Reparationszahlungen profitabel seien.

Da die Bildungsstätte Anne Frank Host der Online-Veranstaltung war, nahmen mehrere Kommentare Bezug auf die Person Anne Frank und instrumentalisierten die Erinnerung an sie. So wurde beispielsweise gefragt, ob Anne Frank heute mehr Angst vor der AfD oder vor Muslim*innen hätte. Darauf antwortete ein Kommentar, dass die AfD einen „Juden-Flügel" (gemeint ist die Gruppe ‚Juden in der AfD') habe und man deshalb davon ausgehen könne, dass Anne Frank sich dort sicher gefühlt hätte. Neben der Instrumentalisierung von Anne Frank wurden auch antisemitische Verschwörungsideologien in Bezug auf ihr Tagebuch verbreitet. Anne Frank ist eine zentrale Figur der Erinnerungskultur in Deutschland und ihre Aufzeichnungen haben einen hohen Stellenwert in der Bildung und Aufklärung über den Holocaust. Der Kommentar, „Warum wurde das tagebuchbuch von Anne Frank mit Kugelschreiber geschrieben? Der wurde doch erst nach ihrem Tod erfunden", suggeriert, dass es sich bei Anne Franks Tagebuch um eine Fälschung handelt. Zudem eröffnet der Kommentar strategisch die Frage, ob in Konsequenz des vermeintlich gefälschten Tagebuchs auch die Echtheit des Holocaust anzuzweifeln wäre, womit implizit der Holocaust geleugnet wird. Das Infragestellen der Authentizität des Tagebuchs ist zugleich ein Versuch, die Erinnerung an den Holocaust zu delegitimieren. Entsprechend muss auch der folgende Kommentar verstanden werden, in dem gefragt wird: „War Anne Frank nicht die Erfinderin des Kugelschreibers?" Die Darstellung Anne Franks als Erfinderin des Kugelschreibers verspottet ihr Schicksal als verfolgte und ermordete Jüdin während des Nationalsozialismus und verleugnet ihre Biografie. Weitere Kommentare implizieren eine Skepsis gegenüber historischen Fakten zum Holocaust. So wird im folgenden Kommentar behauptet: „Anne Franks Schwester Eva behauptet das die Bilder aus Bergen Belsen Fake seinen.“ Über den Umweg einer falschen Tatsachenbehauptung wird im Kommentar die Authentizität der Dokumentationen der Gräueltaten der Nationalsozialist*innen in Bergen-Belsen verleugnet. Dabei wird Anne Franks Stiefschwester Eva instrumentalisiert und als Urheberin der Aussage angeführt, um nicht selbst die Verantwortung für die den Holocaust leugnende Aussage tragen zu müssen. Der Verweis auf Eva als Kronzeugin soll zudem die Plausibilität der Holocaustleugnung unterstreichen. Der Kommentar „Anne Frank im Kleider…“ macht sich in Form eines Reims, dessen Beenden den Leser*innen überlassen wird, über Anne Franks Schicksal lustig und zeichnet sich durch eine erschreckende Empathielosigkeit gegenüber Opfern des Holocaust aus (Nowak 2022: 168). Die Kumulation von Kommentaren, die auf Anne Frank Bezug nehmen, ist kennzeichnend für die Dynamik einer Trolling-Attacke. Diese Kommentare zeichnen sich auch besonders durch rhetorische Fragestellungen, Ironie und Häme aus. Die rhetorischen Fragen sowie das Anführen von Kronzeug*innen folgen der gleichen Logik: Beides dient dazu, die Aussagen nicht selbst explizit tätigen zu müssen und sich so der Verantwortung dafür entziehen zu können. Die Verwendung von Ironie und Häme lassen sich mit Claire Hardaker (2012) als „shocking nature“ des Trollings beschreiben. Provokativ werden gezielt sensible Themen angegriffen, um Schock und emotionale Reaktionen hervorzurufen (Hardaker 2012: 247f.; Herring et al.: 376).

Das Infragestellen der Fakten des Holocausts sowie die Verletzung der Würde der Opfer stellt einen Angriff auf die Demokratie dar, die sich in Deutschland nicht zuletzt der Erinnerung an den Holocaust verpflichtet. Um solche Angriffe abzuwenden, existiert der Paragraf 130 des Strafgesetzbuchs (§ 130 Abs. 3&4 StGB). Dass diese Trolling-Attacke mit verfassungsfeindlichen Inhalten während einer Veranstaltung mit dem Titel „[…] Angriff auf die Demokratie“ stattfand, verdeutlicht eindringlich die Agenda, die hinter dem Trolling steckt.

Verschwörungsmythen im Kontext von Covid-19

Die Thematisierung von Verschwörungsmythen stand während der Online-Veranstaltung besonders im Zusammenhang mit den damaligen Demonstrationen der sogenannten „Querdenker“ gegen die Corona-Beschränkungen in Deutschland, bei denen Antisemitismus als zentrales und verbindendes Element fungierte (Balandat et al. 2021: 102f.). Zum Zeitpunkt der Online-Veranstaltung und Trolling-Attacke im September 2020 dokumentierte der Bundesverband der Recherche- und Informationsstellen Antisemitismus (RIAS) im Zeitraum vom 17. März bis zum 17. Juni

2020 123 Kundgebungen und Demonstrationen mit Bezug zur Covid-19-Pandemie, bei denen es zu antisemitischen Äußerungen kam. „In 91 Fällen wurden hierbei Stereotype des Post-Schoa-Antisemitismus, also antisemitische Bezugnahmen auf den Nationalsozialismus und die Schoa, in 28 Fällen Stereotype des modernen Antisemitismus, also beispielsweise antisemitische Verschwörungsmythen, verwendet" (RIAS Bund 2020: 8). Ein Kommentar in der Trolling-Attacke nimmt explizit auf einen prominenten Akteur aus der Coronaleugner*innen-Szene Bezug: „Was ist daran antisemitisch, wenn man wissenschaftliche Ausführungen von Prof. Dr. Bhakdi ua. anhört." Der ehemalige Professor für medizinische Mikrobiologie Sucharit Bahkdi, gegen den bereits Ermittlungen wegen Volksverhetzung liefen, ist bereits mehrfach mit antisemitischen Aussagen aufgefallen, in denen er den Holocaust relativiert und Täter-Opfer-Umkehrungen verwendet (Rohwedder 2022). Der antisemitische Gehalt derartiger Aussagen wird in diesem Kommentar in Frage gestellt und als wissenschaftlich ausgelegt, wobei das Anführen seines akademischen Titels auch der Betonung von Wissenschaftlichkeit dient und bereits den „Vorwurf" des Antisemitismus negieren soll. Dabei wird auch suggeriert, dass allein schon die attestierte Wissenschaftlichkeit Antisemitismus verunmöglichen würde. Dass diese Darstellung nicht haltbar ist, zeigt sowohl die historische Rolle von Wissenschaftler*innen in der Verbreitung von Antisemitismus als auch seine heutige Existenz in akademischen Kontexten, in denen auch der ehemalige Professor Sucharit Bahkdi zu verorten ist (Berg 2023; Schwarz-Friesel 2015).

Weitere Kommentare fokussieren sich auf die Verteidigung von Verschwörungsmythen. Diese werden als wissenschaftliche Theorien bezeichnet und als legitime Welterklärung präsentiert, wie in diesem Kommentar: „Ich finde diese Pauschalisierungen falsch. Verschwörungstheorien sind NICHT antisemitisch. Wer kommt zu diesem Schluss? Es ist eine normale Theorie, die wissenschaftlich geprüft wird." Die Frage, wer Verschwörungsideologien als antisemitisch deklariere, betont, dass diese Klassifizierung als abwegig empfunden wird und leugnet den antisemitischen Gehalt von Verschwörungsmythen. Der Vorwurf der Pauschalisierung soll die Kritik an Verschwörungsmythen delegitimieren und diese als dogmatisch ausweisen (Harambam, Aupers 2015: 471). Ähnliches zeigt sich im folgenden Kommentar: „Genauso wenig sind Verschwörungstheorien ‚rechts' oder ‚links'. Sie sind hauptsächlich eine eigenständige ‚Bewegung'. Sie nennen sich Wahrheitsbewegung. Man muss immer individuell beurteilen." Die Betonung der Eigenständigkeit der Bewegung kann als Versuch gewertet werden, die Beteiligung rechter Akteur*innen im Kontext der „Querdenker-Proteste" zu leugnen (Litschko 2021). Zugleich bemüht sich der Kommentar, Verschwörungsideologien als vermeintlich neutrale Wahrheitsbewegung zu reklassifizieren. Der Name Wahrheitsbewegung („truther movement") entstand als Selbstbezeichnung von Gruppen, die sich ihrem Selbstverständnis nach die Aufdeckung einer „verheimlichten Wahrheit" im Kontext der

Terroranschläge am 11. September 2001 zum Ziel gemacht haben und dadurch eine enorme Menge an antisemitischen Verschwörungsideologien verbreiten (Wind Meyhoff 2015: 61). Der Kommentar schließt sich somit an diese verschwörungsideologische Tradition an.

In den analysierten Kommentaren zeigen sich kommunikative Strategien, die maßgeblich für das Trolling sind. So stellen der Verweis auf die Notwendigkeit individueller Beurteilung sowie der Vorwurf, es werde pauschalisiert, eine Strategie der positiven Selbstdarstellung dar (Wodak et al. 1990: 353): Es wird eine eigene Ausgewogenheit und Integrität behauptet bei gleichzeitiger Abwertung der antisemitismuskritischen Inhalte der Online-Veranstaltung. Im Kontext der Trolling-Attacke verweist dies auf das Charakteristikum der Täuschung, nämlich der Versuch, sich als genuin interessierter Diskussionsbeitrag zu etablieren. Auch verdeutlichen die zitierten Kommentare, dass Inhalte mit umstrittenen Behauptungen oder Leugnungen gepostet werden, um möglichst Reaktionen hervorzurufen und die Veranstaltung in ihrem Ablauf zu stören (Herring et al. 2002: 375f.).

Insgesamt verharmlosen die Kommentare die Gefahr und die politische Dimension von Verschwörungsmythen, deren Verbreitung jedoch gefährlich ist und ernste Konsequenzen hat (Jolley, Mari, Douglas 2020). So haben die Attentäter von Halle und Hanau sowie der Mörder von Walter Lübcke eine Gemeinsamkeit: Alle waren Anhänger des antisemitischen und rassistischen Verschwörungsmythos vom Bevölkerungsaustausch und haben sich auf diesen bezogen. Im Jahr 2019 hat das 14 Menschen in der Bundesrepublik das Leben gekostet und viele weitere verletzt.

Externalisierung von Antisemitismus auf Muslim*innen

Qualitative Analyse

Mehrere Kommentare im Chat der Trolling-Attacke verweisen auf den Islam sowie auf Muslim*innen und schreiben ihnen durch Generalisierung auf rassistische Weise Antisemitismus zu. Beispielsweise heißt es in einem Kommentar: „Kollektiver Antisemitismus aus dem Koran/Islam wird verschwiegen!" Durch den Fokus auf eine empfundene Dominanz von antisemitischen Gewalttaten in linken und muslimischen Milieus wird antisemitische Gewalt von Rechtsextremen verleugnet: „Es gibt nun mal mehr linke und Muslimische [sic] Gewalt letztere werden auch häufiger übergriffig gegen Juden und das wird als Rechte [sic] Gewalt eingeordnet." Die Politikwissenschaftler Cemal Öztürk und Gert Pickel nennen diese Externalisierung „schuldverleugnende Artikulationen" (2021: 189ff.), um die Funktion pauschaler Zuschreibungen von Antisemitismus an Muslim*innen in Deutschland zu beschreiben. Diese „schuldverleugnenden Artikulationen" werden in einigen Kommentaren durch Ironie kommuniziert, um das Gegenteil von dem, was eigentlich gemeint ist, auszudrücken, wie in folgendem Kommentar: „jaaaa....schlimm mit dem Antisemitismus. Was haben Moslems eigentlich gegen Juden?" Durch die Ironisierung wird Antisemitismus bagatellisiert und Kritik an diesem abgewehrt. Zugleich lässt sich durch die Uneindeutigkeit der Ironie die Markierung von Muslim*innen bestätigen oder abweisen, womit eine Kritik an der rassistischen Zuschreibung umgangen werden kann. Darin deutet sich bereits der Versuch an, über die Instrumentalisierung von Antisemitismus das Thema der Online-Veranstaltung auf rassistische Weise zu verschieben. Dies zeigt sich auch im folgenden Kommentar, „Wie steht ihr eigentlich zu den größten Anti-Juden der Bundesrepublik. den Muslimen?", in dem die Wortschöpfung ‚Anti-Juden' Muslim*innen homogenisierend als Antagonisten und generell als Bedrohung für Jüdinnen*Juden markiert (Arnold, König 2016: 5). Diese Feindkonstruktion degradiert Muslim*innen zu antisemitischen Anderen innerhalb einer homogen gedachten deutschen Gesellschaft, die sich darüber ihres eigenen Antisemitismus entledigen kann (Hagen, Neuburger 2020: 11). Um möglichst Reaktionen zu provozieren, enthält dieser Kommentar eine Aufforderung, sich zu der Behauptung dessen zu positionieren. Der Versuch der Themenverschiebung wird insbesondere durch die wiederholte Fokussierung auf Antisemitismus in muslimischen Milieus deutlich. Diese wird wiederholt, um eine Ablenkung vom eigentlichen Thema und maximale Emotionalisierung der Reaktionen zu erreichen (Hardaker 2012: 243).

In den Kommentaren wird die Kontinuität und Normalität von Antisemitismus in der deutschen Mehrheitsgesellschaft geleugnet. Stattdessen werden muslimische Communitys und migrantische Muslim*innen beschuldigt, Antisemitismus neu in die Gesellschaft hineinzutragen (Messerschmidt 2014). Die in diesem Abschnitt analysierten Kommentare stellen nur einen Ausschnitt aus einer Vielzahl an Beiträgen dar, die diese rassistische Externalisierung von Antisemitismus enthalten. Sie dominierten sehr schnell den Livechat und verunmöglichten dadurch genuine Nachfragen und Beiträge zu rechtem Antisemitismus.

Quantitative Analyse

Die in der qualitativen Analyse als Strategie des Trollings klassifizierte rassistische Externalisierung von Antisemitismus auf Muslim*innen zeigte sich auch bei der Analyse und Visualisierung mit Hilfe des Tools Bubblelines aus der Suite Voyant Tools. Dieses Tool ermöglicht eine Visualisierung der Häufigkeit und Verteilung von Suchwörtern, womit im Folgenden mögliche Wortzusammenhänge zwischen Antisemitismus und Islam bzw. Muslime und deren temporäres Auftreten ermittelt werden.[4]

4 Im weiteren Verlauf werden die trunkierten Begriffe im Text in einer einheitlichen Form und ohne das * verwendet. Bezogen wird sich trotzdem auf alle Wörter, die durch die Trunkierung in die Analyse einbezogen wurden (Bsp.: Antisemitismus wird verwendet für antisem*).

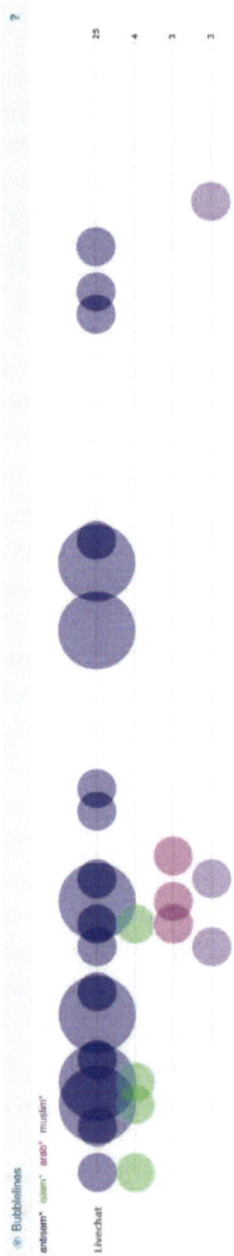

Abbildung 1: Häufigkeit und Verteilung der Suchwörter mit dem Tool Bubblelines (eigene Darstellung)

Die farbigen Kreise in Abbildung 1 visualisieren die Erwähnungen jeweils eines Suchbegriffes. Die horizontale Linie zeigt jeweils den Live-Chatverlauf unter Nennung der Anzahl der Gesamterwähnung des jeweiligen Suchbegriffs im Korpus. Ein Wortzusammenhang kann dann vorliegen, wenn die unterschiedlich gefärbten Kreise untereinander liegen und somit eine zeitliche Nähe zueinander aufweisen. Die Größe der Kreise auf der horizontalen Linie verdeutlicht die Häufigkeit des Suchbegriffes an der bestimmten Stelle des Korpus. In der Grafik zeigen die größeren Kreise eine zweifache Erwähnung des Wortes und die kleineren Kreise eine einfache Erwähnung. Dementsprechend zeigt sich in der Grafik das gemeinsame Auftreten der Worte Islam, Muslime, Araber und Antisemitismus an spezifischen Stellen der ersten Hälfte des Dokumentverlaufs. Auffällig ist sowohl das konzentrierte gemeinsame Vorkommen als auch der nahezu ausschließliche Zusammenhang aller Erwähnungen von Islam und Araber mit Antisemitismus. Die quantitative Analyse und Visualisierung geben somit erste Aufschlüsse, die sich auch in den Befunden der qualitativen Analyse widerspiegeln: Die Kommentare bezüglich muslimischen Antisemitismus sind nicht als substanzieller Beitrag zur Diskussion zu werten, sondern müssen vielmehr als strategisches Mittel zur Verlagerung des Fokus der Veranstaltung angesehen werden.

Rhetorische Strategien: antisemitisches Derailing und Whataboutism

Qualitative Analyse

Das Derailing ist eine Strategie, die darauf abzielt, Diskussionen ‚entgleisen' zu lassen. Im Fokus steht die ‚Überwindung des Gegners' (Zorn 2016) und nicht die Teilnahme an einer argumentativen Auseinandersetzung. Dabei kommen unterschiedliche rhetorische Mittel zur Anwendung: Ironisierung, Diffamierung, Emotionalisierung, Leugnungen, Unterstellungen und Ablenkung, z.B. durch das sogenannte „Whataboutism" (Zorn 2016). Im Kontext unseres Fallbeispiels wird antisemitisches Derailing angewendet, um die Diskussion im Live-Chat zu stören, was sich exemplarisch anhand des Kommentars „Was ist Loxismus?" zeigt. Diese häufig wiederholte Frage fokussiert auf den antisemitischen Mythos „Loxismus", der Jüdinnen*Juden eine grundsätzliche Feindseligkeit gegenüber weißen Menschen unterstellt. Der Begriff wurde vor allem durch die amerikanische Bewegung der „alt-right" bekannt und ist Teil der rassistischen und antisemitischen Ideologie der White Supremacy (Oboler 2016: 39). Der Kommentar provoziert zum einen dadurch, dass er antisemitische Ideologie verbreitet, und stellt zum anderen Jüdinnen*Juden als Bedrohung dar. So wird anstelle der Thematisierung von Antisemitismus gefordert, den Fokus auf eine vermeintliche Gefährdung und Diskriminierung der weißen Mehrheitsgesellschaft durch Juden*Jüdinnen zu legen.

Auch das sogenannte „Whataboutism" lässt sich als eine Ausdrucksform des Derailings verstehen. Es handelt sich dabei um eine argumentative Technik, bei der durch das Einwerfen von Gegenfragen gezielt versucht wird, das Diskussionsthema zu manipulieren (O'Conell 2020). Daher lässt sich „Whataboutism" im Kontext dieser Trolling-Attacke als eine Ablenkungsstrategie beschreiben, bei der versucht wird, von der Thematisierung des rechtsextremen Antisemitismus abzukommen. Dies zeigt sich beispielhaft im folgenden rassistischen Kommentar, der bereits eine charakteristische Einleitung (‚Was ist mit') des „Whataboutism" enthält: „Was ist mit dem Antisemitismus, den die Araber bereits in der Grundschule beigebracht bekommen?" Die (Gegen-)Frage nach Antisemitismus unter Araber*innen ist eine Entgegnung auf die Thematisierung von rechtsextremem Antisemitismus und konstruiert ein rassistisches Bild von arabischen Menschen, in dem ihnen als vermeintlichem Kollektiv Antisemitismus zugeschrieben wird. Das Whataboutism zielt im Zuge der Trolling-Attacke auf eine Dethematisierung der Kritik an Rechtsextremismus und Antisemitismus und relativiert die Ernsthaftigkeit der Bedrohung durch rechtsextremen Antisemitismus.

Die Trolling Kommentare wiesen Äußerungen auf der Online-Veranstaltung über die AfD und deren Verbindungen zu rechtsextremen Akteur*innen sowie deren Rolle bei der Normalisierung von Antisemitismus mehrfach als Diffamierung zurück. Ein ähnlicher Mechanismus zeigt sich bei den zahlreichen Verweisen und positiven Bezugnahmen auf den selbsternannten ‚Volkslehrer', die sich aufgrund ihrer Emotionalisierung und mehrfachen Wiederholung auch als Form des Derailings betrachten lassen. Mehrere Kommentierende beziehen sich auf den ‚Volkslehrer' als Autorität und weisen ihn als geschätzten Diskurspartner aus, wie es folgender Kommentar exemplarisch verdeutlicht: „Der Volkslehrer ist klasse! Aber die Angst, mit ihm zu reden, ist soooo groß.... all ihre Argumente würden in Luft auf gehen [sic]." In weiteren Kommentaren wird er wiederholt glorifiziert: „Volkslehrer is Top...." Dabei wird die antisemitische Agitation des ‚Volkslehrers' geleugnet und gleichzeitig seine rechtsextreme Weltanschauung normalisiert. Die zahlreichen positiven Bezugnahmen auf den rechtsextremen selbsternannten ‚Volkslehrer' können als Kumulation der grundlegenden Verteidigung und Verharmlosung von Rechtsextremismus in der Trolling-Attacke verstanden werden.

Die Analyse der Kommentare verdeutlicht, dass das Derailing eine gezielte Strategie zur Verschiebung des Diskurses darstellt. Hierbei werden rechtsgerichtete Narrative gesetzt sowie systematisch und wiederholt präsentiert, wodurch der ursprüngliche Sinn und Schwerpunkt der Veranstaltung verfremdet und verlagert wird. Das Hauptziel besteht darin, die Veranstalter*innen vorrangig zu Reaktionen auf die Trolling-Kommentare zu veranlassen und sie somit von der effektiven Durchsetzung ihrer eigenen Schwerpunkte abzuhalten.

Quantitative Analyse

Die Diskursverschiebung durch Derailling wird in unserem Fallbeispiel anhand der analysierten antisemitischen Argumentationsmuster und Topoi der Trolling-Kommentare, sowie der darin vertretenen Strategien deutlich. Um diesen Einfluss auf die Diskussion grafisch darzustellen, nutzten wir das Tool „Trends" aus der Tool-Suite Voyant, womit sich der Verlauf ausgewählter Begriffe anhand ihrer relativen Worthäufigkeit im gesamten Dokument visualisieren lässt. Die Y-Achse der Grafik repräsentiert die Worthäufigkeit im Verhältnis zur Gesamtanzahl der Wörter, während die X-Achse den Live-Chat abbildet, der in gleich große Segmente unterteilt ist. Die relativen Häufigkeiten der Begriffe in den Segmenten sind jeweils durch farbige Linien dargestellt. Die Grafik zeigt zunächst, dass die Verläufe der Linien unterschiedlich ausfallen. In der Grafik fällt auf, dass alle Begriffe abgesehen vom Wort ‚Antisemitismus' keine kontinuierliche Präsenz in sämtlichen Segmenten haben. Zudem erreichen diese Begriffe jeweils zu unterschiedlichen Zeitpunkten ihren quantitativen Höhepunkt im Chatverlauf. Besonders bemerkenswert ist dabei zum einen das Auftreten bestimmter Begriffe wie ‚Loxismus', ‚Muslime' und ‚Verschwörung' in verhältnismäßig kurzen Zeitabschnitten und zum anderen, dass einige Begriffe bestimmte Abschnitte des Chats dominieren, was in der Visualisierung ein Indiz für die vielfältigen Versuche der Themenverschiebung darstellt. Diese Tendenz der Dominanz bestimmter Begriffe wie ‚AfD' und ‚Verschwörung' nimmt im Verlauf des Chats zu und zeigt einen Wechsel: Ab Segment 4 bleibt die relative Worthäufigkeit von ‚Antisemitismus' bis zum Ende des Chats geringer als die der anderen in den Segmenten vorhandenen Begriffe, was somit die Dynamik der Trolling-Attacke abbildet. Insgesamt sinkt die relative Frequenz von Antisemitismus im Verlauf des Livechats, was sich als erfolgreiche Ablenkung und Verschiebung vom ursprünglichen Thema der Online-Veranstaltung durch die Trolling-Attacke interpretieren lässt.[5]

Eine Besonderheit kommt dem Begriff ‚Volkslehrer' zu, der einerseits neben ‚Antisemitismus' die höchste Kontinuität im Chat aufweist (von Segment 4 bis 10) und andererseits bis zum Segment 7 unter der Worthäufigkeit von ‚Antisemitismus' bleibt. Zudem erzielt ‚Volkslehrer' am Ende des Chats seinen Höhepunkt, der zugleich der herausragendste neben dem des ursprünglichen Themas ‚Antisemitismus' ist. Er erreicht die gleiche relative Frequenz, die ‚Antisemitismus' zu Beginn des Live-Chats aufwies. Unter Rückgriff auf die qualitative Analyse bedeutet dies, dass statt der Thematisierung von rechtsextremem Antisemitismus die Glorifizierung eines rechtsextremen Akteurs sowie die Bagatellisierung von Antisemitismus am Ende des Live-Chats im Vordergrund standen.

5 Aufgrund des kleinen Datenkorpus und der dementsprechend insgesamt geringeren Worthäufigkeiten ist die Analyse mit Trends in ihrer Aussagekraft eingeschränkt, doch es zeigen sich Tendenzen. Mit der Verwendung eines größeren Datenkorpus bietet sich eine detaillierte Interpretation und Betrachtung der Analyse an.

Abbildung 2: Verlauf ausgewählter Begriffe anhand ihrer relativen Worthäufigkeit im Verlauf des Chats (eigene Darstellung mit dem Tool Trends)

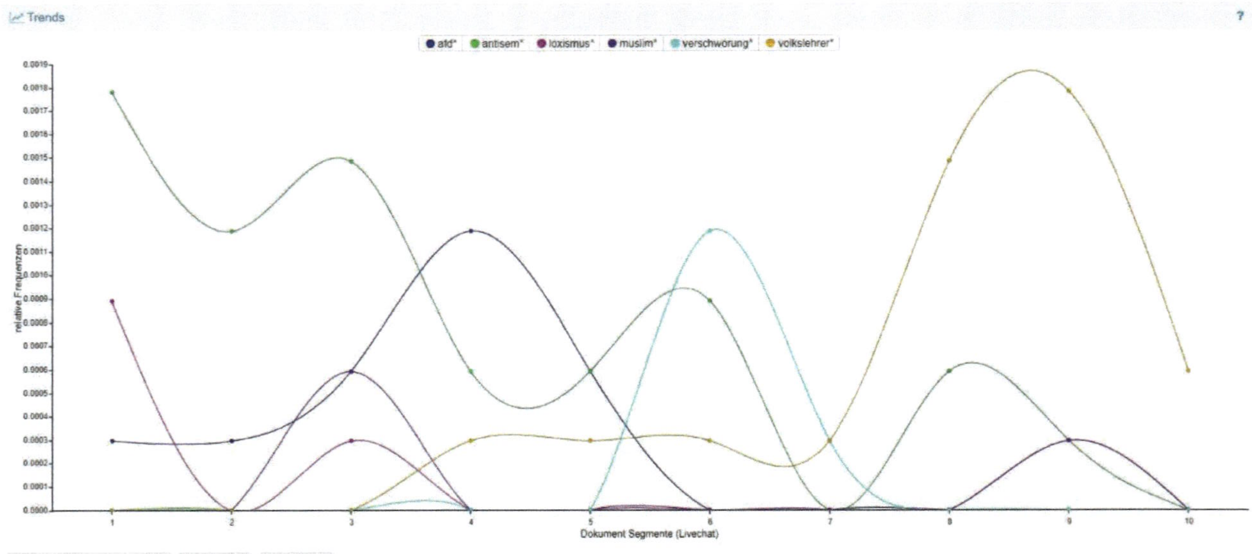

Neben dem Ziel einer Diskursverschiebung wird im Trolling durch die Attacken versucht, die Veranstaltung zu delegitimieren und Akteur*innen sowie Zuhörer*innen einzuschüchtern (Lumsden, Morgan 2017: 928), um zukünftige Veranstaltungen zu Antisemitismus zu verhindern. Anhand der Kommentare des Live-YouTube-Chats im vorliegenden Beispiel werden diese Taktiken deutlich. Die Strategie der Diskursverschiebung geht auf die ‚Breitbart doctrine' der amerikanischen alt-right zurück, die durch die Online-Vernetzung der alt-right mit deutschen rechtsextremen Akteur*innen auch in deutschen Debatten in den sozialen Medien Einzug gefunden hat: Man muss zuerst die Kultur der Debatte verändern, bevor man die Politik verändern kann (Ebner 2021). Infolgedessen führen diese Diskursverschiebungen zur Normalisierung von rechtsextremer Weltanschauung und Antisemitismus.

Antisemitisches Trolling und Gewalt

In seinem Werk *LTI. Notizbuch eines Philologen* (Lingua Tertii Imperii – Sprache des Dritten Reichs) von 1947 hebt Victor Klemperer hervor, dass in unserer Sprache manifeste Positionen und Überzeugungen im Bewusstsein verankert sind. Er zeigt in seinem Buch, dass durch Sprache Entmenschlichung und Abwertung normalisiert werden können. Zugleich gibt Sprache Einblicke in die ihr zugrunde liegenden Denkstrukturen, die sich auch in gewaltvollen Handlungen ausdrücken können. Auch die Analyse der Trolling-Kommentare zeigt, wie über die Sprache antisemitische Ideologie kommuniziert wird. Die antisemitischen Artikulationen in den Kommentaren sind jedoch nicht nur Mittel innerhalb einer Trolling-Attacke, sondern zudem Ausdruck antisemitischer Denkstrukturen, die sich in semantischer Ausgrenzung realisieren. Über Ver-Anderung, Würdeverletzungen und Empathielosigkeit werden Juden*Jüdinnen angegriffen und verletzt, ein Prozess, den Shooman als sprachliche Gewalt beschreibt (2014: 186). Insbesondere Kommentare, die sich explizit an völkischem und nationalsozialistischem Sprachverhalten anschließen, zeigen das Aggressionspotenzial verbaler Äußerungen auf (Schwarz-Friesel 2013: 40). Ein bekannter nationalsozialistischer Slogan lautete „~~Die Juden sind unser Unglück~~."[6] In Kontinuität mit diesem völkischen und nationalsozialistischen Antisemitismus heißt es im Trolling Kommentar „~~Israel ist unser Verderben 😢~~", wobei die Beschwörungsfloskel (Nowak 2022: 171) aus dem Nationalsozialismus auf Israel übertragen wird. Die Feindbildkonstruktion, die über das Wort ‚Verderben' auf Affektmobilisierung zielt, deutet bereits einen Vernichtungswunsch an. Insbesondere vor dem Hintergrund der historischen Bedeutung dieses Slogans im Kontext der

6 Auch die Darstellung von Hass in Forschungsarbeiten wirkt unseres Erachtens reproduzierend. Deshalb markieren wir ihre hasserfüllte Bedeutung, indem wir diskriminierende und abfällige Wörter durchstreichen.

Shoah entfaltet sich das Gewaltpotenzial. Im Live-Chat äußert sich dieser Vernichtungswunsch explizit im Kommentar „~~ab ins Gas mit euch~~". Dieser verbalisierte eliminatorische Antisemitismus ist zugleich eine Drohung, die anhand der Referenz auf das Morden durch Zyklon B während des Holocaust den Vernichtungswunsch gegenüber Jüdinnen*Juden und als solche Wahrgenommene ausdrückt. Der Kommentar macht deutlich, dass das Gesagte auch als ein Symbol für die Gewalt stehen kann, die gerne ausgeübt werden würde. Da Drohungen eine Handlung ankündigen (Novak 2022: 168), zeigt der Kommentar „~~ab ins Gas mit euch~~" das Eskalationspotenzial von Trolling, wenn diesem nicht Einhalt geboten wird.

Fazit und Konsequenz

Die vorliegende Analyse zeigt, wie in der Trolling-Attacke vielfältige antisemitische Inhalte verbreitet (Aggression) und mit dem Vortäuschen von Interesse in Form von Fragen antisemitische Inhalte kommuniziert werden (Täuschung). Die antisemitischen Äußerungen sorgten für eine Ablenkung von der Veranstaltung und eine Störung des Chats (Störung). Dies führte dazu, dass die Beteiligung der eigentlichen Teilnehmer*innen nahezu verunmöglicht wurde, und letztendlich zur Verschiebung des Diskurses, innerhalb dessen die Chatmoderation keine Kontrolle mehr über den Live-Chat hatte (Erfolg). Somit zeigt die Analyse, dass die vorliegende Trolling-Attacke alle Charakteristika erfüllt, die Claire Hardaker (2010) zur Systematik von Trolling-Attacken erarbeitet hat. Im Rückgriff auf die zu Beginn angeführte Definition von Trolling-Attacken nach Paavola et al. (2017) lassen sich die analysierten Chatkommentare insbesondere aufgrund der emotional aufgeladenen und antisemitischen Inhalte, ihrer starken Resonanz sowie durch die Dominanz und die Diskursverschiebung im Live-Chat als Trolling-Attacke klassifizieren. Des Weiteren zeigt sie, dass das Erzeugen von Reaktionen elementarer Bestandteil und Strategie einer Trolling-Attacke ist. Vor diesem Hintergrund ist der von der Moderation gewählte Umgang, die pädagogische Interventionsstrategie der Gegenrede, als ineffektiv zur Beendigung der Trolling-Attacke zu bewerten. Da auch Gegenrede eine Form der Reaktion darstellt, verbleibt diese in der Logik der Trolling-Attacke und kann zu ihrer Dynamik und Intensivierung beitragen. Daher ist anzunehmen, dass Gegenrede die Trolling-Attacke nicht beenden kann. Für weiterreichende Aussagen über die Effektivität von Gegenrede während einer Trolling-Attacke benötigt es aber weitergehende Forschung.

Bisher existiert keine zufriedenstellende Lösung für den Umgang mit Trolling (Dineva, Breitsohl 2021). Wichtig ist, dass Interventionsmaßnahmen die Strategien und Motive des (antisemitischen) Trollings reflektieren, wie sie exemplarisch in diesem Artikel aufgezeigt wurden. Somit stellen die Identifikation und Klassifizierung sowie Bildung über Trolling bereits wichtige Grundlagen für den angemessenen Umgang mit diesem Phänomen dar. Darüber hinaus zeigt sich, dass es wichtig ist, Trolling sofort zu unterbinden, um Teilnehmende vor antisemitischen Kommentaren zu schützen. Einige Institutionen in Deutschland berücksichtigen dies und gehen mit gutem Beispiel voran, wenn sie Aussagen zum Umgang mit – auch vermeintlichem – Trolling in der Ankündigung zu ihren (Online-)Veranstaltungen veröffentlichen, wie IDA-NRW (Informations- und Dokumentationsstelle für Antirassismusarbeit e.V. in Nordrhein-Westfalen) in der IDA-Infomail Nr. 4 vom August 2020:

> Wir legen sehr viel Wert auf ein respektvolles Miteinander. In diesem Sinne behalten wir uns vor, von unserem Hausrecht Gebrauch zu machen und Personen, die rechtsextremen Parteien oder Organisationen angehören, der rechtsextremen Szene zuzuordnen sind oder bereits in der Vergangenheit durch rassistische, nationalistische, antisemitische oder sonstige menschenverachtende Äußerungen in Erscheinung getreten sind, den Zutritt zur Veranstaltung zu verwehren oder von dieser auszuschließen. (IDA-NRW 2020: 6).

Auch Plattformen wie YouTube stehen in der Verantwortung, adäquat auf Phänomene wie Trolling-Attacken zu reagieren und Betroffene zu schützen. Bis jetzt bietet YouTube neben den Optionen des Löschens und Blockierens von Live-Chat-Teilnehmenden algorithmusbasierte Möglichkeiten zum Umgang mit Trolling-Attacken an, wie beispielsweise die Option „Kommentare zurückhalten“, die potenziell unangemessene Nachrichten durch das YouTube System zurückhält und erst nach Freigabe durch die Moderation im Live-Chat sichtbar werden lässt (YouTube 2021). Aufgrund der unzureichenden Identifikation von codiertem und implizitem Antisemitismus durch KI sowie dessen ständigen neuen Adaptionen erweisen sich diese Angebote allerdings als ineffizient, wodurch YouTube letztendlich seiner Verantwortung bisher nicht gerecht wird. Für ein besseres Verständnis von Trolling-Attacken sind die Verbindung von qualitativen und quantitativen Ansätzen sowie eine interdisziplinäre Analyse vielversprechend. Eine Herausforderung für die Forschung stellt jedoch die erschwerte Zugänglichkeit von Daten einer Trolling-Attacke dar. Doch um Betroffene schützen zu können, Intervention zu ermöglichen und Gesetze gegen Hass durchzusetzen, braucht es Forschung, die das gesellschaftliche Bewusstsein für die Auswirkungen von antisemitischen Trolling-Attacken adressiert.

Literaturverzeichnis

Arnold, Sina/König, Jana (2016): Antisemitismus und Flucht. Qualitative Befragung von Expert_innen und Geflüchteten. Erste Hinweise zu Erscheinungsformen von Antisemitismus bei Geflüchteten und mögliche Umgangsstrategien. Expertise für den Expertenkreis Antisemitismus. https://www.bmi.bund.de/SharedDocs/downloads/DE/veroeffentlichungen/themen/heimat-integration/antisemitismus/antisemitismus-vorstudie.pdf?__blob=publicationFile&v=3 [Zugriff: 17.12.2023].

Atanasov, Atanas/Morales, Gianmarco De Francisci/Nakov, Preslav: Predicting the Role of Political Trolls in Social Media. In: Conference on Computational Natural Language Learning. Online verfügbar unter http://arxiv.org/pdf/1910.02001.pdf. [Zugriff: 04.03.2024].

Balandat, Felix/Schreiter, Nikolai/Seidel-Arpaci, Anette (2021): Die Suche nach den Schuldigen. Antisemitismus als zentrales Ideologieelement bei den Coronaprotesten. In: Kleffner, Heike/Meisner, Matthias (Hrsg.), Fehlender Mindestabstand. Die Coronakrise und die Netzwerke der Demokratiefeinde. Freiburg i.B.: Herder Verlag, 102–108.

Berg, Nicolas (Hrsg.) (2023): Der Berliner Antisemitismusstreit. Frankfurt a.M.: Suhrkamp.

Buckels, Erin/Trapnell, Paul/Paulhus, Delroy (2014): Trolls just want to have fun. In: *Direct Personality and Individual Differences* 67, 97–102. https://www.sciencedirect.com/science/article/pii/S0191886914000324 [Zugriff: 17.12.2023].

Bundesregierung (2021): Antwort der Bundesregierung auf die Kleine Anfrage der Abgeordneten Petra Pau, Dr. André Hahn, Gökay Akbulut, weiterer Abgeordneter und der Fraktion DIE LINKE. – Drucksache 19/21215 – Antisemitische Straftaten im zweiten Quartal 2020. Berlin: Bundestag. https://dip21.bundestag.de/dip21/btd/19/214/1921411.pdf [Zugriff: 17.12.2023].

Cambria, Erik/Chandra, Praphul/Sharma, Avinash/Hussain, Amir 2010): Do not feel the trolls. In: *Proceedings of the 3rd International Workshop on Social Data on the Web*. http://ceur-ws.org/Vol-664/paper1.pdf [Zugriff: 17.12.2023].

Dineva, Denitsa/Breitsohl, Jan (2022): Managing trolling in online communities: an organizational perspective. In: *Internet Research*, 32 (1), 292–311.

Dolsten, Josefin (2019): Fake Twitter accounts are impersonating Jews and promoting antisemitism. In: *The Times of Israel,* 21 August. https://www.timesofisrael.com/fake-twitter-accounts-are-impersonating-jews-and-promoting-anti-semitism/ [Zugriff: 17.12.2023].

Dröge, Martin (2020): Text Mining im Fach Geschichte in der Hochschule. Köln: Quadriga-Verlag.

Ebner, Julia (2021): Going Dark. The Secret Social Lives of Extremists. London: Bloomsbury.

Fornacciari, Paolo/Mordonini, Monica/Poggi, Agostino/Sani, Laura/Tomaiuolo, Michele (2018): A holistic system for troll detection on Twitter. In: Computers in Human Behavior 89, 258–268.

Foxman, Abraham H. (2010): Jews and Money: The Story of a Stereotype. New York: St. Martins Press.

Gehrke, Kerstin/Geiler, Julius (2022): „Zeigt keine Reue, bläst noch in das gleiche Horn": Rechtsextremer „Volkslehrer" Nikolai Nerling in Berlin verurteilt. In: *Der Tagesspiegel [online]* (26.08.2022). https://www.tagesspiegel.de/berlin/rechtsextremer-volkslehrer-nikolai-nerling-in-berlin-verurteilt-8590471.html [Zugriff: 04.12.2023].

Golovchenko, Yevgeniy/Buntain, Cody/Eady, Gregory/Brown, Megan/Tucker, Joshua (2020): Cross-Platform State Propaganda: Russian Trolls on Twitter and YouTube during the 2016 U.S. Presidential Election. In: *The International Journal of Press/Poltics [online]* 25 (3). https://papers.ssrn.com/sol3/papers.cfm?abstract_id=3552886 [Zugriff: 17.12.2023].

Hagen, Nikolaus/Neuburger, Tobias (2020): Antisemitismus der Anderen? – Einleitende Überlegunge. In: Hagen, Nikolaus/Neuburger, Tobias (Hrsg.), Antisemitismus in der Migrationsgesellschaft. Theoretische Überlegungen, Empirische Fallbeispiele, Pädagogische Praxis, Innsbruck: Innsbruck University Press, 9–20.

Hardaker, Claire (2012): Trolling In Computer-Mediated Communication. Impoliteness, deception, and manipulation online. Lancaster University. https://clok.uclan.ac.uk/4980/2/Hardaker,%20C.%202010.%20Trolling%20in%20ACMC.pdf[Zugriff: 04.12.2023].

Hardaker, Claire (2010): Trolling in asynchronous computer-mediated communication: From user discussions to academic definitions. In: *Journal of Politeness Research* 6, 215–242.

Harambam, Jaron/Aupers, Steff (2015): Contesting epistemic authority: Conspiracy theories on the boundaries of science. In: *Public Understanding of Science*, 24(4), 466–480.

Herring, Susan C./Job-Sluder, Kirk/Scheckler, Rebecca/Barab, Sasha A. (2002): Searching for Safety Online: Managing „Trolling" in a Feminist Forum. In: *The Information Society*, 18(5), 371–384.

Hübscher, Monika/Pfaff, Nicolle/Bilgi, Fatma/Fischer, Henriette (2023): „Es ist wichtig, dass man daraus lernt" – Der Holocaust, Antisemitismus und Judentum im Sprechen junger Menschen über ihre Bildungserfahrungen. In: *Zeitschrift für Diversitätsforschung und -management 8*, 148–160.

IDA-NRW (Informations- und Dokumentationsstelle für Antirassismusarbeit e.V. in Nordrhein-Westfalen). In: *IDA-Infomail [online]*, 4(21), 6. https://www.idaev.de/fileadmin/user_upload/infomail/Infomail_2020/IDA-Infomail_04_2020.pdf [Zugriff: 16.05.2023].

Jolley, Daniel/Mari, Silvia/Douglas, Karen M. (2020): Consequences of Conspiracy theories. In: Butter, Michael/Knight, Peter (Hrsg.), Routledge Handbook of Conspiracy Theories. London: Routledge, 231–241.

Klemperer, Victor (1947): *LTI. Notizbuch eines Philologen*. Berlin: Aufbau Verlag.

Lemke, Matthias/Stulpe, Alexander (2016): Blended Reading. Theoretische und praktische Dimensionen der Analyse von Text und sozialer Wirklichkeit im Zeitalter der Digitalisierung. In: Lemke, Matthias/Wiedemann, Gregor (Hrsg.), Text Mining in den Sozialwissenschaften. Grundlagen und Anwendungen zwischen qualitativer und quantitativer Diskursanalyse. Wiesbaden: Springer Fachmedien, 17–62.

Litschko, Konrad (2021): Nie war ein Systemwechsel so greifbar. Neonazis bei den Coronaprotesten. In: Kleffner, Heike/Meisner, Matthias (Hrsg.): Fehlender Mindestabstand. Die Coronakrise und die Netzwerke der Demokratiefeinde. Freiburg i.B.: Herder Verlag, 183–191.

Lumsden, Karen/Morgan, Heather (2017): Media framing of trolling and online abuse: silencing strategies, symbolic violence, and victim blaming. In: *Feminist Media Studies*, 17(6), 926–940.

Martin, Nik (2018): How far-right trolls targeted Germany's elections: research. In: *Deutsche Welle,* 21. Februar. https://www.dw.com/en/far-right-trolls-active-on-social-media-before-german-election-research/a-42667318 [Zugriff: 17.12.2023].

Marwick, Alice/Lewis, Rebecca (2017): *Media Manipulation and Disinformation Online* [pdf]. https://datasociety.net/library/media-manipulation-and-disinfo-online/ [Zugriff: 17.12.2023].

Messerschmidt, Astrid (2014): Distanzierungsmuster. Vier Praktiken im Umgang mit Rassismus. In: Broden, Anne/Mecheril, Paul (Hrsg.): Rassismus bildet: Bildungswissenschaftliche Beiträge zu Normalisierung und Subjektivierung in der Migrationsgesellschaft. Bielefeld: Transcript Verlag, 41–58. DOI: 10.1515/transcript.9783839414569.41

Nowak, Jürgen (2022): Sprache als Macht im digitalen Zeitalter. Frankfurt a.M.: Wochenschau Verlag.

Oboler, Andre (2016): Measuring the hate. The state of antisemitism in social media. Caulfield Sth, Vic.: Online Hate Prevention Institute. https://www.researchgate.net/publication/292140978_Measuring_the_Hate_The_State_of_Antisemitism_in_Social_Media [Zugriff: 17.12.2023].

O'Conell, Eoin (2020): Whataboutery. In: *International Journal of Applied Philosophy* 34 (2), 243–254.

Öztürk, Cemal/Pickel, Gert (2021): Der Antisemitismus der Anderen: Für eine differenzierte Betrachtung antisemitischer Einstellungen unter Muslim:innen in Deutschland. In: *Zeitschrift für Religion, Gesellschaft und Politik* 189–231. DOI: 10.1007/s41682-021-00078-w

Paavola, Joui/Helo, Tuomo/Jalonen, Harri/Sartonen, Miika/Huhtinen, Aki-Mauri (2016): Understanding the Trolling Phenomenon: The Automated Detection of

Bots and Cyborgs in the Social Media. In: *Journal of Information Warfare*, 15(4), 100–111.

Peham, Andreas (2022): Kritik des Antisemitismus. Stuttgart: Schmetterling Verlag.

RIAS Bund (Recherche- und Informationsstelle Antisemitismus Bundesverband) (2020): Antisemitismus im Kontext der Covid-19-Pandemie. https://report-antisemitism.de/documents/2020-09-08_Rias-bund_Antisemitismus_im_Kontext_von_covid-19.pdf [Zugriff: 04.03.2024].

Rohwedder, Wulf (2022): Bhakdi wegen Volksverhetzung angeklagt. ARD, 12. Mai. https://www.tagesschau.de/investigativ/bhakdi-antisemitismus-113.html [Zugriff: 04.03.2024].

Salzborn, Samuel (2020): Kollektive Unschuld: Die Abwehr der Shoa im deutschen Erinnern. Berlin/Leipzig: Hentrich & Hentrich.

Schwarz-Friesel, Monika (2015): Gebildeter Antisemitismus, Seine kulturelle Verankerung und historische Kontinuität. Semper indem cum mutatione. In: Dies. (Hrsg.): Gebildeter Antisemitismus. Eine Herausforderung für Politik und Zivilgesellschaft. Baden-Baden: Nomos.

Schwarz-Friesel, Monika/Jehuda, Reinhart (2013). Die Sprache der Judenfeindschaft im 21. Jahrhundert. Berlin: De Gruyter.

Shooman, Yasemin (2014): „... weil ihre Kultur so ist". Narrative des antimuslimischen Rassismus. Bielefeld: Transcript Verlag.

YouTube (2021). Livechat moderieren – YouTube-Hilfe. https://support.google.com/youtube/answer/9826490?hl=de&co=GENIE.Platform%3DDesktop [Zugriff: 17.12.2023].

Tomaiuolo, Michele/Lombardo, Gianfranco/Mordonini, Monica/ Cagnoni, Sefano/Poggi, Agostino (2020): A Survey on Troll Detection. In: *Future Internet* 12(31), 1–14. https://res.mdpi.com/d_attachment/futureinternet/futureinternet-12-00031/article_deploy/futureinternet-12-00031-v2.pdf [Zugriff: 17.12.2023].

Verein für Demokratische Kultur in Berlin (VDK) e.V./Recherche- und Informationsstelle Antisemitismus Berlin (RIAS Berlin) (2021): Antisemitische Vorfälle in Berlin 2020. Ein Bericht der Recherche- und Informationsstelle Antisemitismus Berlin (RIAS Berlin) [pdf]. Berlin. https://report-antisemitism.de/documents/Antisemitische-Vorfaelle-2020_Jahresbericht_RIAS-Berlin.pdf [Zugriff: 17.12.2023]

Wengeler, Martin (2007): Topos und Diskurs. Möglichkeiten und Grenzen der topologischen Analyse gesellschaftlicher Debatten. In: Ingo H. Warnke (Hrsg): Diskurslinguistik nach Foucault. Theorie und Gegenstände. Berlin/ New York: de Gruyter, 165–186.

Wind Meyhoff, Karsten (2009): Kontrafaktische Kartierungen. Verschwörungstheorie und der 11. September. In: Sandra Poppe, Thorsten Schüller & Sascha Seiler (Hrsg.): 9/11 als kulturelle Zäsur. Repräsentationen des 11. September 2001 in kulturellen Diskursen, Literatur und visuellen Medien. Bielefeld: Transcript, 61–80.

Wodak, Ruth (2018): The radical right and antisemitism. In: Rydgren, Jens (Hrsg.), The Oxford Handbook of the Radical Right. Oxford: Oxford University Press, 61–85.

Wodak, Ruth/Nowak, Peter/Pelikan, Johanna/Gruber, Helmut/de Cillia, Rudolf/Mitten, Richard (1990): Wir sind alle unschuldige Täter! Diskurshistorische Studien zum Nachkriegsantisemitismus. Frankfurt a.M.: Suhrkamp.

Zentralrat der Juden in Deutschland [@ZentralratJuden] (2020): *Uns erreicht ein Schwall übelster antisemitischer Beschimpfungen …* (16.05.2020) [Tweet]. In: *Twitter*. https://twitter.com/zentralratjuden/status/1393929222901669893?s=21 [Zugriff: 17.12.2023].

Zorn, Daniel-Pascal (2016): Na logisch! Die Derailment Taktiken, Teil 1. In: *Hohe Luft Magazin*, 27. Oktober https://www.hoheluft-magazin.de/2016/10/na-logisch-die-derailment-taktiken-teil-1/ [Zugriff: 04.12.2023].

6 SOZIALE MEDIEN UND SYSTEMZUSAMMENBRUCH

Wie Extremisten ein internationales Neonazi-Netzwerk aufbauten

Cassie Miller

In einem Chatraum der verschlüsselten Messaging-App „Wire“ diskutierten im Mai 2019 Mitglieder der White-Power-Akzelerationisten-Gruppe „The Base“, wie man am besten „das System“ ausschalten könnte. „Das System“ ist ein Begriff für westliche liberale Demokratien, die Neonazis grundsätzlich als von Juden korrumpiert und kontrolliert ansehen. „Politische Gewalt ist das Einzige, was das System zum Einsturz bringen kann, nicht vergebliche ‚Infiltration‘ oder ‚Liberale provozieren‘“[1], argumentierte ein Nutzer. „Wählen ist falsch und schwul“[2], meinte ein anderer zustimmend, „schnapp dir eine Waffe und der Spaß kann beginnen.“[3] Obwohl sie sich über bestimmte logistische Aspekte des Sturzes des „Systems“ nicht einig waren, stimmten die Mitglieder von The Base darin überein, dass ein solcher Sturz innerhalb seiner Institutionen und politischen Kanäle nicht möglich sei. Einige stellten jedoch die Frage: Könnte die Infiltration gewählter Gremien ihren Bedürfnissen in gewisser Weise dienen? „Kämpfer sollten im Allgemeinen nicht eindringen, weil wir sie brauchen, um [den Abzug einer Schusswaffe] abzudrücken“[4], argumentierte der Gründer und Anführer der Gruppe, Rinaldo Nazzaro, der unter dem Pseudonym Norman Spear agiert. Andere plädierten für einen doppelten Einsatz, sprich sowohl Infiltration als auch Gewalt. „Man KÖNNTE Infiltration nutzen, um in eine Anhörung im Senat zu gelangen und dann bumm – ein paar ~~kikes~~ [Schimpfwort für Juden] sind weg“[5], antwortete ein Mitglied unter Verwendung eines abwertenden Ausdrucks für Juden*Jüdinnen. Es folgte allgemeine Zustimmung und der Übergang zum nächsten Thema: Verteilung von Dateien mit den neuesten Rekrutie-

1 „Political violence is the only thing that will bring down the system, not futile ‚infiltration‘ or ‚triggering liberals‘“.

2 „Voting is fake and gay“.

3 „grab a gun and join the fun“.

4 „Militants shouldn't infiltrate generally speaking because we need them pulling triggers.“

5 „One COULD use infiltration to get into a senate hearing and then boom. A bunch of ~~kikes~~ are gone.“

rungsflyern mit dem – im Original gereimten–Slogan und Logo der Gruppe „Rette deine Rasse, komm zur Base“[6] (The Base Chat Log 2019).

Seit ihrer Gründung im Jahr 2018 rekrutierte und organisierte sich The Base über soziale Medien und verschlüsselte Chats und traf sich darüber hinaus gelegentlich auch offline. Es ging u.a. darum, mit Schusswaffen und Einsatztaktiken zu trainieren und sich auf einen erwarteten – und willkommenen – gesellschaftlichen Zusammenbruch vorzubereiten. Einige Mitglieder der Gruppe organisierten 2019 die Zerstörung von Synagogen im Mittleren Westen, und im Jahr 2020 verhaftete die Polizei sechs weitere Mitglieder im Zusammenhang mit Waffendelikten, Verschwörung zum Mord an einem antifaschistischen Paar und anderen Verbrechen, nachdem ein Agent des Federal Bureau of Investigations (FBI) die Gruppe infiltriert hatte (Chappell et al. 2020). Die Aufmerksamkeit der Strafverfolgungsbehörden trug zur Beschleunigung des vollständigen Zerfalls der Gruppe bei, aber erst, nachdem The Base etwa 100 Mitglieder und potenzielle Rekruten angezogen hatte – hauptsächlich in den Vereinigten Staaten, aber auch in Europa und Australien (Wilson 2020c).

The Base konnte sich schnell als wichtige Gruppe innerhalb der rechtsradikalen Szene etablieren, da sie auf ein existierendes, stabiles weißes Machtmilieu zurückgreifen konnte. Vor dem Hintergrund der übergeordneten Bewegung, der The Base angehörte, führte die Gruppe wenig Neues ein: Sie übernahmen eine vorgefertigte Ästhetik, den Wortschatz und die Texte sowie historische und kulturelle Referenzen, die seit Jahren in Online-Foren und sozialen Medien kursierten, verpackten alles unter einem neuen Namen und begannen mit der Rekrutierung weiterer Anhänger[7] über verschiedene Social-Media-Kanäle. Ihre Mitglieder unterstützten Nationalsozialismus, Apokalyptik und gezielte politische Gewalt mit dem Ziel, den Zusammenbruch des angeblich von Jüdinnen*Juden kontrollierten „Systems“ herbeizuführen. Sie gehören zu einem Flügel der White-Power-Bewegung, der sich selbst als „Akzelerationisten“ (*accelerationists/*Beschleuniger) bezeichnet, weil sie von ihren Anhängern fordern, den „Systemkollaps“ durch Gewalt gegen den Staat, Jüdinnen*Juden, People of Color, Antifaschist*innen und Antirassist*innen aktiv zu beschleunigen (Miller 2020).

The Base bildet einen Knotenpunkt dessen, was der Historiker Roger Griffin die „gruppuskulare Rechte“ nennt, die „eher die Merkmale einer politischen und ideologischen Gegenkultur als einer herkömmlichen politischen Parteibewegung aufweist“ (2003).[8] Griffin und andere Wissenschaftler*innen (Jackson 2014; Virchow 2004; Burstow 2003) verwenden diesen Begriff, um die Struktur zu beschrei-

6 „Save Your Race, Join The Base.“

7 *The Base* ließ nur Männer zu.

8 „groupuscular right … has the characteristics of a political and ideological counter-culture rather than a conventional political party movement.“

ben, die revolutionäre White-Power-Bewegungen in der politischen Landschaft der Nachkriegszeit und insbesondere in unserer heutigen dauerhaft vom Internet geprägten politischen Welt entwickelt haben. Im Gegensatz zur zentralisierten, hierarchischen und von politischen Parteien dominierten Organisationsstruktur während der „faschistischen Epoche“ der Regime Hitlers und Mussolinis ähnelt die revolutionäre Rechte nach 1945, wie Griffin argumentiert, eher einem Rhizom: einem chaotischen, nicht-hierarchischen, polyzentrischen, überlappenden Netzwerk von „Gruppuskulen“ („Gruppuskul“ bezieht sich auf eine einzelne Gruppe oder einen einzelnen Knoten, während „gruppuskular“ sich auf das größere Netzwerk bezieht, das sie gemeinsam bilden). Um Teil der heutigen White-Power-Bewegung zu werden, könnten Aktivisten zum einen einer Gruppe wie The Base oder Atomwaffen Division (AWD), einer 2015 gegründeten gewalttätigen Neonazi-Gruppe, beitreten. Zum anderen könnten sie sich dazu entscheiden, sich einer Reihe von antisemitischen Kanälen und Chats auf Telegram anzuschließen, einer verschlüsselten Messaging-Plattform mit minimaler Inhaltsmoderation. Beide Gruppen werden sich der Bewegung verpflichtet fühlen, die gleichen antisemitischen Überzeugungen teilen und in die „Säuberung“ westlicher Nationen von dem investieren, was sie Zionist Occupied Government [zionistisch besetzte Regierung], abgekürzt ZOG, nennen. Obwohl die Gruppenzugehörigkeit heterogen sein kann oder sich überhaupt keine formalisierte Gruppe erkennen lässt, sind sie alle Teil der White-Power-Bewegung.

In diesem Kapitel gehe ich der Genealogie des akzelerationistischen Netzwerks seit 2011 nach, als das Neonazi-Forum „Iron March“ gegründet wurde und eine besonders militante und gewalttätige Gemeinschaft innerhalb der breiteren White-Power-Bewegung hervorbrachte. Wie konnten Mitglieder des akzelerationistischen Netzwerks von sozialen Medien profitieren, um ihre Propaganda zu verbreiten und neue Rekruten zu gewinnen? Wie haben sich ihre Strategien im Laufe der Zeit verändert und warum? Zum großen Teil aufgrund politischer Entwicklungen während der Trump-Ära haben sich Wissenschaftler*innen zuletzt verstärkt für die radikale Rechte interessiert. Die überwiegende Mehrheit von ihnen sind jedoch Sozialwissenschaftler*innen, die Inhaltsanalysen (Hendry, Lemieux 2021; Chandrasekharan et al. 2017), Ethnographie (Windisch et al. 2018) und andere Methoden nutzen, die es ihnen ermöglichen, Verhaltensmuster unter Rechtsextremisten zu beleuchten (Scrivens et al. 2020; Lee, Knott 2020). Während ihre Arbeiten auf den größeren historischen Kontext verweisen, verfolgen nur wenige Forscher*innen die Genealogie von White-Power-Gruppen mithilfe geschichtswissenschaftlicher Methoden wie beispielsweise eingehender Archivrecherche zur Analyse der Entwicklung, Vernetzung und Verschiebung ihrer Strategien und der Räume, aus denen sie im Laufe der Zeit rekrutieren, nach. Die meisten geschichtswissenschaftlichen Werke zur radikalen Rechten fokussieren weiterhin stark auf das 20. Jahrhundert (Belew 2018).

In diesem Kapitel werden diese beiden Literaturbereiche zusammengeführt. Dafür wird ein aktuelles Archiv genutzt: die Social-Media-Inhalte und internen Diskussionen von Gruppen und Communitys, die mit dem akzelerationistischen Netzwerk verbunden sind. Insbesondere greife ich auf ein Online-Archiv des Iron-March-Forums, die Chat-Protokolle von Atomwaffendivision Discord und die aufgezeichneten Interviews zur Überprüfung der Gesinnung mit 65 potenziellen Mitgliedern von The Base zurück. Besonderes Augenmerk lege ich auf die antisemitischen Inhalte, die sie produzieren und verbreiten – ein Hass, der ihrer gesamten Ideologie zugrunde liegt, in der wissenschaftlichen Analyse jedoch oft unterschätzt wird. Ich blicke über Atomwaffen hinaus, die aufgrund ihrer gewalttätigen Geschichte große Aufmerksamkeit erregten (Ware 2020; Hendry, Lemieux 2021), auch auf das breitere akzelerationistische Netzwerk, das der Gruppe vorausging und das auch nach dem Zusammenbruch von AWD im Jahr 2020 online sehr verbreitet und aktiv ist.

Rechtsextremistische Gruppen stellen besondere Gefahren dar, aber ich behaupte, dass das riesige Netzwerk, durch das sie – unterstützt durch die sozialen Medien – entstehen, größere Aufmerksamkeit verdient, weil es der Mechanismus ist, durch den die rassistische und antisemitische Bewegung fortbesteht, auch wenn ihre Mitgliedsgruppen verschwinden. Resilienz ist die wesentliche Stärke des rechtsextremen gruppuskularen Netzwerks, auch wenn Vergänglichkeit ein bestimmendes Merkmal der einzelnen Gruppuskel ist. Mit Ausnahme des seit langem bestehenden, veränderlichen Ku-Klux-Klans verschwinden die meisten White-Power-Gruppen schnell wieder. Die Bewegung, der sie angehören, bleibt jedoch erhalten. Obwohl sowohl The Base als auch AWD im Jahr 2020 kollabierten, füllten Gruppen wie „Sonnenkrieg Division", „Feuerkrieg Division", „National Socialist Order" und andere die Lücke und vernetzten sich mit der breiteren White-Power-Bewegung, insbesondere auf Telegram (Guhl, Davey 2020). Heutzutage fungieren soziale Medien als bindende Kraft für die gruppuskulare Rechte und verbinden Gruppen und Einzelpersonen durch Netzwerke, die durch menschliches Handeln und Algorithmen geschaffen wurden, sowohl auf einzelnen Plattformen als auch plattformübergreifend. Dieses verworrene Netz ermöglicht es neuen Gruppen, sich zu entwickeln und zu gedeihen, während andere unweigerlich absterben, und dank einer „Alt-Tech"-Infrastruktur, die speziell für rechtsextreme Akteure, die von den Mainstream-Social-Media-Plattformen verbannt wurden, entwickelt wurde (Donovan, Lewis, Friedberg 2018), und dank unzureichender Maßnahmen seitens der Mainstream-Plattformen selbst, ist es heute größer und deutlich stabiler als noch vor einigen Jahren.

Ich beginne dieses Kapitel mit einem Blick auf das Iron-March-Forum, das auf IronMarch.org gehostet wurde und von 2011 bis 2017 als Online-Basis des militanten Faschismus diente. Auf Iron March baute eine Gruppe von etwa 1.600 Nutzern gemeinsam eine militante faschistische Gemeinschaft auf, in der Gewalt zur einzigen Lösung für die vermeintliche Verfolgung von Weißen durch das jüdische „System" wurde. Die Aufforderung „Read *Siege* [Lest *Siege*]"[9] – eine Anspielung auf einen heftig antisemitischen Text des Neonazis James Mason aus den 1980er Jahren – wurde zum wichtigsten Meme, mit dem diese Online-Community ihre Botschaft verbreitete und neue Anhänger für sich rekrutierte. Bevor Iron March offline ging, entstanden mehrere gewalttätige Neonazi-Gruppen, darunter die Atomwaffen Division, die soziale Medien wie Twitter und Gab sowie die Kurznachrichten- und Vertriebsplattform Discord für ihre Propaganda nutzten.

Ihre Bemühungen, gepaart mit den wechselnden politischen Strömungen nach der „Unite the Right"-Kundgebung 2017 in Charlottesville, Virginia, überzeugten einen immer größer werdenden Teil der White-Power-Bewegung davon, dass „es keine politische Lösung gibt"[10] und dass ein „Systemzusammenbruch" das einzig sinnvolle politische Ziel sei. Aus diesem Pool rekrutierte The Base, die sich selbst stark auf Twitter stützte, wo sie ihre Präsenz aufrechterhalten konnte, indem sie auf von ihren Vorgängern gestartete Memes zurückgriff. Die Aufforderung „Read Siege", Wut gegen „das System" und Aufrufe, dessen Zusammenbruch zu „beschleunigen", waren auf den ersten Blick nicht offen rassistisch oder antisemitisch, aber Menschen, die auch nur eine kurze Zeit in diesen Ecken von Twitter verbrachten, konnten die zugrunde liegende Botschaft problemlos heraushören. Mit anderen Worten: The Base und die akzelerationistische Bewegung im weiteren Sinne entwickelten einen Wortschatz, der ihnen dabei half, Social-Media-Verbote zu umgehen. Hierbei handelte es sich um bekannte Neonazi-Ideen, die so verpackt waren, dass sie weniger leicht auffindbar waren, insbesondere für Social-Media-Unternehmen, die nur geringe Ressourcen in die Suche investierten. Selbst als die Gruppe schließlich von Twitter und anderen Mainstream-Plattformen verbannt wurde, verlagerte sie sich einfach auf alternative Social-Media-Plattformen wie Gab und die hybride Messenger-Social-Media-Plattform Telegram. Dank einer minimalen inhaltlichen Moderation wurde Telegram zu einem Zufluchtsort für The Base und andere Gruppen und Einzelpersonen, die Teil des Akzelerationismus waren (Hayden 2019a). Als erst The Base und dann AWD im Jahr 2020 zusammenbrachen, war ihre Abwesenheit auf Telegram und in der breiteren rechtsradikalen Gruppierung kaum wahrnehmbar. Bestehen blieb eine stabile, vernetzte Bewegung. Social-Media-Plattformen haben, unwissentlich oder unbewusst, den antisemitischen Akzelerationismus gefördert und sind daher an der von ihr ausgehenden Gewalt beteiligt.

9 Das englische Wort *siege* heißt auf Deutsch Belagerung, ist also nicht zu verwechseln mit dem Plural von Sieg.
10 „there is no political solution."

Iron March: Ursprünge der globalen faschistischen Bruderschaft

Die Ursprünge der heutigen revolutionären White-Power-Gemeinschaft liegen im Iron-March-Forum, das 2011 von seinem Gründer, der unter dem Pseudonym „Alexander Slavros“ auftrat, ins Leben gerufen wurde. „~~JUDEN VERGASEN~~! ~~JETZT RASSENKRIEG~~! 1488! EINSATZ VON BODENTRUPPEN!“[11] lautete die Botschaft, mit der das Forum überschrieben war. Iron March hatte mehrere Ebenen: Inhalte, die jeder Besucher sehen konnte, öffentliche Threads, in denen Mitglieder posten konnten, und eine private Nachrichtenfunktion. Personen, die Mitglieder des Forums werden wollten, mussten einen Vorstellungsaufsatz verfassen, in dem sie ihre politische Laufbahn und Ideologie darlegten. „Hallo an alle! Ich bin ein Nationalsozialist aus dem pazifischen Nordwesten der Vereinigten Staaten von Amerika“, heißt es in einem typischen Beitrag, „ich bin 19 Jahre alt und meine Interessen sind esoterischer Hitlerismus, Wotanismus, Rassenanthropologie/Eugenik, Lesen, Schreiben, [und] Schießen“ (Lord Bueron 2016).[12] Der Zweck von Iron March bestand darin, dass die Mitglieder *gemeinsam* ein faschistisches Ideal entwickeln sollten (Lee, Knott 2020). Für diese White-Power-Aktivisten war der Faschismus nicht einfach eine politische Ideologie, sondern die Wahrheit selbst – wobei „Wahrheit/Truth“ grundsätzlich, entgegen der üblichen englischen Kleinschreibung, mit Großbuchstaben geschrieben wurde. Den Nutzern war klar, dass das Forum kein Ort für „Shitposting“ oder unproduktives Geplänkel war, sondern der Wissensvermittlung diente. Das Forum hatte zwei klare Regeln, wie ein erfahrener Nutzer einem neuen Mitglied in einer privaten Nachricht mitteilte: dass man keinen Thread zu einem Thema erstellen sollte, der bereits existierte (um sie ordentlich zu organisieren und zu archivieren), und dass „Gewalt und Hitler-Verehrung hier an der Tagesordnung“ seien. „Ironmarch ist ein großer Fan des kompromisslosen Ansatzes“, erklärte er (Vinokura 2016).[13] Das Forum und seine Nutzer sollten als Kader fungieren und die revolutionäre Avantgarde der White-Power-Bewegung ausbilden. Sie hielten ihre Ansichten in gemeinsam verfassten Texten fest, von denen viele später zu tragenden Säulen des White-Power-Kanons wurden. In einem frühen Artikel in der Anthologie *Next Leap* aus dem Jahre 2015 wird die Weltanschauung des Iron March kurz und bündig erklärt: „Ein Faschist schaut sich einfach die Beweise an und kommt zu dem Schluss, dass die Realität rassistisch ist, die menschliche Natur darin liegt, dass wir

11 „~~GAS THE KIKES! RACE WAR NOW!~~ 1488! BOOTS ON THE GROUND!“

12 „Hello everyone! I am a National Socialist from the pacific northwest of the United States of America (…) I am 19 years old, and my interests are Esoteric Hitlerism, Wotanism, Racial anthropology/Eugenics, reading, writing, [and] shooting.“

13 „violence and Hitler-worship is the order of the day here. Ironmarch is very much a fan of the ‚no compromise‘ approach to things.“

soziale Tiere sind und Juden in der Vergangenheit einen schädlichen Einfluss auf jede Gesellschaft hatten, die sie beherbergte.“[14]

Iron March brachte mehrere White-Power-Gruppen hervor, die Teile dessen bildeten, was sie als „globalen faschistischen Kampf“[15] bezeichneten. Zu den Mitgliedern des Forums gehörten „National Action“ im Vereinigten Königreich, „Antipodean Resistance“ in Australien, „Skydas“ in Litauen und „Atomwaffendivision“ in den Vereinigten Staaten. Brandon Russell, ein Iron-March-Nutzer in Florida, gab am 15. Oktober 2015 im Forum die Gründung von „Atomwaffen“ bekannt. Er behauptete, die Gruppe habe etwa 40 Mitglieder in separaten Zellen in mehr als zehn Bundesstaaten. Die Mitglieder trafen sich zu „Hasscamps“, in denen sie an Waffen trainierten und Propagandavideos drehten, um sie online zu verbreiten (Southern Poverty Law Center: Atomwaffen Division, o.J.). Wie die früheren White-Power-Gruppen, die sie vergötterten, verübten Mitglieder von Atomwaffen zahlreiche Gewalttaten und machten sich der Einschüchterung schuldig. Von 2017 bis Anfang 2018 wurden mit Atomwaffen in Verbindung stehende Männer angeklagt, bei drei verschiedenen Vorfällen fünf Menschen getötet zu haben (Boghani, Robiou, Trautwein, 2019). Atomwaffen-Mitglied Devon Arthurs soll im Mai 2017 zwei weitere Mitglieder der Gruppe in ihrer gemeinsamen Wohnung in Tampa getötet haben. Die Staatsanwaltschaft beschuldigte Brandon Russell, einen Gründer der Gruppe, der mit den anderen zusammenlebte, des Besitzes von Hexamethylentriperoxiddiamin (Thompson 2018), einer hochexplosiven Mischung von Chemikalien, die aus selbstgemachten Materialien hergestellt werden kann. Nur wenige Tage vor Weihnachten desselben Jahres soll Nicholas Giampa die Eltern seiner Freundin in ihrem Haus in Virginia erschossen haben. Ein weiterer Mord ereignete sich im Januar 2018, als Samuel Woodward angeblich Blaze Bernstein, einen schwulen jüdischen Studenten, erstach, den er aus der High School kannte. Nach dem Mord lobten andere Mitglieder der Gruppe Woodward und nannten ihn eine „einköpfige Schwule-Juden-Zerstörungsgruppe“[16] (Thompson, Winston, Hanrahan 2018). Weitere Mitglieder der Gruppe wurden wegen anderer Verbrechen angeklagt oder verurteilt, darunter wegen Koordinierung von sogenannten Swatting-Angriffen[17] und der Bedrohung von Journalist*innen (Wilson 2020a).

---

14 „A fascist simply looks at the evidence and decides that reality is racist, human nature is that we are social animals, and jews have historically been a harmful influence on every society that hosted them.“

15 „global fascist struggle“.

16 „one man gay Jew wrecking crew“.

17 Dabei handelt es sich um eine Form von Notruf-Missbrauch, bei der Spezialeinheiten der Polizei (sogenannte Swat-Teams) absichtlich an eine Adresse geschickt werden, um die dortigen Bewohner einzuschüchtern.

Atomwaffen und Iron March verehrten die Arbeit von James Mason, der seine Karriere in der Neonazi-Bewegung im Jugendflügel von George Lincoln Rockwells „American Nazi Party" (ANP) begann. Nach dem Mord an Rockwell durch ein ehemaliges ANP-Mitglied 1967 spaltete sich die Partei entlang strategischer Linien. Rockwells Nachfolger Matt Koehl verwandelte die Gruppe in die „National Socialist White People's Party" und konzentrierte sich dabei stärker auf den Aufbau einer Massenbewegung und sogar auf die Aufstellung politischer Kandidaten bei Kommunalwahlen (Schmaltz 1999). Mason und seine Landsleute waren mit dieser Strategie nicht einverstanden, da sie glaubten, die Massen könnten nicht davon überzeugt werden, an eine nationalsozialistische Plattform anzuknüpfen, und man müsse stattdessen zu einer gewaltsamen Revolution aufhetzen, um das „jüdische System" zu stürzen. Auf den Seiten von *Siege,* dem NSLF-Newsletter, den er von 1980 bis 1986 verfasste, begrüßte Mason den politischen Terror voll und ganz. Juden, schrieb er, seien der Hauptfeind der Weißen, und ihr ultimatives Ziel sei die orchestrierte Zerstörung der weißen Rasse durch globale politische Kontrolle. Sein Buch spiegelte die seit langem von Neonazis vertretene Überzeugung wider, dass Juden hofften, die weiße Rasse zu schwächen, indem sie – durch die Kontrolle der Medien und politischen Systeme – Mischehen, Einwanderung und andere Maßnahmen förderten, die auf eine Senkung der Geburtenraten von Weißen abzielten (eine Verschwörung, die White-Power-Aktivisten „den großen Austausch"/„the great replacement" nennen). Das Endergebnis wäre eine leichter kontrollierbare Bevölkerung, da Nicht-Weiße laut Mason weniger intelligent und leichter zu manipulieren seien.

> Der einzige Grund, warum wir noch eine Chance zum Kampf haben, ist, dass der Feind noch nicht die Zeit hatte, den Grundgedanken seines Programms und seiner Philosophie vollständig zu verwirklichen: die völlige Bastardisierung aller Menschenrassen zu einer einzigen braunen Masse ohne jegliche Identität,[18]

schrieb er 1980 in einem Newsletter.

> Abgesehen vom reinen Zeitfaktor hat der jüdische Feind völlig und eindeutig gewonnen. In den Vereinigten Staaten ist es kein Wettbewerb mehr; Es ist eine Frage der REVOLUTION, ein Kampf um den Feind zu stürzen, und um das Überleben der Rasse zu sichern."[19] (Mason 2003)

18 „The only reason we still have a fighting chance is because the Enemy has not yet had the time to fully realize the keystone tenet of his program and philosophy: the complete bastardization of all races of man into a single, brown mass, devoid of all identity."

19 „Except for a mere time factor the Jewish Enemy has won totally and outright. It's no longer a contest in the United States; it's a matter of REVOLUTION, a struggle to overthrow the Enemy and for survival as a race."

Während *Siege* seit seiner Erstveröffentlichung als Einzelband im Jahr 1993 (Hatewatch Staff 2018) in White-Power-Kreisen eine kleine Sekte um sich geschart hatte, sollte Iron March schließlich dazu beitragen, es zum einflussreichsten Text der derzeitigen akzelerationistischen Bewegung zu machen. In einem Podcast aus dem Jahr 2015 teilte Slavros den Zuhörern mit, sie würden „James Masons *Siege* so weit wie möglich promoten". Das Buch, sagte er, „ist etwas, das zu lange im Hintergrund blieb ... die ganze Zeit hatten wir dieses Meisterwerk, das uns genau hätte sagen können, was wir vermeiden und wie wir weiter vorgehen sollten"[20] (Hayden 2019b). *Siege* wurde schnell zu einer festen Referenz auf Iron March. Das zeigen die vom Southern Poverty Law Center zusammengestellten Daten. Die Erwähnungen des Buches im Forum haben sich zwischen 2015 und 2017 mehr als verdreifacht (Hayden 2019c). Die Mitglieder von Iron March reduzierten den von der ständigen Wiederholung stark antisemitischer Inhalte geprägten Text auf ein Meme aus zwei Worten: „*Read Siege*"/„Lest *Siege*".

Die *Siege*-Pille

In den letzten Jahren der Obama-Regierung und den ersten Jahren der Trump-Präsidentschaft schrieb sich die „Alt-Right" in das amerikanische Bewusstsein hinein. Die Alt-Right, die weiße nationalistische Bewegung unter neuem Namen, wurde von Aktivisten in Anzug und Krawatte angeführt, die zwar den etablierten Konservatismus ablehnten, aber dennoch politische Veränderungen durch die Mainstream-Institutionen anstrebten (Miller 2018). Ziel der Bewegung war es, den Massen eine „rote Pille" zu geben – ein Begriff, den sie aus dem Film *Matrix* aus dem Jahre 1999 übernahm, um den Prozess zu beschreiben, bei dem man Menschen die Augen für vermeintlich angeborene Unterschiede zwischen „Rassen" öffnet. Als Donald Trump 2015 seine Kandidatur für das Präsidentenamt erklärte, setzten die Alt-Right-Anhänger auf den Republikaner. Im Wahlkampf 2016 prangerte die demokratische Präsidentschaftskandidatin Hillary Clinton wiederholt die Alt-Right an, eine Entwicklung, die die Mitglieder der Bewegung erfreute. „Das ist enorm bedeutsam", sagte der Alt-Right-Führer Richard Spencer im August 2016 einem Journalisten. „Wenn eine Präsidentschaftskandidatin ... direkt über deine Bewegung spricht, kannst du meiner Meinung nach mit Sicherheit sagen, dass du es geschafft hast" (Goldberg 2016).[21]

---

20 The book, he said, „is something that remained in the background for too long ... this whole time we had this master work which could have told us exactly what to avoid and how to proceed further."

21 „It's hugely significant (...) When a presidential candidate ... talks about your movement directly, I think you can safely say that you've made it."

Während die Alt-Right ihren Mediencoup feierte, drückten sich Akzelerationisten am Rande der radikalen Rechten herum und brachten gleichzeitig ihre Verachtung für diejenigen zum Ausdruck, die Massenbewegungsstrategien vorantrieben. „Die Weiße Rasse (Amerikaner) hat keine Zeit, sich selbst ‚an die Macht zu wählen' oder ‚die Parteien zu untergraben', denn wissen Sie was – seit 1945 haben die Juden die vollständige Kontrolle über ALLES"[22], schrieb ein Iron-March-Nutzer, nachdem ein anderes Mitglied die Alt-Right verteidigt hatte. „Möchten Sie als Alt-Righter eine Lösung zur Rettung der weißen Rasse? Blasen Sie sich Ihr verdammtes Gehirn weg und machen Sie den Weg frei für echte Faschisten"[23] (Tyler 2017). Die Publikation *Zero Tolerance* des Iron March von 2017 argumentierte genau dafür: Faschisten könnten keinen Raum für Kompromisse schaffen, nicht einmal mit anderen in der radikalen Rechten. Während die Alt-Right die Rote Pille propagierte, übernahmen die Akzelerationisten eine eigene: die „*Siege*-Pille". Sie zu schlucken bedeutete, die Grundprinzipien von Masons Buch zu akzeptieren: dass „das System" von Juden geführt werde, dass Juden versuchten, ihre Kontrolle zu nutzen, um die weiße Rasse zu „ersetzen", dass das „System" gestürzt werden müsse, um das Überleben der Weißen zu sichern, und das könne nur durch revolutionäre Gewalt erreicht werden.

Die 2017 in Charlottesville, Virginia, stattfindende Unite-the-Right-Kundgebung sollte das Kräfteverhältnis innerhalb der radikalen Rechten verändern. Am 12. August marschierten Hunderte Alt-Right-Aktivisten durch die Universitätsstadt. Einer von ihnen ermordete die antirassistische Aktivistin Heather Hyer, indem er mit seinem Auto in die Gegendemonstration fuhr. Obwohl die Unite-the-Right-Kundgebung ursprünglich nicht von Akzelerationisten unterstützt worden war, machte sie die Gefahren der Politik der rechten Massenbewegung deutlich – in von *Siege* aufgestachelten Kreisen eine willkommene Entwicklung. Anführer der Alt-Right-Bewegung wurden schnell in Klagen im Zusammenhang mit der Kundgebung verwickelt, was ihre Fähigkeit, sich zu organisieren, drastisch einschränkte. Denn plötzlich bedeutete die Zusammenarbeit mit ihnen, möglicherweise Ziel der Großfahndung der Gesetzeshüter zu werden. Angesichts der heftigen öffentlichen Gegenreaktion wurde die Verwaltung des öffentlichen Images der Bewegung zu einer immer anspruchsvolleren Aufgabe. Andere Entwicklungen verärgerten die radikale Rechte in Bezug auf die Strategie der Massenbewegung (Miller, Graves 2020). Präsident Trump, den die Alt-Right zunächst für einen Verbündeten hielt, enttäuschte die Bewegung im Laufe der Zeit, indem er ihre Erwartungen nicht erfüllte und sich in ihren Augen eher wie ein traditioneller Konservativer denn wie ein Rechtspopulist verhielt (Hatewatch Staff 2019). Viele kamen zu der Überzeugung, dass seine als

22 „The White Race (Americans) has no time to ‚vote itself into power' or ‚subvert the parties' because guess what – ever since 1945 the Jews have been in complete control of EVERYTHING."

23 „Want a solution to saving the white race as an alt-righter? Blow your fucking brains out and stay out of the way of actual fascists."

Mäßigung wahrgenommene Haltung zeigte, dass die Mainstream-Politik und die politischen Institutionen für ihre Bewegung keine Erfolgsaussichten boten. Dieses Gefühl der Desillusionierung trug zur Entstehung eines revolutionären Ethos in der leeren Hülle der Alt-Right bei. Atomwaffen sahen den Moment als Chance (Miller 2020). Nur wenige Stunden nachdem Hyer getötet worden war, meinte ein Mitglied des Discord-Servers der Gruppe, es sei der „perfekte Zeitpunkt, *Siege* unter die Leute zu bringen“[24]. Zehn Tage später prahlten sie damit, dass sie „haufenweise Bewerbungen“ erhielten (Atomwaffen Division Discord 2017).

Nach „Unite the Right“ breitete sich *Siege* in der White-Power-Landschaft bemerkenswert schnell aus. Aus einem Archiv des 4chan-Forums „politically incorrekt“ /pol/, einem bei White-Power-Aktivisten besonders beliebten Forum, auf dem Benutzer anonym Kommentare posten und Bilder teilen können, geht hervor, dass die Worte „Read Siege“ dort 2014 und 2015 insgesamt nur viermal vorkamen und 18-mal im Jahr 2016. Seit Anfang 2017 wurde „Read Siege“ mehr als 5.500-mal gepostet, oft mit einem Link zu einem PDF von Masons Werk (4plebs). Seine Verbreitung war besonders außergewöhnlich, da *Siege* nie als zugänglicher Text gedacht war. Der Extremismusforscher J. M. Berger schreibt in einer Analyse des Buches, dass dies „am besten so zu verstehen ist, dass es sich an Leser richtet, die bereits stark radikalisiert sind, mit dem Ziel, sie zu gewalttätigen Aktionen zu bewegen“[25] (2021). Durch die Erschaffung des „Read Siege“-Memes haben Akzelerationisten einen unhandlichen Wälzer, der von jahrzehntelangen Debatten innerhalb der White-Power-Bewegung handelt, auf etwas Einfaches und leicht Vermittelbares reduziert. Sein weit verbreiteter Einsatz ist ein Beweis dafür, dass die White-Power-Bewegung sich hin zu gewalttätigen revolutionären Aktionen veränderte und wie effektiv Akzelerationisten ihre Botschaft über Online-Kanäle verbreiteten.

Soziale Medien waren das wichtigste Instrument der Nationalsozialisten, um neue Mitglieder aus den Reihen der desillusionierten Alt-Right-Bewegung zu rekrutieren. Sie verbreiteten den „Read Siege“-Refrain endlos in den sozialen Medien und führten ihn in die Chats von Gruppen aus dem gesamten Spektrum der radikalen Rechten ein. Auf Discord infiltrierten Akzelerationisten den Server des „Daily Stormer“ – einer Neonazi-Webseite von Andrew Anglin, einem beliebten Atomwaffen-Sündenbock –, speziell „als Lockvogel für Null-Toleranz und *Siege*“ (Atomwaffen Division Discord Server 2017). Matthew Heimbachs rechtsextreme „Traditionalist Workers Party“ geriet ebenfalls ins Visier des „Lest *Siege*“-Memes, sodass Heimbach schließlich Mitglieder auf Discord zurechtwies. „Angesichts der Tatsache, dass wir SIEGE nicht als [inspirierendes] Material verwenden, können wir es hier nicht mehr

24 „perfect time to push SIEGE“.

25 “best understood as targeting readers who are already deeply radicalized, with the aim of moving them toward violent action”.

erwähnen, weil der *Farmers Almanac* buchstäblich relevanter ist“[26], sagte er ihnen im April 2017 (Hayden 2019c).

Keine Mainstream-Social-Media-Plattform war frei von Neonazis, die *Siege* anpriesen. Motherboard berichtete Ende 2018, dass neonazistische Propaganda auf TikTok, einer algorithmusgesteuerten Social-Media-App zum Teilen von Videos, weitverbreitet sei. Sie fanden Accounts, die ihre Unterstützung für Atomwaffen ausdrückten, Videos von Menschen, die den Nazi-Gruß zeigten, Benutzer, die die Hashtags #readSIEGE und #SIEGE posteten, und beleidigende Darstellungen von Juden (Cox 2018). Giampa, das Atomwaffen-Mitglied, das die Eltern seiner Freundin ermordet haben soll, nutzte „Read Siege“ in der Profilbeschreibung auf seinem Twitter-Account, wo er auch Tweets darüber postete, dass er Juden zu Schießübungen benutze (Schulberg, O'Brien 2018). Das Meme war so weit verbreitet, dass ein Twitter-Nutzer mit dem Benutzernamen @ReidSeej (der seinen Standort als „Auschwitz, Polen“ angab) Cameo, einen Dienst, auf dem Prominente gegen Bezahlung individuelle Videos für Nutzer*innen erstellen, nutzte, um den Klatschkolumnisten Perez Hilton die Worte in einem Weihnachtsvideo vorlesen zu lassen (Hayden 2019c). Sie posteten es auf Twitter, wo es von anderen Nutzern gelobt wurde. „Reiben Sie Ihre Hände aneinander, um sich für ZOG warmzuhalten!!!!“[27], postete eine Person in dem Thread und bezog sich dabei auf eine gängige antisemitische Darstellung von Juden (ReidSeej 2018). Auf der GoodReads-Seite für *Siege,* auf der Leser*innen Buchrezensionen posten können, schreibt jemand verärgert: „Ich habe nur wegen all der ‚Lest *Siege*‘-Memes, die täglich von weißen nationalistischen Idioten gepostet werden, versucht, dieses Buch zu lesen“[28], und kommt zu dem Schluss, von dem Buch „nicht beeindruckt“ gewesen zu sein, da es „im Grunde nur eine langatmige Werbung für den Terrorismus“ sei (GoodReads 2018).[29]

Im Jahr 2017 verfügten sowohl Iron March als auch Atomwaffen über Twitter-Konten, ebenso wie unzählige Personen, die mit dem akzelerationistischen Milieu in Verbindung standen und die sie zur Rekrutierung und Propaganda nutzten. „Ich versuche, so viel SIEGE auf Twitter zu posten, wie es vernünftig erscheint“[30], so ein Mitglied im Atomwaffen-Discord-Chat. Die Mitglieder der Gruppe stimmten darin überein, dass Twitter aufgrund seiner großen Reichweite die „beste Plattform“ sei, und mehrere gaben an, dass Twitter sie zum revolutionären Nationalsozialis-

26 „Considering we don't use SIEGE as [inspirational] material, we can stop bringing it up in here, because the Farmers Almanac is literally more relevant“.

27 „Rub your hands together to keep warm for ZOG!!!!!“

28 „I only tried to read this book because of all the ‚read siege‘ memes I encounter on the daily from white nationalist idiots“.

29 „not impressed (…) basically just a long winded [sic] promotion of terrorism.“

30 „I try to SIEGE-post on Twitter as much as seems reasonable.“

mus geführt habe. „Wir haben viel über Twitter rekrutiert“[31], sagte ein prominentes Atomwaffen-Mitglied im September 2017 auf Discord. Der Twitter-Account von Atomwaffen war eine zuverlässigere Online-Präsenz, ebenso wie die Website der Gruppe. Als die Seite unerwartet ausfiel, postete ein Mitglied im Discord-Chat, dass ihre „Hauptkanäle vorerst Ironmarch und Twitter sein werden“[32]. Die Mitglieder äußerten wenig Bedenken. „Es war wirklich einfach, AWD über Twitter zu erreichen“[33], kommentierte jemand.

Einige kamen über andere Plattformen zu Twitter, wie ein Nutzer, der erklärte: „Ich war ein wandernder Natsoc [Nationalsozialist] und wurde von [Atomwaffen] YouTube zu Twitter und dann hierher verwiesen.“ „Die Ästhetik und Propaganda haben mich in ihren Bann gezogen“, fährt die Person fort (Atomwaffen Division Discord 2017).[34] Atomwaffen pflegten ihren Propagandastil, den sie als „finstere Ästhetik“[35] bezeichneten, sehr sorgfältig: stark stilisierte, kontrastreiche Bilder in Schwarz, Weiß und Rot, die sowohl faschistische Figuren als auch Gewalttaten verherrlichen (Hatewatch Staff 2018). Der Twitter-Account der Gruppe war voll von Bildern in diesem Stil.

Atomwaffen veröffentlichten ihre sorgfältig erstellten Propagandavideos auf ihrem Account auf der algorithmisch gesteuerten sozialen Videoplattform YouTube. In den Videos von Atomwaffen waren oft Mitglieder in Tarnkleidung und mit Totenköpfen zu sehen, die Sturmhauben trugen, Waldgebiete durchquerten, an Schusswaffen trainierten und den Nazigruß zeigten. Ihre Videos verstießen eindeutig gegen die Nutzungsbedingungen von YouTube in den USA, die „Inhalte, die Gewalt gegen Einzelpersonen oder Gruppen fördern oder deren Hauptzweck darin besteht, Hass gegen Einzelpersonen oder Gruppen zu schüren, basierend auf bestimmten Eigenschaften“[36], einschließlich Rasse, ethnischer Herkunft oder Religion, verbieten (Weill 2018). Die Videos forderten die Tötung von Juden: Eines trug den Titel „~~Kikes~~ [Schimpfwort für Jüdinnen*Juden] ~~vergasen~~, ~~Rassenkrieg~~ jetzt“ (Al Jazeera 2018) und in einem anderen schrien Mitglieder denselben Satz, bevor sie Waffen abfeuerten (Maiberg, Gault 2018). Bemerkenswerterweise weigerte sich das Unternehmen, diesen Account zu löschen. Stattdessen entschieden sie sich dafür, die Videos mit einem Warnhinweis zu versehen, der die Zuschauer*innen dazu aufforderte, eine Schaltfläche mit der Aufschrift „Ich verstehe und möchte fortfahren“[37]

31 „We've been recruiting a lot off of Twitter.“

32 „primary avenues are going to bo [sic] Ironmarch and Twitter for now.“

33 „It was really easy to reach AWD through Twitter.“

34 „I was a wandering natsoc [National Socialist] and was directed from the [Atomwaffen] youtube to the twitter then to here.“ „The aesthetics and propaganda reeled me in.“

35 „sinister aesthetic“.

36 „content that promotes violence against or has the primary purpose of inciting hatred against individuals or groups based on certain attributes“.

37 „I understand and wish to proceed.“

zu klicken, und verhinderten anscheinend, dass die Videos in algorithmischen Empfehlungen angezeigt wurden. YouTube argumentierte, dass dies „eine gute Balance zwischen der Ermöglichung freier Meinungsäußerung und der Einschränkung der Verbreitungsmöglichkeiten betroffener Videos auf YouTube“[38] geschaffen habe (Weill 2018). Erst nachdem auch Motherboard und die Anti-Defamation League ihre Empörung über diese Entscheidung zum Ausdruck brachten, entfernte YouTube schließlich den Account von Atomwaffen. Ein zweiter Atomwaffen-Kanal namens SIEGEtv verblieb aber auf der Plattform, worauf ProPublica hinwies (Thompson, Winston 2018). Das Verbot von Atomwaffen war nur vorübergehend. Nutzer luden mehr als ein Jahr nach dem ursprünglichen Verbot weiterhin Propagandavideos auf der Plattform hoch, die noch Tage nach der Meldung des Inhalts stehen blieben und in der Zwischenzeit Hunderte von Aufrufen verzeichneten (CEP Staff 2019).

Der @siegeculture_Twitter-Account von Atomwaffen schien die Moderatoren nicht zu beunruhigen. Discord, YouTube und die Gaming-Plattform Steam verboten die Gruppe im Frühjahr 2018 (Thompson, Winston 2018), ihr Twitter-Account blieb jedoch noch ein weiteres Jahr online (Siegeculture_ 2019). Dieser und anderen Personen, die mit der Neonazi-Gruppe in Verbindung stehen, gehörende Accounts blieben auf der Plattform, obwohl Twitter im Dezember 2017 als Reaktion auf die „Unite the Right“-Kundgebung versprochen hatte, Gruppen oder Nutzer*innen, die mit Gewalt in Verbindung stehen, sowohl auf als auch außerhalb der Plattform zu verbieten (Romano 2017). Twitter ignorierte Nutzerberichte, wonach Atomwaffen und seine Mitglieder gegen die Nutzungsbedingungen des Unternehmens verstoßen hätten. Nachdem Nicholas Giampa einen Tweet gepostet hatte, der andeutete, dass der Holocaust ein Schwindel sei, informierten andere Twitter-Nutzer Twitter Safety, seine Beiträge blieben jedoch online (Doctorpepper35 2017). Etwa einen Monat später soll er die Eltern seiner Freundin ermordet haben.

Auch wenn dies nicht immer erfolgreich war, machte die Bewegung zur Entmachtung von Extremisten – angeführt von Aktivist*innen, Überwachungsgruppen und Journalist*innen – so große Fortschritte, dass „Alt-Tech“-Websites einsprangen und ihre Dienste denjenigen anboten, die auf Mainstream-Plattformen nicht mehr dauerhaft Fuß fassen konnten. Auf Gab, einer im August 2016 gegründeten Social-Media-Seite, die Twitter sehr ähnelt, hatte dies schon bald Erfolg. Die Plattform warb um Nutzer*innen, die von anderen Anbietern ausgeschlossen worden waren, und praktizierte kaum oder gar keine Inhaltsmoderation, was sie zu einem Zufluchtsort für Rechtsextreme machte (Hess 2016). Wie ein Journalist es ausdrückte: „Niemand wechselt zu Gab, weil er will, sondern weil er muss“[39] (Bennett 2018). Sowohl Atomwaffen als auch Iron March nutzten die Plattform, und letztere verlink-

38 „a good balance between allowing free expression and limiting affected videos' ability to be widely promoted on YouTube.“

39 „Noone moves to Gab because they want to, they move because they have to“.

ten den Gab-Account in der Beschreibung ihres Twitter-Accounts. Die Postings von Iron March auf Gab und Twitter waren kaum zu unterscheiden. Klar ist aber, dass die Community auf Gab deutlich rechtsextremer eingestellt war.

Gab wurde öffentlich bekannt, als ein Nutzer im Oktober 2018 den größten antisemitischen Angriff in der Geschichte der USA auf die „Tree of Life"-Synagoge in Pittsburgh, Pennsylvania, verübte. Eine Studie befand, die Posts des Angreifers gehörten zwar „zu den durchweg antisemitischen Inhalten auf Gab … Hunderte waren allerdings noch extremer"[40] (McIlroy-Young, Anderson 2019). PayPal verbot Gab die Nutzung seiner Dienste und GoDaddy stellte als Reaktion auf den antisemitischen Angriff das Hosting der Website ein. Doch innerhalb weniger Tage wechselte Gab zu Epik, einem Domain-Anbieter und Webhosting-Unternehmen, das auch die Neonazi-Seite „Daily Stormer" hostet, wo Gab weiterhin registriert ist (Robertson 2018). Es fungiert immer noch als Treffpunkt für Rechtsextreme. Tatsächlich koordinierten und dokumentierten Gab-Nutzer ihre Aktivitäten, als sie am 6. Januar 2021 das US-Kapitol stürmten (Frenkel 2021). Der Gründer der Website, Andrew Torba, erweitert kontinuierlich die auf der Website verfügbaren Dienste. Zusätzlich zu einem Video-Streaming-Dienst namens Gab TV planen sie den Aufbau einer „Infrastruktur für eine neue digitale Wirtschaft", um eine Alternative zur „Big-Tech-Zensur und den Anti-Weißen, Anti-Christen und Anti-Amerikanern"[41] zu bieten (Torba 2021). Gab veranschaulicht die wachsende Widerstandsfähigkeit alternativer Plattformen und die Möglichkeit, dass Rechtsextremist*innen eine parallele Social-Media-Struktur aufbauen könnten, die unempfindlich gegen öffentlichen Druck und für Regierungen schwer zu regulieren ist.

Aufbau von „The Base"

Die Versuche von Mainstream-Social-Media-Plattformen wie Twitter, ihre Websites nach „Unite the Right" zu bereinigen, waren halbherzig, und es blieben noch genügend extremistische Inhalte übrig, um neue Rekruten in den Schoß des revolutionären White-Power-Milieus zu locken. Rinaldo Nazzaro, ein Auslands-Amerikaner, der, nachdem er Karriere als Rüstungsunternehmer gemacht hatte (Makuch 2021), 2017 nach Russland zog, schrieb, dank Twitter sei er tief in die Welt des White-Power-Aktivismus eingetaucht (Southern Poverty Law Center: The Base o.D.).

---

40 „among the most consistently anti-Semitic on Gab … hundreds of others were even more extreme".

41 „infrastructure for a new digital economy (…) Big Tech censorship and the anti-White, anti-Christian, and anti-American woke economy".

> Am Ende bin ich zu Twitter gegangen, weil ich viele meiner Informationen ursprünglich nur von Blogs und Websites erhalten habe und es irgendwie schwierig geworden ist, über alles auf dem Laufenden zu bleiben, also dachte ich einfach, dass Twitter vielleicht eine einfachere Möglichkeit wäre,[42]

sagte er in einem Podcast im Dezember 2017, „und zu diesem Zeitpunkt wurde ich immer mehr da reingezogen“[43] (Paper Beats Rock 2017). Als ein Nutzer darauf bestand, dass „die Juden die Kontrolle haben“[44], stimmte Nazzaro zu. „Wie können wir sie zurückgewinnen, wenn wir schwächer sind denn je und von Tag zu Tag schwächer werden?“[45] (METATPOH1 2017a). Die Antwort, schlug er vor, sei Gewalt. „Terrorismus ist keine Einbahnstraße, denn die einzige Antwort auf Terrorismus ist stärkerer Terrorismus. Uns bleibt überhaupt keine Wahl – es heißt kämpfen oder sterben“[46], twitterte er im Oktober 2017 und verlinkte dabei einen Atomwaffen-Account. Er sagte seinen Followern, dass „direkte Maßnahmen gegen anti-weiße Täter“[47] irgendwann notwendig sein würden (METATPOH1 2017b). Twitter machte andere White-Power-Aktivisten auf Nazzaro aufmerksam, beispielsweise den Moderator des Neo-Nazi-Podcasts „Paper Beats Rock“, der ihn als „einen guten Social-Media-Kameraden“[48] (Paper Beats Rock 2017) begrüßte.

Im Sommer 2018 verwandelte Nazzaro seine Social-Media-Fangemeinde in ein formalisiertes White-Power-Netzwerk, das er „The Base“ nannte. Er stellte sich die Gruppe als ein Netzwerk kleiner Untergrund-Zellen vor. Nazzaro saß an der Spitze und organisierte zusammen mit einer kleinen Gruppe Vertrauter Treffen im Real Life, paramilitärische Ausbildung, die Verbreitung von Propaganda und die Rekrutierung. The Base versuchte, sich zugänglicher zu machen als Gruppen wie Atomwaffen, indem sie in den sozialen Medien offen um neue Rekruten warb und interessierte Benutzer anwies, Nazzaro eine Direktnachricht oder eine E-Mail zu senden. Mitgliedern von The Base war es auch gestattet, Verbindungen zu mehreren Organisationen aufrechtzuerhalten (einige waren beispielsweise auch Mitglieder von Atomwaffen) (Southern Poverty Law Center: The Base o.D.). Die Medienprofile der Gruppe enthielten einen Link zum Bewerbungsformular von The Base, das auf

42 „I ended up hopping on Twitter because I got a lot of my information originally just from blogs and websites and it just became kind of hard to keep up with everything so I just thought Twitter just might be an easier way to do it.“

43 „and at that point I just got increasingly sucked into it“.

44 „the Jews are in control.“

45 „How can we take it back now when we're weaker than ever and become more so by the day?“

46 „Terrorism is a two-way street for the only answer to terrorism is stronger terrorism. We're left no choice whatsoever – It's fight or die.“

47 „direct action against anti-White perpetrators“.

48 „a good social-media comrade“.

einer WordPress-Site gehostet wurde (The Base 2020). Nachdem eine Bewerbung eingereicht worden war, nahm Nazzaro Kontakt zu vielversprechenden Rekruten auf und lud sie nach einem ersten E-Mail-Austausch zu einem Vorstellungsgespräch mit einer kleinen Gruppe von The-Base-Mitgliedern ein. Von den Mitgliedern wurde verlangt, sich entweder dem weißen Nationalismus oder dem Nationalsozialismus anzuschließen. Sie betrachteten *Siege* als ihren zentralen Text, wiesen alle potenziellen Rekruten an, das Buch zu lesen, falls sie es noch nicht getan hatten, und organisierten sogar eine Lesegruppe, um die Arbeit des Neonazi-Anführers zu analysieren.

Auf Twitter und Gab, den beiden Social-Media-Plattformen, auf die sich The Base bei der Rekrutierung am stärksten stützte, beeinflusste Masons Fokus auf das jüdische „System" maßgeblich ihre Rhetorik. Nazzaro argumentierte in Social-Media-Beiträgen, dass weiße Menschen zunehmend vom „System" unterdrückt würden, da sie einen kleineren Teil der Bevölkerung ausmachten. Dies spiegelt die treibende Angst der White-Power-Aktivisten wider, weiße Menschen sollten eliminiert oder durch Nicht-Weiße „ersetzt" werden oder zu Mischehen, Einwanderung und anderen Faktoren gezwungen, all dies von Juden arrangiert (Anti-Defamation League o.D.). Während Nazzaro auf seinen persönlichen Social-Media-Accounts offensichtlich antisemitische Bilder vermied, posteten andere Mitglieder selbständig Hakenkreuze, Bilder von Hitler und das Sonnenrad – ein von den Nazis angeeignetes Symbol. Ein Gab-Account mit dem Benutzernamen TMB, den das FBI als Pseudonym des Base-Mitglieds Luke Austin Lane identifizierte (Redmond, Joyner 2020), war voller Aufrufe, The Base beizutreten, und Bilder von Hitler und anderen Figuren, die in der „zynisch-finsteren Ästhetik" von Atomwaffen popularisiert wurden. Lane wurde später verhaftet, weil er angeblich die Ermordung eines antifaschistischen Paares in Georgia geplant hatte.

Von Februar 2019 bis Januar 2020 haben es mindestens 65 Personen bis in die letzte Überprüfungsphase für eine Base-Mitgliedschaft geschafft. Insgesamt zeigen die Rekrutierungsgespräche von The Base, wie allgegenwärtig die *Siege*-Mentalität, die ursprünglich auf Iron March kultiviert wurde, in den Jahren nach „Unite the Right" in der White-Power-Bewegung war. „Der ‚Read Siege'-Spam reichte so weit, dass ich tatsächlich eine PDF-Kopie las und später ein physisches Exemplar finden konnte"[49], sagte ein Rekrut im Juni 2019 zu Nazzaro. Obwohl fast alle Rekruten von The Base mit den Inhalten vertraut waren, hatten viele das Buch nicht wirklich gelesen. Dennoch brachten sie ihre Vertrautheit mit den Ideen zum Ausdruck und betrachteten sie sogar als zentral für ihre Ideologie. „Ich bin eingetaucht", sagte ein 22-jähriger Rekrut zu Nazzaro, „ich bin mit der Haltung und Ideologie sehr ver-

49 „The ‚read siege' spamming got enough to that I actually read a PDF copy and later on was able to find a physical copy".

traut, aber *Siege* tatsächlich gelesen habe ich noch nicht."[50] Viele, die sich The Base anschlossen, erklärten, sie fühlten sich von der Gruppe angezogen, weil sie glaubten, dass sie die Grundsätze des Akzelerationismus am besten verkörpere:

> Ich bin zu dem Schluss gekommen, dass die Massen als Ganzes wohl nur durch diesen Abgrund jemals wieder mit roten Pillen leben können. Wissen Sie, diese völlige Zerstörung der Gesellschaft und das, was danach durch natürliche Auslese übrigbleibt, ist in Wirklichkeit die verbleibende arische Bevölkerung.[51] (The Base Vetting Interviews 2019)

Ein 23-jähriger Interviewter erklärte, der Akzelerationismus sei zur vorherrschenden Strategie innerhalb der Bewegung geworden und nicht mehr auf streng geprüfte Foren wie Iron March beschränkt. Hierdurch stand ein riesiges Reservoir potenzieller Rekruten zur Verfügung. Durch die Verbreitung ihrer Propaganda über eine Vielzahl von Social-Media-Plattformen konnte The Base ein weites Netz für Rekruten auswerfen und die Auswirkungen des Deplatforming abschwächen. Die Gruppe behielt ihren Twitter-Account bis November 2018 und er wurde erst entfernt, nachdem zwei *VICE*-Journalist*innen, die über die White-Power-Gruppe berichteten, sich an das Unternehmen gewandt hatten (Makuch, Lamoureux 2018). The Base und Twitter waren in einen laufenden Wettbewerb verwickelt: Nach der Sperrung erstellte Nazzaro neue Konten unter verschiedenen Benutzernamen, doch Twitter verbot schließlich auch diese. Die Konten blieben teilweise monatelang bestehen, bevor das Unternehmen aktiv wurde. Laut Berichten des Southern Poverty Law Center umgehen Extremisten mit dieser Praxis regelmäßig Verbote (Hayden 2021). The Base tauchte im November 2018 auch auf Gab auf, nachdem sie zum ersten Mal von Twitter ausgeschlossen wurden. Sie versuchten, ihre Rhetorik zu zügeln, und vermieden „Fed-Posting" – ein Begriff, der in rechtsextremen Kreisen verwendet wird, um hetzerische Rhetorik zu beschreiben, die ein FBI-Agent benutzen könnte, um jemanden in einem Online-Chat oder in sozialen Medien in die Falle zu locken, oder die Art von Beiträgen, die die Aufmerksamkeit der Strafverfolgungsbehörden auf sich ziehen könnten (The Base Chat Log 2019). Dennoch behauptete Nazzaro im Juli 2019, dass die Gruppe fünfmal von Gab ausgeschlossen worden sei (The Base Vetting Interviews 2019) – offenbar ein Ergebnis des flüchtigen Versuchs der Plattform, ihr Image nach dem Attentat in der „Tree of Life"-Synagoge aufzubessern (Koh, Wells 2018).

50 „I've been submersed (…) I'm very familiar with the attitude and ideology but, actual reading of *Siege*, I have not read [it] yet."

51 „I've come to the conclusion that the only way that the masses at large are ever going to be, I guess, red pilled is through this abyss. You know, this complete destruction of society and what's left afterwards through natural selection is really what's going to be the remaining Aryan population".

Obwohl Verbote die Propagandafähigkeit von The Base sicherlich beeinträchtigten, gelang es der Gruppe dennoch, nur vier Monate nach ihrer Gründung fast 50 Mitglieder zu gewinnen und sich dadurch nahezu zu verdoppeln (Makuch, Lamoureux 2018). Diese Zahl stellt nur einen kleinen Teil ihres Online-Einflusses dar – viel mehr Menschen bewarben sich, wurden jedoch entweder ignoriert oder abgelehnt, während Tausende weitere ihre Propaganda sahen. Die Nachrichten, die sie auf Twitter und Gab verbreiteten, waren speziell darauf ausgelegt, junge Männer anzusprechen, die bereits zutiefst antisemitisch eingestellt waren. „Ich habe irgendwann einen der Flyer auf Twitter gesehen, und dann empfahl mir einer der Leute, mit denen ich auf Twitter gesprochen habe, dass ich mir The Base anschaue“[52], erklärte ein Rekrut während seines Interviews. Gab schien Mitglieder anzuziehen, obwohl es an Begeisterung für die Plattform mangelte, was darauf zurückzuführen war, dass es dort aufgrund der allgemeinen rechtsextremen Grundeinstellung nur wenige Nutzer gab, die von den Rechtsextremen getrollt oder belästigt werden konnten. „Ich habe Gab nicht oft genutzt, aber ich habe dort etwas von Ihrer Propaganda gesehen und das ist mir eine Zeitlang im Gedächtnis geblieben“[53], sagte ein Rekrut seinen Interviewern. Ein anderer erwähnte, er habe einen Gab-Account erstellt, nachdem er erfahren hatte, dass der Attentäter in der Synagoge von Pittsburgh die Plattform genutzt hatte. „Also habe ich den Gab-Account erstellt und euch gefunden“[54], sagte er. Insgesamt hielten es sieben Rekruten Twitter zugute, sie zur Gruppe geführt zu haben, während sechs Gab anführten (The Base Vetting Interviews 2019).

Während sowohl Twitter als auch Gab aufgrund ihrer unzureichenden Moderation von Inhalten intensiver Kritik ausgesetzt waren, brachte eine wenig beachtete soziale Plattform namens „iFunny“ – eine Website und ein App zum Teilen von Memes mit einer Chat-Funktion, die Memes auf der Basis der Nutzer*innenaktivität empfiehlt – eine Reihe von Bewerbern zu The Base. Elf Rekruten erwähnten dies in ihren Interviews. Der Inhalt auf iFunny reichte von Mainstream-Memes bis hin zu rassistischen und antisemitischen Inhalten, wobei einige Nutzer*innen Gruppen wie Atomwaffen und weiße rassistische Massenmörder lobten. Das Atomwaffen-Mitglied Samuel Woodward, dem der Mord an seinem jüdischen ehemaligen Klassenkameraden vorgeworfen wird, war auf der Seite unter dem Namen Saboteur aktiv (Broderick 2019). Einige Base-Interessenten schrieben iFunny zu, sie zum Nationalsozialismus geführt zu haben. „Also, zuerst habe ich nur, wissen Sie, nur Memes und Blödsinn auf iFunny, und dann, wissen Sie, hat es mich dazu gebracht, ein bisschen mehr zu lesen, und so habe ich mich ein bisschen in *Mein Kampf* einge-

52 „I saw one of the flyers on Twitter at some point, and then one of the guys I was talking to on Twitter, he recommended that I look into *The Base*.“

53 „I haven't used Gab very much, but I saw one of some of your propaganda on there and I kept that in mind for a while.“

54 „So I made the Gab account, found you guys.“

lesen", erklärte einer. Das brachte ihn dazu, „Nachforschungen über die Juden" anzustellen, und schließlich zu dem Schluss, dass er „lieber eine Regierung hätte, die über ein hohes Maß an Autorität verfügt, damit sie nicht in die Hände von Juden, Konzernen und all diesen Dingen gelangt"[55] (The Base Vetting Interviews 2019). Ein anderer, der seine politische Laufbahn als Libertärer begann, erklärte, dass er begonnen habe, sich mit rassistischem Material zu befassen, um auf der Plattform gegenüber Faschisten argumentieren zu können. „Ich wusste nicht, wovon ich redete. Also habe ich *Mein Kampf* gelesen, um mit ihnen sachlich zu diskutieren", sagte er, „und am Ende wurde ich einfach zum Nazi"[56] (The Base Vetting Interviews 2019). Andere Base-Rekruten erfuhren erstmals von der Gruppe durch Mitglieder, die offen auf iFunny warben und Propagandavideos auf der Website veröffentlichten. „Ziemlich cool", kommentierte ein Bewerber ein Video, das elf Mitglieder bei Schusswaffenübungen zeigte. „Ich mache gerade meine Aufnahmeprüfung"[57] (Lamoureux, Kamel 2019). Der Erfolg, den The Base auf iFunny erzielte, zeigt, dass weniger stark frequentierte, eher Nischen-Communitys als fruchtbare Rekrutierungsorte dienen konnten.

Terrorgramm

Mitte 2019 war „The Base" dann nicht mehr in der Lage, ihre Konten auf Twitter zu pflegen – ein allgemeines Problem der Akzelerationisten. Während Gab weiterhin einen Ort zum Posten von Propagandabildern bot, verlagerte die Gruppe ihre Videos auf die Alt-Tech-Videoplattform „Bitchute". Nach dem Vorbild von YouTube entwickelte sich die Website schnell zu einem Zufluchtsort für weiße Rassisten. Aber bis dahin gab es keine Plattform, die Telegram in ihrer Beliebtheit bei White-Power-Aktivisten und -Gruppen übertreffen konnte. 2013 gegründet, wird Telegram seit langem von ISIS genutzt. Die Plattform ermöglicht es Administratoren, öffentliche Kanäle zu erstellen, in denen sie Nachrichten, Videos und Bilder posten sowie Inhalte von anderen Kanälen erneut teilen können. Dateien können bis zu zwei Gigabyte groß sein. Die App verfügt außerdem über eine verschlüsselte Chat-Funktion, die öffentliche und private Gruppen sowie „geheime Chats" zwischen zwei Nutzer*innen ermöglicht. All diese Eigenschaften machen es zu einer für die Verbreitung von Propaganda und den Aufbau einer Followerschaft besonders effektiven Plattform

55 „Well, first, I was just, you know, just memes and bullshit on iFunny and then, you know, led me into reading a little bit more and so I read into Mein Kampf a little bit (...) research into the Jews (...) rather have a government that maintains a high level of authority so it can keep out of the hands of Jews and corporations and all that kind of stuff."

56 „I didn't know what I was talking about. So I went to go read Mein Kampf to argue with them functionally (...) and it ended up just turning me into a Nazi."

57 „Pretty cool (...) I'm completing my vetting right now".

(Gais, Squire 2021). The Base erstellte auf der Plattform einen eigenen Kanal, auf dem sie ihre Kontaktinformationen und Propagandabilder veröffentlichte.

Der erste Rekrut, der anführt, The Base auf Telegram gesehen zu haben, wurde am 10. Juni 2019 interviewt; er erklärte, er habe die Kontaktinformationen von The Base auf einem Kanal namens TERRORWAVE REFINED gesehen. Der Kanal hatte zu dieser Zeit etwa 725 Abonnent*innen, die mit Propagandabildern von Männern in Tarnkleidung und Totenkopfmasken, anderen mit Atomwaffen- und Iron-March-Flaggen, Propagandabildern, die den weißen rassistischen Mörder Dylann Roof und den Synagogenschützen John Earnest rühmen, und Bildern mit Anweisungen wie „Bombardieren Sie Ihren jüdischen Nachbarn mit Rohrbomben“[58] und „TÖTET ALLE ~~KIKES~~ [Schimpfwort für Juden]“[59] überschwemmt wurden. „Es war wie *Siege*-Posting“, sagte der Rekrut über den Telegram-Kanal. Von dort aus schaute er sich den Gab-Account von The Base an: „Und jetzt finde ich mich hier wieder.“[60] Mindestens zehn Rekruten wurden zwischen Juni 2019 und Januar 2020 über Telegram mit The Base verbunden, entweder über jemanden, den sie auf der Plattform trafen, oder über Propaganda (The Base Vetting Interviews 2019).

Der Telegram-Kanal von The Base war Teil eines weitläufigen Netzwerks auf der Plattform, das seine Mitglieder „Terrorgram“ nannten. Terrorgram verherrlicht politische Gewalt, enthält unzählige Beiträge über einen bevorstehenden Rassenkrieg und weist häufig die zynisch-finstere Ästhetik auf, die ursprünglich mit Iron March und Atomwaffen in Verbindung gebracht wurde. Das Netzwerk begann damit, mordende weiße Suprematisten als „Heilige“ zu bezeichnen und sie als solche darzustellen (Miller 2020). Während frühe Untersuchungen von Richard Rogers zeigen, dass „extremistische Internet-Berühmtheiten“ ihre hasserfüllte Sprache milderten, je mehr Zeit sie auf der Plattform verbrachten (Rogers 2020), trifft dies möglicherweise nicht auf die akzelerationistische Gemeinschaft zu. Tatsächlich waren und sind die White-Power-Inhalte auf Telegram deutlich extremer und ungeheuerlicher als alles, was man auf Mainstream-Plattformen findet.

Terrorgram-Administratoren ermutigten Menschen aktiv dazu, auf die Plattform zu migrieren, insbesondere, weil kaum Befürchtungen bestanden, dass Telegram Inhalte moderieren würde (Miller 2020). Sie lagen nicht ganz falsch: Trotz des Verbots von Unternehmen wie Apple, Terrorgram-Kanäle auf ihren Geräten anzuzeigen, sperrt oder verbietet Telegram die Kanäle von Akzelerationisten nur selten. Selbst gerätebasierte Einschränkungen zeigen kaum Wirkung. Eine vom Southern Poverty Law Center durchgeführte Analyse ergab, dass „von 36 rechtsextremen Kanälen, die wegen Gewalt gesperrt wurden … 21 weiterhin Follower anzogen, mit einer durchschnittlichen Wachstumsrate von 43,63 % zwischen 2019

58 „Pipe bomb your Jewish neighbor“.

59 „KILL ALL ~~KIKES~~“.

60 „It was like Siege-posting (…) And now I find myself here.“

und Ende 2020“[61]. Darüber hinaus verzeichneten viele „Terrorgram-Kanäle im Jahr 2020 ein dreistelliges Wachstum, obwohl sie zuvor von der Plattform verbannt oder auf einigen Geräten eingeschränkt wurden“ (Gais, Squire 2021). Selbst als Kanäle gesperrt wurden, fanden die Administratoren einfache Umgehungen, einschließlich des Wechsels zu einem neuen Kanal mit einem leicht geänderten Namen. Telegram ist nach wie vor der wichtigste Knotenpunkt für Akzelerationisten, da sich Hunderte von Kanälen für die Schaffung einer riesigen, dezentralen Bewegung anbieten.

Schlussfolgerungen

The Base wurde Anfang 2020 nach einer Reihe von Festnahmen aufgelöst. Ende 2019 wurden zwei Base-Mitglieder wegen Vandalismus an einer Synagoge in Wisconsin verhaftet. Im Januar 2020 erfolgten sechs weitere Festnahmen durch die Polizei. Zunächst wurden in Delaware drei Mitglieder, darunter ein Kanadier, wegen Schusswaffen-Delikten festgenommen. Am nächsten Tag wurden drei Mitglieder der Georgia-Zelle wegen Verschwörung zum Mord an einem antifaschistischen Paar verhaftet, nachdem ein FBI-Agent die Gruppe infiltriert und die Verschwörung aufgedeckt hatte. Knapp eine Woche später enthüllten Journalisten Nazzaros Namen (Wilson 2020b; De Simone, Winston 2020c). Der Base-Gründer postet weiterhin Videos auf Bitchute, in denen er akzelerationistische Strategien verteidigt, aber er hat den größten Teil seiner Glaubwürdigkeit innerhalb der extremen Rechten verloren. Auch Atomwaffen löste sich Anfang 2020 auf, nachdem mehrere Mitglieder wegen Drohungen gegen Journalist*innen verhaftet worden waren (Fisher-Birch 2020).

Während es Atomwaffen und The Base nicht mehr gibt und Iron March offline ist, besteht das Milieu der White-Power-Beschleuniger weiter. Im vergangenen Jahr sind neue Gruppen entstanden und Terrorgram wimmelt weiterhin von heftig antisemitischen Inhalten. Das große Angebot an Online-Bereichen, die sich an die akzelerationistische Bewegung richten, gibt großen Anlass zur Sorge, und Forscher*innen müssen diese neue Realität unbedingt berücksichtigen. Wie hat sich die Rekrutierung weißer Machthaber verändert, seit Gruppen und Einzelpersonen Zugang zu Plattformen wie Telegram und Gab haben, die extrem resistent gegen jede Art von Inhaltsmoderation agieren? Sind ihre Netzwerke breiter oder widerstandsfähiger und wie erfolgreich können sie über diese Social-Media-Plattformen mit anderen rechtsextremen Bewegungen interagieren? Und was vielleicht am wichtigsten ist: Wie können wir antisemitischen und anderen rechtsextremen Be-

61 „of 36 far-right channels that had been restricted for violence … 21 of them continued to attract followers at a median growth rate of 43.63 % between 2019 and the end of 2020 (…) Terrorgram channels experienced triple-digit growth throughout 2020 despite previously being banned from the platform or being restricted on some devices“.

wegungen angesichts des wachsenden alternativen Social-Media-Ökosystems am wirksamsten entgegentreten?

Danksagung

Die Herausgeberinnen danken Laura von Mering für ihre Hilfe beim Editieren dieses Kapitels.

Literaturverzeichnis

Al Jazeera (2018): YouTube removes US neo-Nazi group Atomwaffen Division's Channel. https://www.aljazeera.com/news/2018/3/1/youtube-removes-us-neo-nazi-group-atomwaffen-divisions-channel [Zugriff: 15.07.2023].

Anti-Defamation League (o.D.): „The great replacement": An expliner. https://www.adl.org/resources/backgrounders/the-great-replacement-an-explainer [Zugriff: 15.07.2023].

Atomwaffen Division Discord Server (2017): Archiv. Montgomery, AL: South Center for Poverty Law.

Belew, Kathleen (2018): Bring the War home: The White Power Movement and the paramilitary America. Cambridge, MA: Harvard University Press.

Bennett, Tom (2018): Gab is the Alt-right social network Racists are Moving to. In: *Vice*, 5. April. https://www.vice.com/en/article/ywxb95/gab-is-the-alt-right-social-network-racists-are-moving-to [Zugriff: 15.07.2023].

Berger, J. M. (2021): A Paler Shade of White: Identity and in-Group Criticism in James Mason's *Siege*. In: Resolve Network: Series about racially and ethnically motivated violent extremists. DOI: 10.37805/remve2021.1

Boghani, Priyanka/Robiou, Marcia/Trautwein, Catherine (2019): Three murder suspects linked to Atomwaffen: Where their Cases stand. In: *front line*. https://www.pbs.org/wgbh/frontline/article/three-murder-suspects-linked-to-atomwaffen-where-their-cases-stand/ [Zugriff: 15.07.2023].

Broderick, Ryan (2019): iFunny has become a hub for white nationalism. In: *buzz feed*, 14. August. https://www.buzzfeednews.com/article/ryanhatesthis/the-meme-app-ifunny-is-a-huge-hub-for-white-nationalists [Zugriff: 15.07.2023]

Burstow, Bonnie (2003): Surviving and Thriving by becoming more grupuscular: The Case of the Heritage Front. In: *Patterns of Prejudice*, 37(4), 415–428.

CEP Staff (2019): Extremist content online: Atomwaffen Division reuploads itself onto YouTube. Project to counter extremism. https://www.counterextremism.com/press/extremist-content-online-atomwaffen-division-reuploads-itself-youtube [Zugriff: 14.08.2023].

Chandrasekharan, Eshwar/Pavalanatha, Umashanthi/Srinivasan, Anirud/Glynn, Adam/Eisenstein, Jacob/Gilbert, Eric (2017): You can't stay here: The efficacy of

Reddit's 2015 ban examined through hate speech. In: *Proceedings of the ACM on Human-Computer Interaction,* 1 (CSCW), 1–22.

Chappell, Bill/Kennedy Merrit/Romo, Vanessa (2020): Three alleged members of hate group *The Base* arrested in Georgia, another in Wisconsin. In: *NPR,* 17.Januar. https://www.npr.org/2020/01/17/797399834/3-alleged-members-of-hate-group-the-base-arrested_-in-georgia [Zugriff: 15.07.2023].

Cox, Joseph (2018): TikTok has a Nazi problem. In: *motherboard,* 18.Dezember. https://www.vice.com/en/article/yw74gy/tiktok-neo-nazis-white-supremacy [Zugriff: 15.07.2023].

De Simone, Daniel/Winston, Andrei (2020): Neo-nazi militant group grooms teenagers. In: *BBC,* 21. Juni. https://www.bbc.com/news/uk-53128169 [Zugriff: 15.07.2023].

Doctorpepper35 (2017): [Twitter post]. http://web.archive.org/web/20171229055504if_/https:/twitter.com/doctorpepper35/status/934789429943848967 [Zugriff: 14.08.2023].

Donovan, Joan/Lewis, Becca/Friedberg, Brian (2018): Parallel Ports: Sociotechnical change from the Alt-Right to tech. In: Fielitz, Maik/Thurston, Nick (Hrsg.), Post digital Cultures of the Far Right: Online actions and offline consequences in Europe and the US. Bielefeld: Transcript, 49–66.

Fisher-Birch, Joshua (2020): Atomwaffen Division claims to have disbanded. Counter Extremism Project. https://www.counterextremism.com/blog/atomwaffen-division-claims-have-disbanded [Zugriff: 15.07.2023].

Frenkel, Sheera (2021): The storming of Capitol Hill was organized on social media. In: *The New York Times,* 6. Januar. https://www.nytimes.com/2021/01/06/us/politics/protesters-storm-capitol-hill-building.html [Zugriff: 15.07.2023].

Gais, Hannah/Squire, Megan (2021): How an encrypted messaging platform is changing extremist movements. In: *hate watch,* 16. Februar. https://www.splcenter.org/news/2021/02/16/how-encrypted-messaging-platform-changing-extremist-movements [Zugriff: 15.07.2023].

Goldberg, Michelle (2016): How the „Hipster Nazis“ of the alt-right got big enough for Hillary Clinton to denounce them. In: *Slate,* 25. August. https://slate.com/news-and-politics/2016/08/why-hillary-clinton-is-talking-about-donald-trump-and-the-alt-right.html [Zugriff: 09.03.2023].

GoodReads (2018): *Siege.* https://www.goodreads.com/book/show/6378795-siege. [Zugriff: 15.07.2023].

Griffin, Roger (2003): From the slime mold to rhizome: An introduction to the groupuscular right. In: *Patterns of Prejudice,* 37(1), 27–50.

Guhl, Jakob/Davey, Jacob (2020): A safe Space to hate: white supremacist mobilization on Telegram. In: *ISD briefing.* https://www.isdglobal.org/wp-content/uploads/2020/06/A-Safe-Space-to-Hate2.pdf [Zugriff: 15.07.2023].

Hatewatch Staff (2018): Atomwaffen and the SIEGE parallax: How one Neo-Nazi's life's work is fueling a younger generation. In: *Hatewatch.* https://www.splcenter.org/hatewatch/2018/02/22/atomwaffen-and-siege-parallax-how-one-neo-nazi%E2%80%99s-life%E2%80%99s-work-fueling-younger-generation [Zugriff: 15.07.2023].

Hatewatch Staff (2019): Are white nationalists turning on Trump? In: Hatewatch. https://www.splcenter.org/hatewatch/2018/11/27/are-white-nationalists-turning-trump [Zugriff: 15.07.2023].

Hayden, Michael E. (2019a): Far right extremists are calling for terrorism on the messaging app Telegram. In: *Hatewatch*. https://www.splcenter.org/hatewatch/2019/06/27/far-right-extremists-are-calling-terrorism-messaging-app-telegram [Zugriff: 15.07.2023].

Hayden, Michael E. (2019b): Mysterious neo-nazi advocated terrorism for six years before disappearance. In: *Hatewatch*. https://www.splcenter.org/hatewatch/2019/05/21/mysterious-neo-nazi-advocated-terrorism-six-years-disappearance [Zugriff: 15.07.2023].

Hayden, Michael E. (2019c): Visions of Chaos: Weighing the violent legacy of Iron March. In: *Hatewatch*. https://www.splcenter.org/hatewatch/2019/02/15/visions-chaos-weighing-violent-legacy-iron-march [Zugriff: 16.07.2023].

Hayden, Michael E. (2021): „We make Mistakes": Twitters embrace of the extreme far right. In: *Hatewatch*. https://www.splcenter.org/hatewatch/2021/07/07/we-make-mistakes-twitters-embrace-extreme-far-right [Zugriff: 16.07.2023].

Hendry, John/Lemieux, Anthony F. (2021): The visual and rhetorical styles of Atomwaffen Division and their implications. In: *Dynamics of Asymmetric Conflict,* 14(2), 138–159.

Hess, Amanda (2016): The far right has a new digital safe space. In: *The New York Times,* 30. November. https://www.nytimes.com/2016/11/30/arts/the-far-right-has-a-new-digital-safe-space.html [Zugriff: 16.07.2023].

Jackson, Paul (2014): #hitlerwasright: National Action and National Socialism for the 21st Century. In: *Journal for Deradicalization,* 1, 97–115.

Koh, Yoree/Wells, Georgia (2018): Gab to rein in calls for violence while allowing hate speech. In: *The Wall Street Journal,* 9. November. https://www.wsj.com/articles/gab-to-rein-in-calls-for-violence-while-allowing-hate-speech-1541781101 [Zugriff: 16.07.2023].

Lamoureux, Mack/Kamel, Zachary (2019): Neo-Nazi terror groups are using iFunny to recruit. In: *Vice,* 14. November. https://www.vice.com/en/article/vb5kx3/neo-nazi-terror-groups-are-using-ifunny-to-recruit [Zugriff: 16.07.2023].

Lee, Benjamin J./Knott, Kim (2020): Ideological transmission in extremist contexts: Towards a framework of how ideas are shaped. In: *Politics, Religion, and Ideology,* 21(1), 1–23.

lord bueron (2016): [forum post] Iron March. https://www.ironmarch.exposed/post/36025 [Zugriff: 16.07.2023].

Maiberg, Emanuel/Gault, Matthew (2018): Neo-Nazi extremist group is posting freely to Youtube, Steam. In: *Vice,* 23. Februar. https://www.vice.com/en/article/zmwg38/atomwaffen-division-steam-youtube [Zugriff: 16.07.2023].

Makuch, Ben (2021): Department of Homeland Security confirms Neo-Nazi leader used to work for it. In: *Vice*, 17.Februar. https://www.vice.com/en/article/epd7wa/department-of-homeland-security-confirms-neo-nazi-leader-used-to-work-for-it [Zugriff: 16.07.2023].

Makuch, Ben/Lamoureux, Mack (2018): Neo-nazis are organizing secretive paramilitary training across America. In: *Vice*, 20.November. https://www.vice.com/en/article/a3mexp/neo-nazis-are-organizing-secretive-paramilitary-training-across-america [Zugriff: 09.03.2024].

Mason, James (2003): *Siege*. 2. Edition. Bozeman: Black Sun Publication.

McIlroy-Young, Reid/Anderson, Ashton (2019): From „Welcome New Gabbers" to the Pittsburgh synagogue shooting: The evolution of gab. In: *Proceedings of the Thirteenth International AAAI Conference on Web and Social Media*, 651–654.

METATPOH1 (2017a), 04. Oktober. http://web.archive.org/web/20171004234714/https://twitter.com/METATPOH1/status/915708547765284866 (04, [Zugriff: 14.08.2023].

METATPOH1 (2017b), [Twitter post], Dezember. http://web.archive.org/web/20171201104107/https://twitter.com/METATPOH1/status/936525160479420416 [Zugriff: 14.08.2023].

Miller, Cassie (2018): ‚10,000 of us can be James Allsup': White nationalists are getting involved in local GOP politics. In: *Hatewatch*. https://www.splcenter.org/hatewatch/2018/08/28/10000-us-can-be-james-allsup-white-nationalists-are-getting-involved-local-gop-politics [Zugriff: 16.07.2023].

Miller, Cassie (2020): „There is no political solution": accelerationism in the White Power Movement. In: *Hatewatch*. https://www.splcenter.org/hatewatch/2020/06/23/there-no-political-solution-accelerationism-white-power-movement [Zugriff: 05.02.2024].

Miller, Cassie/Graves, Howard (2020): When the „Alt-Right" hit the streets: Far right political rallies in the Trump era. In: *Hatewatch*. https://www.splcenter.org/20200810/when-alt-right-hit-streets-far-right-political-rallies-trump-era [Zugriff: 16.07.2023].

Paper Beats Rock (2017): [podcast], 12. Dezember. Sendung. Gehalten in Montgomery, AL: Southern Poverty Law Center.

Redmond, Jeremy/Joyner, Chris (2020): Police: Georgia men part of white supremacist group planning murder. In: *Constitution of the Atlanta Journal*. https://www.ajc.com/news/breaking-news/police-georgia-men-part-white-supremacist-group-planning-murder/fAkFWUlWRUTJk5ucCLh7ZM/ [Zugriff: 16.07.2023].

ReidSeej (2018): [Twitter post]. https://web.archive.org/web/20181219055123/https:/twitter.com/reidseej/status/1075213507363127296 [Zugriff:14.08.2023]

Robertson, Adi (2018): Gab is back online after being banned by GoDaddy, PayPal and more. In: *The Verge*, 5.November. https://www.theverge.com/2018/11/5/18049132/gab-social-network-online-synagogue-shooting-deplatforming-return-godaddy-paypal-stripe-ban [Zugriff: 16.07.2023].

Rogers, Richard (2020): Deplatforming: Following extreme internet celebrities to Telegram and alternative social media. In: *European Journal of Communication,* 25(3), 213–229.

Romano, Aja (2017): At long last, Twitter has begun banning (some, not all) Nazis. In: *Vox*, 18. Dezember. https://www.vox.com/2017/12/18/16790864/twitter-bans-nazis-hate-groups [Zugriff: 09.03.2024].

Schmaltz, William (1999): *Hate: George Lincoln Rockwell and the American Nazi Party.* Washington, DC: Brassey's.

Schulberg, Jessica/O'Brien, Luke (2018): We found the neo-Nazi Twitter account tied to a Virginia double homicide. In: *Huffpost*, 4. Januar. https://www.huffpost.com/entry/nicholas-giampa-neo-nazi-teenager-murder-girlfriends-parents-virginia_n_5a4d0797e4b0b0e5a7aa4780 [Zugriff: 09.03.2024].

Scrivens, Ryan/Wojciechowski, Thomas/Frank, Richard (2020). Examining the developmental pathways of online posting behavior in violent right-wing extremist forums. In: *Terrorism and Political Violence* 34/8, 1–18.

Siegeculture_ (2019). [Twitter account]. http://web.archive.org/web/20190319145636if_/https://twitter.com/siegeculture_?lang=he [Zugriff: 14.08.2023].

Southern Poverty Law Center (o.D.): Atomwaffen Division. https://www.splcenter.org/fighting-hate/extremist-files/group/atomwaffen-division [Zugriff: 16.07.2023]

Southern Poverty Law Center (o.D.): The Base. https://www.splcenter.org/fighting-hate/extremist-files/group/base [Zugriff: 14.08.2023].

The Base Chat Log (2019): Archiviert in Montgomery, AL: Southern Poverty Law Center.

The Base Vetting Interviews (2019–2020): Archiviert in Montgomery, AL: Southern Poverty Law Center.

The Base (2020): Contact. https://web.archive.org/web/20200129035512/https://thebase765520628.wordpress.com/contact/ [Zugriff: 14.08.2023].

Thompson, Adam Clay (2018): An Atomwaffen member sketched a map to take the Neo-Nazis down. In: *ProPublica*. https://www.propublica.org/article/an-atomwaffen-member-sketched-a-map-to-take-the-neo-nazis-down-what-path-officials-took-is-a-mystery [Zugriff: 16.07.2023].

Thompson, Adam Clay/Winston, Ali (2018): Atomwaffen, extremist group, whose members have been charged in five murder's loses some of its platforms. In: *ProPublica*, 6. März. https://www.propublica.org/article/atomwaffen-extremist-group-whose-members-have-been-charged-in-five-murders-loses-some-of-its-platforms [Zugriff: 09.03.2024].

Thompson, Adam Clay/Winston, Ali/Hanrahan, Jake (2018): Inside Atomwaffen, as it celebrates a member who allegedly killed a gay Jewish student. In: *Pro Publica*, 23. Februar. https://www.propublica.org/article/atomwaffen-division-inside-white-hate-group [Zugriff: 09.03.2024].

Torba, Andrew (2021): Building infrastructure for a new digital economy. In: *Gab News.* https://news.gab.com/2021/06/building-infrastructure-for-a-new-digital-economy/ [Zugriff: 16.07.2023].

Tyler (2017): [Forum Post]. Iron March. https://www.ironmarch.exposed/post/196303 [Zugriff: 16.07.2023].

Vinokura. (2016): [Forum Message] Iron March. https://www.ironmarch.exposed/message/17870#msg-17870 [Zugriff: 03.03.2020] [nicht mehr aktiv].

Virchow, Fabian (2004): The groupuscularization of Neo-Nazism in Germany: The case of Aktionsbüro Norddeutschland. In: *Patterns of Prejudice,* 38(1), 56–70.

Ware, Jacob (2020): Fighting back: The Atomwaffen Division, countering violent extremism, and the evolving crackdown on far-right terrorism in America. In: *Journal for Deradicalization,* 25, 74–116.

Weill, Kelly (2018): YouTube Won't Ban Neo-Nazi Group Chanting „Gas the K**kes, Race War Now". In: *The Daily Beast*, 27. Februar. https://www.thedailybeast.com/youtube-wont-ban-neo-nazi-group-chanting-gas-the-kkes-race-war-now [Zugriff: 09.03.2024] .

Wilson, Jason (2020a): Revealed: The true identity of the leader of an American neo-Nazi terror group. In: *The Guardian,* 23. Januar. https://www.theguardian.com/world/2020/jan/23/revealed-the-true-identity-of-the-leader-of-americas-neo-nazi-terror-group [Zugriff: 09.03.2024].

Wilson, Jason (2020b): Sweep of arrests hits US Neo-Nazi group connected to five murders. In: *The Guardian,* 06. März. https://www.theguardian.com/world/2020/mar/06/neo-nazi-arrests-deals-blow-us-group-atomwaffen-division [Zugriff: 09.03.2024].

Wilson, Jason (2020c): *The Base*: Exporting accelerationist terror. In: *Hatewatch*.https://www.splcenter.org/hatewatch/2020/08/12/base-exporting-accelerationist-terror [Zugriff: 16.07.2023].

Windisch, Steven/Simi, Pete/Blee, Kathleen/DeMichele, Matthew (2018): Understanding the micro-situational dynamics of white supremacist violence in the United states. In: *Perspectives on Terrorism* 12(6), 23–3.

7 ANTISEMITISCHE HASSREDE IN URDU AUF YOUTUBE

Eine Analyse

Navras J. Aafreedi

Einführung

Religiöse antisemitische Hassrede in Urdu findet sich auf YouTube in zahlreichen Formaten, etwa in Interviews, aber auch in Diskursen, Reden und Vorträgen islamischer Geistlicher. Viele dieser Videos ziehen Millionen von Zuschauer*innen an und werden häufig in sozialen Medien geteilt, beispielsweise auf Facebook, das in Indien 330 Millionen Nutzer*innen hat, mehr als in jedem anderen Land der Welt (Statista Research Department 2021), und 37,38 Millionen in Pakistan (Degenhard 2021a). Twitter verzeichnet 18,8 Millionen Nutzer*innen in Indien (Statista Research Department 2021) und 2,68 Millionen Nutzer*innen in Pakistan (Degenhard 2021b) und WhatsApp verfügt über 390,1 Millionen Nutzer*innen in Indien (Dean 2021) und 9,30 Millionen Nutzer*innen in Pakistan (Degenhard 2021c). Trotz der großen Zahl an Social-Media-Nutzer*innen und insbesondere YouTube-Konsument*innen ist ihr Anteil im Vergleich zur Gesamtbevölkerung der Region gering. Es muss jedoch davon ausgegangen werden, dass diesen YouTube-Videos eine wichtige Rolle bei der Gestaltung der muslimischen Wahrnehmung von Juden/Jüdinnen, Israel und Zionismus in Südasien zukommt, da das, was online konsumiert wird, offline eine viel größere Bedeutung und längere Lebensdauer hat. Urdu ist für die Region besonders bedeutsam, da es die Verkehrssprache der sprachlich vielfältigen südasiatischen Muslime ist, die fast ein Drittel der weltweiten muslimischen Bevölkerung ausmachen. Urdu ist daher auch die Sprache des südasiatischen islamischen Diskurses. Es wird von fast 70 Millionen Menschen als Muttersprache und von mehr als 100 Millionen Menschen als Zweitsprache gesprochen, vor allem in Pakistan und Indien. Urdu ist die Staatssprache Pakistans und auch in Indien offiziell anerkannt. In Südasien leben 21 Prozent der Weltbevölkerung[1], ungeachtet der Religion, und

1 Südasien bezieht sich in dieser Studie auf die Region der Mitgliedsländern der Südasiatischen Vereinigung für regionale Zusammenarbeit, die im Volksmund unter dem Akronym SAARC bekannt ist: Afghanistan, Bangladesch, Bhutan, Indien, Nepal, Malediven, Pakistan und Sri Lanka. Siehe auch https://www.auswaertiges-amt.de/de/aussenpolitik/asien/suedasien/.

ein Drittel der muslimischen Weltbevölkerung, wobei Pakistan mit einer Gesamtbevölkerung von 212 Millionen das fünftbevölkerungsreichste Land der Welt und das zweitbevölkerungsreichste muslimische Land ist. Indien hat eine Gesamtbevölkerung von 1,3 Milliarden. Einige der wichtigsten ideologischen Wurzeln der islamistischen Dschihad-Ideologie, in der Antisemitismus ein wesentlicher Bestandteil ist, liegen in Südasien. Einige der größten islamistischen Bewegungen hatten in dieser Region ihren Ursprung, wie Tablighi Jama'at, die weltweit größte sunnitisch-muslimische Erweckungsbewegung *(Daw'a)*, Jama'at-i-Islami, ein Prototyp des politischen Islam in Südasien, Darul Uloom Deoband[2], die mutmaßliche ideologische Inspirationsquelle der Taliban und Nadwatul Ulama[3] in Lucknow, der Hauptstadt des nordindischen Staates Uttar Pradesh.

Die islamische Renaissance *(ihya')* unterstützt in Reaktion auf westliche und säkulare Trends den zunehmenden Einfluss islamischer Werte auf die moderne Welt. In einer Rückkehr zum Islam in seiner reinsten Form sieht sie die Lösung für alle Übel der islamischen Gesellschaften und der modernen Gesellschaft insgesamt. Die südasiatische muslimische Diaspora ist außerdem zahlenmäßig größer und deutlich weiter verbreitet als die der Muslime aus anderen Regionen, was ihr einen enormen Einfluss auf die muslimische Meinung auf internationaler Ebene verleiht. YouTube hat in Indien über 265 Millionen monatlich aktive Nutzer*innen. Etwa 1.200 Kanäle indischer YouTuber*innen haben mehr als eine Million Abonnent*innen (Laghate 2019). Etwa 73 Prozent aller Pakistaner*innen nutzen YouTube (Rizwan 2019). YouTube ist eine der zwei meistbesuchten Websites und der am vierthäufigsten gegoogelte Suchbegriff in Pakistan (Mueed 2020). Vor diesem Hintergrund muss die Verbreitung antisemitischer Inhalte in der muslimischen Gemeinschaft durch Geistliche auf YouTube ernstgenommen werden: Im Jahr 2016 fanden sich in Indien etwa 4.000 antisemitische Beiträge auf Social-Media-Plattformen (wie YouTube, Twitter, Facebook, Instagram, Blogs), wie eine vom Jüdischen Weltkongress in Auftrag gegebene Studie ermittelte. Hassbekundungen machten 61 Prozent davon aus, die Verwendung antisemitischer Symbole 20 Prozent, Aufrufe zu Gewalt 8 Prozent, Entmenschlichung 8 Prozent und Holocaustleugnung 3 Prozent. Aber nur 1 Prozent waren auf YouTube, während 60 Prozent auf Twitter, 21 Prozent auf Blogs, 12 Prozent auf Facebook, 4 Prozent auf Instagram und 2 Prozent auf anderen Plattformen gefunden wurden. Diese Zahlen wurden durch Datenerhebungen in „dutzenden Sprachen, darunter Englisch – der führenden Sprache im Online-Diskurs – sowie in 186 anderen Sprachen ermittelt, wobei die relevantesten Deutsch,

2 Wichtige islamische Bewegungen in Pakistan wie Sipah-e-Sahaba Pakistan, Jamiat Ulema-e-Islam und Lashkar-e-Jhangvi sind Deobandi-orientiert [Quelle: Byman, Daniel (2015): Al Qaeda: Der Islamische Staat und die Globale Jihadistische Bewegung: Was jeder wissen muss, New York: Oxford University Press].

3 Absolventen von Nadwatul Ulama leiten islamische Zentren auf der ganzen Welt.

Russisch, Spanisch, Portugiesisch, Französisch, Schwedisch, Arabisch, und Chinesisch sind." (World Jewish Congress in Cooperation with Vigo Social Intelligence 2016) Die meisten antisemitischen YouTube-Inhalte in Urdu stammen wahrscheinlich aus Pakistan, doch werden in der Studie weder Urdu noch Pakistan erwähnt. Wer in Indien auf YouTube zugreift, findet Community-Richtlinien in 41 Sprachen (wenn man amerikanisches und britisches Englisch als unterschiedliche Sprachen betrachtet), aber die einzige vorhandene südasiatische Sprache ist Hindi.

Die Richtlinien warnen vor Hassrede, ohne Antisemitismus ausdrücklich zu erwähnen (Google 2021). Allerdings wurde auf einigen YouTube-Kanälen, *Majid Goraya* (Goraya 2020) mit 58.100 Abonnenten und *Learning Centre* mit 8.900 Abonnenten, ein Video gepostet, in dem die YouTube-Richtlinien in Urdu erläutert werden. Gorayas 16 Minuten und 3 Sekunden langes Video, das am 29. September 2020 veröffentlicht wurde, verzeichnete bis zum 29.07.2021, 05:32 Uhr (indische Standardzeit) nur 281 Aufrufe und 12 Likes (kein Dislike), und das am 21. Februar 2019 gepostete 17 Minuten und 54 Sekunden lange Video von *Learning Centre* hatte bis zum 29.07.2021, 05:59 Uhr (indische Standardzeit) nur 26 Aufrufe ohne „Gefällt mir" oder „Gefällt mir nicht". Dies zeigt die Missachtung der großen Urdu-sprachigen Gemeinschaft durch YouTube und überlässt die Verantwortung für die Informiertheit über Richtlinien der Plattform den Nutzer*innen selbst. Darüber hinaus ignoriert YouTube das Problem der Hetze durch Geistliche. Angesichts der Tatsache, dass Hassrede auf Facebook zu völkermörderischer Gewalt gegen die Rohingya-Minderheit in Myanmar geführt hat (UN-Menschenrechtsrat 2018), ist dieses Versäumnis unverantwortlich. Neben der Einführung staatlicher Vorschriften zu Hassrede in sozialen Medien sollte YouTube dazu verpflichtet werden, Richtlinien in allen Sprachen bereitzustellen, in denen es kommerziell tätig ist, und antisemitische Hassrede auf seiner Plattform konsequent zu löschen.[4]

In diesem Kapitel werden antisemitische Inhalte in Urdu auf YouTube erstmals für Nicht-Urdu-Sprecher*innen vorgestellt und so wird ein Zugang zu antisemitischen Diskursen ermöglicht, die noch nicht Teil der derzeitigen Antisemitismusforschung sind. Um die Menge an antisemitischem Material auf Urdu bei YouTube einzuschätzen, habe ich anhand bestimmter Schlüsselwörter und Phrasen nach antisemitischen Inhalten gesucht. Da mir bewusst war, dass die Titel von Urdu-Vi-

4 Seit Erscheinen der englischen Ausgabe dieses Buches hat YouTube Richtlinien zu Hassrede in Urdu hinzugefügt. Es ist uns nicht bekannt, ob die Veröffentlichung dazu beitrug. Hier ist der Link zum Text in Urdu – https://support.google.com/youtube/answer/2801939?hl=ur&ref_topic=9282436&sjid=11926259687453836269-AP –, der von einem englischsprachigen Video begleitet ist. YouTube hat ein ähnliches englischsprachiges Video für Richtlinien über schädliche oder gefährliche Inhalte (https://support.google.com/youtube/answer/2801964?hl=ur&ref_topic=9282436&sjid=11926259687453836269-AP) mit Untertiteln in Urdu. Es gibt inzwischen auch eine YouTube Richtlinie zu Desinformation in Urdu - https://support.google.com/youtube/answer/10834785?hl=ur&sjid=11926259687453836269-AP, aber ohne ein begleitendes englischsprachiges Video.

deos auf YouTube in den meisten Fällen im lateinischen Alphabet geschrieben sind, habe ich nach relevanten Inhalten gesucht, indem ich die beiden Schreibweisen des Urdu-Begriffs für „Jude" und/oder „jüdisch" verwendet habe, nämlich *Yahudi* und *Yahoodi.* Ich suchte außerdem nach dem Begriff „Yahudi" in der Devanagari-Schrift (die von Sanskrit, Hindi und Marathi verwendet wird), da es nicht selten vorkommt, dass indische muslimische YouTube-Kanäle Devanagari für Urdu-Titel ihrer Videos verwenden. Zudem suchte ich nach Videos, indem ich *Yahudi* auch im Urdu-Alphabet eingab, und indem ich „Jew, Jewish, Urdu" in das Suchfeld eingab. Ich wiederholte die gleichen Schlüsselwörter, indem ich „Jew" durch „Zionist" und dann durch „Zionism" ersetzte. Auch *sahyūniyat* (Urdu für „Zionismus") und *sahyūni* (Urdu für „Zionist") in Nasta'liq (perso-arabische Schrift), Devanagari und lateinischer Schrift habe ich einbezogen. Als Ergebnis meiner Suche habe ich 120 Videos von 108 YouTube-Kanälen in die engere Wahl genommen, verteilt über einen Zeitraum von elf Jahren, wobei das älteste Video am 31. März 2010 und das neuste Video am 24. April 2021 gepostet wurde. Ich habe aufgezeichnet, wie oft jedes Video gelikt und kommentiert wurde und achtete auch auf die Kommentare, die es hervorgerufen hat. Darüber hinaus habe ich mir auch die Abonnent*innen-Zahlen der berüchtigtsten YouTube-Kanäle angesehen, die antisemitische Hetze veröffentlichen, die ideologischen und organisatorischen Vernetzungen der Geistlichen, die in diesen Videos auftreten, ihre persönlichen Anhänger und ihren Bildungshintergrund. Dasselbe tat ich mit säkularen Kommentatoren. Ich habe die Quellen der Inhalte untersucht und erforscht, wie Koranpolemiken gegen Juden übermäßig wörtlich und aus dem Kontext gerissen interpretiert werden, auch wenn alternative Interpretationen vorliegen.

Elf der 108 YouTube-Kanäle, deren Videos für diese Studie in die engere Auswahl kamen, haben Followerzahlen in Millionenhöhe, die in absteigender Reihenfolge in Tabelle 7.1 aufgeführt sind. Wie aus Tabelle 7.1 hervorgeht, haben sie mit einer Ausnahme ihren Sitz in Pakistan. In den 120 Videos spielen 26 Geistliche und Kommentatoren eine herausragende Rolle. 15 von ihnen kommen aus Pakistan,[5] sieben aus Indien[6] und einer aus dem Vereinigten Königreich. Der geografische

5 Aus Pakistan kommen Dr. Israr Ahmed, Abdul Rahman Arain, Aalim Muhammad Ibrahim Ashraf, Ehsaan Batalvi, Maulana Tariq Jameel, Mufti Tariq Masood, Ingenieur Muhammad Ali Mirza, Inamullah Mumtaz, Muhammad Raza Saqib Mustafai, Mufti Gulzar Ahmed Naeemi und Allama Syed Shahenshah Hussain Naqvi, Ahmad Raza Rizvi, Abdur Rab Sajid Saifi, Dr. Muhammad Arif Siddiqui und Shaykh Muhammad Mohsin Munawar Yousafi.

6 Aus Indien kommen Mohammad Kafeel Ashraf, Mufti Salman Azhari, Maulana Sayyed Akbar Hashmi, Irfanullah, Mohammad Bin Ishaq, Scheich Abdul Ghaffar Salafi und Anwalt Faiz Syed. Der einzige aus dem Vereinigten Königreich, obwohl indischer oder pakistanischer Herkunft, ist Mufti Abdul Wahab.

Standort der übrigen drei konnte nicht ermittelt werden.[7] Israr Ahmed[8] veröffentlichte mit Abstand die größte Anzahl antisemitischer Videos in Urdu, die von mehreren Kanälen gepostet werden. Deshalb habe ich mich für diese Fallstudie auf ihn konzentriert, um zu sehen, worauf er seine Argumente stützt, was ihn motiviert und was er vorgeblich mit seiner Hetzrede gegen Juden zu erreichen versucht.

Tabelle 7.1: Auswahl von YouTube-Kanälen auf Urdu mit antisemitischem Inhalt

Rang	Kanal	Follower in Millionen	Views	Ort
1	ARY Digital	20,6	13.729.039.184	Pakistan
2	HAQAIQ TV OFFICIAL	6,82	540.539	Pakistan
3	IRC TV	3,06	605.890.163	Indien
4	Message TV	2,82	318.968.682	Pakistan
5	Spread The Islam	2,6	148.246.950	Pakistan
6	Limelight Studio	2,1	215.461.742	Pakistan
7	Dr. Israr Ahmad Official	2,02	214.416.100	Pakistan
8	GNN	1,69	356.974.825	Pakistan
9	Engineer Muhammad Ali Mirza – Official Channel	1,56	301.585.668	Pakistan
10	Zaitoon TV	1,05	138.475.932	Pakistan
11	Studio One	1,4	121.020.508	Pakistan

Die Rolle von YouTube

Dass es einfach ist, „Ideen und Botschaften schnell an ein großes Publikum zu verbreiten“[9], macht soziale Medien auch bei denen beliebt, die ihren Hass in Urdu verbreiten. Soziale Medien ermöglichen es böswilligen Akteuren, ein jüngeres Publikum zu erreichen und seine Wahrnehmung zu beeinflussen (Gottfried, Shearer 2016). Ein Grund für die Beliebtheit von YouTube ist, dass es nicht nur ein soziales

7 Die drei, deren geografische Lage ich nicht erkunden konnte, sind Aalim Muhammad Ibrahim Ashraf, SM Iqbal und Hafeez ur-Rahman. Die oben genannten Listen umfassen sowohl Schiiten als auch Sunniten.

8 „Ahmed“ ist eine Schreibvariante von „Ahmad“.

9 „distributing ideas and messages rapidly to a large audience“.

Netzwerk ist, sondern jedem*r Nutzer*in identifizierbar oder anonym ermöglicht, Videos nicht nur zu sehen, sondern auch hochzuladen. Die Bedeutung der Vorträge islamischer Geistlicher auf YouTube zeigt sich, wenn man bedenkt, dass „die Weitergabe islamischen Wissens von Mensch zu Mensch schon immer im Mittelpunkt der Weitergabe islamischen Wissens stand“[10], wie Francis Robinson betont. Der Glaube, dass es der beste Weg zur Wahrheit sei, dem Autor selbst zuzuhören, veranlasste muslimische Gelehrte über weite Strecken durch die muslimische Welt zu reisen, um zuverlässig durch persönliche Weitergabe an ihr Wissen zu gelangen. „Wenn ein Gelehrter sein Wissen nicht persönlich von einem Autor erhalten konnte, bemühte er sich, es von einem Gelehrten zu bekommen, dessen *Isnad* oder Übertragungskette vom ursprünglichen Autor als am zuverlässigsten galt“, so Robinson (Robinson 1993: 237).[11] Dies erklärt auch die muslimische Skepsis gegenüber dem geschriebenen Wort. Robinson macht darauf aufmerksam, dass sich gedruckte Texte in der muslimischen Welt erst vier Jahrhunderte nach ihrer Etablierung im Westen durchsetzen konnten, und weist darauf hin, dass „der Koran immer mündlich weitergegeben wurde“[12] (Robinson 1993: 234). Mohammed übermittelte seinen Anhänger*innen die Botschaften, die er der Überlieferung nach von Gott erhalten hatte, mündlich. Bereits wenige Jahre nach seinem Tod wurden diese niedergeschrieben, allerdings „nur als Hilfsmittel zur Erinnerung und zur mündlichen Überlieferung. Und das ist seit jeher die Funktion des schriftlichen Korans“[13] (Robinson 1993: 234). Mit der Verbreitung islamischer Geistlicher und islamistischer Redner auf YouTube erleben wir eine Art Wiederbelebung der jahrhundertealten Tradition der mündlichen Weitergabe islamischen Wissens – aber leider auch die Verbreitung antisemitischer Diskurse in großem Umfang. Extreme Inhalte wie Antisemitismus leiten die YouTube-Nutzer*innen in der Regel zu weiteren extremistischen Videos weiter, „was möglicherweise zum Eintauchen in eine extremistische ideologische Blase führt“[14] (O'Callagham et al. 2015: 473). Die Wahrscheinlichkeit, online auf extremistische Ideen zu stoßen, hat sich zwischen 2013 und 2015 verdreifacht (Kaakinen et al. 2018). Der Anteil der Internetnutzer*innen im Alter von 15 bis 30 Jahren, die angeben, extremistischen Nachrichten ausgesetzt zu sein, stieg von 17 Prozent im Jahr 2013 auf 60 Prozent im Jahr 2015. Laut einer repräsentativen Studie von 2016 waren 40 Prozent der Nutzer*innen im Alter von 14 bis 19 Jah-

10 „person-to-person transmission has always been at the heart of the transmission of Islamic knowledge“.

11 „When a scholar could not get knowledge from an author in person, he strove to get it from a scholar whose *isnad*, or chain of transmission from the original author, was thought to be the most reliable“.

12 „the Quran was always transmitted orally“.

13 „only as an aid to memory and oral transmission. And this has been the function of the written Quran ever since“.

14 „potentially leading to immersion in an extremist ideological bubble“.

ren über Videoplattformen wie YouTube z.B. auf extremistische Inhalte gestoßen (Schmitt et al. 2018). Ein vom Online Hate Prevention Institute, Melbourne, für das Global Forum for Combating Antisemitism im Jahr 2016 erstellter und vom israelischen Außenministerium auf seiner Website veröffentlichter Bericht ergab, dass sich auf YouTube der größte Anteil an Antisemitismus findet: 41 Prozent aller antisemitischen Inhalte in sozialen Medien sind gemäß einer Stichprobe der Studie von 2057 kategorisierten Posts dort verfügbar. Im Anschluss an das Global Forum for Combating Antisemitism im Mai 2015 stellte das Online Hate Prevention Institute Facebook, YouTube und Twitter eine Liste der IP-Adressen mit antisemitischen Inhalten auf ihren Plattformen, die in den Bericht aufgenommen worden waren, zur Verfügung. Twitter und YouTube einigten sich darauf, die Liste zu überprüfen. Allerdings wurden bis Januar 2016 nur 20 Prozent der Auswahl von den Plattformen entfernt. Der Bericht weist auch darauf hin, dass YouTube wahrscheinlich im Durchschnitt nur 8 Prozent der angezeigten antisemitischen Inhalte von seiner Plattform entfernt hat, während die Entfernungsrate bei Facebook bei 37 Prozent und bei Twitter bei 22 Prozent lag (Oboler 2016: 7). Für die drei für diesen Bericht untersuchten sozialen Medien wurde festgestellt, dass Holocaustleugnung am weitesten auf YouTube verbreitet ist. Facebook und Twitter wiederum dienten der Verbreitung von YouTube-Videos, die den Holocaust leugnen (Oboler 2016: 18). *The Jewish Chronicle* berichtete kürzlich darüber, dass „auf der weltweit größten Video-Sharing-Plattform extremer Antisemitismus in Urdu verbreitet wird“[15]. Er machte darauf aufmerksam, dass „YouTube abscheulichen Judenhass mit Millionen von Aufrufen verbreitet“[16] (Simons 2021), zeigte aber auch, dass die Plattform dabei versagte, das Problem zu beseitigen.

Fallstudie: Israr Ahmed

Israr Ahmed (1932–2010) war ein bekannter islamischer Theologe in Pakistan. Er trat 1950 der Jama'at-i-Islami bei, einer Gemeinschaft, die prototypisch den politischen Islam in Südasien verkörptert. Als ihr Gründer und Anführer Syed Abu A'la Mawdudi 1957 beschloss, sich politisch zu engagieren, verließ er sie jedoch, da dies Ahmed zufolge unvereinbar mit der revolutionären Ideologie der Jama'at aus der Zeit vor 1947 war. Er folgte jedoch weiterhin Mawdudis Kennzeichnung der Moderne und/oder Verwestlichung als *Neo-jāhiliyyā* (vorislamische Ignoranz), die durch die Jüdinnen*Juden verkörpert werde. Das Konzept der *Neo-Jāhiliyyā* wurde später von Sayyid Qutb (1906–1966) von der Muslimbruderschaft Ägyptens übernommen und in der arabischen Welt und darüber hinaus popularisiert, was zur Entstehung

15 „the world's biggest video sharing platform is hosting extreme antisemitism in the Urdu language“.
16 „YouTube hosts vile Jew hatred with millions of views“.

des internationalen militanten Islamismus führte. Ahmed wurde 1981 mit Pakistans dritthöchster ziviler Auszeichnung, *Sitārā*-i-Imtiāz (Stern der Exzellenz), geehrt. Er trat regelmäßig im Sender Peace TV auf, der 2016 in Indien und Bangladesch verboten wurde. Israr Ahmed tendierte dazu, Juden für alles Schlimme unter der Sonne verantwortlich zu machen. Einige der wiederkehrenden Themen, die er mit den Diskursen anderer islamistischer Theologen und Kommentatoren teilt, sind jedoch: (1) jüdischer Antagonismus gegenüber dem Islam seit seiner Entstehung; (2) die Darstellung von Rassismus, Eifersucht, Sturheit, Arroganz, Verrat und Betrug als Merkmale des jüdischen Charakters; (3) der Vorwurf der Verfälschung heiliger Texte; und (4) jüdische globale Verschwörung. Ein Video mit Israr Ahmed erhält jeden Tag durchschnittlich 1.291,04 Aufrufe, 13,60 Likes, 1,66 Dislikes und 1,19 Kommentare. Die genaue Dauer, die jedes Video vom Zeitpunkt seiner Veröffentlichung auf YouTube bis zu dem Tag, an dem es von mir aufgerufen wurde, online verfügbar war, wurde mit der kostenlosen Online-Rechnersammlung PlanetCalc berechnet, die 856 Online-Rechner enthält.[17] Vier der in Tabelle 7.1 aufgeführten Videos wurden von einem ausschließlich ihm gewidmeten Kanal gepostet: „Dr. Israr Ahmad Official“. Drei Videos wurden im Jahr 2020, zwei im Jahr 2014 und jeweils eines in den Jahren 2011, 2013 und 2017 veröffentlicht. Alle oben genannten Videos wurden also nach Ahmeds Tod im Jahr 2010 veröffentlicht. Angesichts der aufrührerischen Natur seiner Reden ist es alarmierend, dass sie auch lange nach seinem Tod verfügbar sind, auf verschiedenen Kanälen gepostet werden, und dass sie weiterhin so viele Zuschauer*innen anziehen. Bis auf wenige Ausnahmen weisen alle Videos unterschiedlich starke antisemitische Rhetorik und/oder Färbung auf. Die Videos lassen sich grob in zwei Kategorien einteilen. Eine Art der Videos konzentriert sich auf die Polemik gegen Juden im Koran und den *Hadithen* und deren Interpretationen. Die Videos der anderen Kategorie befassen sich mit Verschwörungsmythen. Überschneidungen zwischen den beiden Kategorien sind jedoch nicht selten. Einige dieser Videos wurden bereits etwa einen Monat nach ihrer Veröffentlichung auf YouTube von Hunderttausenden abgerufen.

Die Polemiken, auf die in Israr Ahmeds YouTube-Videos immer wieder Bezug genommen wird, sind:

1. Vorwurf der Verzerrung/Verfälschung der Schriften durch Juden (*taḥrīf*).
2. Verbot der Freundschaft mit Juden und Christen.
3. Verwandlung von Juden in Affen als göttliche Strafe für Verstöße gegen den Sabbat.
4. Vorwurf der Ermordung von Propheten durch Juden.

17 https://planetcalc.com/about/

5. Verurteilung der meisten Juden wegen ihrer Ablehnung des Propheten Mohammed und dafür, ihren eigenen religiösen Geboten nicht gerecht zu werden.
6. Prophezeiung der Vernichtung des größten Teils des jüdischen Volkes durch Jesus am Ende der Zeiten durch Gottes Zorn für ihre angeblichen Missetaten.
7. Prophezeiung der Ermordung von *Dajjāl* (Antichrist), gefolgt von der Vernichtung seiner jüdischen Anhänger*innen, gemäß bestimmter Interpretationen einer Hadith, *Sahih Bukhari*.

Um zu zeigen, wie antisemitische Aussagen Ahmeds durch ihre Verbreitung auf YouTube globale Relevanz in der Urdu-sprachigen Diaspora bekommen können, konzentriere ich mich hier auf antisemitische Verschwörungsmythen über Jüdinnen*Juden und Israel.

Antisemitische Verschwörungsmythen in Israr Ahmeds YouTube-Ansprachen

In den auf YouTube verfügbaren Reden von Israr Ahmed wimmelt es von antisemitischen Verschwörungsmythen, die in ihrer enormen Bandbreite eine Fülle von Vorwürfen umfassen. Jüdinnen*Juden werden für die wirtschaftliche Ausbeutung der Welt verantwortlich gemacht, für den Plan, den Felsendom und die Al-Aqsa-Moschee abzureißen, für Pläne, Israels Nachbarländer zu besetzen, um Groß-Israel zu bilden, und für Pläne, die Welt zu beherrschen und die globale Wirtschaft zu kontrollieren (Dr. Israr Ahmad Official [YouTube] 2014). Außerdem stößt man auf eine Intersektionalität von Homophobie und Antisemitismus, wenn Juden beschuldigt werden, Homosexualität im Rahmen einer Verschwörung populär zu machen (Al-Mashriq Institute [YouTube] 2020). Ahmed sagt, dass laut dem jüdischen Talmud alle Nichtjuden oder Goyim menschenähnliche Wesen, aber keine Menschen seien. So wie Menschen das Recht haben, andere Lebewesen wie Pferde und Ochsen zu nutzen, hätten die Juden das Recht, Nichtjuden zu ihrem Vorteil zu nutzen. Und die beste Art, dies zu tun, bestehe darin, sie in Tiere zu verwandeln, indem man den Wert der Familie grundsätzlich angreife. Ahmed findet, dass dies den Juden gelinge, da seiner Meinung nach im Westen der Sinn für Demut verschwunden sei. Er weist darauf hin, dass Bill Clinton in seiner Rede zur Lage der Nation einst sagte, dass die Mehrheit der amerikanischen Bevölkerung bald aus „Bastarden“ bestehen werde. Anschließend stellt er klar, dass er den Begriff „Bastard“ für das verwendet, was Clinton eigentlich gesagt hatte, nämlich: „nichtehelich geboren“. Er beklagt, dass Pfarrer*innen und Senator*innen sich zu ihrer Homosexualität offen und ohne jegliches Schamgefühl bekennen. Ahmed erzählt seinem Publikum, dass Juden glaubten, sexuelle Lust könne auf jede Art und Weise erlangt werden. Juden, die die Macht der alleinigen höchsten Macht auf Erden nutzten, belagerten die muslimische

Gesellschaft, damit auch ihre soziale und ethische Ordnung zerstört werde, so wie sie die des Westens zerstört hätten. Damit auch in der muslimischen Gesellschaft Mann und Frau begännen, einander als gleichwertig zu betrachten, homosexuelle Ehen legalisiert würden, Prostitution als normaler Beruf anerkannt und Prostituierte als Sexarbeiterinnen bezeichnet würden (Al-Mashriq-Institut [YouTube] 2020).

Ahmed war sich sicher, dass die Angriffe auf das World Trade Center und das Pentagon am 11. September 2001 das Werk Israels waren, da er glaubte, dass niemand sonst in der Lage wäre, ihn auszuführen. Seiner Meinung nach sind Israels Agenten in Amerika allgegenwärtig. Sie kontrollierten sowohl Print- als auch elektronische Medien. Er verwendet die Begriffe Israelis und Juden synonym, was im südasiatischen muslimischen Diskurs keine Seltenheit ist (Zamana Gawah Hai [YouTube] 2014). Ahmed drückt es so aus:

> Als sich das Licht des Wissens vom arabisch beherrschten Spanien auf den Rest Europas auszubreiten begann, fügten die Juden ihm drei Dinge hinzu. Erstens die individuelle Glaubensfreiheit. Dadurch schwächte sich der Einfluss des Glaubens in Europa ab, wovon die Juden unmittelbar profitierten. Das Zweite war die Freiheit, zu tun, was einem gefiel. Dies löste in Europa einen Sturm des Ehebruchs und der sexuellen Korruption aus. Und das dritte war eine freie Wirtschaft.[18] (Dr. Israr Ahmad Official [YouTube] 2017)

Laut Ahmed wollten die Zionisten sicherstellen, dass Amerika die einzige Großmacht der Erde bleibe. Ihr Ziel sei es, einen Kampf der Kulturen zur Umsetzung des „dajjalianischen (antichristlichen) Lebenssystems“ auf der ganzen Welt herbeizuführen, Groß-Israel zu schaffen, die Moscheen – Felsendom und Al-Aqsa – auf dem Tempelberg abzureißen, um dort den dritten jüdischen Tempel zu errichten, und die Kontrolle über alle natürlichen Ressourcen der Welt zu erlangen. Um dieses Ziel zu erreichen, nähmen die Juden die Muslime ins Visier. Sie machten Jagd auf Muslime, da diese ein schwacher Gegner seien. Die Muslime verfügten über große Ölreserven. Es sei notwendig, die Kontrolle über die islamische Welt zu erlangen, da sie die einzige Region sei, die vom „westlichen Unsinn der Geschlechtergleichheit“ noch unberührt sei:

> Der Koran geht eindeutig davon aus, dass der Status des Mannes höher ist als der der Frau, und in der islamischen Welt gibt es noch immer eine

18 „When the light of knowledge started spreading from Arab ruled Spain to the rest of Europe, the Jews added three things to it. First, the individual freedom to believe. As a result, the grip of faith weakened over Europe, from which the Jews directly benefited. The second thing was the freedom of action, to do as one liked. This is what brought about a storm of adultery and sexual corruption in Europe. And the third was a free economy“.

> klare Unterscheidung zwischen der Sphäre des Mannes und der der Frau. Der Sieg über die Muslime ist notwendig, um die Karte des Nahen Ostens neu zu zeichnen und den Traum von Groß-Israel zu verwirklichen.[19] (Dr. Israr Ahmad Official [YouTube] 2014)

Von den 148 Kommentaren, die das Video bis zum 27.07.2021 erhalten hatte, waren nur drei kritisch. Der Rest lobte Israr Ahmed und seinen Vortrag. Alle drei kritischen Kommentare zum Video wurden von YouTube-Nutzer*innen mit hinduistischen Namen gepostet. Ein gewisser Ramananda fragt sich in seinem im lateinischen Alphabet geschriebenen, hindisprachigen Kommentar, ob Israr Ahmed verrückt sei oder andere um den Verstand bringen wolle. Auf seinen Kommentar gibt es Antworten von mehreren Nutzer*innen mit muslimischen Namen. Während sie alle seinen Kommentar einstimmig verurteilen, gibt es einen Nutzer mit dem Hindu-Namen Vikram Chavan, der diejenigen zur Rede stellt, die Ramananda in ihren Kommentaren beschimpfen. Er fragt, ob es den Muslimen nichts ausmache, sich über den Glauben anderer lustig zu machen. Er fleht sie an, die *Bhagwat Gita* (einen heiligen Hindu-Text) zu lesen, damit sie den Hass loswerden, von dem sie erfüllt sind. Als Reaktion darauf fordern ihn einige Nutzer aggressiv auf, doch einfach zu gehen.

Islamist*innen glauben, dass das Bündnis zwischen den Vereinigten Staaten und Israel zu einem „jüdisch-christlichen" Angriff auf die Wurzeln der Religion des Islam geführt habe. Diese Wahrnehmung ist auch der Kern des Konzepts vom „Islam unter Belagerung". Islamisten unterscheiden im Allgemeinen nicht zwischen Zionisten und Juden. Die islamistische Vorstellung vom „Islam unter Belagerung", der einen Dschihad gegen eine jüdisch-amerikanische Verschwörung führe, hat ihren Ursprung im Werk von Sayyid Qutb, der stark von Mawdudi beeinflusst wurde. Mawdudi war der erste, der eine zwingende Notwendigkeit des Dschihad für die heutigen Muslime betonte. Es besteht kein Zweifel am Einfluss Mawdudis auf die Erweckungstheologie von Marokko bis Malaysia und Ereignisse wie die iranische Revolution 1978/79. Seine Ansichten und Gedanken beschleunigten die Ausbreitung der islamischen Erweckungstheologie in Zentralasien, Nordafrika und Südostasien und beeinflussten eine Reihe islamistischer Ideologen, darunter den iranischen Ayatollah Sayyid Ruhollah Musavi Khomeini (ca. 1900–1989) und die oben genannten Sayyid Qutb und Israr Ahmed.

Verschwörungsmythen treten am häufigsten in Gruppen auf, die sich als Opfer von größeren Mächten fühlen und dazu neigen, die Welt als einen Kampf zwischen Gut und Böse zu betrachten (Charles 2020). Der Glaube an Verschwörungsphan-

---

19 „The Quran has clearly considered man's status to be higher to that of woman and there is still a clear distinction between the domain of man and that of woman in the ISlamic world. Defeating the Muslims is necessary for the redrawing of the map of the Middle East for the realization of the dream of Greater Israel."

tasien ist in antidemokratischen Regimen besonders verbreitet (Allington et al. 2020:82). Verschwörungsphantasien sind außerdem geprägt durch ein erhebliches Maß an Homogenität und Kontinuität. Fachleute erklären dies mit der "kognitiven Funktion verschwörungstheoretischer Annahmen."[20] Die Jüdinnen*Juden stehen im Mittelpunkt der Kontinuität der Tradition, „insbesondere die berühmte jüdische Familie Rothschild"[21] (Allington et al. 2020). „Volkstümliche Ansichten über jüdische Kommunisten und jüdische Finanziers"[22], wie M. Billig es ausdrückt, sind dabei tief verwurzelt, weil sich die Verschwörungsfantasten auf die Arbeit ihrer Vorgänger verlassen (zitiert in Allington et al. 2020:82). Die zentrale Bedeutung des Antisemitismus für Verschwörungsfantasien ist durch die bestehende Forschung bereits gut belegt. Diese unterstreicht auch die besondere Rolle von YouTube bei der Verbreitung solcher Fantasien. Es konnte festgestellt werden, dass es ein Muster gibt, wie implizite antisemitische Inhalte explizit antisemitische Kommentare hervorrufen (Allington et al. 2020).

Neugröschel hat gezeigt, dass antisemitische und antiamerikanische Narrative in Verschwörungsphantasien einen entscheidenden gemeinsamen Nenner haben. Die Vereinigten Staaten, Israel, der Zionismus und die Jüdinnen*Juden werden häufig als „Kollaborateure – oder austauschbare Vertreter einer zerstörerischen Weltverschwörung, die absichtlich Chaos in der Welt anrichtet"[23] (Neugröschel 2021: 175) dargestellt, mit dem Ziel, die Kontrolle über die Menschheit zu erlangen und sie auszubeuten. Neugröschel betont:

> Dabei assoziieren sie die USA und das Judentum – letzteres direkt oder indirekt, indem sie Israel oder dem Zionismus die Schuld geben – mit einer Erzählung, die auffallend an die traditionelle paranoide antisemitische Fantasie einer jüdischen Weltverschwörung erinnert, die (nicht nur) in der berüchtigten Fälschung *Protokolle der Weisen von Zion* dargelegt wird.[24] (Neugröschel 2021: 176)

Umer Karim, Gastwissenschaftler am Royal United Services Institute (RUSI) mit Forschungsschwerpunkt Pakistan, bestätigt dies:

20 „in terms of the cognitive function of conspiracist assumptions".

21 „especially the famously Jewish Rothschild family".

22 „The folklore about Jewish communists and Jewish financiers".

23 „collaborators in – or interchangeable representations of a disruptive world conspiracy that intentionally wreaks havoc on the world".

24 „They thereby associate the USA and Judaism – the latter directly, or indirectly by blaming Israel or Zionism – with a narrative, highly evocative of, if not identical with, the traditional paranoid antisemitic fantasy of a world Jewish conspiracy, conspicuously (but certainly not exclusively) laid out in the notorious forgery, *The Protocols of the Elders of Zion*".

> Der pakistanische Urdu-Mediendiskurs, ob elektronisch, gedruckt oder digital, ist stark von Verschwörungstheorien beeinflusst, die nach wie vor überwiegend antisemitisch sind und Juden für alles Unrecht der Welt verantwortlich machen, insbesondere, wenn es die muslimische Welt betrifft. Diese Narrative schüren dann wiederum extremistische Einstellungen, insbesondere gegenüber Jüdinnen*Juden, die als Zentrum allen Übels gelten, unabhängig davon, ob sie Israel politisch unterstützen oder nicht.[25] (Simons 2021)

Reaktionen auf die antisemitische Rhetorik auf YouTube

Die meisten Kommentare zu den Videos von Israr Ahmed auf YouTube beinhalten Lob für den Inhalt und den Sprecher, aber auch Gebete und Wünsche für die Vernichtung der Jüdinnen*Juden bzw. Israels. Kritik an antisemitischen Inhalten findet grundsätzlich nicht statt. Zwar gibt es immer auch „Dislikes", allerdings in weitaus geringerer Zahl als postive Reaktionen. „Dislikes" und „Kommentar" sind die einzigen Mittel, um Widerspruch zum Inhalt eines Videos auf YouTube zum Ausdruck zu bringen. Tatsächlich kann aber ein kritischer Kommentar zum Videoinhalt vom YouTube-Kommentarsystem effektiv unterdrückt werden, wenn er von genügend Followern und Fans desjenigen, der das Video hochgeladen hat, „dislikt" wird (Charles 2020). Dadurch erweckt ein flüchtiger Blick auf den Kommentarbereich eines Videos den Eindruck, es herrsche Konsens unter den Zuschauern, wodurch dieser als Echokammer für antisemitische Inhalte wirkt. Es ist schwierig, einen Kausalzusammenhang zwischen dem in diesen YouTube-Videos enthaltenen Antisemitismus und Angriffen auf Juden herzustellen. Welche Rolle islamistisch-antisemitische Inhalte auf YouTube im Prozess der Radikalisierung spielen, ist bislang kaum erforscht. Mit anderen Worten: Wir wissen recht wenig darüber, welchen Beitrag islamistisch-antisemitische Inhalte in sozialen Medien dazu leisten, eine Person zum*r Unterstützer*in von Terrorismus oder zu Terrorismus führenden Formen des Extremismus zu machen (Behr et al. 2013). Für den europäischen Raum stellen Bijola und Manor jedoch fest, dass „die Verbreitung antisemitischer Inhalte im Internet Auswirkungen auf die europäischen Gesellschaften insgesamt hat, da Antisemitismus soziale Spannungen schürt, den sozialen Zusammenhalt beeinträchtigt und häufig zu einer Zunahme der Gewalt führt" (Bijola, Manor 2020).

---

25 „The Pakistani Urdu media discourse, whether electronic, print or digital, is heavily influenced by conspiracy theories that remain overarchingly antisemitic and consider Jews responsible for every wrongdoing in the world, particularly when it concerns the Muslim world. These narratives then resultantly fuel extremist attitudes, particularly against Jews who are considered as the center of all evil, regardless of the fact if they politically support Israel or not."

Einige der brutalsten antisemitischen Angriffe der vergangenen Jahre fanden in Südasien statt: z.B. 2008 der Angriff auf das Chabad Lubawich Centre in Mumbai oder 2010 die Bombenexplosion in einer deutschen Bäckerei in Pune, die häufig von israelischen Touristen besucht wird und ganz in der Nähe der dortigen Lal-Deval-Synagoge liegt, oder 2012 der gescheiterte Versuch, einen israelischen Diplomaten in Neu-Delhi zu ermorden, sowie eine Reihe vereitelter islamistischer Angriffe auf Jüdinnen*Juden und jüdische Institutionen in der Region. Schon vor der Erfindung des Internets kam es in Südasien zu Antisemitismus, aber YouTube hat seine Verbreitung wie ein Virus beschleunigt.

Schlussfolgerungen und Empfehlungen

In dieser ersten Studie über antisemitische Rhetorik in Urdu auf YouTube habe ich 120 Videos von 108 YouTube-Kanälen verteilt über einen Zeitraum von elf Jahren untersucht, wobei das älteste Video am 31. März 2010 und das jüngste Video am 24. April 2021 gepostet wurde. Ich stellte fest, dass elf der 108 YouTube-Kanäle Millionen Follower haben und alle bis auf einen ihren Sitz in Pakistan haben. Dennoch werden bisher weder Pakistanisch noch Urdu, die Verkehrssprache südasiatischer Muslim*innen, die eine Vielzahl an Sprachen sprechen, in Studien zum Antisemitismus in sozialen Medien erwähnt. Ich stellte fest, dass Israr Ahmeds Reden auf YouTube eine größere Reichweite haben als die jedes anderen Urdu sprechenden Geistlichen und seine Reden hasserfüllter waren als die aller anderen. Der extrem und unverhohlen antisemitische Charakter seiner Ansprachen scheint seiner Beliebtheit keinen Abbruch zu tun, da seine Videos auch zwölf Jahre nach seinem Tod weiterhin auf YouTube verfügbar sind. Er greift gleichzeitig auf die Polemik religiöser Schriften und die im Umlauf befindlichen antisemitischen globalen Verschwörungsmythen zurück und macht diese durch seine Position als Träger der dritthöchsten zivilen Auszeichnung Pakistans respektabel. Der antisemitische Inhalt der Videos mit Israr Ahmed und anderen Geistlichen spielt eine wichtige Rolle bei der Gestaltung der südasiatischen muslimischen Wahrnehmung von Jüdinnen*Juden, Israel und Zionismus in einer Region, in der die meisten Menschen nie in direkten Kontakt mit Jüdinnen*Juden kommen und sie nur über unzuverlässige Quellen aus zweiter Hand kennen.

Die Bedeutung von YouTube wird durch die Tatsache unterstrichen, dass die mündliche Weitergabe von Mensch zu Mensch durch eine unangefochtene Kette zuverlässiger Erzähler seit jeher im Mittelpunkt der Weitergabe islamischen Wissens steht. In der muslimischen Welt hatte es schon immer Vorrang, Wissen direkt vom ursprünglichen Autor persönlich zu erhalten und nicht durch gedruckte Texte. In Südasien, wo Analphabetismus nach wie vor weit verbreitet ist,[26] entwickelt sich YouTube zu einem neuen Medium der mündlichen Wissensvermittlung und verschafft Urdu-sprechenden Antisemiten einen noch nie da gewesenen Zugang zu jungen Urdu-Sprecher*innen innerhalb und außerhalb Südasiens.

Nichtsdestotrotz haben der Antisemitismus in Südasien und seine Verbreitung über YouTube nicht die Aufmerksamkeit erhalten, die sie verdienen. Dafür gibt es mehrere Gründe: Die zahlenmäßige Bedeutungslosigkeit der Jüdinnen*Juden in Indien und ihre praktische Abwesenheit im übrigen Südasien sowie die Tatsache, dass der Antisemitismus dort nur selten zu Gewalt geführt hat, haben die Menschen dazu verleitet, dem offiziell propagierten Narrativ der Abwesenheit von Antisemitismus in der Region Glauben zu schenken. Antisemitismus ohne Juden ist heute in der muslimischen Welt, auch unter südasiatischen Muslimen, ebenso verbreitet wie in Post-Holocaust-Gesellschaften wie Polen, Österreich oder Rumänien, wo es nur noch sehr wenige Jüdinnen*Juden gibt. Laut Robert Wistrich bilden sich negative Stereotype von Juden so weit aus, dass sie Teil der Kultur werden und dann „Judenhass keine Verbindung mehr“ mit realen menschlichen Beziehungen erfordere, was die Präsenz von Judenhass auch ohne Jüdinnen*Juden ermögliche (Wistrich 1991: xx). Es sind diese negativen Stereotype, die YouTube durch seine antisemitischen Inhalte in Urdu in Südasien und auch in der Urdu sprechenden südasiatischen muslimischen Diaspora, die z.B. im Vereinigten Königreich und anderen englischsprachigen Ländern stark vertreten ist, weltweit verbreitet. Auch mit Antisemitismusbekämpfung befasste Organisationen und Institutionen reagieren bis dato unzureichend auf die Urdu-sprachlichen antisemitischen Inhalte auf YouTube. Es gibt ein paar Websites mit Beiträgen auf Urdu, die sich der Sensibilisierung für den Holocaust widmen, beispielsweise in den Vereinigten Staaten die des Holocaust-Gedenkmuseums in Washington[27] und des Museums des britischen muslimischen Aktivisten indischer Herkunft, Syed Shaheen Chishti.[28] Meines Wissens gibt es jedoch keine Urdu-sprachlichen Videoinhalte über die Geschichte des Holocaust, des Antisemitismus oder ganz allgemein zur jüdischen Geschichte. Es existieren jedoch eine Reihe von Videos auf Urdu, die den Holocaust leugnen oder verharmlosen. Es könnte und sollte wesentlich mehr unternommen werden, von der Organisation wissenschaftlicher Vorträge auf Urdu zu antisemitismusrelevanten Themen bis hin zu einer direkteren Einbindung der Zivilgesellschaft. Auch Künstler*innen könnte man an der Aufklärungsarbeit beteiligen. 2019 schrieb der Dramatiker und Theaterregisseur Afaq Almas ein Stück auf Urdu, das auf dem *Tagebuch der Anne Frank* basiert. Er erhielt die offizielle Genehmigung des Anne-Frank-Fonds in Basel,

26 Laut UNO lebt fast die Hälfte aller Analphabet*innen in Südasien, vgl.: https://bangkok.unesco.org/content/literacy-rates-rise-one-generation-next-challenges-remain-region

27 https://www.ushmm.org/ur [Zugriff: 11.12.2023].

28 https://ur.holocaustinurdu.com/ [Zugriff: 29.05.2021].

Schweiz, das Stück in Urdu, basierend auf der englischen Übersetzung von Susan Masotty, zu veröffentlichen. Obwohl er sich bei einer Reihe von Organisationen, die sich der weltweiten Aufklärung über den Holocaust widmen, um Gelder bewarb, konnte er jedoch weder einen Verlag noch einen Sponsor für die Inszenierung finden (Aafreedi 2019).

Es sollte Bemühungen geben, Videos, die antisemitische globale Verschwörungsmythen und Hass verbreiten, von der Plattform zu nehmen. Es ist zwar nicht einfach, antisemitische Inhalte, die auf religiösen Schriften beruhen, von YouTube entfernen zu lassen. Aber Videos mit alternativen Interpretationen von aufgeklärten und qualifizierten Gelehrten wie Javed Ahmad Ghamidi[29] auf Urdu könnten veröffentlicht und verbreitet werden.

YouTube sollte Informationen über Jüdinnen*Juden, den Holocaust und Antisemitismus auch in Ländern bereitstellen, in denen nur wenige Jüdinnen*Juden leben. Vor allem muss YouTube dazu gedrängt werden, antisemitische Inhalte von seiner Plattform zu entfernen und sicherzustellen, dass diese nicht erneut auftauchen.

Literaturverzeichnis

Aafreedi, Navras J. (2019): „Anne Frank" may be presented to Muslims in Urdu. In: *San Diego Jewish World.* https://www.sdjewishworld.com/2019/06/09/anne-frank-may-be-presented-to-muslims-in-urdu/ [Zugriff: 17.07.2023].

Allington, Daniel/Buarque, Beatriz L./Flores, Daniel (2020): Antisemitic Conspiracy Fantasy in the Age of Digital Media: Three „Conspiracy Theorists" and Their YouTube Audiences. In: *Language and Literature,* 30(1), 78–102. DOI: 10.1177/0963947020971997

Al-Mashriq Institute (2020): Yahoodiyon ki Saazish – Homosexuality ko aam karna – Dr. Israel Ahmed. https://www.youtube.com/watch?v=2WAOaWLcOBM [Zugriff: 16.07.2023].

Auswärtiges Amt (2022): *Südasien: Eine Region im Wandel.* https://www.auswaertiges-amt.de/de/aussenpolitik/asien/suedasien/. [Zugriff: 06.03.2024].

Behr, Ines von/Redig, Anais/Edwards, Charlie/Gribbon, Luke (2013): Radicalization in the digital era: The use of the Internet in 15 cases of terrorism and extremism. Brüssel, Cambridge: RAND Europe. https://www.rand.org/content/dam/rand/pubs/research_reports/RR400/RR453/RAND_RR453.pdf [Zugriff: 17.07.2023].

Bijola, Corneliu/Manor, Ilan (2020): Combating online hate speech and online antisemitism. Oxford Digital Diplomacy Research Group Working Paper Series, No 4. https://www.qeh.ox.ac.uk/sites/www.odid.ox.ac.uk/files/DigDiploROxWP4.pdf [Zugriff: 17.07.2023].

29 Ghamidi erhielt nicht seine gesamte islamische Ausbildung in Madrasas.

Byman, Daniel (2015): *Al Qaeda: Der Islamische Staat und die Globale Jihadistische Bewegung: Was jeder wissen muss*. New York: Oxford University Press.

Charles, Christopher D. (2020): (Main)streaming hate: Analyzing white supremacist content and framing devices on YouTube. Ph.D. Thesis. Orlando, FL: Department of Sociology, University of Central Florida. Electronic theses and dissertations, 2020, No. 27. https://stars.library.ucf.edu/etd2020/27/ [Zugriff: 16.07.2023].

Dean, Brian (2021): WhatsApp user statistics 2021: How many People use Whatsapp? In: *Backlinko*. https://backlinko.com/whatsapp-users [Zugriff: 17.07.2023].

Degenhard, J. (2021a): Facebook Users in Pakistan 2017–2025. In: *Statista*. https://www.statista.com/forecasts/1136383/facebook-users-in-pakistan [Zugriff: 17.07.2023].

Degenhard, J. (2021b): Twitter users in Pakistan 2017–2025. In: *Statistia*. https://www.statista.com/forecasts/1146550/twitter-users-in-pakistan [Zugriff 17.07.2023].

Degenhard, J. (2021c): WhatsApp Users in Pakistan 2017–2025. In: *Statista*. https://www.statista.com/forecasts/1144756/whatsapp-users-in-pakistan [Zugriff: 17.07.2023].

Dr. Israr Ahmad Official (2017): *Islam aura Musalmano ke khelaf yahoodi, Nasrani Gath Jor by Dr. Israr Ahmad* | 07-016. [YouTube Video] https://www.youtube.com/watch?v=yFtprAFyJ9U&t=162s [Zugriff: 02.08.2021].

Google (2021): Privacy Policy – YouTube Terms of Service. Hate Speech Policy. https://support.google.com/youtube/answer/2801939?hl=en&ref_topic=9282436 [Zugriff: 17.07.2023].

Goraya, Majid (2020). YouTube Community Guideline in Urdu-Hindi. https://www.youtube.com/watch?v=qrTegQKhG6A [Zugriff: 17.07.2023].

Gottfried, Jeffrey/Shearer, Elisa (2016): News use across social media platforms 2016. *Pew Research Center*, 26.Mai. https://www.pewresearch.org/journalism/2016/05/26/news-use-across-social-media-platforms-2016/ [Zugriff: 16.07.2023].

Kaakinen, Markus/Oksanen, Atte/Rasanen, Pekka (2018): Did the risk of exposure to online hate increase after the Paris attacks in November 2015? A group relations approach. In: *Computers in Human Behavior*, 78, 90–97. https://www.sciencedirect.com/science/article/abs/pii/S0747563217305484?via%3Dihub [Zugriff: 17.07.2023].

Laghate, Gaurav (2019): YouTube in India has over 265 million monthly active users, more than 1200 channels with more than 1 million subscribers. In: *The Economic Times*, 10.Dezember. https://economictimes.indiatimes.com/industry/media/entertainment/youtube-in-india-has-over-265-mn-monthly-active-users-1200-channels-with-1-mn-subs/articleshow/72456212.cms?from=mdr [Zugriff: 17.07.2023].

Mueed, Abdul (2020): YouTube as an essential. In: *The News*, 4. Oktober. https://www.thenews.com.pk/tns/detail/723460-youtube-as-an-essential [Zugriff: 16.07.2023].

Neugröschel, Marc (2021): Redemption online: antisemitism and anti-Americanism in social media. In: Lange, Armin/Mayerhofer, K./Porat, Dina/Schiffman, Lawrence (Hrsg.), Confronting Antisemitism in modern Media, the legal and political World. Band 5. Berlin, Boston, MA: De Gruyter, 175–199.

O'Callagham, Derek/Greene, Derek/Conway, Maura (2015): Down the (White) Rabbit Hole: The Extreme Right and Online Recommender Systems. In: *Social Science Computer Review,* 33(4), 459–478. https://journals.sagepub.com/doi/full/10.1177/0894439314555329 [Zugriff: 16.07.2023].

Oboler, Andre (2016): Measuring the Hate: The State of Antisemitism in Social Media. Melbourne: online institute for hate prevention. https://ohpi.org.au/measuring-antisemitism/ [Zugriff: 16.07.2023].

Rizwan, Azra (2019): Who watches YouTube in Pakistan? In: *TechJuice.* https://www.techjuice.pk/who-watches-youtube-in-pakistan/ [Zugriff: 17.07.2023].

Robinson, Francis (1993): Technology and Religious Change: Islam and the impact of print. In: *Modern Asian Studies* 27(1), special edition: How social, political and cultural Information is collected, defined, used, and analyzed, 229–251. https://www.jstor.org/stable/312883 [Zugriff: 17.07.2023].

Schmitt Josephine B./Rieger Diana/Rutkowski, Olivia/Ernst, Julian (2018): Counter-messages as prevention or promotion of extremism?! The Potential Role of YouTube: Recommendation Algorithms. In: *Journal of Communications* 68(4), 780–808. https://academic.oup.com/joc/article-abstract/68/4/780/5042003 [Zugriff: 16.07.2023].

Simons, Jake Wallis (2021): Shame of YouTube Jew-hate. In: *The Jewish Chronicle,* 3.Juni. https://www.thejc.com/lets-talk/news/shame-of-youtube-jew-hate-1.517411 [Zugriff: 16.07.2023].

Statista Research Department (2021): Leading Countries based on Number of Twitter users in April 2021. In: *Statista*. https://www.statista.com/statistics/242606/number-of-active-twitter-users-in-selected-countries/ [Zugriff: 17.07.2023].

U.N. Menschenrechtsrat/U.N. Human Rights Council (2018): Report of the independent international fact-finding mission to Myanmar. https://digitallibrary.un.org/record/1648304?ln=en [Zugriff: 17.07.2023].

Wistrich, Robert (1991): Anti-Semitism: The Longest Hatred. New York: Pantheon books.

World Jewish Congress in Cooperation with vigo Social Intelligence (2016): The Rise of Antisemitism on Social Media: Summary of 2016. New York: World Jewish Congress in collaboration with Vigo Social Intelligence, Tel Aviv-Yafo.

Zamana Gawah Hai (2014): Yahood ki Tarikh aur Azaim (*Khilafat Forum*) [YouTube Video] https://www.youtue.com/watch?v=Lz1PIPrMzHc. [Zugriff: 28.Mai 2021].

8 ANTISEMITISCHE NARRATIVE AUF YOUTUBE UND TELEGRAM ALS TEIL VON VERSCHWÖRUNGSMYTHEN ÜBER COVID-19

Hendrik Gunz und Isa Schaller

Einführung

Mit dem Ausbruch der Coronapandemie Anfang 2020 kam es in Deutschland zu einer unerwarteten Allianz politischer Aktivist*innen aus sehr verschiedenen Spektren. Ein Teil der esoterischen Szene schloss sich mit rechten und offen neofaschistischen Akteur*innen zusammen. Hinzu kamen bis dato scheinbar unpolitische Personen, die mit den politischen Maßnahmen während der Pandemie – Kontaktbeschränkungen, Schulschließungen oder „Lockdowns" – und deren Folgen für das Alltagsleben unzufrieden waren (Virchow, Häusler 2020).

Die Agenda dieser Melange war dabei so breit gefächert wie ihre Bündnisse: von praktischen Forderungen wie der Wiedereröffnung der Gastronomie über verschwommene spirituelle Lehren bis hin zu zunehmend antidemokratischen Äußerungen und Straftaten wie Morddrohungen gegenüber Journalist*innen und Politiker*innen (Kleffner, Meisner 2021). Die obskuren und verschwörungsideologischen Elemente ihrer Agitation stießen von Anfang an auf ein immenses öffentliches Interesse. Die mediale Aufmerksamkeit wurde auch dadurch verstärkt, dass sich einige prominente Persönlichkeiten politisch positionierten und sich zum Sprachrohr der Unterdrückten einer angeblichen Corona-Diktatur stilisierten.

Ein relevanter Teil dieser Dynamik fand in sozialen Medien und in Messenger-Gruppen und -Kanälen statt. Die Verwandlung vom Promi zum Aktivisten lässt sich beispielhaft an Attila Hildmann beobachten, der in atemberaubendem Tempo und unter beträchtlichem Interesse alter wie neuer Medien vom veganen Fernsehkoch zum Agitator avancierte. Im Sommer 2020, kurz bevor in Deutschland die zweite Corona-Infektionswelle grassierte, wurde Hildmann zu einem der bekanntesten Gesichter der Proteste. In den sozialen Medien und vor allem auf seinem Kanal auf der Messenger-App Telegram sammelte Hildmann innerhalb kurzer Zeit 120.000 Follower*innen. Auf Telegram kombinierte Hildmann politische Agitation, detaillierte Verschwörungsideologien und Werbung für seine Produkte.

Für die neuen politischen Allianzen der „Coronaproteste“ wurde Telegram zum vielleicht wichtigsten Mobilisierungsinstrument – und Hildmann zu einem ihrer zentralen Influencer (Quent, Richter 2021).[1] Rasch entwickelten sich verschiedene Formen des Antisemitismus zu einem Schwerpunkt in Hildmanns Kanal. Sie durchliefen dabei eine kommunikative Eskalation – vom Streuen etablierter Codes und Chiffren hin zu einem ganzen Spektrum von Neuformulierungen von Antijudaismus, Nachkriegs- und nationalsozialistischem Antisemitismus und unverhohlenem Judenhass.

Zwar könnte man Hildmanns Äußerungen auf den ersten Blick als eine Mischung aus obszönen, lächerlichen und veralteten Slogans missverstehen. Diese verschwörungsnarrativen Artikulationen bilden jedoch eine Erzählstruktur und enthalten eine beispielhafte Reihe von Tropen und Chiffren, die in Deutschland während der Pandemie sehr häufig zu hören waren. Der Fall Hildmann eignet sich daher, um in einer Studie die narrative Eskalation antisemitischer und verschwörungstheoretischer Stereotype in sozialen Medien zu untersuchen.

Begrifflichkeiten und Methodik

Während die meisten Medien und politischen Analysen für Hildmann und ähnliche Fälle den Begriff der „Radikalisierung“ wählen, haben wir uns entschieden, den dargestellten ideologischen Prozess als „antisemitische Eskalation“ aufzufassen, um den Fokus vom spezifischen Fall hin zu einer beispielhaften Tendenz des Diskurses zu lenken. Der Begriff „Radikalisierung“ ist nicht nur wissenschaftlich schwer zu definieren, sondern birgt auch die Gefahr der Individualisierung, Exotisierung und Pathologisierung des Untersuchungsgegenstands in sich, was die kollektive Dynamik von Verschwörungsideologien außer Acht lässt (Lee 2020: 348). Die Eskalation von Narrativen in der ideologischen Entwicklung prominenter Persönlichkeiten mag zwar externen Zeug*innen als ein individuelles „Durchdrehen“ erscheinen. Doch der „Abstieg in den Kaninchenbau“ muss vor allem als ein kollektives Phänomen verstanden werden, das autoritäre Überzeugungen und Emotionen, die in

1 Der vorliegende Beitrag beruht auf der englischsprachigen Fassung des 2022 bei Routledge veröffentlichten Sammelbandes. Neben sprachlichen Veränderungen gab es nur einzelne inhaltliche Anpassungen. Wir danken Sabine von Mering für die Übersetzung und Robin Siebert für das Lektorat. Trotz gründlicher Durchsicht nach wie vor vorliegende Fehler sind den Autor*innen anzulasten. Wie im englischsprachigen Original war der inhaltliche Redaktionsschluss für dieses Kapitel im Juli 2021. Monate später veröffentlichte die Presse Beiträge, dass Hildmann den Telegram-Kanal @ATTILAHILDMANN möglicherweise nicht ganz allein kontrolliert habe, sondern dass er insbesondere bezüglich der IT-Infrastruktur seiner Telegram-Kanäle Unterstützung hatte (z.B. Wienand 2021). Dies entkräftet unsere Erkenntnisse zur antisemitischen Eskalation im Telegram-Kanal @ATTILAHILDMANN nicht, mahnt aber zum vorsichtigen Umgang mit der Urheberschaft.

der gesamten Gesellschaft und nicht nur an ihren Rändern verwurzelt sind, auf geradezu groteske Weise verstärkt. Mit „antisemitischer Eskalation" beschreiben wir eine beispielhafte Entwicklung von Narrativen und Artikulationen innerhalb eines breiteren Diskurses. Dabei lassen wir psychologische Fragen zu individuellem Charakter und Haltung außer Acht.

Um einerseits die enorme Datenmenge und andererseits die spezifische Erzählstruktur für die Untersuchung operationalisieren zu können, die Hildmann in den ersten elf Monaten seines Online-Aktivismus vom April 2020 bis zum März 2021 produziert hat, wenden wir einen kombinierten Methodensatz an, der sowohl quantitativ als auch qualitativ analysiert. Im ersten Teil soll eine Sammlung von drei Beiträgen auf Video-Sharing-Plattformen, die entscheidende Phasen der Entwicklung von antisemitischen Erzählungen markieren, eine vertiefte Analyse der spezifischen Bedeutung und Verbindung der verschiedenen Formen des Antisemitismus liefern. Während dieser Zeit erfuhren Hildmanns Kanäle eine Reihe von „Deplatformings" durch die großen Social-Media-Plattformen (Instagram, Facebook und teilweise YouTube)[2]. „Deplatforming" beschreibt die endgültige Entfernung von Konten, die wiederholt gegen Plattformregeln verstoßen. Richard Rogers gibt an, dass dieses Phänomen Aufmerksamkeit erfuhr „as an antidote to the so-called toxicity of online communities and the mainstreaming of extreme speech" (Rogers 2020: 214). In der Folge musste Hildmann auf andere Plattformen ausweichen, und dies wirkte sich auch darauf aus, wie offen Ressentiments artikuliert wurden.

Im zweiten Teil untersuchen wir die breitere Struktur verschwörungsideologischer und antisemitischer Narrative mithilfe einer Keyword-Häufigkeitsanalyse auf der von Hildmann meistgenutzten Plattform, seinem Telegram-Kanal @ATTILAHILDMANN. Die riesige Datenmenge innerhalb des Kanals kann Einblicke in die Dynamik innerhalb der breiteren Ideologie des wachsenden Spektrums des Antisemitismus und der verschwörungsnarrativen Tropen liefern, in die er eingebettet ist. Durch eine algorithmisch vergleichende Häufigkeitsanalyse sollen die zentrale Rolle antisemitischer Narrative und ihre Korrelation mit anderen verschwörungsideologischen Tropen ermittelt und ihre Rolle innerhalb einer immer hermetischer werdenden „Superverschwörung" (Barkun 2013) skizziert werden. Darüber hinaus wird der Bedeutung von Telegram für die aktuelle rechtsextreme Szene im deutschen Sprachraum nachgegangen.

2 Videos mit politischem Inhalt verschwanden von Hildmanns YouTube-Profil, während Koch- und Lifestyle-Inhalte online blieben.

Qualitativer Ansatz: Die Eskalation antisemitischer und verschwörungsideologischer Narrative auf Video-Sharing-Plattformen

Nachdem wir Hildmanns Output über ein Jahr lang beobachtet hatten, wählten wir drei Beiträge auf verschiedenen Videoplattformen aus, die Hildmann im Laufe der Zeit häufig nutzte: YouTube, Bitchute und wtube. Diese drei Beiträge markieren entscheidende Meilensteine der ideologischen Entwicklung. In der folgenden qualitativen Analyse wollen wir mithilfe eines hermeneutischen Ansatzes die Bedeutung und den Zusammenhang verschwörungsideologischer Konzepte sowie die sich verändernde Rolle des Antisemitismus in diesem Rahmen identifizieren. Der Fokus liegt auf drei Reden sowie auf nonverbalen Aspekten wie Gestik, Intonation und Symbolik der gezeigten Bilder und Hintergründe.

Social Media ist ein schnelllebiges Phänomen. Nicht nur Nutzer*innen wie Hildmann selbst haben die Möglichkeit, Inhalte zu verändern oder zu löschen, sondern auch die Plattformen, indem sie bestimmte Inhalte oder Konten sperren oder Nutzer*innen „deplatformen". Aus diesem Grund sind regelmäßige Backups ein wesentlicher Bestandteil jeder Recherche zu sozialen Medien und Video-Sharing-Plattformen.

„CORONA FASCHISMUS" – Frühes Verschwörungsstadium: Zweifel, Personalisierung und Faschismus-Vergleiche

Am 16. April 2020 postete Hildmann eine Aufzeichnung seines Instagram-Live-Feeds auf YouTube[3] und nannte sie „CORONA FASCHISMUS". Schon der Titel stellt die deutschen Restriktionen gegen die COVID-19-Pandemie auf eine Stufe mit dem Faschismus.

Der Live-Feed war offenkundig mit einer Handykamera in einem parkenden Auto aufgenommen worden, wodurch das Arrangement des 32-minütigen Videos improvisiert wirkt. Bis Ende Mai 2020 verzeichnete das Video mehr als 100.000 Aufrufe und über 2.000 Kommentare. Es ist eine der ersten Stellungnahmen Hildmanns zu COVID-19 und den Beschränkungen der Bundesregierung auf YouTube.

---

3 Auch das Bilder-Sharing-Netzwerk Instagram bietet die Funktion von Live-Streams, die bis zu eine Stunde lang sein können. Ein Stream kann von Zuschauer*innen in Echtzeit abgerufen oder anschließend für den langfristigen Zugriff bereitgestellt werden. YouTube ist seit seiner Gründung im Jahr 2005 die bekannteste Online-Video-Sharing-Plattform. Auf dieser Website kann man Videos hochladen oder die Videos anderer ansehen und kommentieren. Durch die Veröffentlichung eines Instagram-Life-Feeds auf YouTube wird dieser sowohl konserviert als auch an ein etwas anderes Publikum herangetragen.

Bereits im zweiten Satz – „Ich bin noch nicht gelöscht“ – bringt Hildmann seine Angst vor dem Verlust seiner Plattform und Reichweite zum Ausdruck (Hildmann 2020a). Diese Angst bewahrheitete sich in der Folge teilweise, als Instagram seinen Hauptaccount weniger als einen Monat später dauerhaft sperrte. Seine frühe Stellungnahme ist hauptsächlich durch drei Themen gekennzeichnet: Zweifel an der offiziellen Darstellung der pandemischen Krise, stark personalisierte Verdächtigungen und die Bezeichnung politischer Maßnahmen zur Infektionsbekämpfung als „Faschismus“.

Die Rhetorik des Zweifels ist in dieser Phase geprägt von vorgeblich offenen Fragen, Artikulationen von Unsicherheit und Appellen an das Publikum, vermeintliche Mainstream-Narrative in Frage zu stellen: „Ich appelliere einfach wirklich nach wie vor an alle da draußen: Bitte schaltet euer Gehirn ein und googelt doch einfach mal selber diese Themen“ (Hildmann 2020a). Hildmann sieht sich selbst zu diesem Zeitpunkt noch in der Tradition der Aufklärung, über die er viel gelesen zu haben behauptet. Er identifiziert sich als Teil eines kleinen, wahrheitssuchenden, „dissidenten“ Teils der deutschen Bevölkerung, der das, was er als einheitliche Agenda staatlicher Institutionen und Medien ansieht, die von den homogenen, gehorsamen Massen befolgt werde, infrage stellt und sich dem widersetzt. Die vermeintlich homogenen Massen verspottet er als eine Herde von Schafen, indem er mähend den Tierlaut nachahmt.

Obwohl dies stark mit der breiteren Verschwörungsrhetorik und -identifikation übereinstimmt, distanziert sich Hildmann zu diesem frühen Zeitpunkt immer noch von diesem Spektrum. Er fordert seine Zuhörer*innen auf: „Bitte schalte den Verstand ein. Glaubt weder Verschwörungstheorie-Seiten, glaubt weder alles, was in den öffentlich-rechtlichen Medien erzählt wird, sondern benutzt das Internet und recherchiert eigenständig. Gebt einfach Stichworte ein und lest“ (Hildmann 2020a). Dies charakterisiert eine seiner Methoden: Der Kernprozess seiner Wissensbeschaffung scheint darin zu bestehen, mithilfe einer Suchmaschine nach Schlagwörtern zu suchen und diese eklektischen Funde aus verschiedenen Quellen in einer engen narrativen Kausalität zu verbinden. Der Hang zu Verschwörungsnarrativen erscheint so von Beginn an methodisch naheliegend. Seine Positionierung gegenüber COVID-19 ist zu diesem frühen Zeitpunkt der Artikulation noch ambivalent: So gestikuliert er mindestens zweimal Anführungszeichen, wenn er im Video vom Coronavirus spricht, und artikuliert dadurch Ironie und Zweifel an der Existenz des Virus. Andererseits betont er:

> Ich will überhaupt nicht diesen Virus verharmlosen, aber hört auf […] die Leute sollen aufhören, diese politischen Maßnahmen zu verharmlosen. Die Leute sollen aufhören, die Interessen hinter Corona zu verharmlosen. (Hildmann 2020a)

Hildmann identifiziert ein Netzwerk vermeintlich konspirativer Schlüsselfiguren: Institutionelle Zusammenarbeit oder Finanzierungsströme werden als Ausdruck direkter, aber diskreter Macht Einzelner über Forschungsergebnisse und Nachrichten interpretiert. Hier sei vor allem Microsoft-Gründer Bill Gates am Werk. Darüber hinaus spiele auch die Weltgesundheitsorganisation (WHO) eine entscheidende Rolle bei der Verschwörung. Aufgrund ihrer Empfehlungen an nationale Regierungen glaubt Hildmann, sie überführt zu haben: „Die WHO fungiert aktuell als Weltregierung“ (Hildmann 2020a). Diese „Weltregierung“ stehe im Bann der Vereinigten Staaten und der Gates-Stiftung – eine weit verbreitete Verschwörungsthese in der COVID-19-Leugnungsszene, wie der Gesundheitsexperte Andreas Wulf (2021) gezeigt hat. Die Rede von der Weltregierung steht zudem im Einklang mit dem antisemitischen und rechten Narrativ der Pandemie-Leugnungsszene, wie die Rechtsextremismusforscher Virchow und Häusler (2020: 26) betonen. Obwohl das Video um Bill Gates als Schlüsselfigur kreist, äußert Hildmann an dieser Stelle Verschwörungsnarrative noch in einer Rhetorik der Vermutung: „Ich kann mir gut vorstellen, dass das auch, dass er [Gates] das auch bewusst steuert. So. Wir sehen auch aktuell die Finanz-, die Finanzflüsse zu Medien, zu diversen Instituten, zur WHO“ (Hildmann, 2020a).

Im Zentrum von Hildmanns Verschwörungsglauben steht die Annahme, dass „hinter“ dem Coronavirus mehrere ineinandergreifende Interessen steckten, die aufgedeckt werden könnten und müssten. Charakteristisch für Hildmanns Verschwörungsnarrative ist die Personalisierung der Politik: In seinem Monolog bezieht er sich 19-mal auf Bill Gates oder die Gates-Stiftung. Diese Art der Vorstellung eines allmächtigen Strippenziehers ist in Verschwörungsideologien weit verbreitet und kann auch als „struktureller Antisemitismus“ (Imhoff 2020) gedeutet werden. Sie bezieht sich auf ein antisemitisches Verschwörungsdenken, in dem durch die Installation eines mehr oder weniger subtilen Platzhalters „der Jude“ nicht beim Namen genannt werden muss. Diese Tendenz wird durch die häufige Übernahme von Bruchstücken vorab festgelegter verschwörungsnarrativer Stichworte, Namen und Argumentationsstrukturen verstärkt.

Mit der Vorstellung des übertriebenen Einflusses der „Weltregierung“ WHO und der Behauptung, in seinem Recht auf freie Meinungsäußerung eingeschränkt zu werden, stellt Hildmann die Frage, ob Deutschland überhaupt noch eine Demokratie sei. Dabei konzeptualisiert er die Demokratie stark verkürzt, indem er eine imaginierte Dominanz der großen öffentlich-rechtlichen Nachrichtensendung Tagesschau aufgrund eines vermeintlichen Mangels an Meinungspluralität mit dem Faschismus verknüpft. Die vielen Verweise auf die deutsche Vergangenheit, die Rede von einer „Corona-Diktatur“, einem „Corona-Faschismus“ und Hildmanns Vision vom angeblichen Bau von „Corona-Lagern“ ist nicht nur ein polemischer Vergleich, sondern eine direkte Gleichsetzung der Pandemie-Beschränkungen mit dem Nationalsozialismus. Im Gegensatz zu späteren Reden verurteilt er an dieser Stelle den Faschismus und nutzt die Gleichsetzung der aktuellen Situation mit Nazi-Deutschland als Warnung. Die Funktion dieser Bezüge zur Geschichte ist klar: Sie sollen Hildmann einen Nimbus der Dissidenz und Widerständigkeit verleihen. Allerdings finden sich in der argumentativen Struktur seiner revisionistischen Relativierung des nationalsozialistischen Deutschlands erste Spuren dessen, was Adorno als „Schuldabwehrantisemitismus" (Horkheimer/Adorno) bezeichnete und heute auch sekundärer Antisemitismus genannt wird (Wodak 2018).

„Deutschland soll vernichtet werden" – Churchill und Corona-Verschwörung gegen Deutschland

Wenige Wochen, bevor ein pandemieleugnender Mob versuchte, das deutsche Parlament zu stürmen, zeichnete Hildmann in Dresden eine Rede für sein Online-Publikum auf. Dieses Video ist etwa fünf Minuten lang und wurde am 9. August 2020 unter dem Titel „Deutschland soll vernichtet werden" auf YouTube hochgeladen (Hildmann 2020b). Elf Tage später behauptete Hildmann in seinem Telegram-Kanal, YouTube habe das Video gelöscht, das er daraufhin auf Bitchute wieder hochgeladen habe (Geiler 2021). Bitchute wird als „die Hauptalternative zu YouTube" beschrieben, dort „fanden sich mehr Inhalte mit Verschwörungstheorien als auf jeder anderen Plattform, häufig in Form von langen Videos, in denen unterstellt wird, dass böse, verborgene Mächte sich gegen die vermeintlichen Interessen der rechtsextremen In-Group verschworen hätten" (Guhl, Ebner, Rau 2020: 30).

In den elf Tagen bis zu seiner Löschung von YouTube wurde das Video dort mehr als 50.000-mal abgerufen. Am Abend des Tages der Löschung bemerkt Hildmann in seinem Telegram-Kanal: „Während mich Yuden-YouTube [sic] löscht poste ich nur noch Videos auf Bitchute! Abonniert mich da ich denke ich bin morgen fertig mit dem Gates Video! Dieser Wichser!" (Telegram Channel @ATTILAHILDMANN, August 20, 2020, 20:01 Uhr). Da er in den kommenden acht Monaten weniger als 12.500 Klicks für dieses Video auf Bitchute erhalten hat (Stand: 12. April 2021), hat er durch dieses teilweise Deplatforming ein großes Publikum verloren. In den folgenden Tagen wiederholte er mehrmals die Formulierung „Yuden YouTube" auf seinem Telegram-Kanal. Daran wird zweierlei deutlich: Einerseits offenbart dies den verstärkten und immer offener artikulierten Antisemitismus in Hildmanns Verschwörungsglauben – YouTube wird abwertend als „jüdisch" deklariert. Andererseits zeigt der Vorgang, dass Dienste wie YouTube keine neutralen Plattformen sind, sondern Akteure, die auch eigene Interessen verfolgen – und entsprechend Content löschen können.

Hildmanns formale Innovation bestand darin, dass er jetzt eine Rede hält, statt mehr oder weniger spontane Ad-hoc-Botschaften zu verbreiten: Er wendet sich an ein Publikum und liest Zitate von seinem Smartphone vor, was darauf hindeutet, dass er seine Botschaft einigermaßen vorbereitet und strukturiert hat. In dieser Rede „[a]n das deutsche Volk" bekräftigte Hildmann die Idee einer jüdischen Verschwörung, die einen Völkermord an den Deutschen plane. Diesen Verschwörungsglauben leitet er aus der Opfererzählung der Bombardierung Dresdens im Zweiten Weltkrieg ab, und er will auch die Gründe für dieses Manöver gefunden haben: „Ich glaube, dass es ein Kriegsverbrechen war und dass dieses Kriegsverbrechen, Deutschland zu vernichten, schon lange geplant war" (Hildmann 2020b). Zum Beweis zieht er mehrere Aussagen heran, bei denen es sich nach seinen Angaben um direkte Zitate des damaligen britischen Premierministers Winston Churchill handelt. Diese angeblichen Zeugnisse deuteten alle auf einen Plan hin, Nazi-Deutschland aus finanziellen Gründen in den Krieg zu zwingen. Obwohl es nicht möglich ist, die Herkunft dieser vorgeblichen Zitate zu klären, die größtenteils ohne Quellenangaben online verbreitet werden, gibt es keinen Beweis dafür, dass auch nur eines von ihnen authentisch ist. Es gibt jedoch Belege dafür, dass einige der vermeintlichen Churchill-Zitate in den sozialen Medien (dpa 2020) und bei deutschen Neonazis durchaus beliebt sind (Manthe 2015: 258; Langebach 2015).[4] Die Tradition dieser Erzählung ist offensichtlich: Die Darstellung der Bombardierung Dresdens ohne den historischen Kontext, in dem Nazi-Deutschland einen Vernichtungskrieg begann, ist eine Erzählung über die Opfer der Deutschen im Zweiten Weltkrieg, die auf Topoi der NS-Propaganda zurückgeht (Winter 2015).

Hildmanns Erklärung greift diese Topoi auf und aktualisiert sie auf die COVID-19-Situation, indem er behauptet, dass die deutsche Kanzlerin ähnliche Ziele verfolge wie die „antideutschen" Pläne, die er Churchill unterstellt: „Und genau wie Winston Churchill ist Merkel eine Kriegstreiberin" (2020b). Hildmann bezieht sich auf die antisemitischen Verschwörungstheorien der Kaufman-, Hooton- und Kalergi-Pläne (Langebach 2015). Er impliziert, dass Merkel vollenden könnte, was Churchill nicht gelungen sei: die Vernichtung Deutschlands und des deutschen Volkes. Sowohl der Titel als auch das Vorschaubild von Hildmanns Video beziehen sich auf eine Broschüre, die der US-amerikanische Geschäftsmann Nathan Kaufman 1941 veröffentlichte. Hildmann war wahrscheinlich bewusst, dass diese historisch irrele-

4 Wie Maica Vierkant zeigt, wird Churchill im deutschen Neonazismus als aggressives Gegenstück zu Hitlers Stellvertreter Rudolf Heß vorgestellt, dessen Flucht in das Vereinigte Königreich als gescheiterte Friedensinitiative interpretiert wird (Vierkant 2015: 278). Zudem fand die Historikerin Barbara Manthe heraus, dass eine deutsche Neonazi-Gruppe bereits 2011 auf einer Demonstration ein angebliches Churchill-Zitat verwendete, das nun auch Hildmann wiedergibt. Sie attestiert zugleich, dass die Herkunft des angeblichen Zitats das Geheimnis dieser Neonazis bleiben würde (Manthe 2015: 258).

vante Broschüre vom Nazi-Regime zur Propagierung einer jüdischen Verschwörung gegen Deutschland missbraucht wurde (Herf 2008): Am 5. August 2020 veröffentlichte er in seinem Telegram-Kanal einen Screenshot der Anfangspassage des entsprechenden deutschen Wikipedia-Artikels, inklusive der Einordnung als NS-Propaganda. Wie der Historiker Wolfgang Benz betont, war der „Kaufman-Plan" nur in seiner Rezeption durch das NS-Regime und seiner Apologeten nach dem Krieg von Bedeutung, weil mit ihm behauptet werden konnte, „die Juden" seien die ersten gewesen, die einen Völkermord gefordert hätten (1981) – womit der Holocaust in der Folge zu einer Art Notwehr umgedeutet wird. Hildmann integriert die in Kaufmans Broschüre proklamierte Idee der Sterilisierung des deutschen Volkes in seine Corona-Verschwörungsvorstellungen, in denen die Impfung gegen das Virus als Teil eines finsteren Plans, die Bevölkerung unfruchtbar zu machen, verstanden wird. Er behauptet: „Merkels antideutsche, deutschlandfeindliche Politik basiert nicht nur auf dem Kaufman-Plan, sondern auch auf dem Hooton- und Kalergi-Plan, mit dem Endziel, die deutsche Nation und das deutsche Volk zu vernichten" (Hildmann 2020b). Als Teil dieses umfassenden Plans gegen Deutschland bezeichnet er auch die pandemiebedingten Einschränkungen des Wirtschaftslebens.

Hildmann beendet seine Rede, indem er die Schäden der Bombardierung Dresdens mit dem angeblichen Plan vergleicht, die DNA aller Deutschen genetisch zu verändern, und ruft schlussendlich zum Handeln auf:

> „Deutschland, wach endlich auf. Der Feind regiert dich. Merkel ist eine zionistische Jüdin von der B'nai B'rith-Geheimgesellschaft und sie hat den Auftrag von Rothschild bekommen, Deutschland für immer zu vernichten. Das dürfen wir nicht zulassen."[17] (Hildmann, 2020b)

Er imaginiert eine jüdische Verschwörung als Todfeind der deutschen Nation und ihres Volkes. Mit diesem Verschwörungsglauben rechtfertigt er zum einen die Verbrechen Nazi-Deutschlands als Selbstverteidigung und versucht zum anderen, die Coronakrise als eine gegen Deutschland gerichtete Waffe darzustellen. Damit bestätigt und reproduziert er Topoi, die sowohl in der nationalsozialistischen als auch in der neonazistischen Propaganda beliebt waren und sind. Dies widerspricht Hildmanns vorheriger Positionierung gegen den Faschismus, wie sie noch im „CORONA-FASCHISMUS" artikuliert wurde. Die Methode der „Rosinenpickerei" in Hildmanns Recherche taucht in den zweifelhaften Churchill-Zitaten wieder auf, die vermutlich aus verschiedenen Internetquellen stammen. Das scheinbar einzige oder wenigstens das primäre Opfer der globalen Pandemie scheint aus dieser Sicht das „deutsche Volk" und dessen Nation zu sein.

Holocaustleugnung: „Jude ist Jude!!!“

Am 23. März 2021 veröffentlichte Hildmann auf seinem Telegram-Kanal eine elfminütige Sprachnachricht. Die darauffolgende Nachricht verlinkte auf wtube.org, wo er dieselbe Sprachaufnahme veröffentlichte (Hildmann 2021). Wtube ist ein Video-Sharing-Dienst, der behauptet, ein „Anti-YouTube“ zu sein, das vor allem jenen eine Bühne bietet, die von anderen Plattformen entfernt wurden. Gleichzeitig sperrt wtube Nutzer*innen, die die Weltanschauung der anonymen Betreiber infrage stellen (Rohwedder 2021). Das Ausmaß der Zusammenarbeit zwischen Hildmann und wtube bleibt unklar: Er betreibt nicht nur einen der aktivsten Kanäle der gesamten Plattform, sondern stellt in seinem Namen auch ein Bankkonto für Spenden zugunsten von wtube zur Verfügung (Rohwedder 2021).

In dieser Sprachnachricht sind verschwörungsnarrative und antisemitische Inhalte nun endgültig nicht mehr voneinander zu trennen. Hildmann leugnet offen den Holocaust und verweist auf verschiedene rechtsextreme und neonazistische Darstellungen, die er mit der aktuellen Pandemiepolitik in Verbindung bringt. Die Leugnung des Holocaust ist in Deutschland strafbar. Hildmann konstruiert eine böse, unveränderliche jüdische Einheit und behauptet, dass es keinen Unterschied zwischen jüdischen Personen und Bewegungen gäbe: „Es gibt keine guten und keine bösen Juden. Es gibt nur Juden. Es heißt immer wieder, man muss unterscheiden: zwischen khasarischen Juden, also Khasaren, Zionisten oder Illuminaten. Das sind Täuschungsmanöver vom Juden. Diese Begriffe und Gruppierungen wurden erschaffen vom Juden“ (Hildmann 2021). Er fasst unterschiedliche Gruppen zu „dem Juden“ zusammen – einer einzigen Einheit, von der er behauptet, dass sie Christen, Muslime und „jedes andere Volk, das er zu versklaven versucht“, hassen würde. Er imaginiert eine jüdische Feindschaft gegen Deutschland, in dem „der Jude“ – manchmal personifiziert als ein scheinbarer jüdischer Drahtzieher, Rothschild – beide Weltkriege angezettelt und von diesen Kriegen profitiert habe, indem er den Holocaust als „Hebel“ nutzte. Mit dem Begriff „Schuldkult“– einem gebräuchlichen Begriff und Narrativ im deutschen Neonazismus (Suermann 2016: 279) – weist Hildmann jede historische Verantwortung Deutschlands zurück und stellt die Deutschen stattdessen als Opfer dar. Hildmann fährt fort:

> Die Juden erfanden dieses Holocaust-Märchen. Es gab keine industrielle Tötung von Juden. Die Gaskammern sind nicht existent. Mit Zyklon B konnte man keine Menschen umbringen. Es ist ein groteskes Märchen und es erschuf einen Schuldkult. Und mit diesem Schuldkult ließ der Deutsche alles mit sich machen. (Hildmann 2021)

Er bekräftigt seine Verschwörungs-Überzeugung, dass jüdische Mächte für den Zweiten Weltkrieg verantwortlich seien, die er bereits in dem Video „Deutschland muss untergehen“ zum Ausdruck brachte: „Er [der Jude] ist der ewige Kriegstreiber gewesen“ (ebd.).

> Die Juden kontrollieren schon immer die Finanzmärkte. Sie sind schon immer der Giftmischer gewesen, ob im Mittelalter bei den Brunnenvergiftungen oder den Ritualmorden an Kindern. Der Jude steckt hinter dem Kindersexring. Der Jude ist der Sadist und Satanist. Judentum ist Satanismus. Und. Der Jude gründete die Bundesrepublik Deutschland 1949 in der Villa Rothschild. Deutschland ist nicht Deutschland. Die BRD ist nicht Deutschland. Die BRD ist eine Judenrepublik, ein illegales Firmenkonstrukt, eine Pestbeule an Deutschland, eine Feindesherrschaft über Deutschland. (Hildmann 2021)

Hildmann verbindet hier zahlreiche antisemitische Topoi: Er greift er auf lang tradierte antijudaistische Stereotype von Brunnenvergiftungen und Ritualmorden zurück und stellt „den Juden“ als allmächtigen Verschwörer gegen Deutschland dar. Dabei unterscheidet er zwischen dem „wirklichen Deutschland“ und dem Staat Bundesrepublik Deutschland, den er für eine Form der Fremdherrschaft hält, die die Deutschen durch Steuern beraube. „Judenrepublik“ ist ein rechtsradikaler Begriff, der nach dem Ersten Weltkrieg genutzt wurde, um die Weimarer Republik zu diskreditieren (Hampe 2010). Darüber hinaus dient der Holocaust – den er leugnet – in dieser Konstruktion einem politischen Zweck. Hildmann behauptet, „der Jude“ habe nach dem Zweiten Weltkrieg das illegitime Konstrukt der Bundesrepublik Deutschland und das „Holocaust-Märchen“ genutzt, um die Deutschen finanziell auszubeuten. Dieses Geld wiederum werde für einen „echten Holocaust gegen die Palästinenser“ verwendet. Dass über dieses Thema angeblich zu wenig berichtet würde, liege daran, dass „die Presse eine jüdische Presse und das Fernsehen ein jüdisches Fernsehen ist“. Dieses angebliche jüdische Übel habe auch die COVID-19-Pandemie erfunden: Alle Impfstoffhersteller seien in „Judenhand“. Und während in Israel die Impfungen nur Placebos seien, werde der Rest der Welt durch den Impfstoff getötet oder versklavt (Hildmann 2021).[5]

Der Gegenstand von Hildmanns verschwörungsideologischem Interesse hat sich vom ersten Instagram-Video im April 2020 bis zur Audiobotschaft auf wtube elf Monate später verändert: Er behauptet nun, eine globale Verschwörung aufgedeckt zu haben, deren Urheber seit mindestens hundert Jahren die internationalen Ent-

---

5 „Und es ist der Jude hinter dieser Lügenpandemie. Ihm gehören diese ganzen Impfstoffhersteller: Pfizer, Johnson&Johnson, Moderna. Alles in Judenhand. Er spritzt sich in Israel selber Placebo und alle anderen Völker sollen seine Giftspritze bekommen. Entweder zur Ermordung oder mit [unverständlich]-Technologie zur Sterilisation. Und diejenigen, die über, übrigbleiben, sollen versklavt werden in seiner Jewish World Order.“ (Hildmann 2021)

wicklungen steuerten. Dieser vermeintlichen jüdischen Verschwörung ginge es am Ende um die Weltherrschaft – oder, wie Hildmann den antisemitischen Verschwörungsbegriff der „New World Order“ oft umschreibt, eine „jüdische Weltordnung“. (Hildmann 2021)

Da Hildmann versucht, eine einzige Erzählung zu finden, um jeden größeren Vorfall und jeden Aspekt des sozialen und politischen Lebens zu erklären, konstruiert er einen monolithischen und stark personalisierten Feind, der *alles* kontrolliere. Anstelle eines zusammenhängenden Narrativs greift er auf eine Abfolge verschiedener antisemitischer Diskurse zurück. Hildmann fasst zusammen: „Die Juden kontrollieren fast jeden Lebensbereich von unserem Leben“ (Hildmann 2021). Die Imagination einer jüdischen Kontrolle von Finanzen, COVID-19-Impfstoffen, Medien und Weltkriegen dienen ihm als Beleg dafür, dass „der Jude“ ein böses Wesen sei, der Feind aller Menschen. Darüber hinaus stellt er sich Rothschild als eine Art Anführer einer jüdischen Verschwörung vor, die schlimmer sei als Hitler. Dies kann als eine antisemitische Zuspitzung seiner personalisierten Sicht auf Politik gewertet werden, die bereits in seiner frühen Artikulation ein wichtiger Faktor war, sich dann aber hauptsächlich auf Bill Gates konzentrierte: Anstelle des COVID-19 kontrollierenden Microsoft-Gründers ist nun eine antisemitisch personifizierte Figur, „Rothschild“ getreten, die *alles* (inklusive COVID-19) kontrolliere.

Qualitative Schlussfolgerung

Obwohl sich Hildmanns erstes Video einer Rhetorik des Hinterfragens und nicht eines explizit antisemitischen Feindbildes bedient, finden sich bereits dort zahlreiche Hinweise auf antisemitische Narrative und verschwörungsideologische Topoi. Sie zeigen sich in der Darstellung vermeintlicher Schlüsselfiguren wie Bill Gates als mächtige Drahtzieher ebenso wie in der wiederholten Verharmlosung von Nazi-Deutschlands. Mit Blick auf seine späteren Äußerungen kann dies als ein erster Schritt in der Entwicklung eines Schuldabwehr-Antisemitismus interpretiert werden. Allerdings handelt es sich bei Hildmanns Verschwörungsglauben nicht um eine „conspirationist worldview“ im Sinne von Barkun (2013: 3). Seine Überzeugungen scheinen an der Schwelle zwischen einer „event conspiracy“ und einer „systemic conspiracy“ zu liegen (vgl. Barkun 2013). Seine Vorstellung von COVID-19 und den pandemischen Beschränkungen durch die deutsche Regierung kann als „conspiracy [which] is held to be responsible for a limited, discrete event or sets of event“ angesehen werden, in der Definition Barkuns für die Struktur von „event conspiracies“ (2013: 6). Bereits im ersten Video erweitert Hildmann das Thema und spekuliert über mehrere Ebenen von Verschwörungen mit vielen Gruppen, die seiner Meinung nach vom Virus profitieren, was als Vorstufe einer „systemic conspiracy“ interpretiert werden könnte (Barkun 2013: 6). Zu diesem Zeitpunkt behauptet er immer noch, nach dem zu suchen, was er als „Interessen hinter dem Virus“ ansieht, und bedient sich dabei einer Rhetorik des Fragens und des unbeantworteten Zweifels. Allerdings greift er bereits hier auf ein breites Spektrum vorgefertigter verschwörungsnarrativer Schlagworte zurück, die jedoch nicht innerhalb einer geschlossenen und kausalen Ideologie definiert und miteinander verknüpft werden. Die verwackelte Amateuroptik und das private Setting der Aufnahmen spiegeln diesen Komponentencharakter wider. Charakteristisch ist seine Methode des Cross-Postings: Die Aufzeichnung eines Livestreams von Instagram wird auf YouTube hochgeladen, um so eine deutlich größere Verbreitung zu erreichen.

Im zweiten Video schreitet die antisemitische Eskalation fort: Nun wird eine jüdische Verschwörung gegen das „deutsche Volk“ imaginiert. Hildmann bestreitet die deutsche Schuld am Zweiten Weltkrieg, denn Deutschland sei durch den „Kriegstreiber“ Churchill in den Krieg gelockt worden. In diesem Kontext interpretiert er auch die staatlichen Maßnahmen gegen das Coronavirus als Teil des finsteren Plans, Deutschland wirtschaftlich, militärisch und physisch zu zerstören. Als historischen Beweis stützt sich Hildmann auf den sogenannten Kaufman-Plan, der im Wesentlichen Neonazi-Propaganda darstellt. Zugleich überträgt er den „Kaufman-Plan“ auf das Jahr 2020. Indem Hildmann Regierungschefs wie Merkel und Churchill einem angeblichen „Superschurken“ Rothschild unterordnet, konstruiert er eine klar strukturierte verschwörungsnarrative Hierarchie mit einem angeblich jüdischen Drahtzieher an der Spitze. Die Wende zum offenen Antisemitismus wird zudem deutlich in Hildmanns Zorn gegen „Yuden YouTube“ aufgrund der Löschung seiner Videos durch diese Plattform. Damit behauptet er, „Juden“ hätten die Macht, seine Inhalte von dieser Plattform zu löschen – eine aktualisierte Version des antisemitischen Glaubens an eine jüdische Kontrolle der Medien.

Der dritte Beitrag auf einem Video-Sharing-Dienst ist charakteristisch für die veränderte Nutzung von Social-Media-Netzwerken: Nachdem Hildmann sich von Mainstream-Netzwerken entfernt und kleinere Dienste wie Bitchute ausprobiert hatte, begann er mit den Betreiber*innen des Sharing-Dienstes wtube zusammenzuarbeiten und dort unter anderem seine eigenen Telegram-Sprachnachrichten hochzuladen. In diesem Monolog leugnet er unmissverständlich den Holocaust und stellt ein imaginiertes jüdisches Wesen als allmächtig und böse dar, während das deutsche und auch das palästinensische Volk als Opfer beschrieben werden. Hildmann macht aus der Shoah einen deutschen „Schuld-Kult“ – den er als „Holocaust-Märchen“ bestreitet. Dieser werde als moralischer Hebel von „den Juden“ – synonym mit Israel – genutzt, um Geld und Waffen zu erpressen, die gegen Palästina eingesetzt würden. Sein Verschwörungsdenken und sein Geschichtsrevisionismus gipfeln in eklatantem Antisemitismus. Diese „super conspiracy“ (Barkun 2013) „erklärt“ nicht nur die COVID-19-Krise, sondern auch den Nahostkonflikt und die deutsche Geschichte der letzten 100 Jahre. Er konstruiert „den Juden“ als allmächtig, als Sündenbock und als Feind der Deutschen.

Quantitativer Ansatz: Die Rolle des Antisemitismus innerhalb einer hierarchischen Verschwörungsideologie

Telegram: Die Erwartung eines Deplatforming aus sozialen Medien und „sozialer Privatsphäre“

Hildmann richtete seinen Hauptkanal auf Telegram, @ATTILAHILDMANN, am 28. April 2020 ein, also in einer relativ frühen Phase seines digitalen Aktivismus. Ein Motiv für die Einrichtung war vermutlich die Befürchtung, dass seine Beiträge und Konten auf Facebook, Instagram und YouTube gelöscht werden könnten und damit seine öffentlichkeitswirksamsten Kanäle ohne Ersatz verloren gehen könnten. Diese Sorge war berechtigt, da zunächst Facebook und kurz darauf Instagram damit begannen, seine Hauptaccounts mit rund 70.000 Followern einzuschränken und schließlich zu sperren (Facebook: 5. Mai 2020; Instagram: 16. Mai 2020). YouTube löschte vorerst nur einzelne Videos, darunter das oben diskutierte Video „Deutschland soll vernichtet werden“. Darüber hinaus sprach YouTube im August 2020 eine Warnung aus, (t-online 2020) die dazu führte, dass Hildmann alle politischen Inhalte aus seinem Profil löschte, den Account und seine rund 72.000 Follower jedoch behalten konnte.

Doch warum fiel Hildmanns Wahl nun auf Telegram? Die Messenger-App genießt den Ruf, sich kaum in Nutzer*inneninhalte einzumischen. Daher erfreut sie sich im Bereich von Aktivist*innen immer größerer Beliebtheit (Urman, Katz 2020). Während Telegram auch bei demokratischen Aufständen in autoritären Regimen benutzt wird, nutzten es im deutschsprachigen Kontext bevorzugt auch Rekrutierungsgruppen des sogenannten „Islamischen Staats“/Daesh und neofaschistische Aktivist*innen. Das in Deutschland seit 2017 geltende „Netzwerkdurchsetzungsgesetz“ (NetzDG) verfolgt den Zweck, rechtswidrige Inhalte in sozialen Medien zu regulieren und die Betreiber*innen für die kurzfristige Löschung rechtswidriger Beiträge verantwortlich zu machen. Doch für Telegram galt das Gesetz zunächst nicht, da Telegram als Messengerdienst und nicht als soziales Medium klassifiziert wurde. Dadurch oblag die Bewertung unerwünschter Inhalte der Plattform selbst. Im Juni 2021 trug das Bundesministerium der Justiz und für Verbraucherschutz (BMJ) der veränderten Funktion von Telegram Rechnung und versuchte, den Dienst unter das NetzDG zu subsumieren (Tremmel 2021). Darüber hinaus wurde Hildmanns Hauptkanal im Juni 2021 von Google und Apple für Versionen der App gesperrt, die über die entsprechenden App-Stores bezogen worden waren. Auf der von Telegram selbst distribuierten Desktop-App blieb der Kanal jedoch weiter uneingeschränkt nutzbar (Huesmann 2021). Der Grund für das Teil-Verbot wurde nicht bekannt. Telegram selbst stuft nur öffentliche Kanäle als „meldepflichtig" ein und schließt private Gruppen und Kanäle ausdrücklich als „private Angelegenheiten", in die sich die Betreiber nicht einmischen würden, aus (Telegram-FAQ o.D.). Dies ist freilich eine sehr weit gefasste Definition von Privatsphäre, wenn man bedenkt, dass private Gruppen auf Telegram bis zu 200.000 Mitglieder umfassen und private Kanäle eine unbegrenzte Anzahl von Follower*innen haben können. Allerdings hat der Betreiber gemeinsam mit Europol eine Aktion gegen „Terrorismus und Hassverbrechen" ins Leben gerufen und 2015 mehrere Dutzend Profile von Daesh-Mitgliedern gelöscht. Seitdem löscht er nach eigenen Angaben etwa 15.000 bis 20.000 Kanäle und Bots pro Monat. Im Jahr 2018 erklärte Europol, dass sich der Betreiber „erfolgreich darum bemüht, Terrorismus und Hassrede sowie Aufrufe zu kriminellen Handlungen zu verbieten" (Datenschutz-Handbuch o.D.). Zwar wird Telegram meist als Messenger begriffen, doch funktioniert es immer mehr wie etablierte Social-Media-Plattformen, indem es Funktionen zur Vernetzung und Interaktion, zur öffentlichen Kommunikation und sogar Zahlungsmethoden in die App integriert. Telegram bietet gewissermaßen ein hybrides System der „sozialen Privatsphäre", das den „dual desires of protection and publicity by offering private messaging and broadcasting" dient, indem es sowohl private als auch öffentliche Kommunikation ermöglicht (vgl. Rogers 2020: 217).

Hildmanns Hauptkanal nutzte nahezu alle technischen Funktionen, die zu diesem Zeitpunkt für Telegram-Kanäle verfügbar waren: Neben Text- und Bildbeiträgen stützt sich der Kanal stark auf Sprachnachrichten und Videobeiträge. Diese stammen sowohl von ihm selbst – häufig handelt es sich um Postings von anderen Social-Media-Plattformen („crossposting") –, sind aber oft auch Beiträge anderer Telegram-Nutzer*innen, -Gruppen und -Kanäle, die Hildmann „weiterleitet". Darüber hinaus werden häufig Umfragen eingesetzt, die es den Nutzer*innen ermöglichen, über ein Thema oder eine bestimmte Frage abzustimmen. Diese interaktive Funktion wird hauptsächlich für Humor, Ironie und Absurdität verwendet. Seit dem 5. April 2021 nutzt Hildmann auch die neu implementierte Kommentarfunktion. Beiträge können dabei von jedem Nutzer der App kommentiert werden, und die Kommentare stehen per Klick zum Lesen bereit. Damit wird der Kanal interaktiver.

Hildmanns Hauptkanal ist wiederum in ein Ökosystem von Nebenkanälen und Gruppen verschachtelt, die regelmäßig im Hauptkanal beworben werden: Neben einem kaum genutzten englischsprachigen Kanal werden die meisten offenen Gruppen aktiv zur Diskussion zwischen seinen Anhänger*innen und protestierenden Gegner*innen und für Trolling genutzt, insbesondere wenn Hildmann ankündigt, für Fragen und Diskussionen anwesend zu sein. Für Hildmanns politische Artikulation spielt sein Hauptkanal auf Telegram eine entscheidende Rolle, und zwar insbesondere für Aussagen, die auf anderen Social-Media-Plattformen Konsequenzen nach sich ziehen könnten. Seit seiner Gründung am 28. April 2020 war der Kanal recht aktiv, mit bis zu 411 Beiträgen pro Tag (am 16. Juli 2020) und durchschnittlich 120 Beiträgen pro Tag zwischen Mai 2020 und März 2021. Er kann daher als repräsentatives Protokoll der Entwicklung seiner eskalierenden antisemitischen Artikulation angesehen werden. Zwar ist es nahezu unmöglich, den Kanal als Ganzes zu lesen und qualitativ zu erfassen, doch bietet die riesige Datenmenge Möglichkeiten für quantitative Forschung, die die Phasen und die narrative Struktur der antisemitischen Eskalation skizziert.

Methode: Vergleichende Frequenzanalyse

Die folgenden Ergebnisse wurden durch Text-Mining des Telegram-Hauptkanals @ATTILAHILDMANN zwischen dem 28. April 2020 und dem 28. März 2021 generiert. In der Desktop-Version von Telegram ist eine Download-Funktion für alle nicht geschützten Chats, Gruppen und Kanäle enthalten. Der Export kann als HTML oder JSON erfolgen und auf einen bestimmten Datentyp (etwa Bilder oder GIFs), eine maximale Größe oder einen Zeitraum beschränkt werden. Die Häufigkeitsanalyse wurde von einem kurzen Python-Skript durchgeführt, das auf JSON-Daten zugriff und dessen Algorithmus die wochenweise Anzahl der Textbeiträge angab, die eines oder mehrere der Keywords enthalten. Bilder, GIFs, Videos und Sprachnachrichten sind nicht Teil der Analyse. Die Keywords werden in Form bestimmter Wortstämme verwendet, die ein möglichst breites grammatikalisches Spektrum verwandter Inhalte abdecken. Der vom Algorithmus verwendete Wortteil ist in den Diagrammen fett gedruckt. Zum besseren Verständnis haben wir die Buchstaben um ein möglichst zusammenhängendes Substantiv ergänzt. Beispielsweise erfasst die Suche nach „jud/jüd“ Beiträge, die das Nomen „Jude“, das Adjektiv „jüdisch“ sowie flektierte Wörter mit unterschiedlichen Suffixen, aber derselben Bedeutung enthalten. In den Diagrammen wird diese Suche als „**Jud**e/**Jüd**in“ dargestellt. Mit Hilfe der Häufigkeitsanalyse wird die Entwicklung beispielhafter verschwörungsnarrativer und insbesondere antisemitischer Inhalte im Output des Kanals in Diagrammen dargestellt. Für einen ersten Überblick wird in einer Tabelle die Gesamtzahl der in den Beiträgen am häufigsten verwendeten Topoi innerhalb der elf Monate verglichen, geordnet nach dem Datum ihres ersten Erscheinens. Die zeitliche Entwicklung zentraler antisemitisch-verschwörungsideologischer Topoi soll grafisch dargestellt werden, um deren quantitativen Zusammenhang zu untersuchen und eine erste Hypothese zur Erzählstruktur der eskalierenden antisemitischen Artikulation des Kanals zu skizzieren. Wir haben einen quantitativen Ansatz gewählt, um mit der großen Datenmenge umgehen zu können, die sowohl der Telegram-Kanal als auch Hildmanns Social-Media-Output im Allgemeinen anbietet. Innerhalb der elf Monate des Untersuchungszeitraums produzierte der Kanal gut 49.000 Beiträge unterschiedlicher Länge. Durch ihre quantitative Analyse kann diese enorme Datenmenge dazu beitragen, einen Rahmen für zentrale Narrative und die inhärente Dynamik von Trends und Korrelationen antisemitisch-verschwörungstheoretischer Artikulation bereitzustellen.

Antisemitismus in einem Netz von wachsenden Verschwörungsnarrativen

Die Dynamik, mit der sich die Verschwörungsmythen entwickeln, ist zentral, um die Erzählstruktur und die antisemitische Eskalation in Hildmanns Telegram-Narrativen zu verstehen. In den ersten Wochen des Kanals werden zahlreiche verschwörungsnarrative Topoi in eine zunächst auf die Pandemie ausgerichtete Erzählung integriert. Wie später gezeigt wird, geht diese Integration mit einer teilweisen Neuordnung innerhalb des Bedrohungsszenarios einher. Tabelle 8.1 listet einige – bei weitem nicht alle – verschwörungstheoretische Keywords auf, die in Hildmanns Diskurs eine wichtige Rolle spielen, sortiert nach dem Datum ihrer ersten Erwähnung im Jahr 2020 sowie der Anzahl der Beiträge, in denen sie bis zum März 2021 vorkamen.

Tabelle 8.1: Zentrale verschwörungsnarrative Keywords in Hildmanns Telegram-Kanal und ihre Häufigkeit

Keyword	Datum des ersten Auftretens (alle im Jahr 2020)	Anzahl der (Text-)Postings, die das Keyword enthalten
Gates	29. April	2146
ID2020	29. April	271
Chip	29. April	710
Rockefeller	1. Mai	342
Soros	1. Mai	242
NWO (Neue Weltordnung)	2. Mai	1781
Freimaurer	3. Mai	1537
Satan, **Satan**ist, **Satan**ismus	5. Mai	1101
Israel	13. Mai	960
Rothschild	15. Mai	736
Antifa	16. Mai	773
Deep state	18. Mai	155
Kalergi-Plan	19. Mai	151
Illuminaten	21. Mai	1120

Keyword	Datum des ersten Auftretens (alle im Jahr 2020)	Anzahl der (Text-)Postings, die das Keyword enthalten
Kommunisten, **Kommunis**mus	1. Juni	2232
Weltbank / Weltbänker	1. Juni	298
Zion, **Zion**ist, **Zion**ismus	3. Juni	448
Jude / **Jüd**in, **jüd**isch	3. Juni	3378
Bolschewist, **Bolschew**ismus	5. Juni	793
B'nai B'rith	13. Juni	199

In den ersten sieben Wochen des Kanals etabliert sich also eine Fülle angeblicher Bedrohungen, konspirativer Gruppen und Schurken. Während die verschwörungsnarrativen Keywords der ersten Tage (Gates, ID2020, Chip) einem ideologischen Reservoir antimoderner und technologiefeindlicher Erzählungen zu entstammen scheinen, werden schon bald „klassische" verschwörungstheoretische Tropen und antisemitische Codes integriert. Die ersten antisemitischen Codes, die in der Sammlung verschwörungsnarrativer Schlagwörter auftauchen, sind personalisierte „Namen" („Rockefeller", „Soros", gefolgt von „Rothschild" Mitte Mai 2020). Rasch ergänzt Hildmann diese um etablierte verschwörungsnarrative Tropen wie „Geheimgesellschaften" und antisemitische Codes (wie „Neue Weltordnung"; vgl. hierzu Pfahl-Traughber 2003) sowie dem neonazistischen Narrativ des „Kalergi-Plans". Rund einen Monat nach Gründung des Kanals beginnt Hildmann, „die Juden" zu thematisieren – allerdings wird es noch einige Monate dauern, bis dies in offenen Antisemitismus mündet.

Bezogen auf die Anzahl der Postings, in denen sie erwähnt werden, kreisen die wichtigsten Drohbegriffe im Kanal um „Juden", „Kommunisten", „Bill Gates", angebliche Geheimgesellschaften („Freimaurer" und „Illuminaten") und die „Neue Weltordnung". Diese Struktur aus erzählerischer Fülle und enormer Reichweite der Verschwörer lässt sich am besten mit Barkun als „super conspiracy" bezeichnen (2013). Barkun etablierte dieses Konzept einerseits in Abgrenzung zu Verschwörungstheorien, die sich hauptsächlich auf die Erklärung eines mehr oder weniger genau definierten Phänomens („event conspiracy") konzentrieren. Andererseits unterscheidet sich die „super conspiracy" nach Barkun aber auch von Theorien, die einen mehr oder weniger begrenzten Feindbegriff („systemic conspiracy") im Rahmen umfassender verschwörungstheoretischer Befürchtungen wie der von der „Weltherrschaft" nutzen. Der Unterschied zwischen der „super conspiracy" und diesen beiden Formen liegt für Barkun in der Dynamik, dass sich „super conspiracies" kontinuierlich erweitern und immer weitere Einzelerzählungen in ihre hierarchische Struktur integrieren, was Barkun auch mit einer „russian doll", einer Matrjoschka, vergleicht. „super conspiracies" zeichnen sich durch eine diffuse und stets variable Grenze zwischen denjenigen aus, die bereits Teil der Verschwörung sind, und denen, die *noch* außen vor und als „vertrauenswürdig" anzusehen sind. Genau diese Erweiterung und Hierarchisierung des Verschwörungsglaubens konnten wir im Telegram-Kanal @ATTILAHILDMANN nachweisen.

Nach einer Häufigkeitsanalyse zentraler Keywords der ersten elf Monate des Telegram-Kanals soll die Rolle von codiertem und offenem Antisemitismus innerhalb der Dynamik dieser verschwörungstheoretischen Expansion untersucht werden. Die folgenden Grafiken stellen die Anzahl der Postings dar, die diese Keywords pro Woche enthalten (durchschnittlich setzte Hildmann gut 1.000 Posts pro Woche ab). Wie in Abbildung 8.1 zu sehen ist, ist Bill Gates zwar zwischen Ende April und Ende August 2020 mit bis zu 100 Posts, in denen er oder seine Stiftung erwähnt werden, der Hauptschurke. Bereits im September taucht der Name „Gates" nur noch halb so oft auf, und im Jahr 2021 scheint er dann endgültig zu verblassen. Dies bestätigt das Ergebnis der qualitativen Videoanalyse, nach der Gates zu Beginn der Pandemie eine ungleich größere Bedeutung zugemessen wurde als in späteren Videos. Die Abkehr von Gates als „Superschurken" muss im breiteren Kontext von Hildmanns ideologischer Entwicklung betrachtet werden, die immer weniger auf konkrete pandemiebezogene Themen fokussiert zugunsten einer allumfassenden „super conspiracy". Die Erwähnung von „Juden" hingegen liegt seit Ende Mai 2020 auf einem niedrigen, aber konstanten Niveau und erreicht zwischen November 2020 und Januar 2021 ein Plateau von etwa 40 Erwähnungen pro Woche.

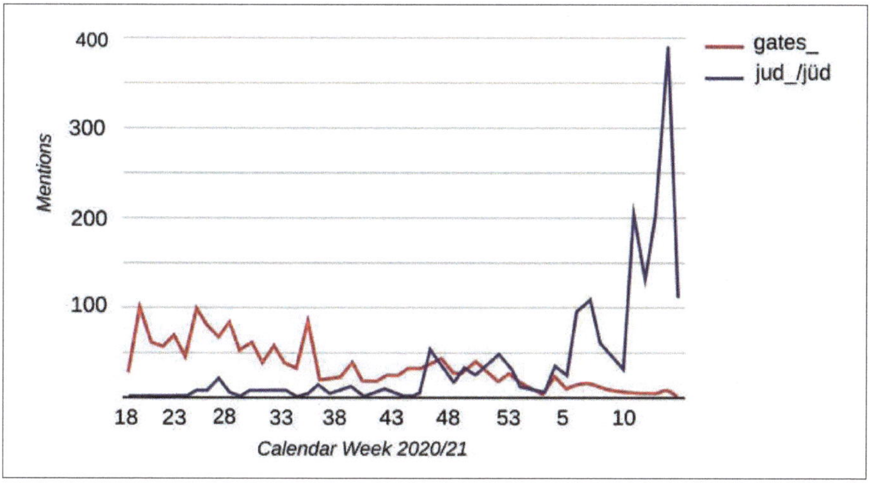

Abbildung 8.1: Beiträge pro Woche, die „Gates" und „jud_" oder „jüd_" enthalten (eigene Darstellung)

Seit dem Februar 2021 aber entwickelt sich „Jude“ oder „Jüdin/jüdisch“ zum dominierenden Begriff im Telegram-Kanal. Das antisemitische Narrativ vom „Juden“ als allmächtigem Schurken tritt also nach etwa zehn Monaten an die Stelle des personifizierten Feindbilds von Bill Gates. Der besorgniserregende Höhepunkt von fast 400 Erwähnungen von „Jude“ oder „jüdisch“ Ende März 2021, nachdem er vor der strafrechtlichen Verfolgung in Deutschland geflohen war und sich vermutlich in der Türkei niedergelassen hatte, bekennt sich Hildmann endgültig zum offenen Antisemitismus. Wie die folgende Häufigkeitsanalyse weiterer Verschwörungsnarrative zeigt, fand zwischen dem Wechsel zwischen diesen beiden Feindbildern eine Entwicklung im Verschwörungsglauben statt. Immer mehr Tropen werden integriert, und alle paar Wochen ersetzt Hildmann verschiedene Verschwörungs-„Trends“ durch andere.

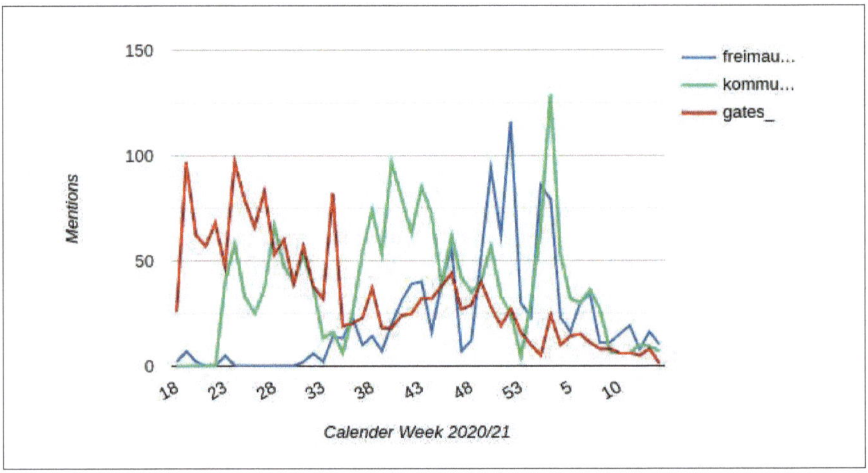

Abbildung 8.2: Verschwörungstrends und Kontinuitäten in Hildmanns Telegram-Kanal zwischen April 2020 und März 2021: Beiträge, in denen Freimaurerei, Kommunismus und Gates erwähnt werden (eigene Darstellung)

Abbildung 8.2 zeigt die Dynamik der anderen vorherrschenden Feindbilder, „Freimaurerei“ und „Kommunismus“, im Vergleich zum anfänglichen Superschurken Gates: Der relative Bedeutungsverlust von Bill Gates Ende Juli wird durch den Aufstieg anderer Verschwörungsnarrative über vermeintliche Bedrohungen durch andere Akteure kompensiert. Diese drei Topoi zeigen auch unterschiedliche Variationen der Erzähltrends: Während „Gates“ auch nach dem Rückgang unter 50 Erwähnungen im Juli ein relativ häufiger Begriff bleibt und nach Februar 2021 nur langsam aus der Erzählung zu verschwinden scheint, fällt das Wort „Freimaurer“

bereits in der ersten Woche der Kanalerstellung, scheint aber bis Oktober 2020 relativ irrelevant zu werden. Auf einen kurzen Höhepunkt von drei Monaten bis Januar 2021 folgt ein rascher Rückgang, der zeitlich mit Hildmanns offen antisemitischer Artikulation ab Februar 2021 zusammenfällt (siehe Abbildung 8.1). Der Topos „Kommunismus" hingegen erlebt mehrere Höhepunkte von etwa ein bis drei Monaten. Allerdings geht auch dieses Narrativ nach Februar 2021 drastisch zurück.

Weder die Imagination eines allmächtigen „Strippenziehers" Bill Gates noch die einer Bedrohung durch „Freimaurer" oder „Kommunisten" ist offen antisemitisch. Es handelt sich hierbei vielmehr um innerhalb der extremen Rechten etablierte Teile eines „untrennbaren Bezugssystems" mit antisemitischer Zuschreibung (Schulze, Treß 2017), das zudem häufig zur Kodierung oder Vermeidung von offenem Antisemitismus verwendet wird (Pfahl-Traughber 2003).

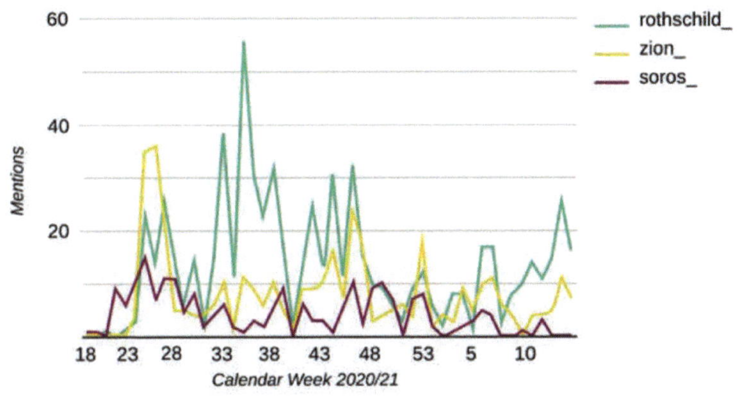

Abbildung 8.3: Häufigkeit von Posts, die beispielhafte antisemitische Codes enthalten, pro Woche (eigene Darstellung)

Die antisemitische Eskalation bezieht sich also auf verschwörungstheoretische Narrative, die sich zunächst auf personalisierte Feindbilder (bspw. Gates) stützen und später dann auch durch verschwörungstheoretische Topoi mit antisemitischen Implikationen begründet wurden. Während diese implizit antisemitischen Topoi im Zeitverlauf zunächst unterschiedlich stark bedient werden und sich dabei häufig auch in ihren Konjunkturzyklen überschneiden, treten sie mit dem Aufkommen des offenen Antisemitismus in den Hintergrund. Anders gesagt: Vages antisemitisches Geraune oder antisemitische Codes verlieren an Bedeutung, je offener der Antisemitismus in Erscheinung tritt. Dies schließt einen späteren Rückbezug auf codierte oder vage Antisemitismen nicht aus. Vielmehr wird ein Bezugssystem geschaffen, in dem Codes und Vagheiten zwar auch ihren Platz finden können – jedoch mit einer zunehmend geringeren Bedeutung. Dies bezeichnen wir als antisemitische Eskalation.

Die Zahl der Postings, in denen offensichtlichere antisemitische Codes und Chiffren erwähnt werden, geht ab Kalenderwoche 46 leicht zurück und beträgt bis zu 60 Erwähnungen der Keywords pro Woche – was bei durchschnittlich 1.000 Postings immer noch als bedeutsame Erzählungen innerhalb des Kanals angesehen werden kann. Wie Abbildung 8.3 zeigt, stellen alle drei Beispiele, also die Nennung von „Rothschild", „Soros" und „Zion(ist*innen)/Zionismus", in der Grafik eine Kontinuität des codierten Antisemitismus sowie die Integration diverser Narrative in die „super conspiracy" dar. Dabei fällt auf, dass keines der Beispiele vollständig aus dem Pool verschwörungstheoretischer Keywords und Feindbilder verschwindet. Es ist auch erkennbar, dass keiner der drei Topoi innerhalb der ersten vier Wochen des Kanals relevant war, sie jedoch alle innerhalb kurzer Zeit um den Juni 2020 herum das erste Mal im Set der Narrative etabliert wurden. Dabei wird „Soros" als erstes der drei Beispiele in das Verschwörungsnarrativ eingeführt, konkret in der 18. Kalenderwoche (s. Tabelle 8.1 und Abb. 8.3). Doch es dauert, bis der Name „Soros" mehr als zehnmal pro Woche erwähnt wird. Die größten Häufigkeiten der Begriffe „Zionismus" und „Rothschild" weisen mehrere Spitzen mit mehr als 20 Erwähnungen in bestimmten Wochen auf. Unterschiedlichen antisemitischen Codes in Form von Personalisierungen wird unterschiedlich viel Aufmerksamkeit gewidmet. Der hier geschilderte kurzzeitige Bedeutungsverlust der genannten Codes zwischen den Kalenderwochen 28 und 33 deckt sich mit der qualitativen Analyse des zweiten Videos „Deutschland soll vernichtet werden", das in genau diesem Zeitraum (32. Kalenderwoche) entstanden ist und „Gates", „Rothschild", „zionistisch", aber auch „jüdisch" jeweils nur einmal nennt – während Winston Churchill sechsmal erwähnt wird. Der Fokus der Aufmerksamkeit verschiebt sich so stetig. Gleichzeitig wird aber auch deutlich, dass die quantitative Analyse des Auftauchens von Begriffen auf den Abgleich mit qualitativen Analysen angewiesen ist: „Rothschild" mag in diesem Zeitraum quantitativ betrachtet weniger vorkommen, doch im bereits zitierten Passus wird der qualitative Stellenwert dieses vorgeblichen jüdischen Strippenziehers besonders deutlich: „Merkel ist eine zionistische Jüdin von der B'nai-B'rith-Geheimgesellschaft und sie hat den Auftrag von Rothschild bekommen, Deutschland für immer zu vernichten" (Hildmann 2020b).

Während also ein quantitativer Ansatz bei der Verarbeitung großer Datenmengen nützlich sein kann, ist er zum einen durch die Form der Daten begrenzt, die sinnvoll analysiert werden können: Die Häufigkeitsanalyse ist standardmäßig auf Textdateien beschränkt und kann keine Audiodateien, Videos, GIFs oder Bilder berücksichtigen – auch wenn diese durchaus die gesuchten Keywords enthalten. In Zukunft könnte sich dies durch den Einsatz künstlicher Intelligenz ändern. Darüber hinaus scheitert die Häufigkeitsanalyse zwangsläufig an den subtileren Funktionen von Sprache: Rhetorische Mittel wie Ironie oder Herabwürdigung sind ebenso schwer zu erfassen wie Veränderungen in der Bedeutung von Keywords im Laufe der Zeit oder im Kontext. Ein Beispiel kann dies verdeutlichen: Wie Tabelle 8.1 zeigt, fiel der Begriff „Gates" erst am zweiten Tag nach der Erstellung des Kanals am 28. April 2020 – dabei bezogen sich bereits am ersten Tag viele Postings auf ihn. Der despektierliche Spitzname „Billyboy" (in Anspielung an eine Kondom-Marke) konnte durch den Algorithmus, der die Basis der Häufigkeitsanalyse bildete, nicht gefunden werden. Für Phänomene mit schnell mutierenden sprachlichen Erscheinungsformen wie dem Antisemitismus sind quantitative Methoden des Text-Minings daher mit einigen Schwierigkeiten verbunden, für die es anscheinend keine andere Lösung gibt als die stetige Rückkopplung mit der qualitativen Untersuchung. Dies ist nicht nur für die Sozialwissenschaften eine Herausforderung, sondern auch für Plattformanbieter*innen, denn sei erschwert die algorithmische Erkennung und Löschung antisemitischer Inhalte.

Schlussfolgerungen

Wie die vergleichende Frequenzanalyse der Textdaten des Telegram-Kanals von Attila Hildmann zeigen konnte, bilden verschwörungsnarrative Keywords und antisemitische Codes ein System ineinandergreifender Erzählungen, die im Laufe der Zeit zu offen antisemitischer Artikulation eskalieren. Die Rolle von Antisemitismus ist im Verschwörungskonstrukt von Anfang an bedeutend. Im Laufe der Zeit artikuliert er sich in verschiedenen Formen von Codes, Chiffren und sekundärem Antisemitismus. Wie die hermeneutische Untersuchung dreier von Hildmanns Videos auf YouTube, Bitchute und wtube eindringlich zeigt, ist der Ausgangspunkt dieser eskalierenden antisemitischen Artikulation der Versuch, Begriffe für COVID-19 und seinen politischen Kontext zu prägen. Dies geschieht im Rahmen eines bereits stark personalisierten Konzepts politischer Macht und Verantwortung, in dem Bill Gates als „allmächtiger Puppenspieler" oder „Strippenzieher" imaginiert wird. Diese Personalisierung kann als eine frühe strukturell antisemitische Komponente der sich ausbreitenden Bedrohungsideologie angesehen werden. Durch die rasche Integration immer weiterer ineinandergreifender verschwörungsnarrativer Topoi enthält Hildmanns Artikulation bald eine rasant wachsende Zahl antisemitischer Codes. Dabei fallen vor allem die Menge und Geschwindigkeit der antisemitischen Topoi auf, die innerhalb der ersten Wochen und Monate in den Kanal eingespeist werden, aber auch die Hartnäckigkeit, mit der diese immer und immer wieder Erwähnung finden. Neben dem Telegram-Kanal trifft dies auch auf die verschiedenen Videobotschaften zu. Dort greifen die antisemitischen Narrative ineinander und bilden das heraus, was strukturell als „super conspiracy" beschrieben werden kann (Barkun

2013). Obwohl keines der quantitativ analysierten Narrative jemals vollständig aus Hildmanns Diskurs verschwindet, scheint es innerhalb der verschwörerisch-antisemitischen Themen eine Konjunktur von Trends und Ersatzbegriffen zu geben. Während antisemitische Codes und struktureller Antisemitismus schon seit Beginn des Untersuchungszeitraumes einen Schwerpunkt in Hildmanns Erzählung bildeten, wird dieser Judenhass nach drei Monaten in Form von nationalsozialistischer Propaganda offen artikuliert. Dazu gehört neben der Bezugnahme auf den „Kaufman-Plan" und den „Kalergi-Plan" sowie dem oben skizzierten Geschichtsrevisionismus auch die Charakterisierung hochrangiger Politiker*innen als „jüdisch-zionistisch". Zwar tritt COVID-19 mit der Zeit gegenüber diesen neonazistischen Topoi in den Hintergrund, doch wird die Pandemie weiterhin mit ihnen verknüpft. Die politische Krise rund um Corona wird als neuestes Kapitel einer langfristigen historischen globalen Bedrohung dargestellt, deren Hauptleidtragende die deutsche Nation sei. Nach zehn Monaten erreicht die antisemitische Eskalation schließlich den Punkt, an dem klassische antijudaistische Klischees, israelbezogener Antisemitismus und Geschichtsrevisionismus bis hin zur Holocaustleugnung ineinandergreifen. Diese Entwicklung drückt sich zugleich auch quantitativ durch die Fixierung auf den Begriff „Jude/jüdisch" aus (s. Abb. 8.1). Weder die Messenger-App Telegram noch die Behörden schienen sich um die Strafbarkeit dieser Aussagen zu scheren.

An diesem Punkt verschränkt sich die antisemitische Eskalation, die Hildmanns verschwörungsideologischen Diskurs charakterisiert, mit seinem spezifischen Mediennutzungsverhalten. Die Angst davor, auf den großen Social-Media-Plattformen gelöscht zu werden, und die tatsächliche Sperrung seiner Accounts hatte schwerwiegende Folgen für seine Artikulation im Internet.

Während Hildmann sich zur Mobilisierung stark auf Videos stützte, wechselte er innerhalb von elf Monaten zwischen mindestens drei verschiedenen Video-Hosting-Diensten. Der Verlust eines großen Teils seines Publikums ging mit der kontinuierlichen Eskalation zu immer neofaschistischeren Inhalten einher. Außerdem veranlasste die Angst vor „Deplatforming" Hildmann im Frühjahr 2020 zur Gründung des Telegram-Kanals, der zu seiner publikumswirksamsten Plattform für offen artikulierten Antisemitismus werden sollte. Telegram bot Hildmann aus zwei Gründen ein ideales Umfeld: Zum einen ermöglichen dessen hybride Funktionen eine vergleichsweise intime und persönliche Publikumsansprache, also genau die „soziale Privatsphäre" (Rogers 2020), die sich im Grenzbereich zwischen klassischen sozialen Medien und reinen Messenger-Apps herausbildet; zum anderen ist Telegram ohnehin in der extrem rechten Szene in Deutschland und den USA beliebt – auch aufgrund der zum Teil laschen Durchsetzung von Nutzungsrichtlinien und fehlender Kooperation mit Strafverfolgungsbehörden. Entsprechend relevant muss die Plattform auch für Forschung und Wissenschaft sein. Unsere Ergebnisse zeichnen sowohl hinsichtlich der Wahl der Social-Media-Plattformen als auch bezüglich Hildmanns antisemitischer Eskalation ein Muster, das im Kontext autoritärer Artikulation und Mobilisierung häufiger zu finden ist. Weitere vergleichende Fallstudien könnten Aufschluss über Möglichkeiten zur Intervention und Prävention dieser narrativen Muster geben.

Literaturverzeichnis

Barkun, Michael (2013): A Culture of Conspiracy Apocalyptic visions in contemporary America. 2. Aufl. Berkeley, Los Angeles, CA: University of California Press.

Benz, Wolfgang (1981): Judenvernichtung aus Notwehr? Die Legenden um Theodore N. Kaufmann. In: *Vierteljahrshefte für Zeitgeschichte,* 29(4), 615–630.

Datenschutz-Handbuch (o.D.): Telegram. https://www.privacy-handbuch.de/handbuch_74b.htm [Zugriff: 04.08.2023].

dpa/Deutsche Presse-Agentur (2020): dpa-Faktencheck. Kein Beleg für angebliches Churchill-Zitat. https://www.presseportal.de/pm/133833/4504285 [Zugriff: 04.08.2023].

Geiler, Julius (2021): Wie eine eigene Realität entsteht. Verschwörungsideologische Medien sind das Sprachrohr der „Coronarebellen". In: Kleffner, Heike/Meisner, Matthias (Hrsg.), Fehlender Mindestabstand. Die Coronakrise und die Netzwerke der Demokratiefeinde, 1. Aufl. Freiburg: Herder, 212–219.

Guhl, Jakob/Ebner, Julia/Rau, Jan (2020): Das Online-Ökosystem rechtsextremer Akteure. London/Washington DC/Beirut/Toronto. https://www.isdglobal.org/wp-content/uploads/2020/03/ISD-The-Online-Ecosystem-of-the-German-Far-Right-German.pdf [Zugriff: 02.08.2023].

Hampe, Arnon (2010): Judenrepublik. In: Benz, Wolfgang (Hrsg.), Handbuch des Antisemitismus. Judenfeindschaft in Geschichte und Gegenwart. Bd. 3. Begriffe, Theorien, Ideologien, 1. Aufl. Berlin/New York: De Gruyter, 157–159.

Herf, Jeffrey (2008): „The Jewish Enemy". Rethinking Antisemitism in the era of Nazism and in recent times. ZEI-Diskussionspapiere, Nr. C 180, Zentrum für Europäische Integrationsforschung. https://hdl.handle.net/20.500.11811/9900 [Zugriff: 04.08.2023].

Huesmann, Felix (2021): Telegram-Kanal von Attila Hildmann auf iPhones und in Android Apps gesperrt. In: *Redaktionsnetzwerk Deutschland.* https://www.rnd.de/politik/attila-hildmann-zugriff-auf-telegram-kanal-auf-iphones-und-android-geraeten-gesperrt-NVRNNLURPVHPVCOLPWN5UZHERY.html [Zugriff: 04.08.2023].

Imhoff, Roland (2020): Antisemitismus, die Legende der jüdischen Weltverschwörung und die Psychologie der Verschwörungsmentalität. In: Institut für Demokratie und Zivilgesellschaft (Hrsg.), Wissen schafft Demokratie. Schwerpunkt Antisemitismus, 8. Jena: Institut für Demokratie und Zivilgesellschaft, 94–103.

Kleffner, Heike/Meisner, Matthias (2021): Virus 2.0. Wie die Pandemie den gesellschaftlichen Zusammenhalt bedroht. In: Kleffner, Heike/Meisner, Matthias (Hrsg.), Fehlender Mindestabstand. Die Coronakrise und die Netzwerke der Demokratiefeinde, 1. Aufl. Freiburg i.Br.: Herder, 13–30.

Langebach, Martin (2015): 8. Mai 1945. In: Langebach, Martin/Sturm, Michael (Hrsg.), Erinnerungsorte der extremen Rechten, 1. Aufl. Wiesbaden: VS Springer, 213–244.

Lee, Benjamin (2020): Radicalization and Conspiracy Theories. In: Butter, Michael/ Knight, Peter (Hrsg.), Routledge Handbook of Conspiracy Theories, 1. Auflage. Abingdon, Oxon, New York: Routledge, 344–356.

Manthe, Barbara (2015): Alliierte Kriegsgefangenen- und Internierungslager. „Folterlager“ in Bad Nenndorf und „Massenvernichtung“ in Remagen: Neonazi-Propaganda gegen alliierte Besatzungspolitik. In: Langebach, Martin/Sturm, Michael (Hrsg.), Erinnerungsorte der extremen Rechten, 1. Aufl. Wiesbaden: VS Springer, 245–264.

Pfahl-Traughber, Armin (2003): Freimaurer und Juden, Kapitalisten und Kommunisten als Feindbilder rechtsextremistischer Verschwörungsideologien vom Kaiserreich bis zur Gegenwart. In: Backes, Uwe (Hrsg.), Rechtsextreme Ideologien in Geschichte und Gegenwart. Köln, Weimar, Wien: Böhlau, 193–234.

Quent, Matthias/Richter, Christoph (2021): Gegen den „Mainstream“. Ost und West im Protest vereint. In: Kleffner, Heike/Meisner, Matthias (Hrsg.), Fehlender Mindestabstand. Die Coronakrise und die Netzwerke der Demokratiefeinde, 1. Aufl. Freiburg: Herder, S. 292–300.

Rogers, Richard (2020): Deplatforming: Following Extreme Internet-Celebrities to Telegram and alternative social media. *European Journal of Communication,* 35(3), S. 213–229.

Rohwedder, Wulf (2021): Eine Plattform für den Hass. In: *tagesschau.de.* https://www.tagesschau.de/investigativ/online-hass-101.html [Zugriff: 25.05.2021].

Schulze, Christoph/Treß, Werner (2017): Antikommunismus. In: Ahlheim, Klaus/ Kopke, Christoph (Hrsg.), Handlexikon Rechter Radikalismus, 1. Aufl. Ulm: Klemm+Oelschläger, 11–13.

Suermann, Lenard (2016): Schuld-Kult. In: Gießelmann, Bente/Heun, Robin/Kerst, Benjamin/ Suermann, Lenard/Virchow, Fabian (Hrsg.), Handwörterbuch rechtsextremer Kampfbegriffe, 1. Aufl. Schwalbach/Ts.: Wochenschau Verlag, 269–281.

Telegram (o.D.): Telegram-FAQ. https://telegram.org/faq [Zugriff: 25. 05.2021].

t-online/mbo (2020): Youtube zählt Attila Hildmann wegen Hetze an. In: t-online. Nachrichten für Deutschland. https://www.t-online.de/unterhaltung/stars/id_88439142/attila-hildmann-wegen-verschwoerungstheorien-vorlaeufig-auf-youtube-gesperrt-.html [Zugriff: 25.05.2021].

Tremmel, Moritz (2021): NetzDG: Justizministerium wird Telegram regulieren. In: Golem.de. IT-News für Profis. https://www.golem.de/news/netzdg-justizministerium-will-telegram-regulieren-2106-157222.html [Zugriff: 04.08.2023].

Urman, Aleksandrka/Katz, Stefan (2020): What they do in the shadows: Examining the far-right networks on Telegram. In: *Information, Kommunikation & Gesellschaft,* 23, 1–20.

Vierkant, Maica (2015): Rudolf Heß. Kristallisationspunkt der extremen Rechten. In: Langebach, Martin/Sturm, Michael (Hrsg.), Erinnerungsorte der extremen Rechten, 1. Aufl. Wiesbaden: VS Springer, 265–287.

Virchow, Fabian/Häusler, Alexander (2020): Pandemie-Leugnung und extreme Rechte in Nordrhein-Westfalen. In: core-nrw. Netzwerk für Extremismusforschung in Nordrhein-Westfalen (Hrsg.), *Kurzgutachten* 3. https://www.bicc.de/uploads/tx_bicctools/CoRE_Kurzgutachten3_2020.pdf [Zugriff: 04.08.2023].

Wienand, Lars (2021): Attila Hildmanns engster Vertrauter packt aus. In: t-online. Nachrichten für Deutschland. https://www.t-online.de/nachrichten/panorama/kriminalitaet/id_90806498/attila-hildmanns-vertrauter-kai-e-packt-aus-das-macht-ihn-gefaehrlich.html [Zugriff: 04.08.2023].

Winter, Martin Clemens (2015): Luftkrieg. Akteure und Deutungen des Gedenkens seit 1945. In: Langebach, Martin/Sturm, Michael (Hrsg.), Erinnerungsorte der extremen Rechten, 1. Aufl. Wiesbaden: VS Springer, 197–212.

Wodak, Ruth (2018): The radical right and antisemitism. In: Rydgren, Jens (Hrsg.), The Oxford Handbook of the Radical Right, 1. Auflage. New York: Oxford University Press, 61–85.

Wulf, Andreas (2021): Vom linken Unbehagen in der Coronakrise. Die nötige Distanz zum staatlichen und „querdenkenden" Autoritarismus. In: Kleffner, Heike/Meisner, Matthias (Hrsg.), Fehlender Mindestabstand. Die Coronakrise und die Netzwerke der Demokratiefeinde, 1. Aufl. Freiburg i.B.: Herder, 326–335.

Primärquellen

Hildmann, Attila (2020a): *CORONA FASCHISMUS.* [Video] https://www.youtube.com/watch?v=XZBvl4B4KRk [Zugriff: 01.06.2020].

Hildmann, Attila (2020b): Deutschland soll vernichtet werden! Kaufman-Plan. [Video] https://www.youtube.com/watch?v=oHJMznelcus. https://www.bitchute.com/video/zXzp5xJP3lUI/ [Zugriff: 27.05.2021].

Hildmann, Attila (2021): *JUDE IST JUDE!!!.* [Audio] https://wtube.org/user /ATTILA_HILDMANN/EDCD73s [Zugriff: 27.05.2021].

Telegramm: t.me/ATTILAHILDMANN

9 REKONSTRUKTION EINES ANTISEMITISCHEN MEMES AUF SOCIAL MEDIA DURCH OBJEKTIVE HERMENEUTIK

Hendrik-Zoltán Andermann und Boris Zizek

Einführung

„Krisenzeiten waren schon immer Hochzeiten des Judenhasses", sagte die ehemalige Vorsitzende des Zentralrats der Juden, Charlotte Knobloch, als Reaktion auf die COVID-19-Pandemie (Röhmel, Wolf 2020). Tatsächlich führte die Pandemie zu einer deutlichen Zunahme der Zahl von Posts und Memes in den sozialen Medien, die antisemitische Inhalte transportieren. Die israelische Zeitung „Haaretz" berichtet, dass mit dem Aufkommen des COVID-19-Virus und der Pandemie antisemitische Verschwörungsmythen einen neuen Aufschwung erlebten und antisemitische Memes eine noch größere Verbreitung fanden (Cassen 2020). Visuelle Inhalte bestimmen eindeutig den Trend in sozialen Medien wie Instagram, TikTok und Co. (Laestadius 2017; Pennington 2017), sodass anzunehmen ist, dass antisemitische Inhalte hier keine Ausnahme bilden. Viele dieser Inhalte sind codiert und erfordern daher eine sorgfältige Interpretation, doch es fehlt leider häufig das Bewusstsein zum Verständnis codierter antisemitischer Inhalte (Schwarz-Friesel, Reinharz 2013: 58). Es stellt sich außerdem die Frage, inwieweit die derzeitigen antisemitischen Darstellungen und Stereotype strukturelle Ähnlichkeiten mit historischen antisemitischen Darstellungen und Stereotypen aufweisen. Handelt es sich bei diesen antisemitischen Memes um eine völlige Neuschöpfung oder lediglich um eine Neuanwendung bestehender Muster? Was hat sich mit dem Aufkommen der sozialen Medien in Bezug auf Antisemitismus verändert? Um diese Fragen zu beantworten, wird eine qualitative Analyse eines zeitgenössischen antisemitischen Memes, das in sozialen Medien gepostet wurde, mit der Methode der objektiven Hermeneutik durchgeführt, um seinen offensichtlichen und latenten Inhalt zu untersuchen. Mit diesem Ansatz wollen wir die Mechanismen und Inhalte, mit denen antisemitische Bilddarstellungen operieren, greifbar und verständlich machen. Wir gehen davon aus, dass Antisemitismus nicht nur strukturell und historisch tief in Gesellschaften verwurzelt ist, sondern auch in den sozialen Medien offensichtlich und latent auftritt, auch wenn der Verbreitungsweg, die Reichweite und der damit verbundene Aufwand für diese Darstellungen eine neue Größenordnung angenommen haben.

Antisemitische Illustrationen in Vergangenheit und Gegenwart

Seit vielen Jahrhunderten werden in der Gesellschaft antisemitische Stereotype auf sprachlicher Ebene reproduziert (Schwarz-Friesel, Reinharz 2013: 58f.), aber auch in der bildenden Kunst, beispielsweise in Form von Plastiken an den Fassaden von Kirchen (Krah 2018: 298). Dies bedeutet, dass diese Muster allgegenwärtig und damit im kollektiven Bewusstsein verankert sind. Es handelt sich um Bilder, die „fest im kulturellen Gedächtnis der Gesellschaft verankert und bis heute vorhanden" (Krah 2018: 293) sind, wobei antijüdische Stereotype wie „Wucherer, Geldgeber, rachsüchtige Intriganten, machtgierige Verschwörer, blutrünstige Kindermörder und Zersetzer von Gesellschaften" (Schwarz-Friesel 2019: 33) weiterhin Hochkonjunktur haben. Diese Stereotype haben auch Einzug in die Welt der Bilder, Karikaturen und nun auch Memes gefunden, die den Antisemitismus kontinuierlich in codierter Form reproduzieren.

Zeitgenössische antisemitische Illustrationen

Der Antisemitismus erlebte nach 1945 einen Wandel, da er in vielen Gesellschaften an den Rand gedrängt und auch strafbar gemacht wurde (Krah 2018: 305). Antisemitismus war in breiteren Kreisen nicht mehr so gesellschaftsfähig wie in früheren Jahrhunderten, da es nach dem Holocaust eine „öffentliche Ablehnung des offen gezeigten Antisemitismus" (Troschke, Becker 2019: 152) gab, insbesondere in Europa. Antisemitische Motive sind jedoch weiterhin regelmäßig in Zeitungen und Zeitschriften zu finden, wenn auch nicht immer in direktem und offenem Zusammenhang mit Juden. Ein Beispiel hierfür ist eine 2014 in der Süddeutschen Zeitung veröffentlichte Karikatur, die sich auf Facebook und Mark Zuckerberg bezieht. Facebook wird als Oktopus mit Warzen im Gesicht und einer langen, schiefen Nase dargestellt. Dies bezieht sich eindeutig auf Mark Zuckerberg, der jüdischer Abstammung ist. Wie Franziska Krah darlegt, ist der antisemitische Inhalt, etwa der der großen Nase, somit weiterhin als antisemitisches Stereotyp in den Köpfen der Menschen präsent (Krah 2018: 305–308). Bei Cartoons über den Finanzmarkt sieht dies ähnlich aus. Auch hier werden kontinuierlich antisemitische Topoi wie Reißzähne und große Nasen verwendet (Krah 2018: 309f.). Zwar gibt es in diesen Cartoons keinen unmittelbaren Bezug zu Juden, aber durch die Verwendung antisemitischer Motive und die Bezugnahme zum Finanzmarkt haben wir es direkter, wenn auch nicht explizit, mit antisemitischen Inhalten zu tun. Der Verweis auf den Staat Israel ist eine andere Möglichkeit, solche Bilder vermeintlich zu legitimieren. So wird in Bezug auf den Israel-Palästina-Konflikt oder das iranische Atomabkommen die israelische Seite als Giftmörder und monströse Figur dargestellt und man bedient sich damit offensichtlich historischer antisemitischer Motive (Krah 2018: 314ff.). Diese Form des israelbezogenen Antisemitismus findet sich beispielsweise auch in deutschen Printmedien (Beyer 2013) oder beispielsweise in arabischen Medien. Noch immer werden Juden oft in der Rolle von Weltherrschern, Kindermördern oder Blutsaugern dargestellt (Schwarz 2005), und diese antisemitischen Topoi werden teilweise sogar von Staatsoberhäuptern offen geäußert, etwa vom türkischen Präsidenten Erdoğan (ZeitOnline.de 2021). Obwohl die antisemitischen Darstellungen des 21. Jahrhunderts ihren historischen Vorbildern ähneln, gibt es auch visuelle Unterschiede, und auch die Bedingungen der Kommunikation haben sich insbesondere mit dem Aufkommen des Internets und der sozialen Medien deutlich verändert (Schwarz-Friesel 2019: 48). Antisemitismus ist über Social-Media-Plattformen inzwischen in vielen Bereichen präsent und hat sich sogar auf thematisch weit entfernte Websites, Foren und Diskussionsgruppen ausgeweitet (Schwarz-Friesel 2019: 47, 98ff.). Vor diesem Hintergrund lohnt es sich, einen genaueren Blick auf die Bedeutung der sozialen Medien und des dort vorhandenen Antisemitismus zu werfen. „Besonders das Web 2.0 hat dazu beigetragen, den Antisemitismus online zu normalisieren“ (Dietz, Rathje 2020).

Antisemitische Memes in sozialen Medien

Das Internet und die sozialen Medien haben sich zu einem interaktiven Raum entwickelt, der komplexe Auswirkungen auf das tägliche Leben der Menschen hat (Common Sense Media 2015; Leven, Schneekloth 2015; Turkle 2016), sowohl im privaten als auch im öffentlichen Bereich (Zeller 2017). Nutzer*innen sind vor allem mit einer großen und immer zahlreicher werdenden Anzahl visuellen Darstellungen konfrontiert, seien es Bilder oder Videos (Pennington 2017). Einige der Social-Media-Plattformen funktionieren ausschließlich visuell, zum Beispiel Instagram (Laestadius 2017). Daher ist es nicht verwunderlich, dass vielfach berichtet wird, antisemitische Memes würden zunehmend auch in den sozialen Medien verbreitet (Schwarz-Friesel 2019: 9). Tatsächlich sind soziale Medien heute der mit Abstand wichtigste Raum für die Verbreitung von Antisemitismus (Troschke, Becker 2019: 151). Visuelle Formen des Antisemitismus tauchen in Bildern, Memes, Gifs und Videos auf, die in sozialen Medien gepostet werden (Troschke, Becker 2019: 155). Laut Krah und Schwarz hängt die Verbreitung visueller Daten auch damit zusammen, dass Bilder beim Konsumenten leicht im Gedächtnis bleiben und in der Regel eine starke und emotionale Wirkung erzeugen (Krah 2018: 293; Schwarz

2005). Mit einem Bild lassen sich deutlich mehr Informationen beziehen als mit einer Textnachricht: Ein Bild sagt mehr als tausend Worte. So spielen emotionale Motive im Antisemitismus auch für die Verfasser antisemitischer Beiträge eine große Rolle (Schwarz-Friesel, Reinharz 2013: 297ff.); insbesondere Hassgefühle finden sich häufig in antisemitischen Inhalten in sozialen Netzwerken (Schwarz-Friesel 2019: 112f.). Vor allem die schnelle, ungefilterte und multisensorische Kommunikation in sozialen Medien ermöglicht es Nutzer*innen, sich affektiv gesteuert in diesem Raum zu bewegen (Schwarz-Friesel 2019: 48). Erschwerend kommt hinzu, dass die Urheber*innen und Verbreiter*innen solcher antisemitischen Darstellungen mit den Motiven „spielen" und diese teilweise auch geschickt verbergen. Sie greifen darauf zurück, Antisemitismus so geschickt zu verpacken, dass er den Rezipient*innen auf den ersten Blick nicht unbedingt auffällt (Troschke, Becker 2019: 153f., 171). Indirekte Hinweise werden in Form von Memes und Bildern gegeben (Dietz, Rathje 2020). Aufgrund der Flut visueller Reize und der eingesetzten Verschlüsselung bleibt den Nutzer*innen keine Zeit, diese Bilder kritisch einzuordnen und zu bearbeiten.

Ein solches bekanntes antisemitisches Meme ist das des „Happy Merchant", das 2001 zum ersten Mal online erschien. Es vereint eine Vielzahl antisemitischer Elemente und Motive und wird im Kontext vieler antisemitischer Bilddarstellungen verwendet.[1]

Antisemitische Visiotype

Wie bereits im vorigen Abschnitt dargelegt, bedienen sich die Schöpfer*innen heutiger antisemitischer Illustrationen häufig eines breiten Spektrums visueller antisemitischer Stereotype, sogenannter Visiotype. Ein besonders häufig genutztes Visiotyp in antisemitischen Illustrationen ist die häufig verwendete große, oft hakenförmige oder schiefe Nase (Frankl 2021: 115; Janáčová 2021: 62). Aber auch hervorquellende Lippen (Janáčová 2021: 62f.) oder große Hände (Frankl 2021: 99), die mit einem boshaften Lächeln gerieben werden (Tarant 2021: 254), sind häufig verwendete Visiotype.

Krauses oder lockiges schwarzes Haar wird in antisemitischen Bildern häufig auch mit Jüd*innen in Verbindung gebracht (Janáčová 2021: 73), ebenso wie ein schwarzer Bart (Tarant 2021: 254). Viele Visiotype bringen Juden auch mit Geldverleihen oder anderen kapitalistischen Geschäften in Verbindung (Tarant, 2021: 253f., 268) und sollen eine Verbindung zwischen Juden und Gier herstellen und somit antisemitische Stereotype transportieren.

1 https:/www.adl.org/education/references/hate-symbols/the-happy-merchant%20

Objektive Hermeneutik als methodischer Ansatz

Die Methode der objektiven Hermeneutik wurde vom Soziologen Ulrich Oevermann in Zusammenarbeit mit seinen Kolleg*innenentwickelt, die Einschränkungen in rein quantitativen Erhebungsmethoden, insbesondere bei der Interpretation von komplexen Materialien, sahen (Przyborski, Wohlrab-Sahr 2008: 240).[2] Die Methode der objektiven Hermeneutik ermöglicht es, soziales Handeln unabhängig von der Selbstinterpretation der Akteur*innen zu analysieren (Zizek, Andermann 2020). Handlungen können so in ihrer dynamischen Prozessstruktur und impliziten Bedeutungsstruktur untersucht werden.

In der objektiven Hermeneutik geht man davon aus, dass die Spuren und Protokolle, die die Lebenspraxis hinterlässt, expressiven Charakter haben (Zizek 2012; Wernet 2014). Das bedeutet, dass die Äußerungen und Handlungen Lebenspraxis und Einstellungen der jeweiligen Individuen widerspiegeln. Auf der Grundlage von Protokollen können diese Aussagen und Einstellungen dann in einem handlungsorientierten, methodischen Verständnis rekonstruiert werden. Im Hinblick auf antisemitische Beiträge in sozialen Medien kann anhand vorliegender Protokolle festgestellt werden, welche antisemitischen Stereotypen verwendet wurden, auch wenn dies unbeabsichtigt oder unbewusst geschieht. Menschen verfügen über ein intuitives Wissen über universelle und kulturspezifische Regeln, die den Spielraum für ihr Handeln schaffen. Handlungen sind also das Ergebnis intuitiver und rationaler Auswahlprozesse. Verfolgt man Entscheidungen des Akteurs (sei es ein*e Interviewpartner*in oder Künstler*in) über einen bestimmten Zeitraum, kann man früher oder später aus den Handlungsspielräumen die Charakteristika der Auswahl der Gestaltungselemente ermitteln, die fallspezifisch sind und die sogenannte „Fallstruktur“ darstellen. Die Rekonstruktion von Fallstrukturen ist die Hauptaufgabe der objektiven Hermeneutik. Der Strukturbegriff betont, dass die Wahl charakteristisch und nicht zufällig ist, also auf fallspezifischen Dispositionen beruht. Die objektive Hermeneutik folgt dabei fünf Prinzipien:

Prinzip der Kontextfreiheit: Zu Beginn muss kontextfrei interpretiert werden, damit Neutralität und Objektivität gewahrt bleiben (Wernet 2000: 21). Um dies zu erreichen, kann die Interpretation in kleineren Teilen stattfinden.

Prinzip der Wörtlichkeit: Die Sequenzen müssen in der Art und Weise gelesen werden, wie sie geschrieben wurden (Wernet 2000: 23–27). Bei visuellen Illustrationen

2 Die Theorie entstand, weil die Bildungssoziologie vor der Herausforderung stand, den Zusammenhang zwischen Klassenzugehörigkeit von Eltern und dem Schulerfolg ihrer Kinder angemessen darzustellen (Przyborski, Wohlrab-Sahr 2008: 2400f.).

werden zunächst nur der vorhandene Bildausschnitt und seine einzelnen Bildbestandteile analysiert.

Prinzip der Sequenzialität: Der Text muss in sinnvolle Sequenzen unterteilt werden. Bevor die nächste Sequenz in die Analyse einbezogen werden kann, muss die vorherige Sequenz vollständig geprüft und analysiert werden (Wernet 2000: 27–32). Bei visuellen Abbildungen bedeutet das, sie in verschiedene Bildsegmente zu unterteilen. Anstelle einer chronologischen Abfolge gilt für visuelle Daten eine hierarchische Abfolge (Oevermann 2014; Zizek 2017: 213; Zizek, Andermann 2020).

Prinzip der Extensivität: Sequenzen müssen so lange analysiert werden, bis alle potenziellen Lesarten erschöpft sind. Dies bedeutet, dass die Sequenz in alle erdenklichen fundierten Richtungen gelesen und dass jedes Text- oder Bildelement hinreichend betrachtet und analysiert werden muss. Dies muss innerhalb einer Sequenz erfolgen, bis alle möglichen Lesarten erschöpft sind. Erst dann darf die nächste Sequenz hinzugefügt werden (Wernet 2000: 32ff.). Diese Regel wird durch das fünfte Prinzip begrenzt.

Prinzip der Sparsamkeit: Es dürfen nur Lesarten berücksichtigt werden, die nicht völlig aus der Norm fallen. Dies bedeutet, dass es sich bei den Lesarten nicht um fallspezifische, außergewöhnliche Vorkommnisse handeln darf. Es muss möglich sein, die Interpretationen aus den Rohdaten zu ermitteln (Wernet 2000: 35–38).

Analyse antisemitischer Illustrationen in sozialen Medien

Im Folgenden wird das Funktionsprinzip der objektiven Hermeneutik anhand der Analyse eines antisemitischen Memes (Abbildung 9.1) in sozialen Medien erläutert. Die vorliegende Abbildung wurde uns von einer Kollegin zugesandt, die das Bild auf Facebook entdeckt hat. Der Beitrag ist nicht mehr auf Facebook vorhanden, das Bild wurde jedoch zur wissenschaftlichen Analyse gespeichert. Ein nahezu identisches Bild wurde in einem Artikel der israelischen Zeitung Haaretz vom 3. Mai 2020 veröffentlicht (Cassen 2020). Im Folgenden wird jedoch das Bild verwendet, das auf Facebook zu sehen war. Facebook ist ein soziales Netzwerk, das 2004 gegründet wurde und sich seitdem großer Beliebtheit erfreut. Im Jahr 2020 hatte Facebook rund 1,7 Milliarden Nutzer*innen. Nutzer*innen – seien es Privatpersonen, Prominente, Unternehmen oder Institutionen – können ein Profil erstellen, Inhalte mit anderen Personen teilen und Beiträge anderer Personen kommentieren. Der Inhalt, der präsentiert wird, wird durch einen Algorithmus bestimmt. Die exakte Funktionsweise des Algorithmus ist nicht klar. Fest steht jedoch, dass dieser nicht nur mit der Beliebtheit und Aktualität der Inhalte zusammenhängt, sondern der Algorithmus auch versucht, das Nutzungsverhalten der User*innen zu ermitteln und zu antizipieren, welche Inhalte für diese potenziell von Interesse sein könnten (Newberry 2023).

Grundidee, Format und Rahmen des Bildes

Bevor wir mit der Analyse des antisemitischen Memes beginnen können, ist es notwendig, den Rahmen und das Format zu betrachten. Dies ist wichtig, um in einem kontrollierten Prozess mit der Analyse beginnen zu können. Insbesondere bei der Interpretation von Bildern muss etwas anders vorgegangen werden als bei Textquellen, da sie keine eindeutige Chronologie haben. Daher muss über die Hierarchisierung des Bildes nachgedacht werden. Dabei hilft es, sich vor Augen zu führen, welche Optionen objektiv zur Verfügung stehen. Durch den Ausschluss nicht ausgewählter Optionen können wir sukzessive die Bedeutung der getroffenen Designentscheidungen ermitteln.

Abbildung 9.1: Mehrfarbige antisemitische Abbildung auf einer Social-Media-Plattform.

Hinsichtlich der allgemeinen Gestaltung existieren zwei häufig genutzte Möglichkeiten. Einerseits besteht die Möglichkeit, beliebige Bildquellen im Hoch- oder Querformat darzustellen. Bei einem Hochformat steht meist eine einzelne Person oder ein einzelnes Objekt im Mittelpunkt. Das Querformat hingegen dient beispielsweise der Darstellung von Personengruppen, aber auch Landschaften. Die vorliegende Abbildung ist im Querformat. Auf den ersten Blick sind starke Akzentuierung und die Verwendung schlichter Motive erkennbar. Das Bild ist nicht mit unzähligen visuellen Elementen überladen. Auffallend auf der Darstellung sind ein virusähnlichen Objekt auf der rechten Seite, eine karikaturhaft überzeichnete Person auf der linken Seite und verschiedene Schriftzüge, während der Hintergrund des Bildes rot und verschwommen ist.

Das hier gezeigte Bild passt nicht ohne weiteres in eine bekannte Art von Bildquellen. Es handelt sich weder um ein bekanntes Gemälde noch um ein Werbeplakat oder Foto noch um eine Zeichnung. Die Illustration kommt einer Karikatur am nächsten, aber aufgrund der auch fotoartig-realistischen Darstellung trifft dies nur bedingt zu. Man kann am ehesten von einer Art Collage sprechen. Das Bild ist nicht gerahmt. Es ist weder ein Logo noch ein Titel zu finden, die zur hierarchischen Einordnung dienen könnten. Es gibt auch keine Signatur der Urheber*innen. Da die Karikatur des Mannes aufgrund des Zeichenstils nicht in das restliche fotorealistische Bild passt, beginnen wir unsere Analyse mit diesem.

Analyse der Bildsegmente

Die linke Bildhälfte („der Jude")

Bevor mit der Interpretation begonnen werden kann, muss eine Beschreibung des Bildausschnitts durchgeführt werden. Anschließend erfolgt eine interpretative Charakterisierung. Dies birgt jedoch die Gefahr der Wiederholung, sodass Beschreibung und interpretative Charakterisierung nicht immer eindeutig unterschieden werden können (Zizek, Andermann 2020). In der linken Bildhälfte ist die Gestalt eines Mannes zu erkennen. Diese hebt sich optisch vom Rest des Bildes ab, da sie weder zeichnerisch noch farblich zum Rest der Abbildung zu passen scheint. Das Erste, was an dem Bild ins Auge fällt, sind der große Kopf der Person, der mehr als die Hälfte der Figur einnimmt, sowie die dazugehörigen und stark hervortretenden Sinnesorgane, die deutlich überzeichnet sind. Dazu gehören die Sinne des Sehens (Augen), Riechens (Nase), Schmeckens (Zunge/Mund) und Fühlens oder Greifens (Hände). Diese Überzeichnung erinnert an eine Karikatur, bei der markante Merkmale übertrieben dargestellt werden, um sie hervorzuheben. Dies geschieht häufig im Rahmen politischer Karikaturen, aber beispielsweise auch durch Straßenkünstler*innen. Besonders sticht die Nase hervor, die nicht nur sehr groß, sondern auch sehr krumm dargestellt wird. Dies erinnert an bekannte antisemitische Bilder (Janáčová 2021: 62f.).

Die Augen der Person wirken wie ausziehbar und „springen" buchstäblich auf ein noch unbekanntes Objekt. Es ist ein starrer, stierender, cartoonartiger Blick. Die Darstellung der Augen erinnert an die technische Ausrüstung, die Juweliere, Goldschmiede, Uhrmacher und Pfandleiher nutzen, um kleine Details an untersuchten Objekten besser erkennen zu können. Darüber hinaus sind im Auge viele feine Äderchen deutlich zu erkennen. Dass die dargestellte Person sehr konzentriert wirkt, erkennt man auch an den Falten um seine Schläfe sowie an den Adern auf seiner Stirn. Es scheint, als würde die Person mit voller Konzentration auf einen Gegenstand blicken, der sie in ihren Bann zu ziehen scheint. Dies könnte eine übertriebene Gier oder Lüsternheit veranschaulichen. Worum es sich bei dem Objekt der Begierde genau handelt, lässt sich jedoch anhand des linken Bildausschnitts allein nicht erkennen. Der Mund der Figur ist aufgerissen. Es werden einige Zähne sichtbar, die Lücken aufweisen. Teilweise erscheinen die Zähne deformiert und spitz, sodass diese Zähne als ungesund bezeichnet werden können. Dies deutet darauf hin, dass die Person unhygienisch ist. Auch die spitzen Zähne haben etwas Groteskes. Beispielsweise haben Raubtiere scharfe Zähne. Auch Abbildungen von Monstern werden oft mit scharfen Zähnen dargestellt, was ihre Gefährlichkeit unterstreichen soll. Sie sollen etwas Animalisches darstellen. Die Lippen wirken etwas gewölbt. Die Zunge der Figur ist gewellt, was darauf hindeutet, dass sie sich wahrscheinlich lustvoll und ekstatisch bewegt, sie ähnelt aber auch der Zunge einer Schlange. Die abgebildete Person scheint etwas älter zu sein, worauf unter anderem die Geheimratsecken hinweisen. Außerdem trägt sie einen Bart und krauses Haar, was in rassistischen Kontexten mit Menschen aus dem Nahen Osten in Verbindung gebracht wird. Beides wirkt nicht gepflegt, was einen gewissen Mangel an Sauberkeit noch unterstreicht. Seine Figur ist eher hager. Sein Kopf ist ziemlich groß, aber seine Arme sind relativ klein. Seine Schultern sind hochgezogen und er reibt sich die Hände. Dabei handelt es sich um eine Geste, die böswillige Lust oder Gier andeutet, ähnlich dem Ausdruck: „sich hämisch die Hände reiben“. In diesem Zusammenhang denkt man zum Beispiel an Mr. Burns aus der Zeichentrickserie *Die Simpsons*, der „ausgezeichnet“ ausruft, wenn etwas geklappt hat. Die Figur wirkt nicht kräftig und ihre Proportionen lassen darauf schließen, dass sie sich nicht körperlich anstrengen muss. Der große Kopf kann ein Hinweis darauf sein, dass er exzessiv beansprucht wird, beispielsweise durch Denkaufgaben, und könnte auf eine gewisse Gerissenheit hindeuten. Auf dem Kopf trägt er eine Kappe, die jedoch nicht ganz auf dem Kopf sitzt, ähnlich wie bei einer Figur in Zeichentrickfilmen, wenn diese beispielsweise ein Stromstoß trifft. Die Kappe hat die Form einer Kippa. Da es zusammen mit der Person dargestellt wird, lässt dies die begründete Vermutung zu, dass es sich bei der dargestellten und stark überzeichneten Figur um einen Juden handeln soll. Folgt man dieser Lesart, so versucht der*die Schöpfer*in der Illustration, einen Zusammenhang zwischen „jüdisch sein“ und „gierig sein“ herzustellen. Außerdem verweisen auch die große Nase und die krausen Haare auf einen jüdischen Bezug. Zwischen der Kappe und der Person befindet sich ein kleiner weißer Hintergrund. Es scheint, als sei das Konstrukt eines mit antisemitischen Stereotypen dargestellten Juden hastig und unsauber ins Bild übernommen worden, so als hätte der*die Autor*in nicht besonders auf Details geachtet.

Auf den ersten Blick scheint es, als hätte die Person keinen Körper. Bei genauerem Hinsehen erkennt man jedoch, dass der Oberkörper auf einem runden Gegenstand montiert ist, der rot-gelb gefärbt ist und über Saugnäpfe oder Noppen verfügt. Diese Abbildung ähnelt einem Virus. Die Person, die offenbar ein antisemitisches Bild eines Juden darstellt, scheint aufgrund der Komposition eine Einheit mit dem Virus zu bilden. Es scheint fast, als würde die jüdische Person aus dem Objekt heraus entstehen. Sein Körper wäre somit ein Virus. Das Virus bedeckt den Bereich, in dem sich seine Genitalien befinden müssten, sodass ein Zusammenhang zwischen der Sexualität der Person und dem Virus hergestellt wird. Insgesamt wird die Person drastisch negativ dargestellt. Er wird nicht nur mit Schädlingen in Verbindung gebracht, sondern sogar mit einem Virus. Darüber hinaus lässt sich wiederum eine Unsauberkeit in der Komposition der Collage erkennen: Teile der Rückseite wurden nicht vollständig wegretuschiert, was ebenfalls auf eine wenig sorgfältige Zusammenstellung schließen lässt. Insgesamt wendet sich der mit antisemitischen Motiven überfrachtete jüdische Mensch mit seiner Körperhaltung und allen Sinnesorganen deutlich der rechten Bildhälfte zu. Sein Objekt der Begierde befindet sich also dort.

Die rechte Hälfte des Bildes („das Virus“)

Ebenso wie die Person in der linken Bildhälfte steht das Objekt in der rechten Bildhälfte im Vordergrund und ist somit nicht unscharf. Auf der rechten Bildhälfte ist ein runder Gegenstand mit Noppen oder Saugnäpfen in alle Richtungen zu erkennen, der optisch seltsam anmutet und an das Virussegment des Rumpfes der Figur auf der linken Bildhälfte erinnert. Das Objekt hat eine rote Farbe, obwohl es einen gelblichen Schimmer aufweist, was darauf hindeuten könnte, dass das Bild durch etwas aus allen Richtungen beleuchtet wird. Beide Farben sind starke Signalfarben. Beispielsweise wird die Farbe Gelb in vielen Gefahrenzeichen verwendet (zum Beispiel für Radioaktivität). Auch Rot wird als Signalfarbe verwendet (Verbotsschilder, Stoppschilder, Verkehrsampeln).

Viren werden mit Krankheiten und mangelnder Hygiene in Verbindung gebracht. Sie haben keine Gesichter, es fehlen Viren in gewisser Weise Sinnesorgane, die sie unzweifelhaft als Lebewesen erkennbar machen würden. Allerdings unterscheidet es sich aufgrund seines fehlenden Stoffwechsels auch von anderen Lebewesen, sodass Viren grundsätzlich nicht als Lebewesen gelten. Aus alltäglicher Sicht würde das Virus nicht als „schön“ gelten.

Bei der Kombination beider Objekte der Bildhälften wird deutlich, dass die „jüdische“ Person auf der linken Bildhälfte auf das Virus starrt. Jetzt ist auch klar, aus welchen Gründen die schmalen Augen der Figur der linken Bildhälfte aus den

Höhlen springen: das Virus. Alle Sinnesorgane, sein gieriger und lüsterner Gesichtsausdruck, die sich reibenden Hände deuten auf das Virus hin.

Umgangssprachlich könnte man von einer Lüsternheit nach dem Virus sprechen. Dies erscheint insofern überraschend, als Viren, wie bereits erwähnt, keine Objekte der Begierde sind. Sie sind mit negativen Aspekten verbunden (mangelnde Hygiene, Epidemien, Pandemien, Krankheit, Tod). Aber die Figur links scheint eindeutig etwas Positives am Virus zu sehen. Aufgrund der bisher betrachteten Bildausschnitte und Interpretationen könnte das Virus vermutlich als Mittel zum Geld verdienen oder als Machtinstrument angesehen werden.

Die Analyse der Textsequenzen

Die Abbildung zeigt mehrere Textsequenzen. Da diese über das gesamte Bild verteilt sind und keine Chronologie erkennbar ist, muss nach einer anderen Möglichkeit der Hierarchisierung gesucht werden, wie auch bei den Bildsegmenten. Besonders auffällig ist hier die Sequenz „COVID-19 gives" (Covid-19 gibt), da sie in einer anderen Schriftgröße und ohne Anführungszeichen gesetzt wurde, wohingegen alle anderen Schriftzüge in Anführungszeichen dargestellt werden und die gleiche Größe haben. Der Schriftzug ist unten links platziert und setzt sich so ebenfalls von den anderen ab. Es wirkt daher wie eine Art Signatur. Die anderen Wörter scheinen davon getrennt zu sein.

COVID-19 gives

COVID-19 ist der Name der durch das Coronavirus, das im Jahr 2020 zu einer Pandemie führte, hervorgerufenen Erkrankung. Das Wort „*gives*/gibt" weist darauf hin, dass jemandem etwas zugeführt wird, wie in dem Ausdruck „jemandem einen Brief geben". Es stellt sich nun die Frage, was COVID-19 geben kann. Man erwartet Dinge wie „Tod", „Krankheit", „Einschränkungen", „Arbeitslosigkeit" oder „Existenzängste", die mit dem Coronavirus in Verbindung gebracht werden.

Wird diese Abfolge jedoch mit den bereits analysierten Bildelementen in Zusammenhang gebracht, so ergeben sich aufgrund der gierigen Darstellung der Person Zweifel. Gesichtsausdruck und Körperhaltung der Person stimmen nicht mit dieser Charakterisierung überein. Basierend auf der Darstellung sollte COVID-19 etwas Positives bewirken. Eine erste Vermutung wäre zum Beispiel einen Gewinn. Die COVID-19-Pandemie hat für viele Menschen und Unternehmen große Verluste verursacht, aber es gibt auch Unternehmen, die Gewinne erzielt haben, zum Beispiel Online-Händler wie Amazon. Wie dieser Zugewinn genau in Bezug auf die antisemitisch illustrierte jüdische Person aussieht, kann zum jetzigen Zeitpunkt noch nicht eindeutig geklärt werden.

„Moshiach now!"

Die zweite Textsequenz ist oben links angeordnet. Das Wort „Moshiach" kommt aus dem Hebräischen und bedeutet „Messias". Der Gebrauch der hebräischen Sprache macht darüber hinaus deutlich, dass die Person auf der linken Seite ein Jude sein soll. Das Warten auf den und Kommen eines zukünftigen Messias ist ein sehr zentrales Element des Judentums. Wenn man die Sequenz „*now*/jetzt" hinzufügt, wird deutlich, dass das Kommen des Messias mit „jetzt" zusammenhängt. Der Messias ist, so suggeriert es die Darstellung, nun erschienen. Anhand der Anführungszeichen lässt sich dies einer wörtlichen Rede zuordnen. Es könnte der Ausruf der jüdischen Figur in der Abbildung sein. Basierend auf dem Blick auf das Virus und der zuvor analysierten Sequenz „COVID-19 gives" legt die Lesart nahe, dass das COVID-19-Virus hier als Messias angesehen wird. Es wird ein Zusammenhang zwischen der Gier der Person (ihrem visuellen Erscheinungsbild) und dem Judentum („Moshiach now!") hergestellt. Eine religiöse Utopie wird also mit einem Virus gleichgesetzt. Dies führt zu einer gezielten und starken Abwertung des Judentums. Auffällig ist, dass Hebräisch („Moshiach") und Englisch („now") gemischt wurden. Das „now" soll es einer breiten Zielgruppe verständlich machen, während das „Moshiach" authentisch wirken soll, als wäre es tatsächlich ein Ausruf eines Juden. Es handelt sich gewissermaßen um ein Stilmittel, mit dem der Verfasser falsche Authentizität erzeugt.

„Never Let a Crisis Go to Waste!"

Die dritte Textsequenz befindet sich oben rechts. „*Never Let a Crisis Go to Waste!*/ Lass eine Krise niemals ungenutzt verstreichen!" bedeutet so etwas wie: Man sollte eine Krise nie vorübergehen lassen, ohne irgendwie davon zu profitieren. Aus pädagogischer und sozialisatorischer Sicht bieten Krisen die Chance, an ihnen zu wachsen. Aber dieses Verständnis von Krisen steht im Gegensatz zum Verständnis von Krisen im gegenwärtigen Bild: die Krise nutzen, aber zum eigenen Vorteil und auf Kosten anderer. Dabei geht es nicht darum, eine Krise zu lösen oder ihr entgegenzutreten, sondern darum, sie auszunutzen, um daraus Profit zu schlagen. Sie nicht zu verschwenden, sondern maximal zu nutzen, weist auch auf Gier hin. Die jüdische Person im Bild fordert, dass die COVID-19-Krise nicht ungenutzt gelassen, sondern ausgenutzt werden soll. Beispielsweise können Menschen bestehende Machtstrukturen festigen, neue ausbauen oder einen finanziellen Vorteil aus der Krise ziehen.

„... Antisemitic Canard"

„*Canard*" (deutsch: Zeitungsente) nennt man einen Zeitungsschwindel. Diese „... antisemitische Ente" bzw. „... antisemitisches Gerücht" bezieht sich auf Gerüchte über Jüdinnen*Juden und das Judentum, die antisemitisch sind. Die drei Punkte davor („...") könnten Platzhalter darstellen: „... ist ein antisemitisches Gerücht." Hier wird vom Bildschöpfer eine defensive Haltung beschrieben, um das Bild gegen Vorwürfe der Voreingenommenheit zu verteidigen. Die drei Punkte lassen dies willkürlich erscheinen. Im Prinzip kann alles dafür verwendet werden. Es handelt sich also um einen allgemeinen Verteidigungsversuch, eine Vorwegnahme.

Mit diesem Ausruf könnten alle Vorwürfe zurückgewiesen werden, indem man sagt: „Das ist eine antisemitische Falschmeldung." Der Ausspruch käme also einer pauschalen Verteidigung gegen Kritik gleich, einer allgemeinen Formel, um sich selbst zu schützen. Dies in der Darstellung mit COVID-19 in Verbindung zu bringen, verweist, der Logik des*der Verfasser*in nach, darauf, dass dies jüdischen Menschen ein neues Argument liefere, sich selbst zu schützen, indem sie den Abwehrmechanismus der „... antisemitischen Falschmeldung" nutzen.

„Loot the Treasury!"

Der Ausdruck „*Loot the Treasury*/Plündere die Schatzkammer" bezieht sich auf das Ausplündern eines Schatzes, auf die Bereicherung an etwas, zum Beispiel einer Staatskasse. Das Wort „plündern" weist auf eine gewisse Gier hin sowie auf eine ungerechtfertigte, gewaltsame und hemmungslose Aneignung eines Schatzes. Sprachlich entspricht es der Schilderung eines Raubüberfalls. „Schatzkammer" kann sich allgemein auf eine Schatzkammer beziehen, aber auch auf diejenige eines Staates. Die Anführungszeichen machen es zu einer Aufforderung oder einem Wahlspruch: „Plündere die Schatzkammer!" Zusammen mit dem Bezug zu COVID-19 deutet die Abbildung darauf hin, dass COVID-19 die Möglichkeit eröffnet, die Staatskassen zu manipulieren, also sich daran zu bereichern, beispielsweise durch den Verkauf oder die Verteilung von Produkten, die in einer Krise benötigt werden. Folgt man der Lesart und bezieht die vorherigen antisemitischen Aspekte der Darstellung mit ein, so könnte damit auch auf Wucher verwiesen werden, also den Verkauf dringend benötigter Produkte zu einem höheren Preis.

„Martial Law!"

Das Kriegsrecht (Martial Law) ist ein Zustand, der in Kriegs- oder Krisenzeiten besonderen Ausmaßes verkündet wird. Sein Zweck besteht darin, einem Staat schnelle Entscheidungen zu ermöglichen, um in Krisenzeiten handlungsfähig zu bleiben.

Allerdings geht dies mit drastischen Einschränkungen bürgerlicher Rechte und Freiheiten einher. Da das Kriegsrecht von Regierungen verhängt werden muss, wird hier auf einen Staat Bezug genommen. Durch den stark konstruierten jüdischen Bezug und den Corona-Kontext in der Abbildung lässt sich vermuten, dass hier der israelische Staat zur Zeit der Pandemie thematisiert wird, andere Staaten sind an dieser Stelle jedoch auch denkbar. Also ermöglicht COVID-19 die Einschränkung von Bürgerrechten, wozu auch Dinge wie Verfolgung und geheimdienstliche Methoden gehören. Die Ausrufung des Kriegsrechts könnte in diesem Zusammenhang auf ein Finanz- und Machtkalkül hinweisen und damit einen imaginierten jüdischen Einfluss verstärken.

Schlussfolgerungen der Analyse

Die antisemitische Darstellung soll eine jüdische Person darstellen, was insbesondere an dem hebräischen Wort „Moshiach" und der Kippa deutlich wird. Aber auch ohne diese beiden Merkmale wäre ein antisemitischer Kontext naheliegend gewesen, was mit der Tatsache zusammenhängt, dass die Darstellung mit antisemitischen Topoi überladen ist: Einerseits haben wir Merkmale aus der nationalsozialistischen Rassentheorie, wie die große und schiefe Nase, die hervortretenden Lippen (Janáčová 2021: 62f.) oder die krausen/lockigen und schwarzen Haare (Janáčová 2021: 73). Die Stielaugen und das Reiben der Hände (Tarant 2021: 254) hingegen sollen seine Gier betonen. Es kommt nicht nur zu einer deutlichen Abwertung der jüdischen Religion (Virus und Profitstreben seien der Messias), sondern auch zu einer Abwertung des Juden selbst, der in dieser Darstellung mit dem COVID-19-Virus verschmolzen ist und somit die häufig genutzten Zoomorphismen (der Jude als Schwein, Ratte oder Wurm) (Schwarz 2005; John 2013: 332) sogar noch übertrifft.

Darüber hinaus vermittelt die Illustration die Botschaft, dass Juden angeblich sogar das COVID-19-Virus benutzten, um Profit und Einfluss zu erlangen, es ihnen aber gleichzeitig ein Argument geben würde, sich gegen Vorwürfe zu verteidigen. Darauf deuten auch die eingearbeiteten Textsequenzen hin. Der Jude wird in diesem Bild deutlich als das Böse der Welt dargestellt. In dieser antisemitischen Darstellung scheint der Jude eine Einheit mit seinen Trieben zu bilden. Er nutzt seine Instinkte gewinnbringend.

Allerdings fällt auch auf, dass die Bildquelle unsauber verarbeitet ist. Beispielsweise ist sie aus künstlerischer Sicht nicht sorgfältig zusammengestellt. Man erkennt deutlich, dass einige Bildelemente kopiert wurden. So wurde zur Darstellung des Juden das antisemitische Meme des „Glücklichen Kaufmanns/Happy Merchants" verwendet. Grund dafür ist einerseits, einen hohen Wiedererkennungswert zu generieren, andererseits aber auch, eine Vielzahl antisemitischer Stereotype zu vereinen, wodurch es als eine Art universeller Code in antisemitischen Kreisen angesehen werden kann. Insgesamt lässt sich sagen, dass diese visuelle Darstellung bereits bestehende antisemitische Muster aufgreift und mithilfe der Anwendung neuer technischer Möglichkeiten und unter Bezugnahme auf die aktuelle Krise (COVID-19-Pandemie) neue Anwendungsformen alter antisemitischer Muster in einer „innovativen“ und „kreativen“ Art und Weise hervorbringt.

Zeitgenössische antisemitische Darstellungen und soziale Medien

Die analysierte antisemitische Darstellung wird in einer Krisenzeit auf Facebook gepostet.

Dies bestätigt die zu Beginn dieses Kapitels zitierten Worte von Charlotte Knobloch, der ehemaligen Vorsitzenden des Zentralrats der Juden in Deutschland. Jüdinnen*Juden werden als Nutznießer*innen der Krise dargestellt, die die Situation für ihre Zwecke ausnutzten, sich rücksichtslos bereicherten und so der Welt schadeten. Viele antisemitische Stereotype finden sich in der analysierten aktuellen Social-Media-Abbildung wieder: Seien es körperliche Merkmale wie etwa, dass Juden eine große, krumme Nase haben, wulstige Lippen (Janáčová 2021: 62f.), schwarze Haare oder charakterliche Merkmale, die Juden als gierige Kapitalisten und Profiteure oder als Ungeziefer darstellen. Juden werden auch oft als Weltherrscher und Übel der Welt dargestellt (Schwarz 2005). Doch nicht alle Motive lassen sich auf Anhieb erkennen. Durch die gesellschaftliche Ächtung des Antisemitismus in vielen Gesellschaften mussten antisemitische Kreise also andere Wege finden, solche Bilder zu erstellen und zu verbreiten, sei es im Schutz der Anonymität in den sozialen Medien und den damit verbundenen niedrigen Strafen oder durch das Verstecken solcher Inhalte hinter Codes.

Die oben analysierte Abbildung stellt den Juden als gieriges Wesen dar, das sich diese Gier zu eigen macht, also diese Instinkte in selbstsüchtiger, aber nicht selbstzerstörerischer Weise in die eigene Persönlichkeit integriert. In der heutigen Darstellung scheint der antisemitisch dargestellte Jude mit sich selbst im Reinen zu sein. Die*der Autor*in des Bildes ist unbekannt. Die Social-Media-Bildquelle hat keine Signatur und kann nicht mit den Ersteller*innen in Verbindung gebracht werden (höchstens mit den Benutzer*innen, die diese Abbildungen in sozialen Medien teilen), was bei in sozialen Medien verbreiteten Bildern die Regel und nicht die Ausnahme ist. Darüber hinaus haben sich die technischen Möglichkeiten geändert, die Autor*innen solcher Inhalte zur Verfügung stehen. Ersteller*innen von Social-Media-Abbildungen nutzen bereits vorhandene visuelle Abbildungen – wie in diesem Fall das „Happy Merchant-Meme“ sowie eine fotorealistische Darstellung eines Virus –, fügen diese zusammen, ergänzen individuell angepasste Textsequenzen und laden sie innerhalb von Sekunden in Foren oder soziale Netzwerke wie YouTube, Twitter, Instagram, TikTok oder Facebook hoch oder verbreiten sie über Instant-Messaging-Dienste wie WhatsApp, Snapchat und Telegram. Social-Media-Nutzer*innen könnten theoretisch und praktisch mit minimalem Aufwand antisemitische Darstellungen erstellen und verbreiten, ohne über größeres Know-how zu verfügen oder viel Zeit in die Erstellung zu investieren, und sie in Sekundenschnelle rund um den Globus verbreiten. Die Analyse zeigt, dass bekannte antisemitische Motive auch im 21. Jahrhundert und in den sozialen Medien weiterhin propagiert werden. Diese Bilder sind im Bewusstsein der Menschen verwurzelt. Die antisemitischen Motive wirken hier wie Memes (Bewusstseins- oder Gedankeninhalte). Der Programmierer Richard Brodie schreibt: „Sobald sich unser Gehirn so weit entwickelt hatte, dass wir Ideen empfangen, speichern, modifizieren und kommunizieren konnten, erschien plötzlich eine neue Umgebung, die zwei für die Evolution erforderlichen Eigenschaften aufwies: kopieren und erneuern"[3] (Brodie 2009: 65). Genau so funktioniert Antisemitismus: Bereits vorhandene, im kulturellen Gedächtnis der Gesellschaft gespeicherte Informationen werden kopiert und darauf aufbauend wird etwas Neues geschaffen, das aber den alten Mustern treu bleibt. Hier kommen die sozialen Medien ins Spiel, die es User*innen erleichtern, Antisemitismus zu „empfangen, zu speichern, zu modifizieren und zu kommunizieren". Neu ist auch, dass einige antisemitische Motive nun für die Öffentlichkeit verborgen bleiben können und für die Adressat*innen auf den ersten Blick nicht vollständig erkennbar und verständlich sind.

Schlussfolgerungen

Antisemitische Darstellungen weisen eine jahrhundertelange Kontinuität auf. Die in diesem Kapitel analysierte antisemitische Abbildung bestätigt eine Kontinuität im Hinblick auf bereits bestehende visuelle antisemitische Stereotype. Historische antisemitische Assoziationen wirken auch heute in den Bildern der sozialen Medien. Es zeigt sich außerdem, dass diese antisemitischen Inhalte insbesondere in Zeiten gesellschaftlicher Umbrüche entstehen und verbreitet werden. Bei den antisemitischen Illustrationen auf Social-Media-Plattformen handelt es sich häufig um Neuverwendungen bestehender struktureller alter Muster. Auf kognitiver Ebene wirken diese Inhalte wie Memes (griech. μίμημα). Wie die Analyse des Coronavirus im Bild zeigt, werden bestehende antisemitische Muster und Feindbilder genutzt und auf aktuelle gesellschaftsverändernde Phänomene und weltverändernde

3 „Once our brains evolved to the point where we could receive, store, modify, and communicate ideas, there suddenly appeared a new environment that had the two characteristics needed for evolution: copying and innovating."

Entwicklungen angewendet. Eine Kontinuität lässt sich auch in der Nutzung des technischen Fortschritts zur Schaffung oder Weiterverbreitung antisemitischer Darstellungen erkennen. Es zeigt sich jedoch ein wesentlicher Unterschied in der Art der Darstellung und Verteilung. Obwohl die heutigen antisemitischen Bilder mit geringem technischem und zeitlichem Aufwand erstellt werden können, sind sie dennoch reich an offensichtlichen, aber – und das ist ein hervorstechender Unterschied – auch latenten antisemitischen Assoziationen und werden in vollem Umfang „kreativ“ eingesetzt. Visuelle Inhalte in den sozialen Medien bewirken, dass der*die Künstler*in in den Aussagen nach außen vage bleiben kann, obwohl nach innen eine sehr klare Botschaft vermittelt werden soll. Es findet eine Kommunikation „hinter vorgehaltener Hand“ statt. Dies kann gerade deshalb eine Gefahr darstellen, weil sich dieser Eindruck unbemerkt bei den Empfänger*innen festsetzen kann, die sich über die teilweise codierten antisemitischen Inhalte eventuell nicht im Klaren sind. Es besteht somit die Gefahr, dass sich nach und nach der Eindruck von Juden als beispielsweise „Kindermörder“ oder „Krisenprofiteure“ bei Menschen durchsetzt, die sich eigentlich nicht für antisemitisch halten. Es zeigt sich zudem, dass im visuellen Medium diese Inhalte in einer ähnlichen Ad-hoc-Wahrnehmung verbreitet werden können und dass die antisemitischen Darstellungen auf bestehende Stereotype zurückgreifen. Einerseits offenbaren sich offensichtlich traditionelle Deutungsmuster, wie gezeigt werden konnte, spielen solche antisemitischen Bilder aber auch mit latenten Deutungsmustern. Ähnlich einem Trojanischen Pferd oder einem Virus schleichen sich diese in die Wahrnehmung ein. Nicht alle derartigen Social-Media-Inhalte sind für die*den Betrachter*in sofort erkennbar, da sie mitunter codiert sind und sich die Nutzer*innen zudem in einem Schnellempfangsmodus befinden, wenn sie sich in den sozialen Medien bewegen, und keine Zeit haben, sie wahrzunehmen oder zu entschlüsseln. Dies stellt eine große Herausforderung im Umgang mit Antisemitismus in sozialen Medien dar, denn wenn der antisemitische Inhalt nicht sofort erkannt wird, kann er Schaden anrichten. Für diese Herausforderung existiert keine wirkliche Lösung. Allerdings können Wissenschaftler*innen Konzepte entwickeln, um Antisemitismus besser zu erkennen. Die bereits vorhandenen Filter für unangemessene Inhalte in Social-Media-Apps sind definitiv verbesserungswürdig. Vor allem aber müssen Menschen, insbesondere Kinder und Jugendliche, mit Hilfe dieses Wissens und dieser Ansätze aufgeklärt werden. Die qualitative Interpretationstechnik der objektiven Hermeneutik ist eine Möglichkeit, solche Inhalte und ihren Entstehungsprozess behutsam zu entschlüsseln, indem sie methodisch kontrolliert rekonstruiert, greifbar gemacht und so die Funktionsweise und Mechanismen antisemitischer Darstellungen in sozialen Medien offengelegt werden.

Die hier analysierte antisemitische Social-Media-Bildquelle stellt den Juden als Virus dar und bringt ihn somit direkt mit COVID-19 in Verbindung. Die Vorstellung,

Juden seien eine Art Virus, existiert seit Tausenden von Jahren in den Köpfen der Menschen und hat sich dort verbreitet. Doch, wie im Laufe dieses Artikels dargelegt werden konnte, verhält sich der Antisemitismus selbst wie ein Virus. Er mutiert im Laufe der Zeit, passt sich an neue Umweltbedingungen an und fordert die Antikörper und das Immunsystem der Gesellschaft stetig heraus, indem er neue Entwicklungen nutzt, um seine Ausbreitung zu beschleunigen, behält aber im Kern die gleiche Struktur, die gleichen Mechanismen bei. Soziale Medien bieten hierbei den perfekten Nährboden für das Virus des Antisemitismus und helfen, es schneller zu verbreiten und auch zu tarnen.

Literaturverzeichnis

Adl.org (2019): The Happy Merchant. https://www.adl.org/resources/hate-symbol/happy-merchant [Zugriff: 25.05.2021].

Beyer, Robert (2013): ‚Olmert ertrinkt in Blut' – Mediale Israelfeindschaft als aktuelle Formvariante von Antisemitismus? In: Nagel, Michael/Zimmermann, Monika (Hrsg.), Judenfeindschaft und Antisemitismus in der deutschen Presse über fünf Jahrhunderte, Bd. 1, 1. Aufl. Bremen: Edition Lumière, 1009–1028.

Brodie, Richard (2009): Virus of the Mind. The New Science of the Meme. London: Hay Haus.

Cassen, Flora (2020): „Jews control Chinese labs that created coronavirus?": White supremacists dangerous new conspiracy theory. In: *Haaretz*, 3.Mai. https://www.haaretz.com/jewish/.premium-the-jews-control-the-chinese-labs-that-created-coronavirus-1.8809635 [Zugriff: 09.03.2024].

Common Sense Media (2015): The common sensus. Media use by tweens and teens. https://www.commonsensemedia.org/sites/default/files/research/report/census_researchreport.pdf [Zugriff: 23.08.2023].

Dietz, Rocio/Rocha/Rathje, Jan (2020): Antisemitismus im Internet und den sozialen Medien. https://www.bpb.de/politik/extremismus/antisemitismus /321584/antisemitismus-im-internet-und-den-sozialen-medien [Zugriff: 23.08.2023].

Frankl, Michal (2021): Jews out of place? Place and space in Czech antisemitic caricatures. In: Hauser, Jakub/Janáčová, Eva (Hrsg.), Visual Antisemitism in Central Europe, 1. Auflage. Berlin: De Gruyter, 99–122.

Janáčová, Eva (2021): Spa antisemitism in Bohemia and Moravia. In: Hauser, Jakub/Janáčová, Eva (Hrsg.), Visual Antisemitism in Central Europe, 1. Auflage. Berlin: De Gruyter, 59–98.

John, Michael (2013): Die ‚Linzer Fliegenden Blätter' und andere Zeitschriften. In: Nagel, Michael/Zimmermann, Monika (Hrsg.), Judenfeindschaft und Antisemitismus in der deutschen Presse über fünf Jahrhunderte, Bd. 1, 1. Aufl. Bremen: Edition Lumière, 331–360.

Krah, Franziska (2018): Zur „Ästhetik“ des Antisemitismus. In: Grimm, Marc/Kahmann, Bodo (Hrsg.), Antisemitismus im 21. Jahrhundert, 1. Aufl. Berlin: De Gruyter, 293–321.

Laestadius, Linnea (2017): Instagram. In: Sloan, Luke/Quan-Haase, Anabel (Hrsg.), The Sage Handbook of Social-Media-Research-methods, 1. Aufl. London: SAGE, 573–592.

Leven, Ingo/Schneekloth, Ulrich (2015): Freizeit und Internet: Zwischen klassischem „Offline“ und neuem Sozialraum. In: Shell Deutschland Holding (Hrsg.), Jugend 2015. Frankfurt am Main: Fischer, 111–153.

Newberry, Christina (2023): Facebook-Algorithmus 2023: Wie Ihr Euren Kontent sichtbar macht. https://blog.hootsuite.com/de/facebook-algorithmus-organische-reichweite/ [Zugriff: 27.11.2023].

Oevermann, Ulrich (2014): „Getting close“ – Bildanalyse mit dem Verfahren der objektiven Hermeneutik am Beispiel einer Google Earth-Werbung. In: Kraimer, Klaus (Hrsg.), Aus Bildern lernen. Optionen einer sozialwissenschaftlichen Bild-Hermeneutik, 1. Aufl. Ibbenbüren: Münstermann.

Pennington, Diane Rasmussen (2017): Coding of non-text data. In: Sloan, Luke/Quan-Haase, Anabel (Hrsg.), The Sage Handbook of Social Media Research Methods, 1. Auflage. London: SAGE, 232–250.

Przyborski, Aglaja/Wohlrab-Sahr, Monika (2008): Qualitative Sozialisationsforschung, 3. Aufl. München: Oldenbourg.

Röhmel, Joseph/Wolf, Sabine (2020): Alte Feindbilder zurechtgebogen. In: *Tagesschau.* https://www.tagesschau.de/investigativ/br-recherche/corona-antisemitismus-101.html [Zugriff: 23.08.2023].

Schwarz-Friesel, Monika (2019): Judenhass im Internet. Leipzig: Hentrich & Hentrich.

Schwarz-Friesel, Monika/Reinharz, Jehuda (2013): Die Sprache der Judenfeindschaft im 21. Jahrhundert. Berlin: De Gruyter.

Schwarz, Johannes Valentin (2005): Antisemitische Karikaturen und Cartoons. In: *Politik-Lernen.* https://www.politik-lernen.at/dl/msLpJKJKoLnNoJqx4KJK/504_karikaturen.pdf [Zugriff: 23.08.2023].

Tarant, Zbyněk (2021): Contemporary visual antisemitism in the Czech Republic. In: Hauser, Jakub/Janáčová, Eva (Hrsg.), Visual Antisemitism in Central Europe, 1. Auflage. Berlin: De Gruyter, 251–270.

Troschke, Hagen/Becker, Matthias J. (2019): Antisemitismus im Internet. Erscheinungsformen, Spezifika, Bekämpfungen. In: Glöckner, Olaf/Jikeli, Gunther (Hrsg.), Das Neue Unbehagen. Antisemitismus in Deutschland Heute, 1. Aufl. Hildesheim: Georg Olms, 151–172.

Turkle, Sherry (2016): Reclaiming conversation. The power of talk in a digital age. New York: Pinguin.

Wernet, Andreas (2000): Einführung in die Interpretationstechnik der Objektiven Hermeneutik. Opladen: Leske + Budrich.

Wernet, Andreas (2014): Hermeneutics und objektive Hermeneutics. In: Flick, Uwe (Hrsg.), The Sage handbook of qualitative Data Analysis, 1. Auflage. London: SAGE, 234–246.

ZeitOnline.de (2021): USA kritisieren Erdoğans Israel-Äußerungen als „antisemitisch". In: *Zeit Online*, 19.Mai. https://www.zeit.de/politik/ausland/2021-05/israel-tuerkei-recep-tayyip-erdogan-usa-antisemitismus [Zugriff: 23.08.2023].

Zeller, Frauke (2017): Analysing social media data and other data sources: a methodological overview. In: Sloan, Luke/Quan-Haase, Anabel (Hrsg.), The Sage Handbook of Social Media Research Methods, 1. Auflage. London: SAGE, 386–404.

Zizek, Boris (2012): Vollzug und Begründung, objektive und subjektive Daten. Eine Parallele? In: *Sozialsinn,* 13(1), 39–59. DOI: 10.1515/sosi-2012-0103

Zizek, Boris (2017): Digitale Socialization? An exploratory sequential analysis of anonymous adolescent internet-social interaction. In: *Human Development* 60, 203–232. https://www.karger.com/Article/PDF/479082 [Zugriff: 23.08.2023].

Zizek, Boris/Andermann, Hendrik-Zoltan (2020): Analysis of youth-oriented Websites. In: *Beijing International Review of Education,* 2(1), 54–76. DOI: 10.1163/25902539-00201005

10 NEUER ANTISEMITISMUS AUF TIKTOK

Gabriel Weimann und Natalie Masri

Einführung

Ende 2020 tauchte auf TikTok ein Video mit einem antisemitischen Lied über die Ermordung jüdischer Menschen in Auschwitz auf. Der Text lautete: „Wir machen eine Reise zu einem Ort namens Auschwitz, es ist Zeit für die Dusche."[1] Das zugehörige Video zeigt einen riesigen, mit einem Hakenkreuz versehenen Roboterskorpion, der Menschen angreift und vergast. Laut einer Studie der BBC wurde das Video weltweit bereits über sechs Millionen Mal aufgerufen und der Nutzer, der es postete, gewann 12.000 neue Follower (Tidy 2020). Auch fast 100 TikTok-Nutzer*innen griffen den Song mit den dazugehörigen Bildern auf und erzielten dadurch eine weitere halbe Million Aufrufe.

TikTok wurde 2016 von ByteDance, einem chinesischen Unternehmen, entwickelt, um Nutzer*innen das Hochladen von 15-Sekunden-Videos zu ermöglichen, oft mit Playback-Ton, kombiniert mit einer Reihe kreativer Funktionen und interaktiver Formate. Nach nur zwei Jahren hatte TikTok eine enorme Reichweite entwickelt: Mit mehr als 1,2 Milliarden Downloads in 150 Absatzmärkten weltweit und in 75 Sprachen macht es führenden Unternehmen wie YouTube, Facebook, Netflix und Snapchat Konkurrenz. TikTok hat sich in kürzester Zeit zur am schnellsten wachsenden App entwickelt und ist heute eine der beliebtesten Apps der Welt. Am weitesten verbreitet ist TikTok bei Kindern und Jugendlichen. Viele nutzen es täglich und verbringen viele Stunden damit.[2] Doch TikTok hat seine Schattenseiten: Die Nutzer*innen sind mit zahlreichen extremistischen Inhalten, rassistischen Posts, Aufrufen zum Angriff auf Minderheiten, ethnische Gruppen, People of Color, Muslim*innen und Jüd*innen sowie mit Posts voller Neonazi-Propaganda konfrontiert. Offiziell erlaubt TikTok die Nutzung der App erst ab 13 Jahren, viele der Nutzer*innen, die in den Videos zu sehen sind, wirken jedoch deutlich jünger. Die Kombination aus Popularität, Bekanntheit und Offenheit macht TikTok eindeutig attraktiv für eine Vielzahl extremistischer, rassistischer und radikaler Gruppen, darunter auch neonazistische und antisemitische Gruppierungen sowie Einzelpersonen (Weimann, Masri 2020). Die hier vorgelegte Studie untersucht die antisemitischen Posts auf

1 „We're going on a trip to a place called Auschwitz, it's shower time."

2 Siehe z.B. https://www.schau-hin.info/studien/studie-kinder-verbringen-taeglich-80-minuten-mit-tiktok.

TikTok anhand einer systematischen Inhaltsanalyse der Videos sowie der Kommentare, Texte und Benutzernamen.

Zielgruppen und Inhalte von TikTok

2022 kam TikTok auf 1,4 Milliarden aktive Nutzer*innen. Bis Ende 2023 wird diese Zahl auf 1,8 Milliarden ansteigen (Iqbal 2023). Allein im ersten Quartal 2020 verzeichnete TikTok mehr als 315 Millionen Downloads im App Store und bei Google Play, mehr als jede andere App jemals in einem Quartal erreicht hat (Chapple 2020).[3] TikTok zieht vor allem die jüngere Generation an: 41 Prozent der Nutzer*innen sind zwischen 16 und 24 Jahre alt (Beer 2019), 90 Prozent dieser Gruppe nutzen die App täglich. Die Mission von TikTok besteht nach Aussage des Unternehmens darin, die Kreativität, das Wissen und die „kostbaren Lebensmomente" der Welt direkt vom Mobiltelefon aus einzufangen und zu präsentieren. TikTok ermögliche es jedem, kreativ zu sein, und ermutige Nutzer*innen, ihre Leidenschaft und Kreativität durch ihre Videos zu teilen.[4] Der Erfolg von TikTok liegt in der Tat darin, dass dank der einfachen Handhabung dieser App praktisch jede*r, sogar ein Kind, Inhalte erstellen und anbieten kann. Das ist einer der Hauptgründe für die beeindruckende Anziehungskraft, welche die Plattform für so viele junge Nutzer*innen weltweit hat. Dass TikTok bei der jüngeren Generation so erfolgreich ist, lässt sich aber auch damit erklären, dass seine Entwickler*innen von Anfang an junge Menschen als bevorzugte Zielgruppe im Blick hatten. Durch den Einsatz des kurzen Videoclip-Formats richtet sich TikTok an Kinder und Jugendliche mit kurzer Aufmerksamkeitsspanne. Darüber hinaus fördert die App mit ihren vielfältigen Spezialeffekten und Bearbeitungsmöglichkeiten die Kreativität. Zudem macht es der TikTok-Algorithmus im Vergleich mit anderen Social-Media-Plattformen leichter, viral zu gehen (Leander, Burriss 2020). Die TikTok-Erfinder*innen haben die Vorlieben und Gewohnheiten ihrer Zielgruppe berücksichtigt und eine Plattform geschaffen, die ihrem jungen Publikum genau das bietet, was es will, und es ihm ermöglicht, sich durch Singen, Tanzen und die Verwendung seiner Lieblingsmusik auszudrücken.

---

3 Die Zahl der Downloads stieg 2022 auf 672 an – https://www.statista.com/statistics/1285960/top-downloaded-mobile-apps-worldwide/.

4 Siehe z.B. https://newsroom.tiktok.com/en-us/musical-ly-and.

Der neue Antisemitismus

Die Grundlagen des Antisemitismus wurden klassischerweise von Theodor W. Adornos Definition erfasst:

> Diese Ideologie [des Antisemitismus] besteht ... aua Stereotypen und negativen Einstellungen gegenüber jüdischen Menschen, die als bedrohlich, unmoralisch, und grundsätzlich anders als Nicht-Juden gesehen werden, sowie aus einer diskriminierenden Grundhaltung, die auf diverse Formen der Einschränkungen, des Auschlusses und der Unterdrückung als Möglichkeit drängen, „die Judenfrage" zu lösen. (Adorno et al. 1950: 71)[5]

In der Vergangenheit hat Antisemitismus immer wieder neue Formen angenommen, doch haben sich Schlüsselthemen gehalten. Diese werden nun auf den heutigen medialen Plattformen neu verpackt. Die Gemeinsamkeit aller antisemitischen Themen ist die künstlich hervorgebrachte Angst vor einer wahrgenommenen angeblichen jüdischen Macht und die Notwendigkeit, sich gegen sie zu verteidigen. Historiker*innen, Soziolog*innen und Politikwissenschaftler*innen warnen vor der Entstehung eines „neuen Antisemitismus" im 21. Jahrhundert. Es handelt sich dabei um die umformulierte Version historischer antisemitischer Tropen, präsentiert von Extremist*innen der extremen Rechten und der extremen Linken, von Neofaschist*innen, Rassist*innen, Anarchist*innen, fremdenfeindlichen Gruppen, Einwanderungsgegner*innen und weiteren Strömungen.

Dieser neue Antisemitismus verschmilzt zudem Antisemitismus und Antizionismus, was die Entmenschlichung und Dämonisierung von Jüdinnen*Juden sowohl individuell als auch kollektiv erleichtert. Historische antisemitische Stereotype, Begriffe und Diffamierungen werden in zeitgenössische politische Begriffe überführt, wobei Israel und der Zionismus mit Worten charakterisiert werden, die in der Vergangenheit der Dämonisierung und Verunglimpfung von Jüdinnen*Juden dienten. Daher wird der „neue Antisemitismus" als ein Antisemitismus definiert, der sich gegen Israel als jüdisches Kollektiv richtet. Im Rahmen der wichtigen modernen Neudefinition von Antisemitismus hat die Europäische Beobachtungsstelle für Rassismus und Fremdenfeindlichkeit (EUMC) eine Arbeitsdefinition formuliert (Porat 2011; Wieshaider 2019). Diese Definition wurde auch von der International Holocaust Remembrance Alliance (IHRA) übernommen. Insbesondere benennt

5 „This ideology [of antisemitism] consists ... of stereotyped negative opinions describing the Jews as threatening, immoral, and categorically different from non-Jews, and of hostile attitudes urging various forms of restriction, exclusion, and suppression as a means of solving ‚the Jewish problem'."

die EUMC-IHRA-Definition mehrere Merkmale einer Verschmelzung von altem und neuem Antisemitismus. Zu diesen Merkmalen zählen:

- Der Aufruf zur Tötung oder Schädigung von Jüdinnen und Juden im Namen einer radikalen Ideologie oder einer extremistischen Religionsanschauung sowie die Beihilfe zu solchen Taten oder ihre Rechtfertigung.
- Falsche, entmenschlichende, dämonisierende oder stereotype Anschuldigungen gegen Jüdinnen und Juden oder die Macht der Jüdinnen und Juden als Kollektiv – insbesondere aber nicht ausschließlich die Mythen über eine jüdische Weltverschwörung oder über die Kontrolle der Medien, Wirtschaft, Regierung oder anderer gesellschaftlicher Institutionen durch die Jüdinnen und Juden.
- Das Verantwortlichmachen der Jüdinnen und Juden als Volk für tatsächliches oder unterstelltes Fehlverhalten einzelner Jüdinnen und Juden, einzelner jüdischer Gruppen oder sogar von Nichtjüdinnen und Nichtjuden.
- Das Bestreiten der Tatsache, des Ausmaßes, der Mechanismen (z.B. der Gaskammern) oder der Vorsätzlichkeit des Völkermordes an den Jüdinnen und Juden durch das nationalsozialistische Deutschland und seine Unterstützer und Komplizen während des Zweiten Weltkrieges (Holocaust)
- Der Vorwurf gegenüber den Jüdinnen und Juden als Volk oder dem Staat Israel, den Holocaust zu erfinden oder übertrieben darzustellen.
- Das Aberkennen des Rechts des jüdischen Volkes auf Selbstbestimmung, z.B. durch die Behauptung, die Existenz des Staates Israel sei ein rassistisches Unterfangen.
- Der Vorwurf gegenüber Jüdinnen und Juden, sie fühlten sich dem Staat Israel oder angeblich bestehenden weltweiten jüdischen Interessen stärker verpflichtet als den Interessen ihrer jeweiligen Heimatländer.
- Die Anwendung doppelter Standards, indem man von Israel ein Verhalten fordert, das von keinem anderen demokratischen Staat erwartet oder gefordert wird.
- Das Verwenden von Symbolen und Bildern, die mit traditionellem Antisemitismus in Verbindung stehen (z.B. der Vorwurf des Christusmordes oder die Ritualmordlegende), um Israel oder die Israelis zu beschreiben.
- Vergleiche der aktuellen israelischen Politik mit der Politik der Nationalsozialisten.
- Das kollektive Verantwortlichmachen von Jüdinnen und Juden für Handlungen des Staates Israel.“

Mit dem Aufkommen des Internets und insbesondere der sozialen Medien erleben diese Thesen eine Wiederauferstehung, da Antisemit*innen nun neue Möglichkeiten haben, ihre Propaganda zu verbreiten und mit anderen in Kontakt zu treten, die ihre Ansichten teilen. Zwar ist auch einfacher, Informationen zu finden, die Mythen und Verschwörungserzählungen entkräften. Dennoch ist es für diejenigen, die Verschwörungen verbreiten, leichter geworden, Anhänger*innen zu finden und Echokammern zu schaffen, die Verschwörungsmythen bestätigen und verstärken. Einer der jüngsten und vielleicht alarmierendsten Trends ist die Nutzung von TikTok.

Der Anstieg von Antisemitismus auf TikTok

TikTok ist zu einem Magneten und einer Brutstätte für gewalttätige und extremistische Inhalte geworden, wobei die Täter*innen die junge Nutzer*innenbasis und die laxe Sicherheitspolitik der Plattform nutzen, um Jagd auf Schwächere zu machen. Das Hassrede-Material auf TikTok ist vielfältig und umfasst überwiegend neonazistische, antisemitische sowie rassistische Inhalte. Hassrede auf TikTok blieb weitgehend unbemerkt, bis *Motherboard* im Dezember 2019 berichtete, dass es Beispiele für „unverholene, gewalttätige „white supremacy“ und Nationalsozialismus“ gefunden habe, darunter direkte Aufrufe zur Tötung von Jüdinnen*Juden und Schwarzen (Cox 2018a). Einige Beiträge lauten wörtlich „töte alle N*****“, „alle Juden müssen sterben“ und „töte N******“ (die Wörter sind in der App unzensiert).[6] In einem Video war beispielsweise eine Reihe junger Nutzer*innen zu sehen, die den Nazi-Gruß zeigten. Ein weiteres TikTok-Video enthielt den Hinweis, „Ich habe eine Lösung; eine Endlösung“[7], und bezog sich dabei auf den Holocaust. Einige Beiträge enthalten die Zahlenfolge 1488, einen Verweis auf den (im Englischen) 14-Wörter-Slogan „Wir müssen die Existenz unseres Volkes und eine Zukunft für weiße Kinder sichern“[8], die von dem amerikanischen weißen Rassisten David Eden Lane stammt. Die 88 steht für „HH“ oder „Heil Hitler“.

Auf TikTok werden immer mehr Videos mit antisemitischer Hetze oder Holocaust-Leugnung verbreitet. Laut Wheatstone und O'Connor (2020) enthalten einige Beiträge „abscheuliche antisemitische Schmähungen – wobei Cartoons, die jüdische Männer mit großen Nasen zeigen und Witze über den Holocaust machen, Hunderte von Likes und Kommentaren erhalten“ (Wheatstone, O'Connor 2020)[9]. In einem Video folgen rassistische Zeichnungen von Figuren mit den Beschriftungen

6 „kill all n*****“, „all Jews must die“ (...) „killn******“.

7 „I have a solution, a final solution“.

8 „we must secure the existence of our people and a future for white children“.

9 „feature sickening antisemitic taunts - with cartoons depicting Jewish men with large noses and joking about the Holocaust receiving hundreds of likes and comments“ (https://www.the-sun.com/news/473896/tiktok-swamped-with-sickening-videos-of-terror-attack-murders-holocaust-denials-and-vile-racist-slurs/).

„ein hinterhältiger Jude“[10] und „Megajude“[11] auf die antisemitische Behauptung, jüdische Menschen würden die Medien, den Finanzsektor und die Regierung kontrollieren. In einem verstörenden Clip „duettiert“ ein TikTok-Nutzer – ein Begriff, der das Posten einer Videoantwort beschreibt, die mit einem ursprünglich harmlosen Beitrag geteilt wird – und zeigt einen jungen Mann, der eine Ofentür öffnet und hinein zeigt. Die Geste bezieht sich auf Vernichtungslager wie Auschwitz, in denen Millionen Juden von den Henkern der Nazis in Gaskammern ermordet und in großen Öfen verbrannt wurden. Ein TikTok-Nutzer kommentiert: „Man muss eine Spur von Münzen hinterlassen, der sie folgen können.“[12] Ein anderer, der offenbar Zweifel an der Zahl der sechs Millionen Todesopfer durch den Holocaust verbreiten will, äußert: „Ich selbst wurde über 6.000.000 Mal vergast!!!“[13] In einem anderen Video trinkt ein junger Mann eine milchähnliche Flüssigkeit. Als er sich über den seltsamen Geschmack beschwert, erklärt ihm ein Freund, dass er gerade Anne Franks Asche aus einem Behälter in sein Getränk geschüttet habe. Der TikTok-Nutzer mit dem Profilnamen „bigmacdaddywac“ erhielt dafür 1,3 Millionen Likes. Ein anderer TikTok-Nutzer zeigt einen sonnengebräunten jungen Mann, der zu fröhlicher Musik aus der Dusche kommt. Eine Person, die als „Auschwitz-Wachmann“[14] bezeichnet wird, sieht ihn überrascht an. Damit soll suggeriert werden, dass KZ-Häftlinge gut behandelt wurden – eine klare Verharmlosung der Shoah und Respektlosigkeit gegenüber den Opfern. Ende April 2020 wurden zwei Highschool-Schüler aus Minnesota dafür kritisiert, dass sie ein Video mit dem Titel „Ich und die Jungs auf dem Weg zum [Ferien-]Lager“[15] geteilt hatten, in dem sie sich tanzend vor einem Nazi-Güterwaggon gephotoshoppt hatten. Diese anekdotischen Beobachtungen legen die Notwendigkeit einer empirischen, systematischen und objektiven Untersuchung der Nutzung von TikTok für antisemitische Propaganda, Hetze und Hass nahe.

Methode

Die Forschungsfrage, die unser Projekt leitete, war: Welche Art von Antisemitismus lässt sich gemäß der Antisemitismus-Definition der IHRA auf TikTok finden? Unsere erste Studie zu Hassrede, gewalttätigem Extremismus und Antisemitismus hatten wir 2020 durchgeführt (Weimann, Masri 2020; 2021). Die Methode, die wir für die damalige Studie entwickelt, getestet und angewandt hatten, wurde auch für die

10 „A sneaky Jew“.
11 „Mega Jew“.
12 „You have to put a trail of coins for them to follow“.
13 „I myself have been gassed over 6,000,000 times“.
14 „Auschwitz-guard“.
15 „Me and the boys on the way to camp“. [viele amerikanische Jugendliche verbringen die Sommerferien alljährlich in Ferienlagern, die als „camp“ bezeichnet werden.]

vorliegende Studie verwendet, um einen Vergleich von Veränderungen und Trends im Zeitverlauf zu ermöglichen. Die vorliegende Studie lief über den Zeitraum von vier Monaten (Februar bis Mai 2021) und ihre Ergebnisse ermöglichten uns, Veränderungen zu beobachten, insbesondere angesichts der Ankündigung von TikTok im Jahr 2020, dass alle antisemitischen Beiträge entfernt würden (Levine 2020).

Um TikTok auf Antisemitismus zu scannen, führten wir eine systematische Inhaltsanalyse durch. Der erste Schritt umfasste die Suche nach Beiträgen (geposteten Videoclips), Kommentaren (von Benutzer*innen als Reaktion auf den Videoclip verfasste Texte), Hashtags und Nutzer*innennamen mit Bezug zu Judentum und antisemitischen Überzeugungen. Zu den wichtigsten Schlüsselwörtern für die Datenerfassung gehörten*: Jew, Jewish, Jews, antisemitic, antisemitism, holocaust, dancing Israeli, six million* und *109 countries* (die Zahl 109 ist eine numerische Abkürzung weißer Rassisten für die antisemitische Behauptung, jüdische Menschen seien aus 109 Ländern ausgewiesen worden). Bei diesen Schlagwörtern handelt es sich um eine Kombination aus Oberbegriffen, die zum Teil mit antisemitischen Verschwörungsmythen in Verbindung gebracht werden. Laut TikTok (*Discover and Search* 2021)[16] sind bei der Suche nach einem bestimmten Begriff „die ersten Videos auf Hashtag-Seiten die Videos, die den Trend ausgelöst haben, und andere beliebte Videos, die für den Trend-Hashtag relevant sind“[17]. Dies erfordert, in den Suchergebnissen nach unten zu scrollen, um antisemitische Beiträge zu finden. Mithilfe der dort verwendeten Begriffe konnten wir Benutzer*innen finden, die antisemitische Hass-Inhalte gepostet hatten, die mit der Suche nach den genannten Schlüsselwörtern nicht erfasst worden wären: Sie waren bildbasiert, es handelte sich beispielsweise um Memes und Videos, die keine Untertitel enthielten und daher nicht suchbar waren. Die antisemitischen Posts auf TikTok führten zu zahlreichen Kommentaren. Wir haben 56.916 Kommentare untersucht, die auf diese Posts reagierten.

Neben der Suche nach Beiträgen und Kommentaren haben wir auch nach Nutzer*innennamen mit denselben Schlüsselwörtern gesucht. TikTok-Nutzer*innen identifizieren sich auf zweierlei Arten, entweder durch ein User-handle (@johnssmith) oder einen Namen, der in ihrem Profil erscheint.

Ergebnisse

16 Die Information ist inzwischen nur noch im Archiv zu finden: https://web.archive.org/web/20211221051901/https://support.tiktok.com/en/using-tiktok/exploring-videos/discover-and-search.

17 „the first few videos on hashtag pages are the videos that started the trend and other popular videos that are relevant to the trending hashtag“.

Unsere Suche von TikTok-Posts ergab insgesamt 61 antisemitische Posts (ein Plus von 41 Prozent im Vergleich zu unserer Durchsuchung im Jahr 2020, siehe Tabelle 10.1). Noch alarmierender war die zunehmende Häufigkeit antisemitischer Kommentare auf TikTok, die von 41 Posts 2020 auf 415 im Jahr 2021 angestiegen war (ein Plus von 912 Prozent). Wir fanden auch einen starken Anstieg von Nutzer*innen-handles mit antisemitischen Titeln (z.B. „@holocaustwasgood“ oder „@eviljews“), von nur vier im Jahr 2020 auf 59 im Jahr 2021 (ein Anstieg von 1.375 Prozent).

Analyse antisemitischer Beiträge

In unserer Studie fanden wir 61 TikTok-Beiträge mit Kennzeichen, die nach der IHRA-Arbeitsdefinition als Antisemitismus bezeichnet werden müssen. Weitere 28 Beiträge waren nicht antisemitischer Natur. Dabei handelte es sich entweder um Beiträge, die den Antisemitismus in der Welt hervorhoben, etwa Videos von antisemitischen Angriffen, oder um Videos von Holocaust-Überlebenden, die zahlreiche antisemitische Kommentare erhielten.

Bei der Betrachtung der verschiedenen Merkmale antisemitischer Inhalte entsprechend den Kategorien der IHRA-Definition fanden wir 34 Beiträge zum Thema

> falsche, entmenschlichende, dämonisierende oder stereotype Anschuldigungen gegen Jüdinnen und Juden oder die Macht der Jüdinnen und Juden als Kollektiv – insbesondere aber nicht ausschließlich die Mythen über eine jüdische Weltverschwörung oder über die Kontrolle der Medien, Wirtschaft, Regierung oder anderer gesellschaftlicher Institutionen durch die Jüdinnen und Juden.[18]

Diese Posts enthielten mehrere antisemitische Memes, darunter „Happy Merchant“[19], ein Meme mit der Zeichnung eines jüdischen Mannes mit ausgeprägt stereotypen Gesichtszügen, der sich gierig die Hände reibt. Andere Beiträge enthielten Videos von tanzenden religiösen Juden mit der Überschrift „Juden ganz aufgeregt, weil sie wissen, dass ihnen im Grunde die Medien gehören“.[20] Ein anderes Meme, das jemanden zeigt, der feiert, hat die Überschrift „ich, wie ich jeden Tag aufwache und weiß, dass der Antisemitismus auf dem Vormarsch ist“.[21] In einem weiteren Beitrag wird ein Nutzer gefragt: „Hat dich ein jüdisches Mädchen zurückgewiesen?“[22]

18 https://holocaustremembrance.com/resources/arbeitsdefinition-antisemitismus.
19 „glücklicher Kaufmann“.
20 „Jews getting lit, knowing they basically own the media”.
21 „me waking up every day knowing that antisemitism is on the rise”.
22 „did a Jewish girl reject you?”

Der Nutzer antwortete im Video mit den Worten: „Machen Sie niemals Koboldbabys mit [dieser] großen Hakennase",[23] bevor das Video abbricht.

Darüber hinaus fanden wir elf Beiträge zum Thema „Das Bestreiten der Tatsache, des Ausmaßes, der Mechanismen (z.B. der Gaskammern) oder der Vorsätzlichkeit des Völkermordes an den Jüdinnen und Juden durch das nationalsozialistische Deutschland und seine Unterstützer und Komplizen während des Zweiten Weltkrieges (Holocaust)"[24]

Tabelle 10.1: Antisemitismus auf TikTok: Veränderungen zwischen 2020 und 2021

	2020	2021	Veränderung
Antisemitische Beiträge	43	61	+41 %
Zahl der antisemitischen Kommentare	41	415	+912 %
Antisemitische User-Namen	4	59	+1375 %

Ein Beitrag enthielt ein Video, in dem ein interviewter Mann den Holocaust als „imaginär"[25] bezeichnet. In einem anderen geposteten Meme heißt es: „Es ist möglich, dass es passiert ist. Aber nicht 6 Millionen."[26] Dieser Beitrag hatte die Überschrift „Happy Holocaust Day". In einem Video-Beitrag von Nick Fuentes, einem rechtsextremen Podcaster, den das FBI als „weißen Rassisten"[27] beschreibt, heißt es: „Ich glaube, meine Rechnung ist falsch" – unter der Überschrift „6 Milliarden? 6 Billionen?"[28]. Weitere zehn Beiträge wurden gefunden, in denen es um „Das Verantwortlichmachen der Jüdinnen und Juden als Volk für tatsächliches oder unterstelltes Fehlverhalten einzelner Jüdinnen und Juden, einzelner jüdischer Gruppen oder sogar von Nichtjüdinnen und Nichtjuden."[29] geht. Diese Beiträge stehen im Zusammenhang mit der Verschwörungstheorie, dass Juden aus 109 verschiedenen Ländern ausgewiesen worden seien. In einem Beitrag war ein Clip von Nathaneal Kapner zu sehen, den die Anti-Defamation League (ADL) als „antisemitischen Provokateur" beschreibt (Anti-Defamation League 2021). Kapner erklärt: „Ich meine, Juden wurden aus 109 Ländern rausgeschmissen, 110 ist eine gute runde Zahl."[30]

23 „never ever make goblin babies with those [sic] big hooked nose".
24 https://holocaustremembrance.com/resources/arbeitsdefinition-antisemitismus.
25 „imaginary".
26 „it is possible it happened. But, not 6 million".
27 „white supremacist"
28 „I think my math is wrong" (...) „6 billion? 6 trillion"?
29 https://holocaustremembrance.com/resources/arbeitsdefinition-antisemitismus.
30 „I mean Jews have been kicked out of 109 countries, 110 is a good round number".

Es wurden drei weitere Beiträge gefunden, die einen „…Aufruf zur Tötung oder Schädigung von Jüdinnen und Juden im Namen einer radikalen Ideologie oder einer extremistischen Religionsanschauung sowie die Beihilfe zu solchen Taten oder ihre Rechtfertigung“[31] repräsentieren. In einem Beitrag antwortet ein Nutzer auf einen Kommentar, den er erhalten hat und in dem es heißt: „Das Einzige, was mir an Hitler gefallen hat, war, dass er großartige Arbeit mit den Juden geleistet hat.“[32] In drei weiteren Beiträgen ging es um den „Vorwurf gegenüber den Jüdinnen und Juden als Volk oder dem Staat Israel, den Holocaust zu erfinden oder übertrieben darzustellen.“[33] Ein Beitrag mit dem Titel „Rezept für hausgemachte Pizza“[34] ist ein Cartoon über die Herstellung von sechs Millionen Pizzen in vier Öfen, in dem eine der Figuren sagt:

> Wir könnten sagen, wir haben die Pizzen gemacht, aber wir müssen Organisationen gründen, um dies durchzusetzen … und wir sollten es auch zu einem Verbrechen machen, überhaupt in Frage zu stellen, ob wir die Pizzen gemacht haben, und wir brauchen auch einige Fernsehsender und ständige Hollywood-Filme, die alle daran erinnern, dass wir die Pizzen gemacht haben[35],

was suggeriert, dass der Holocaust erfunden wurde.

Analyse antisemitischer Kommentare

Im Jahr 2021 haben wir in vier Monaten 415 Kommentare gefunden, die eines oder mehrere der antisemitischen Kennzeichen gemäß der IHRA-Arbeitsdefinition enthielten. Davon entsprachen 136 Kommentare dem Merkmal, „Der Aufruf zur Tötung oder Schädigung von Jüdinnen und Juden im Namen einer radikalen Ideologie oder einer extremistischen Religionsanschauung sowie die Beihilfe zu solchen Taten oder ihre Rechtfertigung.“[36] Insbesondere wurde wiederholt die Vorstellung geäußert, Juden hätten sich verschworen, um die Kontrolle über die Welt, die Medien, die Industrie und die Regierung zu erlangen. Zu den Kommentaren ge-

---

31 https://holocaustremembrance.com/resources/arbeitsdefinition-antisemitismus.

32 „[t]he only thing I like about Hitler he was doing a great job with Jewish people“.

33 https://holocaustremembrance.com/resources/arbeitsdefinition-antisemitismus.

34 „homemade pizza recipe“.

35 „we could say we made the pizzas, but we'll need to make organizations to enforce the fact that we made the pizzas…and we should also make it a crime to even question if we made the pizzas and we'll also need some TV channels and constant Hollywood films to remind everyone that we made the pizzas“.

36 https://holocaustremembrance.com/resources/arbeitsdefinition-antisemitismus.

hörten „Juden besitzen alle Medien“[37], „Die Juden regieren die Welt und zerstören andere Länder“[38], „Sie kontrollieren die Medien und alle Regierungen weltweit. Sie sind schlimme Parasiten“[39] und „jüdische Menschen sind die in allen Machtkreisen am stärksten überrepräsentierte Gruppe. Aber Sie tun weiterhin so, als würden sie schrecklich strafrechtlich verfolgt lmfao“[40]. Mehrere andere Kommentare beziehen sich auf die Verschwörungstheorie, dass die Familie Rothschild ihr Geld zur Kontrolle globaler Finanzinstitutionen verwende. In einem Kommentar heißt es: „Rothschild sind Juden, sie regieren die Welt“[41] und „Großbritannien wurde ausgetrickst von den Rothschilds [Augenzwinkern-Emoji] wir trauen Juda [Nasen-Emoji und Lachendes-Gesicht-Emoji] nicht“[42].

Darüber hinaus haben wir 125 Kommentare gefunden, die sich auf die „Aufforderung, Unterstützung oder Rechtfertigung der Tötung oder Schädigung von Juden im Namen einer Rassenideologie oder einer extremistischen Religionsauffassung“[43] beziehen. Die meisten Kommentare beziehen sich auf Aufrufe zu einem weiteren Holocaust wie „Ich werde sie alle wieder unter die Dusche stellen, ihnen Flashbacks geben“[44], „Ich liebe es, zu sehen, wie zionistische Juden abgeschlachtet werden“[45], „Bringt den Holocaust zurück“[46], „Wir brauchen einen weiteren Holocaust“[47], „Juden sind Menschen, die nicht existieren sollten“[48], „Ohne Juden wäre die Welt ein besserer Ort“[49] und „Tod denen mit einer Hakennase“[50]. Mehrere Kommentare beziehen sich auch auf Hitler, darunter „Verf*** Juden, Überflieger, Hitler, ich werde dich immer dafür respektieren, dass du die Juden abgeschlachtet hast“[51]. Ein Nutzer postete ein Video eines antisemitischen Angriffs, bei dem ein orthodoxer Jude aus London mit einem Stock gejagt wurde. Zu diesem Beitrag wurden folgende Kom-

37 „Jews own all media“.

38 „the Jews are running the world and destroying other countries“.

39 „they control the media and all worldwide governments. They are no good parasites“.

40 „Jewish people are the most over-represented group in all circles of power. But keep pretending you're horribly prosecuted [sic] lmfao“. [wobei lmfao für *laughing my fucking ass off* steht, was soviel bedeutet wie Ich lach mir den Arsch ab].

41 „Rothschild are Jewish they run the world“.

42 „the UK got tricked by the Rothschild [wink face emoji] we don't trust Juda [nose emoji and laughing face emoji]“.

43 https://holocaustremembrance.com/resources/arbeitsdefinition-antisemitismus.

44 „I'll put all of em back in the shower give em flash backs“.

45 „I love to see Zionist Jews g[e]t slaughtered“.

46 „bring back the Holocaust“.

47 „we need another Holocaust“.

48 „Jews are kind of people who should not exist“.

49 „the world would be better place without Jews“.

50 „death to the ones with a hooked nose“.

51 „Fu** Jews fly high Hitler I will always respect you for slaughtering the Jews“.

mentare hinterlassen: „Ich sehe kein Problem in diesem Video“[52], „Na und, sie haben es verdient“[53], „Ich bin Italiener aus New York … schlagt sie in die Eier“[54], „Gib's ihm“[55], „schlachtet sie ab wie Schafe, dreckige, verdammte Juden“[56], „Ich bin Christ hier, und ich sage, erschießt ihn“[57], „Gut – diese Jüdischen [sic] sind verdammte Unruhestifter“[58] und „macht ihnen allen den Garaus“[59].Wir haben 54 Kommentare zum Thema „Das kollektive Verantwortlichmachen von Jüdinnen und Juden für Handlungen des Staates Israel.“[60] gefunden. Zum Beispiel: „Ach, der arme, witzige Jude ist so ein Opfer, es ist ja nicht so, als hätte man im wahrsten Sinne des Wortes einen Ethnostaat“.[61] „Ich erinnere mich an die Palästinenser in Gaza, die von Juden kaltblütig erschossen wurden, weil sie palästinensische Teenager waren“[62] und „Bruder, bis du aufhörst mit deinen jüdischen Gräueltaten, werden die Menschen den Holocaust niemals akzeptieren und niemals mit ihm sympathisieren. Es ist heuchlerisch“[63]. Ein auf TikTok gepostetes Video war ein Ausschnitt aus einer UN-Rede zum „Jewish Refugee Day“ im Jahr 2019, in der Hillel Neuer Algerien, Ägypten, Irak und andere Länder fragte: „Wo sind eure Juden?“[64] Dieser Beitrag erhielt Kommentare wie „Die Juden gingen, um palästinensisches Land zu stehlen und unschuldige Frauen und Kinder zu ermorden“[65], „Alle Juden sind nach Israel gegangen, weil Zionisten durch Täuschung Kriege führen und den Juden sagen, sie sollen nach Israel gehen, als ob es dort nicht sicher wäre. Lügende Jids“[66] und „Wo sind die Juden? Sie zogen nach Israel, um Apartheid zu praktizieren und Krokodilstränen zu weinen“[67]. Des Weiteren fielen 42 Kommentare auf, in denen die „Tatsache, [das] Ausmaß[,] Mechanismen (z.B. der Gaskammern) oder [die] Vorsätzlichkeit des Völkermordes an den Jüdinnen und Juden durch das nationalsozia-

52 „I don't see a problem in this video“.
53 „so what they deserve it“.
54 „I'm Italian from New York…beat them in the hi nee“.
55 „smack him“.
56 „slaughter them like sheep dirty f*** Jews“.
57 „Christian here, and I say shoot him“.
58 „good - these Jewish are f****ing trouble makers“.
59 „finish them all off“.
60 https://holocaustremembrance.com/resources/arbeitsdefinition-antisemitismus.
61 „aw poor whittle Jew is such a victim, it's not like you literally have a ethnostate“
62 „I remember the Palestinians in Gaza who were snipered cold blooded by Jews for being Palestinian teens“
63 „brother until you stop Jewish atrocities people will never accept and sympathize with the holocaust. It is hypocritical.“
64 „where are your Jews“
65 „the Jews went to go steal Palestinian land and murder innocent women and children“.
66 „all the yids have gone to Israel because Zionist make wars by deception and tell Jews to go to Israel as if it aint safe for them. Lying yids“.
67 „Where are the Jews? They moved to Israhell to practise apartheid and cry with crocodile tears“.

listische Deutschland und seine Unterstützer und Komplizen während des Zweiten Weltkrieges (Holocaust)" bestritten wurden.[68] In den meisten dieser Kommentare wird behauptet, der Holocaust sei erfunden worden und berechtigte Berichte über den Holocaust seien Propagandawerkzeuge.

Am Holocaust-Gedenktag am 27. Januar 2021 füllte TikTok die App mit „Lehrvideos über den Holocaust, die jüdische Gemeinschaft und den heutigen Antisemitismus"[69] Darin brüstete sich TikTok:

> Wenn ein britischer TikTok-Nutzer die App zum ersten Mal öffnet, findet er oben in seinem *For-You-Feed* ein Lehrvideo mit Robert Rinder und unseren Top-Kreativen, um unsere Gemeinschaft zu ermutigen, auf die neuen Bildungsressourcen zuzugreifen und mehr über den Holocaust-Gedenktag zu erfahren. Zu den neuen Ressourcen gehört Lily Ebert BEM, die ihre Geschichte über das Überleben in Auschwitz-Birkenau erzählt. (Kanter 2021)[70]

Das Video von Robert Rinder erhielt Kommentare wie „Es ist nie passiert"[71], „Holocaust hat nie stattgefunden"[72], „Was haben Juden im Holocaust und Pikachu gemeinsam? – Sie sind beide Asche"[73] (Pikachu ist eine Figur aus dem Pokémon-Spiel). Das Video von Lily Ebert, einer Holocaust- und COVID-19-Überlebenden, erhielt ähnliche Kommentare: „Hey, ich glaube, wir waren im selben Lager, Bruder"[74] und „brenne"[75]. Andere Videos von Holocaust-Überlebenden erhielten die folgenden Kommentare: „sehe keine 6 Millionen",[76] „Holocaust ist wie der 11. September, er wurde geschaffen"[77], „Wenn die Gaskammern in Auschwitz real waren, wie kann es dann sein, dass die Löcher, durch die das Gas in die Gaskammern injiziert wurde, erst nach dem Krieg installiert wurden?"[78], „die meisten Holocaust-Überlebenden

---

68 https://holocaustremembrance.com/resources/arbeitsdefinition-antisemitismus.

69 „educational videos about the Holocaust, the Jewish community and antisemitism today".

70 „when a UK TikTok user first opens the app, they will find at the top of their For You feed an educational video featuring Robert Rinder, as well as our top creators, to encourage our community to access the new educational resources and learn more about Holocaust Memorial Day. The new resources include Lily Ebert BEM sharing her story of surviving Auschwitz-Birkenau". (https://newsroom.tiktok.com/en-gb/supporting-our-community-to-learn-more-about-the-holocaust).

71 „it never happened".

72 „Holocaust never happened".

73 „What does Jews in the Holocaust and Pikachu have in common? They r both ashes".

74 „yo I think we were in the same camp bro".

75 „burn".

76 „cannot see 6 million".

77 „holocaust is like 9/11 it was made to happen".

78 „if the gas chambers at Auschwitz were real, how come the holes used to inject the gas were installed after the war".

sind Betrüger“[79] und „Holocaust größte Lüge des Jahrhunderts“[80]. Allerdings zeigten diese Videos auch, dass viele Menschen nicht wussten, dass sechs Millionen Juden im Holocaust getötet wurden, wie zum Beispiel „Ist das wahr?“[81] und „Ich weiß nur dank TikTok, dass 6 Millionen gestorben sind“[82]. Weitere 42 Kommentare wurden für, „Das Verantwortlichmachen der Jüdinnen und Juden als Volk für tatsächliches oder unterstelltes Fehlverhalten einzelner Jüdinnen und Juden, einzelner jüdischer Gruppen oder sogar von Nichtjüdinnen und Nichtjuden“ gefunden“.[83] Die Mehrzahl dieser Kommentare bezieht sich auf den Begriff „tanzende Israelis“[84]. Hierbei handelt es sich um einen Mythos, wonach Juden angeblich für die Anschläge vom 9/11 verantwortlich waren. Ferner wird behauptet, mehrere Personen hätten berichtet, dass religiöse Juden nach den Anschlägen in ganz New York City tanzten und Partys veranstalteten. Ein Benutzer kommentierte ein Video über einen Holocaust-Überlebenden mit den Worten:

> Ich bin sehr gebildet und die einzigen Terroristen, die ich erwähnt habe, sind Juden, die größten Terroristen der Welt sowie die größten Kriegsverbrecher der Welt ... Sie haben auch das World Trade Center in die Luft gesprengt, sie sind die größten Terroristen der Welt, sie töten und vergewaltigen Frauen und kleine Mädchen in Palästina.[85]

Zu den anderen Kommentaren gehörte: „Ich würde gerne Beweise sehen, die darauf hindeuten, dass Juden für den Holodomor verantwortlich sind“[86], was behauptet, dass Juden für die Hungersnot in der Ukraine von 1932 bis 1933, als diese Teil der Sowjetunion war, verantwortlich waren. Ein anderer Nutzer kommentierte einen Beitrag mit dem Argument, dass „Juden das Virus verbreiten“[87], und bezieht sich dabei auf die COVID-19-Pandemie. Es wurden weitere sechs Kommentare gefunden, in denen „Der Vorwurf gegenüber den Jüdinnen und Juden als Volk oder dem Staat Israel, den Holocaust zu erfinden oder übertrieben darzustellen“[88] im Vordergrund stand. Diese Kommentare beziehen sich tendenziell auf den weit verbreiteten

---

79 „most holocaust survivors are hoaxers“.

80 „holocaust is the biggest lie in century“.

81 „is this true“.

82 „I only know 6 mill died cuz of TikTok“.

83 https://holocaustremembrance.com/resources/arbeitsdefinition-antisemitismus.

84 „dancing Israeli's [sic]“.

85 „I am educated a lot and the only terrorists I mentioned are Jews the biggest terrorists in the world as well as the biggest war criminals in the world...they also blew up the world trade centers, there the biggest terrorists in the world they kill and rape women and little girls in Palestine“.

86 „I'd like to see some evidence pointing to Jews being guilty for the Holodomor“.

87 „Jews spread the virus“.

88 https://holocaustremembrance.com/resources/arbeitsdefinition-antisemitismus.

Mythos, dass Juden die Medien und Hollywood kontrollieren, was es ihnen ermögliche, den Holocaust zu erfinden bzw. zu übertreiben. Zum Beispiel: „Holocaust ist wie 9/11, er wurde geschaffen“[89] und „Fun fact: Der Holocaust hat nie stattgefunden, sie haben die Gebäude wieder aufgebaut, das ist eine Fälschung mit Krisenschauspielern“[90]. Wir fanden sechs Kommentare zu „Das Aberkennen des Rechts des jüdischen Volkes auf Selbstbestimmung, z.B. durch die Behauptung, die Existenz des Staates Israel sei ein rassistisches Unterfangen.“[91] Zu den Beispielen zählen: „Ja, ich unterstütze Israel … wenn die Juden verschwinden würden“[92], „Es gab nie einen jüdischen Staat und es wird ihn auch nie geben“[93] und „Juden verdienen kein Heimatland“[94]. Darüber hinaus ging es in sechs gefundenen Kommentaren um „Vergleiche der aktuellen israelischen Politik mit der Politik der Nationalsozialisten“[95]. Beispiele für diese Kommentare sind: „Israhell [Isra-Hölle] ist ein kriminelles, illegitimes Unternehmen, das sich aus Nazi-ähnlichen kriminellen Zionisten zusammensetzt, die schreckliche Verbrechen gegen die Palästinenser begangen haben“[96] und „zionistische Nazi-Apartheid-Gesellschaft“[97] sowie „Israel ist eine rassistische, völkermörderische und massenmordende Holocaust-Nation“[98].

Antisemitische TikTok-Benutzernamen

In unserer Studie haben wir außerdem 59 Benutzernamen gefunden, die mit Antisemitismus in Zusammenhang stehen. Davon wurden 21 Namen gemäß der IHRA-Arbeitsdefinition kategorisiert, erlogene, entmenschlichende, dämonisierende oder stereotype Behauptungen über Juden als solche oder die Macht „der Juden“ als Kollektiv aufzustellen – insbesondere, aber nicht ausschließlich, in Bezug auf den Mythos einer jüdischen Weltverschwörung oder dass Juden die Medien, die Wirtschaft, die Regierung oder andere gesellschaftliche Institutionen kontrollierten.

Zu diesen Namen gehören „@antisemeticandproud“ [antisemitisch und stolz], „@violentantisemite“ [gewalttätiger Antisemit], „@eviljews“ [böse Juden], „@thejewsrunmedia“ [die Juden kontrollieren die Medien] und „@jewdestroyer88“ [Judenvernichter88]. Mehrere dieser Namen enthielten den rechtsextremen Zah-

89 s.o.
90 „fun fact Holocaust never happened, they rebuilt the buildings, its fake with crisis actors“.
91 s.o.
92 „yea I support Israel…if the Jews disappeared“.
93 „there was never a Jewish state and will never be one“.
94 „Jews don't deserve a homeland“.
95 s.o.
96 „Israhell is a criminal illegitimate enterprise composed to Nazi-like criminal Zionist that have inflicted horrific crimes against the Palestinians“.
97 „Zionist Nazi apartheid society“.
98 „Israel is a racist genocidal mass murdering holocaust nation“.

lencode „88" weißer Rassisten für „Heil Hitler". Wir fanden 18 Namen, die der Kategorie „Das Bestreiten der Tatsache, des Ausmaßes, der Mechanismen (z.B. der Gaskammern) oder der Vorsätzlichkeit des Völkermordes an den Jüdinnen und Juden durch das nationalsozialistische Deutschland und seine Unterstützer und Komplizen während des Zweiten Weltkrieges (Holocaust)"[99] zugeordnet wurden. Zu diesen Namen gehören „@holocaust.was.a.pr.stunt" [Holocaust war eine Werbeaktion], „@holocaustfake" [Holocaust-Fälschung] und „@holocaust.is.fake" [Holocaust ist gefälscht]. Darüber hinaus fanden sich 18 Namen, die wir in die Kategorie „Das Verantwortlichmachen der Jüdinnen und Juden als Volk für tatsächliches oder unterstelltes Fehlverhalten einzelner Jüdinnen und Juden, einzelner jüdischer Gruppen oder sogar von Nichtjüdinnen und Nichtjuden"[100] eingeordnet haben. Zu diesen Namen gehören „@jews_did_9_11" [Juden stecken hinter 9/11], „@jewscaused911" [Juden verursachten 9/11] und „@jewscausedvietnam" [Juden verursachten Vietnam, d.h. den Vietnamkrieg]. Weitere sechs Namen wurden als „Der Aufruf zur Tötung oder Schädigung von Jüdinnen und Juden im Namen einer radikalen Ideologie oder einer extremistischen Religionsanschauung sowie die Beihilfe zu solchen Taten oder ihre Rechtfertigung"[101] charakterisiert. Dazu gehören „@jewgasser88" [Judenvergaser88], „@jewdestroyer1939" [Judenvernichter1939] und „@holocaustwasgood" [der Holocaust war gut]. Ein Account mit dem Namen „@holocaust_hype_house" [Holocaust-Medienrummel-Haus] – eine Anspielung auf Häuser, in denen Gen-Z-TikTok-Influencer*innen zusammenleben und TikTok-Videos erstellen –, hatte eine Biografie mit dem Titel „Lasst uns die Juden vergasen"[102].

Obwohl diese Studie nicht auf einer repräsentativen Stichprobe basiert, sind die Ergebnisse alarmierend: Innerhalb eines Jahres kam es zu einem starken Anstieg aller Werte, die wir zur Analyse von Antisemitismus auf TikTok genutzt haben. Es gab mehr Beiträge, mehr Kommentare und mehr Benutzer*innennamen mit antisemitischen Inhalten. Der Trend ist klar und besorgniserregend, insbesondere wenn man das junge Publikum von TikTok berücksichtigt. Die antisemitischen Inhalte vereinen sowohl „alte" als auch „neue" Merkmale des Antisemitismus. So finden sich neben dem „klassischen" Merkmal der Holocaust-Leugnung oder stereotypen Behauptungen zur Macht der Juden als Kollektiv auch die neueren Kennzeichen, Israel die Schuld für Gräueltaten zuzuweisen und die heutige israelische Politik mit der der Nazis zu vergleichen. Bei jungen, leichtgläubigen, naiven und weniger informierten Empfänger*innen, um die es sich bei der TikTok-Zielgruppe in den meisten Fällen handeln dürfte, können diese Botschaften noch wirkungsvoller sein.

---

99 https://holocaustremembrance.com/resources/arbeitsdefinition-antisemitismus.
100 https://holocaustremembrance.com/resources/arbeitsdefinition-antisemitismus
101 https://holocaustremembrance.com/resources/arbeitsdefinition-antisemitismus
102 „let's gas the jews".

Schlussfolgerungen

In den letzten Jahren hat sich die TikTok-App wie ein digitales Lauffeuer verbreitet und über 1,2 Milliarden neue Nutzer*innen gewonnen, meist sehr junge Kinder und Jugendliche. Die TikTok-Statistik von 2021 zeigt, dass die Plattform weltweit monatlich 689 Millionen aktive Nutzer*innen hat. 2023 ist diese Zahl auf 1,2 Milliarden angestiegen. Dieser Erfolg ist außergewöhnlich, wenn man bedenkt, dass die Plattform erst 2016 eingeführt wurde. Allerdings ist TikTok auch zu einem starken Magnet für Rassist*innen, Pädophile, Neonazis, White Supremacists (rassistische Gruppen, die eine weiße Vorherrschaft anstreben), Terrorist*innen und gewalttätige Extremist*innen geworden (Cox 2018a; 2018b; Feuer 2019; Weimann, Masri 2021). Diese nutzen das junge und leichtgläubige Publikum der App sowie ihre unzureichende Regulierung, um Jagd auf Schwächere zu machen. Unsere Untersuchung der Posts und Kommentare von TikTok in den Jahren 2020 und 2021 ergab eine alarmierende Anzahl von Posts mit antisemitischen Inhalten in verschiedenen Formen, darunter Texte, Symbole, Lieder, Gesten, Videos, Witze, Karikaturen und mehr. Darüber hinaus fanden wir Hinweise auf die Verwendung aller Attribute des alten und neuen Antisemitismus: Während zahlreiche Beiträge sich auf die klassischen Stereotype von Jüdinnen*Juden beziehen, zeigt sich der neue Antisemitismus in Angriffen auf den israelischen Staat, seine Existenz und sein Verhalten.

Diese Erkenntnisse stehen vor dem Hintergrund immer intensiverer Forderungen nach einer strengeren staatlichen Überwachung sozialer Medien. TikTok behauptet auf seiner Homepage, es sei „roh, real und ohne Grenzen“[103]. Doch das Fehlen von Grenzen und der wachsende Erfolg dieser Plattform machen sie zu einem idealen virtuellen Zuhause für Hassrede und extremistische Inhalte. Obwohl sich bei anderen sozialen Medien ähnliche Probleme zeigen, sind sie aufgrund der besonderen Eigenschaften von TikTok noch besorgniserregender. Erstens sind die Nutzer*innen von TikTok im Gegensatz zu anderen Social-Media-Plattformen fast alle jung, meist Kinder und Jugendliche, die naiver und anfälliger sind, wenn es um bösartige Inhalte geht (Statista 2021). Zweitens gehört TikTok einem chinesischen Unternehmen und ist daher weniger erreichbar durch zivilgesellschaftliche Überwachung, öffentlichen Druck und Maßnahmen zum Schutz seiner Nutzer*innen vor hasserfüllten, gewalttätigen und gefährlichen Inhalten. In den Nutzungsbedingungen von TikTok heißt es jedoch, es sei Nutzer*innen verboten:

– andere einzuschüchtern oder belästigendes oder sexuell explizites Material, Gewalt oder Diskriminierung aufgrund von Rasse, Geschlecht, Religion, Nationalität, Behinderung, sexueller Orientierung oder Alter zu fördern oder

103 „raw, real, and without boundaries“.

- Inhalte zu veröffentlichen, die eine Person, obszön, beleidigend, pornographisch, hasserfüllt oder hetzerisch verleumden;
- Inhalte hochzuladen, die eine Anleitung zu einer Straftat, gefährlichen Aktivitäten oder Selbstverletzung darstellen oder dazu ermutigen könnten;
- Inhalte hochzuladen, die absichtlich dazu dienen, Menschen zu provozieren oder zu verärgern, insbesondere zu beleidigen und zu schikanieren, oder die darauf abzielen, Menschen zu belästigen, zu verletzen, zu erschrecken, zu beunruhigen, in Verlegenheit zu bringen oder zu verärgern;
- Inhalte hochzuladen, die irgendeine Form von Bedrohung enthalten, einschließlich der Androhung physischer Gewalt;
- Inhalte hochzuladen, die rassistisch oder diskriminierend sind, einschließlich der Diskriminierung einer Person aufgrund ihrer Rasse oder Religion, ihres Alters und Geschlechts, ihrer Behinderung oder Sexualität.[104]

Unsere beiden Studien zeigen, dass TikTok nicht in der Lage oder nicht willens ist, seine eigenen Nutzungsbedingungen durchzusetzen. Darüber hinaus eröffnen die besonderen Eigenschaften von TikTok in alarmierendem Umfang Möglichkeiten für die Verbreitung von Hass und Schmähungen, ohne dabei entdeckt zu werden. Der einzigartige Algorithmus von TikTok wirft zusätzliche Probleme auf: Er bietet den Nutzer*innen „mehr vom gleichen Inhalt“, je nachdem, was sie gern ansehen. Das kann dazu führen, dass auch Nutzer*innen, die unbeabsichtigt verstörende Inhalte sehen, noch mehr davon zu sehen bekommen. Sobald ein*e Nutzer*in also ein extremistisches Video gesehen hat, ist die Wahrscheinlichkeit, dass ihm*ihr aufgrund der Funktionsweise des Algorithmus weitere ähnliche Inhalte präsentiert werden, sehr hoch. Während unserer Recherche wurden wir mit Hinweisen zu antisemitischen Beiträgen auf TikTok überschwemmt: Der Algorithmus der App identifizierte uns als interessierte Zielgruppe.

Unsere Ergebnisse, die auf einer sehr begrenzten Datenbasis aus zwei Studien basieren, zeigen einen starken Anstieg aller Arten antisemitischer Attribute, und zwar sowohl alter als auch neuer. Im Jahr 2021 fanden wir innerhalb von vier Monaten 415 antisemitische Kommentare, was einen Anstieg von fast 1000 Prozent im Vergleich zu den gleichen vier Monaten im Jahr 2020 darstellt. Diese alarmierenden Trends erfordern Forschung, die die Beobachtung von TikTok fortsetzt und die Datenbasis erweitert. Darüber hinaus konzentrierten sich unsere Studien nur auf die Inhalte, zukünftige Arbeiten sollten sich jedoch mit den Auswirkungen befassen, d.h. Rezeptionsstudien unter den Nutzer*innen von TikTok durchführen. Akzeptieren diese die sich wiederholenden antijüdischen Stereotype? Sehen sie diese als legitim an?

104 TikTok-Nutzungsbedingungen, zuletzt geändert im Februar 2019. https://www.tiktok.com/legal/terms-of-use?lang=de. [Zugriff: 12. Mai 2021].

TikTok wurde von anderen Wissenschaftler*innen über unsere Studie aus dem Jahr 2020 und ähnliche Studien informiert. Als Reaktion auf die wachsende Kritik kündigte TikTok im Oktober 2020 an, das Unternehmen werde „seine Richtlinien in Bezug auf hasserfüllte Inhalte, einschließlich Holocaustleugnung und Antisemitismus, überarbeiten“[105]. TikTok kündigte außerdem an, dass es „die Liste an Hass-Inhalten erweitern werde, die es aus dem Netzwerk verbannt“[106]. Doch wie unsere Ergebnisse aus dem Jahr 2021 zeigen, werden trotz dieser Erklärungen und veröffentlichter Fälle der Entfernung diverser Objekte, immer noch antisemitische Beiträge auf TikTok angezeigt und geteilt, inzwischen sogar häufiger als vor einem Jahr. Dies kann auf eine Kombination von Faktoren zurückzuführen sein, darunter das allgemeine Wachstum des Online-Antisemitismus in sozialen Medien, die zunehmende Raffinesse, mit der Benutzer*innen hasserfüllte Inhalte online veröffentlichen (Weimann, Ben Am 2020), und die Wirkungslosigkeit der Such- und Entfernungsbemühungen von TikTok.

Danksagung

Die Herausgeberinnen danken Anne Malburg vom Text- und Redaktionsbüro Malburg für die Unterstützung beim Editieren dieses Kapitels.

Literaturverzeichnis

Adorno, Theodor W./Frenkel-Brunswik, Else/Levinson, Daniel/Sanford, Nevitt (1950): The Authoritarian Personality. New York: Harper and Row.

Anti-Defamation League (2021): Despite YouTube policy update, antisemitic, white supremacist channels remain. https://www.adl.org/blog/despite-youtube-policy-update-anti-semitic-white-supremacist-channels-remain [Zugriff: 17.07.2023].

Beer, Chris (2019): Is TikTok setting the scene for music on social media? In: *Global Web Index,* 3. Januar. https://blog.globalwebindex.com/trends/tiktok-music-social-media/ [Zugriff: 17.07.2023].

Chapple, Craig (2020): TikTok crosses 2 billion downloads after best quarter for any app ever. Sensor Tower. 15. April. https://sensortower.com/blog/tiktok-downloads-2-billion. [Zugriff: 08.03. 2024].

Cox, Joseph (2018a): TikTok has a Nazi problem. In: *Motherboard.* 18. Dezember. https://www.vice.com/en_us/article/yw74gy/tiktok-neo-nazis-white-supremacy [Zugriff: 17.07.2023].

105 „will be revising its policy in regard to hateful content, including Holocaust denial and antisemitism“

106 „expanding the range of hate content that we will ban from the network“.

Cox, Joseph (2018b): TikTok, the app super popular with kids has a nudes problem. In: *Vice* (6. Dezember). https://www.vice.com/en/article/j5zbmx/tiktok-the-app-super-popular-with-kids-has-a-nudes-problem [Zugriff: 17.07.2023].

Discover and Search (2021): https://web.archive.org/web/20211221051901/https://support.tiktok.com/en/using-tiktok/exploring-videos/discover-and-search [Zugriff: 09.03.2024].

Feuer, Will (2019): TikTok removes two dozen accounts used for ISIS propaganda. In: *CNBC.* 21. Oktober. https://www.cnbc.com/2019/10/21/tiktok-removes-two-dozen-accounts-used-for-isis-propaganda.html [Zugriff: 17.07.2023].

Iqbal, Mansoor (2023): TikTok Revenue and Usage Statistics 2023. https://www.businessofapps.com/data/tik-tok-statistics/ [Zugriff: 24.05.2023].

Kanter, Elizabeth (2021): Supporting our community to learn more about the Holocaust, 26. Januar. https://newsroom.tiktok.com/en-gb/supporting-our-community-to-learn-more-about-the-holocaust [Zugriff: 09.03.2024].

Leander, Kevin/Burriss, Sarah K. (2020): Critical Literacy for a Posthuman World: When People Read and Become with Machines. In: *British Journal of Educational Technology.* 13. März. https://bera-journals.onlinelibrary.wiley.com/doi/abs/10.1111/bjet.12924 [Zugriff: 17.07.2023].

Levine, Cody (2020): TikTok to Knesset: We will fight antisemitism content on our platform. In: *Jerusalem Post Office*. 14. Oktober. https://www.jpost.com/diaspora/antisemitism/tiktok-to-knesset-we-will-fight-antisemitic-content-on-our-platform-645719 [Zugriff: 17.07.2023].

Porat, Dina (2011): The international working definition of antisemitism and its detractors. In: *Israel Journal of Foreign Affairs* 5(3), 93–101. https://www.tandfonline.com/doi/abs/10.1080/23739770.2011.11446474 [Zugriff: 24.07.2023].

Schau hin (o.D.): Studie: Kinder verbringen täglich 80 Minuten mit TikTok. https://www.schau-hin.info/studien/studie-kinder-verbringen-taeglich-80-minuten-mit-tiktok. [Zugriff: 09.03.2024].

Statista (2021): Distribution of TikTok users in the United states as of March 2021, by age group. https://www.statista.com/statistics/1095186/tiktok-us-users-age/ [Zugriff: 17.07.2023].

Tidy, Joey (2020): TikTok algorithm promoted antisemitic death camp meme. In: *BBC News* (7. Juli). https://www.bbc.com/news/technology-53327890 [Zugriff: 17.07.2023].

Weimann, Gabriel/Ben Am, Ari (2020). Digital Dog Whistles: The New Online Language of Extremism. In: *International Journal of Security studies*. https://www.semanticscholar.org/paper/Digital-Dog-Whistles%3A-The-New-Online-Language-of-Weimann/7677c3fd685352d476f9ce0cf19bf865eee3a8d0 [Zugriff: 24.07.2023].

Weiman, Gabriel/Masri, Natalie (2020): The virus of hate: Far-right terrorism in cyberspace. In: *ICT Special Report.* https://www.ict.org.il/images/Dark%20Hate.pdf [Zugriff: 17.07.2023].

Weimann, Gabriel/Masri, Natalie (2021): Spreading hate on TikTok. In: *Studies in Conflict and Terrorism.* https://sci-hub.se/downloads/2020-06-20//9c/10.1080@1057610X.2020.1780027.pdf [Zugriff: 17.07.2023].

Wheatstone, Richard/O'Connor, Ciaran (2020): Cesspit of hate: TikTok swamped with sickening videos of terror attack murders, Holocaust denials, and vile racist slurs. In: *The Sun.* https://www.thesun.co.uk/news/10962862/tiktok-extremist-racist-videos-anti-semitism/ [Zugriff: 17.07.2023].

Wieshaider, Wolfgang (2019): VI IHRA Working Definition of Antisemitism. In: Lange, Armin/ Mayerhofer, Kerstin/Porat, Dina/Schiffman, Lawrence H. (Hrsg.), Comprehending and confronting antisemitism: A multi-faceted approach. Berlin: De Gruyter, 565–568.

11 ANTISEMITISMUS IN DEN SOZIALEN MEDIEN UND SEINE AUSWIRKUNG AUF JUNGE JÜDISCHE NUTZER*INNEN

Quint Czymmek

Einführung

In den letzten Jahren wird die Verbreitung von Antisemitismus in den sozialen Medien immer virulenter. Eine linguistische Studie zum Antisemitismus im Internet, in der antisemitische Kommentare auf sozialen Medien über einen Zeitraum von 2007 bis 2018 analysiert wurden, ergab, dass der Antisemitismus dort zunimmt und radikaler wird. Soziale Medien seien heute „der primäre Ort und Multiplikator für die Verbreitung von judenfeindlichen Inhalten" (Schwarz-Friesel 2020: 16, siehe auch Becker 2020: 49; Dietz, Rathje 2020). Dieser Befund wird unterstützt durch eine Umfrage unter jungen jüdischen Menschen zu ihren Erfahrungen mit Antisemitismus. Die Studie *Young Jewish Europeans: perceptions and experiences of antisemitism*, in der junge jüdische Menschen in zwölf EU-Mitgliedstaaten zu ihren Erfahrungen mit Antisemitismus befragt wurden, zeigt, dass die meisten Befragten Antisemitismus im Internet erleben. „Young Jewish Europeans are likely to point to the internet and social media as the context in which antisemitism is most problematic today, and where an increase can most be seen in recent years." (Agentur der Europäischen Union für Grundrechte 2019: 21).

Jüdische Menschen und Institutionen werden auf Social-Media-Plattformen schikaniert, beleidigt und bedroht.[1] Antisemitische Belästigungen in den sozialen Medien können jüdische Social-Media-Nutzer*innen stark beeinträchtigen. Zusätzlich zu dem Versuch, Gleichgesinnte zu beeinflussen, zielen antisemitische Äußerungen „auf die kognitive und emotionale Verletzbarkeit von Menschen (als Opfer des beleidigenden und stigmatisierenden Sprachgebrauchs)" (Schwarz Frie-

1 Ein sehr bekanntes Beispiel ist die Kennzeichnung jüdischer Social-Media-Nutzer*innen mit dreifachen Klammern (einem stilisierten Echo-Symbol) durch Alt-Right-Gruppen in den Vereinigten Staaten im Jahr 2016, um sie zur Zielscheibe für andere rechtsextreme Social-Media-Nutzer*innen zu machen. Um den angegriffenen Personen zu helfen, markierten sich viele andere Nutzer*innen mit den Klammern und interpretierten das Symbol auf diese Weise in ein Zeichen der Solidarität mit jüdischen Menschen um (Williams 2016).

sel 2013: 145). Sie können auch negative Auswirkungen auf die Identität und das Selbstwertgefühl haben, was dazu führen kann, dass sich eine Person dazu entschließt, ihre jüdische Identität zu verbergen (vgl. De Melo 2020: 11) oder sich von Social-Media-Plattformen zurückzuziehen. Vor diesem Hintergrund beleuchtet dieses Kapitel die Auswirkungen des Antisemitismus auf drei jüdische Social-Media-Nutzer*innen mit dem Ziel, ein umfassenderes Verständnis für Faktoren, die für die individuelle Wahrnehmung von und Reaktion auf Antisemitismus auf Social-Media-Plattformen von Bedeutung sind, zu entwickeln. Die folgenden Forschungsfragen strukturieren die Analyse: (I) Wie wird Antisemitismus auf Social-Media-Plattformen von jüdischen Social-Media-Nutzer*innen wahrgenommen? (II) Wie wirkt sich Antisemitismus in sozialen Medien auf sie und ihre Sicherheit auf Social-Media-Plattformen aus? (III) Was sind ihre Bewältigungs- und Gegenstrategien und wie nutzen sie soziale Medien, um Antisemitismus zu bekämpfen? Drei Interviews mit jüdischen Social-Media-Nutzer*innen wurden auf Deutsch geführt. Die Befragten wurden durch E-Mails an jüdische Organisationen kontaktiert. Zwei Befragte sind in jüdischen Studentenorganisationen aktiv (I1 und I3), und einer arbeitet für eine jüdische Organisation, die Antisemitismus bekämpft (I2).

Die Analyse unterscheidet zwischen der Erfahrung von Antisemitismus im Privatleben der Befragten und dem Antisemitismus, dem sie als Mitglieder jüdischer Organisationen ausgesetzt sind. Neben Informationen zu ihren persönlichen Erfahrungen informierte I2 auch aus beruflicher Sicht über die Verbreitung von Antisemitismus in sozialen Medien im Allgemeinen. Die Interviews wurden online per Videocall durchgeführt. Sie waren halbstandardisiert und ergebnisoffen, um offen für die Themen der Befragten zu sein. In den Interviews wurden hauptsächlich vier Themenbereiche besprochen: (1) persönliche Nutzung sozialer Medien, (2) Wahrnehmung von Antisemitismus in sozialen Medien, (3) Reaktionen und Gegenstrategien gegen Antisemitismus in sozialen Medien und (4) Meinungen zu politischen und gesellschaftlichen Reaktionen auf Antisemitismus in sozialen Medien. Die Themen wurden mit einer offenen Frage eingeleitet, um eine offene Erzählung der Interviewten anzuregen. Anschließend wurden mehrere Folgefragen gestellt, um weitere Informationen zu den Themen zu sammeln. Mittels qualitativer Inhaltsanalyse (Mayring 2014) und der Software QCAmap wurden die Interviews analysiert, um Schlüsselkategorien zu ermitteln, die eine wichtige Rolle dabei spielen, wie die Befragten von Antisemitismus in sozialen Medien betroffen sind. In den folgenden Abschnitten werden die Ergebnisse der Analyse der Interviews vorgestellt und anschließend die aus den Interviews abgeleiteten Kategorien zusammengestellt, um Schlüsselfaktoren für die Wahrnehmung von Antisemitismus zu identifizieren.

Nutzung sozialer Medien durch die Befragten

Um zu verstehen, wie die Befragten Antisemitismus in sozialen Medien wahrnehmen, ist es wichtig zu skizzieren, wie sie soziale Medien nutzen, wie sie sich auf den Plattformen präsentieren und wie viele private Informationen sie mit anderen Nutzer*innen teilen (siehe Tabelle 11.1).

I1 begann als Kind, soziale Medien zu nutzen, um Kontakte mit Freund*innen zu knüpfen und als Möglichkeit der Selbstdarstellung. Aufgrund eines physischen antisemitischen Angriffs in ihrer Kindheit hatte sie Angst, als Jüdin entlarvt zu werden, weshalb sie ihre jüdische Identität in den sozialen Medien nicht preisgab und auch Distanz zu jüdischen Organisationen und Institutionen wahrte. „Ich wollte nicht als Jude abgestempelt werden und ich wollte keine antisemitischen Beleidigungen erfahren" (I1). Während ihres Studiums engagierte sie sich insbesondere in einer jüdischen Studentenorganisation und begann, ihre Follower*innen über ihre Social-Media-Accounts über Antisemitismus und Judentum zu informieren. Die Tätigkeit in der jüdischen Studentenorganisation ermöglichte ihr, als Vertreterin ihrer Organisation an die Öffentlichkeit zu gehen.

Tabelle 11.1: Angaben zu den Befragten und zur Nutzung sozialer Medien

Befragte*r	**I1**	**I2**	**I3**
Geschlecht	Weiblich	männlich	weiblich
geschätzte Altersgruppe	20–29	30–39	20–29
Private Nutzung Sozialer Medien	Instagram, Facebook, Twitter	Twitter, Instagram	Facebook, Twitter, Instagram
Nutzung sozialer Medien im Kontext jüdischer Organisationen	Tiktok, Instagram, Twitter, Facebook	Twitter, Facebook, Youtube, Instagram	–
Ausmaß der Nutzung sozialer Medien	privat und im Kontext von ihrer Aktivität bei einer jüdischen Studierendenorganisation sehr aktiv in den Sozialen Medien	privat wenig Nutzung sozialer Medien, aber viel Aktivität im Kontext seiner Arbeit	sporadische Nutzung Sozialer Medien abhängig von ihrer freien Zeit

Sie nutzt hauptsächlich Instagram, aber auch Twitter und Facebook. Sie würde sich als „jüdische Repräsentantin" (I1-80) für ihre nichtjüdischen Follower*innen bezeichnen und gibt an, dass ihr von diesen oft spezifische Fragen zum Judentum gestellt werden. Auf ihren privaten Accounts verwendet sie ihren echten Namen.

Bei ihrer Tätigkeit für eine jüdische Studentenorganisation ist sie sehr aktiv im Social-Media-Team und betreut die Social-Media-Kanäle der Organisation. Auf ihren privaten Accounts schreibt sie zahlreiche Beiträge zum Thema Antisemitismus und Judentum. Sie gibt beispielsweise an, auf Instagram über einen Angriff auf einen Rabbiner gepostet zu haben, weil sie das Gefühl hatte, dass viele ihrer nichtjüdischen Freund*innen den Angriff überhaupt nicht bemerkt hätten. Ihr Ziel ist es, insbesondere ihre nichtjüdischen Follower*innen für Antisemitismus zu sensibilisieren und sie über das Judentum aufzuklären.

I2 begann in seiner Jugend, soziale Medien wie ICQ[2] und eine „alternative Community- Plattform“ (I2) zu nutzen, um mit Freund*innen Kontakt zu halten. Später nutzte er Twitter hauptsächlich für die journalistische Berichterstattung und Instagram für das Teilen von Fotos. In den sozialen Medien verwendet er nicht seinen richtigen Namen. Generell ist er misstrauisch gegenüber der Sicherheit in den sozialen Medien und nutzt z.B. die privaten Messenger auf den Plattformen nicht. I2 arbeitet bei einer Organisation, die Antisemitismus im Internet überwacht und bekämpft. Er ist für die Verwaltung der Social-Media-Accounts an seinem Arbeitsplatz verantwortlich. Auf seinen privaten Accounts achtet er darauf, dass er nicht als Jude identifiziert werden kann. Er postet regelmäßig an Gedenktagen für die Opfer des Nationalsozialismus, gibt aber an, dass dadurch seine jüdische Identität nicht verraten werde.

I3 begann, soziale Medien zu nutzen, um Kontakt mit Freund*innen zu halten und sich selbst auszudrücken. Sie gibt an, dass sie von Beginn ihrer Nutzung von Social-Media-Accounts an Inhalte zum Judentum gepostet hat. Als sie ihr Universitätsstudium begann, wurde sie in einer jüdischen Studentenorganisation aktiv. Sie gibt an, Twitter zu nutzen, um Informationen über Antisemitismus zu sammeln und gegen antisemitische Vorfälle vorgehen zu können. Sie sagt, sie habe erkannt, dass die anhaltende Beschäftigung mit Antisemitismus für sie belastend ist, und habe beschlossen, weitere Social-Media-Accounts für andere Interessen einzurichten. Auf ihren Hauptaccounts verwendet sie ihren richtigen Namen. Seit Beginn ihrer Nutzung sozialer Medien postet sie über das Judentum. Als Teenagerin verfasste sie Beiträge zu jüdischen Feiertagen und beteiligte sich an Fotokampagnen über Judentum und Zionismus. Sie nutzt ihre Social-Media-Accounts, um Menschen über Antisemitismus aufzuklären und das Bewusstsein für dieses Thema zu schärfen.

Erfahrungen mit Antisemitismus in sozialen Medien

Die Befragten stoßen in den sozialen Medien zu verschiedenen Gelegenheiten auf Antisemitismus. Sie sprechen über direkte antisemitische Belästigungen gegen sie

2 ICQ ist ein Instant Messaging Dienst.

selbst, Belästigungen gegen andere jüdische Nutzer*innen in Form von antisemitischen Kommentaren unter ihren Social-Media-Beiträgen, antisemitischen Kommentaren gegenüber jüdischen Organisationen und unspezifische antisemitische Kommentare auf Social-Media-Accounts jüdischer Nutzer*innen und Organisationen. Aus der Wirkung antisemitischer Äußerungen auf die Befragten geht hervor, dass direkte antisemitische Beleidigungen und Drohungen gegen sie oder andere jüdische Nutzer*innen als schockierender empfunden werden als unspezifische antisemitische Beiträge.

Direkte antisemitische Angriffe

Direkt in den sozialen Medien belästigt zu werden, kann für die Angegriffenen schwerwiegende Folgen haben. Insbesondere wenn die Belästigung über einen längeren Zeitraum andauert und es viele Angreifer gibt, ist es wahrscheinlich, dass sich die Angegriffenen von den Plattformen zurückziehen. Diese Angriffe „haben reale Folgen auf das Leben dieser Personen, die jenen anderer Gewaltopfer ähneln" (Rasul 2021: 304). Aber auch einzelne Beleidigungen und Drohungen, die gegen eine Person gerichtet sind, können für diese Person sehr belastend sein.

I1 hat auf ihren Social-Media-Accounts nie direkt gegen sie gerichteten Antisemitismus erlebt, war aber auf den Dating-Apps Lovoo und Tinder zweimal antisemitischen Beleidigungen und Drohungen durch ihre Chatpartner ausgesetzt, nachdem sie diese abgelehnt hatte. Auf Lovoo schrieb der Chatpartner sehr explizite antisemitische Kommentare, etwa, dass er stolz sei, ein Antisemit zu sein, und dass er bedauere, dass in der Shoah nicht alle Juden ermordet worden seien. I1 gibt an, dass die antisemitischen Beleidigungen sie sehr schockiert hätten und sie nicht wusste, wie sie mit der gegen sie gerichteten Aggression umgehen sollte. Sie sagt, dass sie sich zu diesem Zeitpunkt nicht getraut habe, den Vorfall der Polizei zu melden und über kein breites Netzwerk verfügte, das sie bei der Aufarbeitung des Vorfalls hätte unterstützen können. Das Erlebnis machte sie hilflos, weil sie sich nicht wehren konnte: „Das waren sehr heftige Aussagen, unzählige antisemitische Äußerungen, na ja, nicht sehr aufgeklärt, aber ich habe mich nicht getraut, etwas zu tun. Ich habe mich damals nicht getraut" (I1). I1 ist mit ihrer damaligen Reaktion erkennbar unzufrieden. In diesem Fall besteht ein klarer Zusammenhang zwischen dem von I1 beobachteten Antisemitismus und Misogynie. Die Ablehnung wurde zum Anlass genommen, I1 in antisemitischer und frauenfeindlicher Weise zu beleidigen. I1 sagt, dass ihr Sicherheitsgefühl in den sozialen Medien aufgrund ihres großen unterstützenden Umfelds heute hoch sei. Ihre Wurzeln im jüdischen Aktivismus, ihr Engagement in einer jüdischen Studentenorganisation und das Wissen, dass viele Menschen sie im Falle antisemitischer Drohungen unterstützen würden, geben ihr ein sicheres Gefühl „Jetzt traue ich mich zu sagen, dass ich Jüdin bin, weil ich all diese Menschen in meinem Rücken habe, weil ich all diese Solidarität und diese Liebe habe, und das ist so wunderbar" (I1). Auf ihren Social-Media-Accounts hat sie eine positive und ermutigende Online-Umgebung geschaffen, in der sie sich sicher bewegen kann. Dennoch befürchtet sie, dass sie ins Visier von Antisemiten geraten könnte, die sie aufgrund ihres Auftritts in den sozialen Medien auf der Straße erkennen und angreifen:

> Man muss in der realen Welt bleiben. […] Menschen werden angegriffen. Das haben wir vor ein paar Tagen gesehen. Wenn Leute der Studentenorganisation folgen, in der ich aktiv bin, kennen sie mein Gesicht, sie wissen „Ah ok, Jüdin", ich muss in der Lage sein, mich zu verteidigen. (I1)

I1 ist sich der Gefahr, die damit einhergeht, eine „öffentliche Jüdin" (I1) zu sein, sehr bewusst und weiß, dass antisemitische Gewalt auch sie treffen könnte. Hier wird deutlich, dass antisemitische Hassverbrechen auch eine Einschüchterungsfunktion und ein Signal an andere Jüdinnen*Juden haben, dass ihnen ebenfalls Angriffe drohen (vgl. Köbberling 2018: 53). Der Fall I1 macht deutlich, dass die Wahrnehmung von Antisemitismus in der „realen Welt" und in den sozialen Medien miteinander verknüpft ist. Die anhaltenden körperlichen Angriffe auf Jüdinnen*Juden und jüdische Institutionen führen bei I1 zu einem Gefühl der Gefährdung, wenn sie ihr Judentum in den sozialen Medien offen zur Schau stellt.

Aufgrund seiner Anonymität in den sozialen Medien erlebte I2 auf seinen Social-Media-Accounts nie direkten antisemitischen Hass. Er achtet sehr darauf, dass seine Identität Fremden unbekannt bleibt. Er achtet darauf, dass aus seinen Accounts nicht hervorgeht, dass er Jude ist, was in erster Linie einen Versuch darstellt, seine Sicherheit zu schützen. Er ist sich der Gefahren bewusst, denen diejenigen ausgesetzt sind, die in den sozialen Medien als Jüdinnen*Juden erkannt werden. „Diese Anonymität schützt mich sehr, vor allem, dass ich in den sozialen Medien nicht erkannt werde […] das hält den Hass in Schach" (I2).

I3 war auf Facebook und SchülerVZ[3] antisemitischen Anfeindungen ausgesetzt, insbesondere von Mitschüler*innen. Sie gibt an, dass Antisemitismus während ihrer Schulzeit für sie ganz normal gewesen sei und dass sie Schwierigkeiten damit gehabt habe, Jüdin zu sein. „Ich habe das Judentum lange Zeit als einen Nachteil empfunden, mit dem ich klarkommen muss" (I3). Der damalige Antisemitismus erreichte seinen Höhepunkt, als eine Freundin von ihr nach einem Streit einen antisemitischen Kommentar auf ihrer Facebook-Seite veröffentlichte, in dem sie sagte, dass die Nase von I3 wie die Nase von Anne Frank aussehe. Danach begannen 20–30 Personen, ebenfalls antisemitische Beleidigungen auf ihrer Seite zu posten. Das

3 SchülerVZ war ein beliebtes soziales Netzwerk für Schüler*innen in Deutschland.

Schlimmste für sie war die Tatsache, dass sie die Situation nicht kontrollieren konnte und nicht wusste, was als nächstes passieren würde. „Ein großer Teil meiner Privatsphäre war plötzlich völlig öffentlich und ich wusste nicht, wie ich ihn kontrollieren sollte. Ich denke, der Kontrollverlust war das Schlimmste daran" (I3). Der Kontrollverlust, die Unwissenheit darüber, was als nächstes kommt, und das Schweigen anderer Nutzer*innen ist typisch für Shitstorms und Hatestorms im Internet (vgl. Rasul 2021: 304). I3 fühlte sich auch verletzt, weil keine*r ihrer Freund*innen öffentlich gegen den antisemitischen Hass auf ihrer Facebook-Seite intervenierte. Die Reaktion ihrer Freund*innen, die ihr in der Situation nicht weiterhalfen und die antisemitische Beleidigung sogar verharmlosten, war sehr verletzend. Die Reaktion des sozialen Umfelds ist entscheidend für die Fähigkeit der Opfer, mit der Situation umzugehen. Wenn das soziale Umfeld einem Opfer gegenüber nicht unterstützend reagiert, kann es zu einer sekundären Viktimisierung kommen. Unter sekundärer Viktimisierung versteht man die Erfahrung erneuter Viktimisierung, wenn „der Betroffene durch eine unangemessene Reaktion seitens seines sozialen Nahraums und der Instanzen sozialer Kontrolle verletzt wird" (Böttger, Lobermeier, Plachta 2014: 53). Es ist offensichtlich, dass das Fehlen eines unterstützenden Umfelds und die Menge an Menschen, die feindselige Kommentare auf ihrer öffentlichen Facebook-Seite posteten, große Auswirkungen auf I3 hatten. Sie gibt an, dass dieser antisemitische Hatestorm der Grund dafür gewesen sei, dass sie zum ersten Mal darüber nachdachte, warum sie aufgrund ihres Judentums von anderen Menschen ausgeschlossen wurde. Auch wenn sie in den letzten zwei Jahren keinen direkten Antisemitismus gegen sich selbst erlebt hat, ist sie sich der Gefahren, die in den sozialen Medien lauern, durchaus bewusst. Wahrscheinlich aufgrund ihrer Erfahrungen mit Hatestorms und Shitstorms sieht sie das größte Risiko darin, online bloßgestellt zu werden. Sie betonte immer wieder, dass sie in den sozialen Medien sehr vorsichtig sei und ihre Beiträge daraufhin prüfe, ob sie Anstoß erregen könnten. Sie hat auch von Shitstorms gegen Bekannte gehört, die sehr gewalttätig waren und ihr Angst machten. Andererseits gibt sie an, dass sie ein unterstützendes Umfeld habe, das ihr im Falle antisemitischer Angriffe helfen würde. „Ich habe viele jüdische Follower und auch viele jüdische Freunde, von denen ich sicher weiß, dass sie im Falle eines Streits oder eines Shitstorms auf meiner Seite stehen würden" (I3). Wie I1 gibt sie an, dass sie eine sichere Online-Blase geschaffen hat, in der sie selten direkt mit Antisemitismus konfrontiert wird.

Alle drei Befragten sind sich der Gefahren bewusst, die es mit sich bringt, in den sozialen Medien als Jüdinnen*Juden identifiziert zu werden. Die Gefahr antisemitischer Angriffe im Internet oder die Möglichkeit physischer Angriffe sind für die Befragten sehr präsent. I1 und I3 betrachten sich als Teil einer jüdischen Online-Community, die ihnen ein Gefühl der Sicherheit gibt. Beide beschreiben die Solidarität innerhalb der jüdischen Community als wichtigen Rückhalt, der ihnen dabei hilft, mit Antisemitismus im Internet umzugehen. I2 sieht sich nicht als Teil einer jüdischen Online-Community und glaubt, dass seine Anonymität in den sozialen Medien ihm den besten Schutz bietet.

Dimensionen des Antisemitismus in sozialen Medien

Alle Befragten sind Zeug*innen eines erheblichen Ausmaßes an Antisemitismus in den sozialen Medien. Dieser antisemitische Hass richtet sich gegen jüdische Aktivist*innen und Organisationen. Befragte, die erkennbar jüdische Accounts mit vielen Follower*innen haben, sind häufig Ziel von antisemitischen Kommentaren. Aus seiner Erfahrung bei der Überwachung antisemitischer Kommentare beschreibt I2, dass Antisemitismus überall dort auftritt, wo jüdische Einzelpersonen und Organisationen in sozialen Medien sichtbar sind. Antisemitismus zeige sich auf Social-Media-Seiten von „großen Organisationen bis hin zu kleinen, zum Beispiel jüdischen Museen auf dem Lande oder privaten Accounts, die sich selbst als jüdisch bezeichnen" (I2). Je bekannter ein Account ist, desto antisemitischer sind die Kommentare, die gepostet werden. I1 berichtet, dass ein jüdisch-deutscher Politiker unter seinen Social-Media-Posts antisemitische Hasskommentare erhielt, und sie und andere versuchten, auf diese Kommentare zu antworten, damit sie nicht ohne Gegenrede blieben. I1 und I3 berichten, dass Funktionär*innen jüdischer Studierendenorganisationen als Reaktion auf Social-Media-Beiträge auf Twitter Morddrohungen erhalten hätten. I2 berichtet auch von Morddrohungen gegen den Präsidenten seines Arbeitsplatzes, die in den sozialen Medien verbreitet wurden. I1 und I2 sprechen über antisemitische Kommentare unter Posts ihrer Organisation. I1 berichtet, dass sie insbesondere auf Twitter Zeugin antisemitischer Kommentare unter Beiträgen ihrer Studierendenorganisation geworden sei. I2 gibt an, dass antisemitische Kommentare auf jedem Social-Media-Account der Organisation vorhanden seien, aber auch, dass die konsequente Löschung von Kommentaren und die Meldung von Nutzer*innen zu einem deutlichen Rückgang dieser Kommentare geführt habe. Zusammenfassend lässt sich sagen, dass jede Manifestation des Jüdischseins in den sozialen Medien ein potenzielles Angriffsziel für Menschen darstellt, die Antisemitismus verbreiten. Alle Befragten geben an, dass israelbezogener Antisemitismus die am weitesten verbreitete Form des Antisemitismus sei. I1 beobachtet, dass das Ausmaß des Antisemitismus in den Sozialen Medien sehr eng mit der Medienberichterstattung über Ereignisse in Israel verknüpft ist. Sie stellt fest, dass der Anstieg des Antisemitismus in den sozialen Medien davon abhängt, „wie viel Israel öffentlich diskutiert wird" (I1). Sie erinnert sich besonders an die Zeit während des Gaza-Krieges, als eine Welle von Antisemitismus und antiisraelischer Propaganda durch die sozialen Medien fegte, und sie beschloss, sich für einige Zeit von Facebook zurückzuziehen, weil sie es dort hauptsächlich erlebte. Inmitten antisemitischer

Kommentare gegen Israel beobachtete sie die Verbreitung gefälschter antiisraelischer Propagandavideos und -fotos, insbesondere auf Facebook, in denen „israelische Soldaten kleine Kinder töten“ (I1). Die Befragten sagten, sie hätten erlebt, wie Israel ungerechtfertigterweise wegen angeblicher Menschenrechtsverletzungen angegriffen worden sei. Unterstützer der Kampagne „Boykott, Desinvestition, Sanktionen“ machten Jüdinnen*Juden, die keine israelischen Staatsbürger*innen sind, für die Politik des Staates Israel verantwortlich. I1 erklärt, dass israelbezogener Antisemitismus häufig mit Solidaritätsbekundungen für Palästina in Form der palästinensischen Flagge oder Unterstützung der BDS-Kampagne kombiniert werde. Die Einschätzung der Befragten zum Ausmaß des israelbezogenen Antisemitismus steht im Einklang mit den Ergebnissen einer Studie zum Antisemitismus im Internet, wonach israelbezogener Antisemitismus die dominierende Form des heutigen Antisemitismus ist (vgl. Schwarz-Friesel 2020: 81; Dietz, Rathje 2020).

Antisemitische Verschwörungsmythen werden von allen Befragten als eine häufige Form des Antisemitismus in den sozialen Medien genannt, etwa die Verschwörungsmythen mit Bezug zu COVID-19, dass Juden das Virus erfunden hätten oder mit den Impfungen Geld verdienen wollten. I2 beobachtet, dass Nutzer*innen, die antisemitische Verschwörungsmythen verbreiten, versuchen, ihre Behauptungen mit Verweis auf Videos von Verschwörungstheoretikern zu rechtfertigen. Als weitere häufig beobachtete Form des Antisemitismus wird die Relativierung der Shoah genannt. Besonders der Vergleich zwischen den Maßnahmen gegen die Ausbreitung von COVID-19 und der Shoah wird als schockierend und beunruhigend empfunden. „Als ich es zum ersten Mal sah, schockierte es mich zutiefst, weil ich nicht glauben wollte, dass die Leute heutzutage so etwas tun würden, sich mit Anne Frank zu vergleichen. Ein elfjähriges Mädchen betrat die Bühne und verglich sich mit Anne Frank. Das tat wirklich weh“ (I1).

Alle Befragten sind sich einig, dass die Technologie der sozialen Medien die Verbreitung von Antisemitismus begünstigt. Als Hauptursache für die rasante Verbreitung antisemitischer Inhalte wird die Geschwindigkeit angesehen, mit der ein Beitrag in den sozialen Medien in kürzester Zeit viele Empfänger*innen erreichen kann. Den Befragten ist bewusst, dass Personen, die antisemitische Inhalte verbreiten, zahlreiche anonyme Accounts erstellen können, um die Löschung von Accounts durch die Social-Media-Plattformen zu umgehen und so große Mengen antisemitischer Nachrichten zu verbreiten. Wie I2 feststellt, gab es viele Accounts, in denen Antisemitismus offen verbreitet wurde, die „erst wenige Wochen oder einen Tag alt und nur zum Posten offen antisemitischer Inhalte registriert worden waren. Sie haben keine anderen Inhalte. […] Es sind immer die Accounts, die verdächtig sind, wenn sie keinen anderen Inhalt haben“ (I2).

I3 erhält gelegentlich antisemitische Kommentare, wenn sie Fotos mit einer israelischen Flagge oder anlässlich eines jüdischen Feiertags auf Instagram postet. Es kam vor, dass „mir unbekannte Personen, die über den Hashtag auf meinen Account gelangt waren, Dinge schrieben wie ‚Free Palestine' oder ‚Kindermörder Israel'" (I3). Aber sie hat das Gefühl, dass diese Kommentare nur von Accounts stammen, die systematisch durch Hashtags scrollen und große Mengen dieser Kommentare schreiben. I3 stellt fest, dass diese Accounts lediglich registriert wurden, um systematisch Hass und Antisemitismus zu verbreiten, indem auf den Plattformen gängige Hashtags verwendet und größtenteils gleiche oder ähnliche Beiträge gepostet wurden, ohne dass ein Interesse daran bestand, mit anderen Nutzer*innen zu diskutieren oder zu interagieren. Das Verhalten dieser Accounts könnte ein Hinweis auf den Einsatz von Bots zur Verbreitung von Antisemitismus in sozialen Medien sein. Die Beobachtungen der Befragten werden auch durch Untersuchungen gestützt, die zeigen, dass die anonyme und relativ unkontrollierte Kommunikation in sozialen Medien ein „Katalysator für einen wiedererstarkenden Antisemitismus" ist (Becker 2020: 49).

Die Reaktion der Social-Media-Plattformen auf Antisemitismus wird von den Befragten mit gemischten Gefühlen aufgenommen. Einerseits begrüßten sie, dass sich die Strategie der Social-Media-Plattform geändert hat und antisemitische Beiträge und Accounts früher gelöscht würden. Besonders I2, der viel Zeit damit verbringt, antisemitische Kommentare auf den Accounts seines Arbeitsplatzes zu melden, sagt, die Plattformen seien immer schneller bei der Löschung antisemitischer Inhalte und Nutzer*innen geworden. Er beobachtet die Abwanderung antisemitischer Nutzer*innen auf andere Plattformen wie Telegram, wo sie die Möglichkeit haben, antisemitische Kommentare zu verbreiten, ohne die Löschung ihrer Accounts befürchten zu müssen. Andererseits geben I2 und I3 an, dass es schwierig sei, antisemitischen Hass zu melden, insbesondere als Einzelnutzer*in, und dass die Plattformen teilweise zurückmeldeten, dass kein Verstoß gegen ihre Richtlinien festgestellt werden könne, sogar bei eindeutig antisemitischen Kommentaren. Oftmals reagieren die Plattformen nur auf massenhafte Meldung von Inhalten, was, wie I2 bezeugt, rechtsextreme Aktivist*innen nutzen, indem sie gezielt und en masse antisemitismus*kritische* Accounts an die Plattformen melden, in der Hoffnung, dass die Plattformen auf den Druck reagieren und nicht ihre eigenen antisemitischen Posts, sondern die Kritik daran als Verstoß bewerten.

Die gesellschaftliche und politische Reaktion auf Antisemitismus in den sozialen Medien empfinden die Befragten als unzureichend. I1 und I2 haben das Gefühl, dass politische Reaktionen erst nach antisemitischen Vorfällen folgen, es aber kein kontinuierliches Vorgehen gegen Antisemitismus gibt. Laut I2 werden die zivilgesellschaftlichen Projekte, die Antisemitismus durch Monitoring und Aufklärung bekämpfen, nicht ausreichend finanziert. Es zeigt sich auch, dass sich alle drei Befragten in den sozialen Medien nicht durch die Polizei geschützt fühlen. I3 stellt fest: „Meiner Meinung nach kann die Polizei in den sozialen Medien nicht viel tun.

Ich habe das Gefühl, dass man sich nur selbst schützen kann“ (I3). Die Anonymität in sozialen Medien wird als Hauptgrund für unzureichende Maßnahmen der Strafverfolgungsbehörden angesehen, die den Täter*innen Sicherheit bietet. I2 und I3 sehen ein Rechtsvakuum in den sozialen Medien, in denen die Polizei kaum präsent ist und darüber hinaus nicht über die fachliche Kompetenz verfügt, wirksam zu ermitteln. Ein weiterer Grund für die Skepsis der Befragten gegenüber der Polizei liegt darin, dass ihnen rechtsextreme Netzwerke innerhalb der Polizei bekannt sind. I1 ist sich nicht sicher, ob sie der Polizei in Bezug auf antisemitische Straftaten vertrauen kann.

Reaktion und Strategien gegen Antisemitismus in sozialen Medien

Die Befragten unterscheiden sich in ihren Strategien zur Bewältigung und Bekämpfung antisemitischer Inhalte in sozialen Medien. I1 wählt einen sehr aktiven Umgang mit antisemitischen Inhalten im Internet. Sie sagt, dass sie bei der Konfrontation mit antisemitischen Inhalten zunächst sehr schockiert und sprachlos sei, dann aber doch aktiv werde. „Auf jeden Fall mit anderen teilen, es den Leuten bewusst machen, es nicht einfach unbestritten stehen lassen, das ist sehr wichtig“ (I1). Sie aktiviert ihre Follower*innen auf Instagram, indem sie einen Beitrag schreibt oder Beiträge von anderen Nutzer*innen teilt, um diese dazu zu bringen, antisemitische Inhalte auf der Plattform zu melden, antisemitische Nutzer*innen zu blockieren und Solidaritätsbekundungen zu verfassen, wenn Personen oder Organisationen online angegriffen werden. Ihr ist es wichtig, schnell Unterstützer*innen zu gewinnen, um Antisemitismus in den sozialen Medien rasch und effektiv entgegenzuwirken. Es wird deutlich, wie wichtig ein unterstützendes Online-Umfeld ist, um Antisemitismus in den sozialen Medien wirksam entgegenzuwirken.

I2, der auf den Social-Media-Accounts seiner Arbeit mit antisemitischen Kommentaren konfrontiert wird, reagiert mit einer strikten Unterscheidung zwischen seinem Privatleben und seiner Arbeit. Er kann sich vom Antisemitismus distanzieren, indem er ihn als Teil seiner Arbeit betrachtet. Über sich selbst sagt er, dass er durch seine Arbeit gegen antisemitische Kommentare im Internet abgehärtet und daher von den meisten Kommentaren unbeeindruckt sei. Auf den Social-Media-Accounts seiner Arbeit, YouTube, Facebook, Instagram und Twitter, moderiert er die Kommentare sehr sorgfältig, löscht antisemitische Kommentare schnellstmöglich und sperrt die Nutzer*innen. Durch das Löschen der Kommentare versucht er, andere jüdische Nutzer*innen zu schützen und ihnen auf den von ihm betreuten Accounts eine sichere Online-Umgebung zu bieten.

> Wenn jemand auf Twitter oder Instagram zum Gedenken an die Pogrome von 1938 postet und jemand in den Kommentaren schreibt, dass das alles eine Lüge ist, dann lesen das Angehörige der Opfer des Nationalsozialismus. Es berührt die Menschen und macht sie wütend. Sie nutzen soziale Medien weniger und das möchte ich nicht. (I2)

Er beobachtet, dass antisemitischen Nutzer*innen die Praxis der strikten Löschung von Kommentaren und der Sperrung Probleme bereitet, denn um erneut Beiträge zu posten, müssen sie neue Accounts erstellen, was zeitaufwändig ist. I3 wählt auch einen aktiven Weg, Antisemitismus entgegenzuwirken, indem sie versucht, mit Nutzer*innen online darüber zu diskutieren, Menschen auf die Dimensionen von Antisemitismus online und offline aufmerksam zu machen und antisemitische Inhalte online zu melden. Sie erzählt von ihren früheren Versuchen, mit antisemitischen Nutzer*innen in Kontakt zu treten, wobei sie aber bald merkte, dass das Zeitverschwendung war, weil es sich ihrem Gefühl nach dabei um Accounts handelte, die ausschließlich zum Zweck der Veröffentlichung antisemitischer Inhalte erstellt wurden. Sie schärft nun das Bewusstsein für Antisemitismus im Allgemeinen und versucht, ihren Followern mit praktischen Tipps Informationen zum Umgang mit Antisemitismus zu geben.

> Da ich auf Twitter sehr aktiv war […], habe ich einerseits Tipps gegeben, wie man reagieren sollte, wenn man mit Antisemitismus konfrontiert wird, andererseits habe ich versucht, das Bewusstsein für Antisemitismus im Alltag zu schärfen, ihn sichtbar zu machen. (I3)

Zusammenfassend kann man sagen, dass sich alle Befragten aktiv für die Bekämpfung von Antisemitismus im Internet einsetzen, indem sie ihn für andere – insbesondere nichtjüdische – Nutzer*innen sichtbar machen, antisemitische Inhalte auf den Plattformen melden, auf den von ihnen betreuten Social-Media-Accounts eine sichere Umgebung für andere jüdische Nutzer*innen schaffen und anderen Nutzer*innen Aufklärung über Antisemitismus sowie die Möglichkeiten, dagegen vorzugehen, bieten.

Wichtigste Erkenntnisse

Im vorigen Abschnitt wurden die Interviews mit den Befragten analysiert, um Schlüsselfaktoren zu identifizieren, die für die Auswirkungen von Antisemitismus in sozialen Medien auf jüdische Social-Media-Nutzer*innen eine Rolle spielen. Im Folgenden werden diese Schlüsselfaktoren erläutert, um ein umfassenderes Verständnis der Reaktion jüdischer Social-Media-Nutzer*innen auf antisemitische Äußerungen zu ermöglichen. Ein wesentlicher Faktor sind die privaten Sicherheitsmaßnahmen der Nutzer*innen. I2 verfolgt die strikte Richtlinie, in den sozialen Medien anonym zu bleiben und auf seinen Accounts niemanden erkennen zu lassen, dass er Jude ist. I1 vermied es ebenfalls lange, ihr Jüdischsein in den sozialen Medien erkennbar zu machen, weil sie nicht angegriffen oder beleidigt werden wollte. Die Anonymität oder zumindest das Verbergen des Jüdischseins ist eine starke Schutzmaßnahme, die das Risiko minimiert, ins Visier von Antisemit*innen zu geraten. Alle Befragten, auch I3, die ihr Jüdischsein von Anfang an offen teilte, sind sich der Gefahren eines offen jüdischen Social-Media-Profils sehr bewusst. Das Verheimlichen des eigenen Jüdischseins ist eine Möglichkeit, um Belästigungen im Internet zu entgehen, aber für jüdische Social-Media-Nutzer*innen kann es auch verletzend sein, ihr Judentum nicht offen zeigen zu können.

Insbesondere I1 und I3 beschreiben die große Solidarität innerhalb der jüdischen Community, die ihnen den Mut gibt, gegen Antisemitismus zu kämpfen. Sie wissen, dass sie im Fall von antisemitischen Beleidigungen oder Drohungen Unterstützung von der Online-Community erhalten würden. Während die große Solidarität innerhalb der jüdischen Community online und offline von den Befragten hervorgehoben wird, zeigt sich, dass die Reaktionen auf Antisemitismus aus Gesellschaft, Politik und Polizei nicht als hilfreich empfunden werden. Alle drei sind fest davon überzeugt, dass wirkliche Unterstützung nur von der jüdischen Community kommen würde. Die Wurzeln im jüdischen Aktivismus und das Zugehörigkeitsgefühl zu jüdischen Organisationen und Gruppen sind daher ein wichtiger Rückhalt im Umgang mit Antisemitismus. Ein weiterer wichtiger Punkt zum Antisemitismus in sozialen Medien ist die Art und Weise, wie jüdische Social-Media-Nutzer*innen ihre Social-Media-Umgebung gestalten. Wenn sie vielen jüdischen Accounts folgen, erleben sie Antisemitismus wahrscheinlich am ehesten, wenn dieser von antisemitischen Nutzer*innen gepostet wird oder wenn die Accounts selbst Beiträge zu antisemitischen Vorfällen veröffentlichen. Antisemitische Kommentare richten sich oft gegen jüdische Organisationen, daher ist es sehr wahrscheinlich, dass es sich bei diesen Accounts um Orte handelt, an denen viel Antisemitismus beobachtet werden kann. Alle Befragten geben an, dass sie eine sichere und positive Online-Umgebung geschaffen haben, in der sie keinen Antisemitismus erleben. Insbesondere I1 und I3 sprechen darüber, wie wichtig für sie eine sichere Social-Media-Blase ist. I3 hat sogar Accounts erstellt, auf denen sie Accounts folgt, die nicht über Antisemitismus posten, um sich von diesem Thema zu distanzieren, wenn es zu stressig wird. Außerdem berichtet I2, dass er sich am Ende seiner Arbeit von dem Antisemitismus distanziert, den er dort erlebt.

Schlussfolgerungen

Aus den Antworten der Befragten geht klar hervor, dass sie in den sozialen Medien viel Antisemitismus beobachten. Alle Befragten haben Strategien zum Umgang mit Antisemitismus im Internet entwickelt. Die anonyme Nutzung sozialer Medien (I2), die Verschleierung ihrer jüdischen Identität in sozialen Medien (I1 und I2), die sorgfältige Überlegung, welche Auswirkungen ihre Beiträge in sozialen Medien haben könnten (I3), und der Aufbau einer sicheren Online-Blase (I1, I3), sind Abwehrstrategien, die unter Nutzung der Sperrfunktion der Social-Media-Plattformen aufrechterhalten werden, um sich vor antisemitischen Angriffen zu schützen. Aufgrund ihrer Erfahrungen mit Antisemitismus sind sich alle Befragten der Gefahren bewusst, die eine öffentliche Social-Media-Präsenz mit sich bringt. Ein unterstützendes soziales Umfeld in der jüdischen Community, das ihnen im Falle antisemitischer Angriffe hilft, ist der wichtigste Schutzfaktor für I1 und I3. Für I2 hingegen ist es die Anonymität, die Sicherheit gibt. Alle Befragten engagieren sich aktiv im Kampf gegen Antisemitismus, insbesondere in den sozialen Medien. Sie klären andere, insbesondere nichtjüdische Follower*innen über Antisemitismus auf, beteiligen sich an Solidaritätsaktionen für bedrohte Nutzer*innen im Internet und melden antisemitische Accounts und Inhalte an die Plattformen zur Antisemitismusbekämpfung in den sozialen Medien.

Literaturverzeichnis

Becker, Matthias (2020): Antisemitismus im Internet. In: *APuZ,* 26–27(70), 48–53.

Böttger, Andreas/Lobermeier, Olaf/Plachta, Katarzyna (2014): Opfer rechtsextremer Gewalt. Wiesbaden: Springer VS.

De Melo, Eva-Maria (2020): Antisemitische Zuschreibungen. In: Center for Applied European Studies (Hrsg.), Rassismus und Antisemitismus – Alltag in Europa? Frankfurt/Oder: Frankfurt University of Applied Sciences, 8–21.

Dietz, Rocio Rocha/Rathje, Jan (2020): Antisemitismus im Internet und den sozialen Medien. https://www.bpb.de/politik/extremismus/antisemitismus/321584/antisemitismus-im-internet- und-den-sozialen-medien [Zugriff: 10.08.2023].

Agentur der Europäischen Union für Grundrechte (2019): Young Jewish Europeans: perceptions and experiences of antisemitism. Luxemburg: Amt für Veröffentlichungen der Europäischen Union. https://fra.europa.eu/sites/default/files/fra_uploads/fra-2019-young-jewish-europeans_en.pdf [Zugriff: 10.08.2023].

Köbberling, Gesa (2018): Beratung von Opfern rechter und rassistischer Gewalt. Bielefeld: Transcript.

Mayring, Philipp (2014): Qualitative content analysis: Theoretical foundation, basic procedures and software solution. Klagenfurt: GESIS – Leibniz-Institut für Sozialwissenschaften. https://www.ssoar.info/ssoar/bitstream/handle/document/39517/

ssoar-2014-mayringQualitative_content_analysis_theoretical_foundation.pdf?sequence=1&isAllowed=y&lnkname=ssoar-2014-mayring-Qualitative_content_analysis_theoretical_foundation.pdf [Zugriff: 10.08.2023].

Rasul, Fanny (2021): Zur Anatomie rechter Shitstorms und wie eins sich dagegen wehren kann. In: Götz, Judith/Sulzbacher, Markus (Hrsg.), Rechtsextremismus Band 4: Herausforderungen für den Journalismus. Berlin: Mandelbaum, 298–313.

Schwarz-Friesel, Monika (2013): „Dies ist kein Hassbrief – sondern meine eigene Meinung über Euch!" – Zur kognitiven und emotionalen Basis der aktuellen Hassrede. In: Meibauer, Jörg (Hrsg.), Hassrede/Hate Speech: Interdisziplinäre Beiträge zu einer aktuellen Diskussion. Gießen: Gießener Elektronische Bibliothek, 143–64.

Schwarz-Friesel, Monika (2020): Judenhass im Internet: Antisemitismus als kulturelle Konstante und kollektives Gefühl. Bonn: Bundeszentrale für politische Bildung.

Williams, Zoe (2016): (((Echoes))): Beating the far-right, two triple-brackets at a time. In: *The Guardian*. https://www.theguardian.com/technology/shortcuts/2016/jun/12/echoes-beating-the-far-right-two-triple-brackets-at-a-time [Zugriff: 10.08.2023].

12 AUF DEM WEG ZU EINER KI-DEFINITION VON ANTISEMITISMUS

Günther Jikeli, Damir Cavar, Weejeong Jeong, Daniel Miehling, Pauravi Wagh und Denizhan Pak

Einführung

Die Entwicklung einer Definition von Antisemitismus, die zur automatischen Erkennung antisemitischer Beiträge in sozialen Medien verwendet werden kann, stellt eine Herausforderung dar. Sie erfordert nicht nur ein umfassendes Verständnis der Geschichte des Antisemitismus und seiner (wieder) aktuellen Formen, sondern auch einen umfassenden Datensatz, der gemäß einer klaren Definition von Antisemitismus beschriftet (*labeled*) ist. Dieser als „Goldstandard" bezeichnete Datensatz kann dann von Algorithmen verwendet werden, um antisemitische Botschaften zu identifizieren. In diesem Kapitel beschreiben wir, wie man eine Definition von Antisemitismus erstellt, die zur Beobachtung von Online-Antisemitismus verwendet werden kann, der in Millionen von Social-Media-Beiträgen oder -Kommentaren auftritt. Die Beobachtung und Analyse großer Mengen online veröffentlichter Nachrichten erfordert eine Form der Standardisierung und automatischen Erkennung, auch wenn menschliche Interpretationen (und Annotationen) für sinnvolle Interpretationen solcher Analysen von „Big Data" weiterhin unverzichtbar sind. Wir veranschaulichen, wie eine solche Definition anhand von Twitter-Daten erstellt werden kann. Diese muss erweitert und aktualisiert werden, und es sollten Daten von anderen Plattformen hinzugefügt werden, damit die Definition Formen von Antisemitismus umfasst, die möglicherweise spezifisch für diese Plattformen sind.

Die automatisierte Erkennung von Antisemitismus in sozialen Medien erfordert also eine umfassende Definition dessen, was in diesem Zusammenhang als antisemitisch gelten sollte, und, was vielleicht noch wichtiger ist, einen annotierten Datensatz (Gold Standard), der zum Trainieren von Algorithmen verwendet werden kann. Unser Projekt zu einer „KI-Definition von Antisemitismus" unterscheidet sich grundsätzlich nicht von anderen Hate-Speech-Datensatzprojekten, die die Definition eines Klassifizierungsschemas, Annotiationsrichtlinien, das Sammeln relevanter Daten, die Vorverarbeitung dieser Daten entsprechend der Aufgabenstellung und die Schulung von Expert*innen für das Labelling und den Aufbau eines endgültigen Korpus umfassen. Der Unterschied besteht darin, dass wir uns auf Antisemitismus konzentrieren, anstatt Hassrede im Allgemeinen zu betrachten. Wir sind der Auffassung, dass Hassrede grundlegende zielgruppenspezifische Elemente aufweist. Obwohl bestimmte Merkmale vielen Formen von Hassrede gemeinsam sind, können sich gegen Juden gerichtete Äußerungen stark von Formen unterscheiden, die sich etwa gegen Muslime, Roma, LGBTQ+-Communitys oder Mobbingopfer richten. Aufgrund der Heterogenität der Hassformen empfehlen wir, die Formen schrittweise anzugehen und annotierte Datensätze zu erstellen, die zielgruppenspezifisch sind. Immer mehr annotierte Datensätze (Gold Standards) zu Hassrede sind öffentlich verfügbar (Gomez et al. 2020; Davidson et al. 2017; Waseem 2016). Diese Datensätze wurden zum Testen von Modellen verwendet, die die Klassifizierung eines Teils derselben Datensätze vorausberechnen. Die Genauigkeit der Vorhersage in den genannten Studien erreicht bis zu 78 Prozent. Eine der größten Herausforderungen für Modelle der automatischen Erkennung sind Unterschiede zwischen Annotationen in den verwendeten Datensätzen, die aufgrund subjektiver Wahrnehmung und Beurteilung entstehen. Menschliche Annotator*innen beurteilen Online-Nachrichten unterschiedlich. Wir glauben, dass dies verbessert werden kann, indem man den Annotator*innen hilft, eine detaillierte Definition anzuwenden (mit der sie nicht unbedingt persönlich einverstanden sein müssen) und indem man die Annotator*innen ihre unterschiedlichen Bewertungen diskutieren lässt.

Die Antisemitismusforschung steht erst am Anfang der computergestützten Wende in den Sozialwissenschaften (Bruns 2020). Doch Chandra et al. (2021) arbeiten an einem annotiertem Datensatz speziell zum Thema Antisemitismus. Unsere Studie zur Erstellung eines annotierten Datensatzes zum Thema Antisemitismus scheint diesem in vielerlei Hinsicht ähnlich zu sein. Einer der Hauptunterschiede besteht darin, dass wir unsere Daten aus einem Datensatz bezogen, der statistisch relevant 10 Prozent aller Tweets umfasst. Ein Vergleich und die Kombination dieser und anderer annotierter Datensätze scheint jedoch am vielversprechendsten zu sein, um die Präzision einer „KI-Arbeitsdefinition von Antisemitismus" zu vergrößern.

Eine anwendbare Definition von Antisemitismus

Eine Definition von Antisemitismus, die sowohl der langen Geschichte der Ressentiments gegen Juden als auch den psychologischen, „kulturellen" und sozioökonomischen Bedingungen, die zu ihrer Reproduktion beitragen, gerecht wird, wurde bisher nur fragmentarisch entwickelt. Erwähnt seien hier die klassischen Werke aus den 1940er (Adorno, Horkheimer 1988; Sartre 1994) und aus den 1980er Jahren (Fein 1987; Langmuir 1996; Postone 1985) sowie eine neuere umfassende Zusammenfassung der verschiedenen theoretischen Ansätze, Antisemitismus zu definieren, von Kenneth Marcus (2015). Für unsere Zwecke der Annotation von Korpora, die aus Beiträgen in Sozialen Medien bestehen, benötigen wir jedoch nicht zwangsläufig eine aus historischer oder philosophischer Sicht zufriedenstellende Definition von Antisemitismus. Wir brauchen vielmehr eine Definition als praktische Orientierungshilfe für die Entscheidungsfindung, um Beiträge als antisemitisch oder nicht einstufen zu können, ähnlich wie die Polizei oder andere Behörden, die Daten über antisemitische Vorfälle sammeln. Die für solche Zwecke am häufigsten verwendete Definition ist die der International Holocaust Remembrance Alliance (IHRA-Definition). Die Definition wurde von politischen Entscheidungsträger*innen zusammen mit maßgeblichen jüdischen Organisationen explizit als Hilfsinstrument entwickelt, um besser entscheiden zu können, ob ein bestimmter Vorfall als antisemitisch eingestuft werden sollte oder nicht. Seit ihrer Veröffentlichung im Jahr 2016 haben viele Regierungen und Organisationen, darunter auch die Vereinten Nationen, ihre Unterstützung für diese Definition als Leitfaden für die Überwachung und Bekämpfung von Antisemitismus zum Ausdruck gebracht, und sie wurde in vielen Ländern erfolgreich für die Polizeiausbildung und Datenerfassung eingesetzt.[1] Ihre Stärke liegt in den beschreibenden Beispielen, die eine Vielzahl heutiger Ausdrucksformen von Antisemitismus abdecken und als Leitfaden für eine Annotation verwendet werden können. Es überrascht nicht, dass es eine Debatte über einige Beispiele der Definition und einige Bedenken dahingehend gab, wie die Definition über die Datenerfassung und -klassifizierung hinaus verwendet werden könnte (Jikeli 2021; Nelson 2021). Bis heute ist diese Definition jedoch die umfassendste und am weitesten verbreitete Definition für Datenerhebungszwecke. Sie dient uns als Ausgangsdefinition zur Annotation unseres Datensatzes (Jikeli et al. 2019). Die Definition und ihre Beispiele müssen kontextbezogen interpretiert werden, wie in der Definition selbst betont wird. Wir berücksichtigen dies, indem jeder Beitrag in seinem „natürlichen" Kontext von menschlichen Annotator*innen betrachtet wird. Viele Teile der IHRA-Definition und ihre Beispiele müssen jedoch konkretisiert werden, damit sie als standardisierte Richtlinie für das Annotieren von Social-Media-Beiträgen genutzt werden können. Beispielsweise erwähnt die Definition „klassische Stereotype" und „stereotype Behauptungen über Juden als solche", ohne zu spezifizieren, um was es sich dabei handelt. Aufgrund der Vielzahl von Stereotypen, die in der Geschichte entstanden sind und von denen viele heute außerhalb ihres ursprünglichen Kontexts nur schwer wiederzuerkennen sind, ist es notwendig, die wichtigsten Stereotype zu formulieren. Wir haben die Definition einer genauen Analyse unterzogen und daraus Schlussfolgerungen gezogen, die bestimmte Grauzonen klären können. Dafür haben wir eingehend die gängige

1 https://holocaustremembrance.com/resources/arbeitsdefinition-antisemitismus. Das Kantor Center an der Universität Tel Aviv zählte 450 führende Organisationen weltweit, die die IHRA-Arbeitsdefinition von Antisemitismus bis zum 26. Mai 2021, fünf Jahre nach ihrer Veröffentlichung, übernommen hatten.

Literatur zu „klassischen" antisemitischen Stereotypen konsultiert, um die Stereotype und Anschuldigungen gegen Juden aufzulisten, die als „klassischer" Antisemitismus gelten (Lipton 2014; Livak 2010; Nirenberg 2013; Perry, Schweitzer 2008; Poliakov 2003b: 2003c; 2003d; 2003a; Rosenfeld 2013; 2015; Wistrich 2010). Der vollständige Text der Definition und unsere Schlussfolgerungen (Jikeli et al. 2019) dienten als Grundlage für unsere Annotation.

Aufbau eines annotierten Korpus: Der Datensatz

Mit der Erstellung und Annotierung unseres Korpus verfolgen wir zwei Ziele. Zunächst wollen wir ein Korpus annotierter Tweets generieren, das als vorläufiger Goldstandard zur automatischen Identifizierung antisemitischer Tweets in größeren Mengen von Stichproben verwendet werden kann. Zweitens wollen wir einen Überblick über den Anteil antisemitischer Tweets in Gesprächen über bestimmte Themen, insbesondere über Juden und Israel, erstellen. Erfreulicherweise erhielten wir hierfür Zugang zur Datenbank des Observatory on Social Media (OSoMe) der Indiana University. Diese Datenbank stellt kontinuierlich 10 Prozent aller Live-Tweets bereit und reicht bis zu 36 Monate ab dem Zeitpunkt einer Abfrage zurück.[2] Dadurch konnten wir statistisch relevante („repräsentative") Teilstichproben erstellen, die dann manuell mit Annotationen versehen wurden. Um unseren vorläufigen Goldstandard zu erstellen, hätten wir idealerweise eine vollständig zufällige Stichprobe von Tweets verwendet, die alle Variationen antisemitischer und nicht-antisemitischer Tweets abdeckt. Unsere Kapazitäten waren jedoch hinsichtlich der Zeit und der Anzahl der Annotator*innen begrenzt. Labeling-Testproben zeigten, dass die Auswertung eines Tweets im Durchschnitt etwa zwei Minuten dauert und dass Annotator*innen selten mehr als 100 Tweets pro Tag annotieren können, bevor die Qualität leidet.

Da wir jeden Tweet von zwei Expert*innen annotieren lassen wollten, war unser Ziel ein vorläufiger Datensatz von 5.000 Tweets. Eine vollständig randomisierte Stichprobe von 5.000 Tweets aus dem gesamten Twitter-Archiv würde wahrscheinlich keine oder nur sehr wenige antisemitische Botschaften und somit auch nur eine geringe Bandbreite antisemitischer Inhalte enthalten. Wir entschieden uns daher für eine Datenakquise nach Schlagworten, die sicherstellt, dass die annotierten Tweets relevant sind, das heißt, Diskussionen über Jüdinnen und Juden enthalten. Wir konzentrierten uns auf zwei Schlüsselwörter, die Nachrichten mit Bezug zu Jüdinnen*Juden als religiöse, ethnische oder politische Gemeinschaft abdecken: „Jews" und „Israel". Anschließend fügten wir einige Beispiele mit ge-

2 Die Datenbank entspricht den Twitter-Richtlinien und entfernt regelmäßig gelöschte Tweets. Daher verwenden wir ausschließlich Live-Tweets.

zielteren Schlüsselwörtern hinzu, bei denen davon auszugehen ist, dass sie einen hohen Prozentsatz an antisemitischen Tweets generieren, nämlich die Beleidigungen „kikes“ und „ZioNazi*“. Wir wählten die Pluralform der Beleidigung „kikes“, um die Anzahl falsch-positiver Treffer zu reduzieren, etwa Nachrichten mit Bezug auf zwei prominente Sportler mit dem Spitznamen „kiké“. „ZioNazi*“ umfasst sowohl Singular- als auch Pluralformen. Es ist ein Schimpfwort, das Zionisten und Nazis auf eine Stufe stellt und daher nach unserer Definition antisemitisch ist. Aus den Ergebnissen aller Abfragen, von insgesamt 3.691.047 Tweets, generierten wir Zufallsstichproben mit dem Ziel einer Auswahl von 500 Live-Tweets pro Stichprobe. Für das Schlüsselwort „Jews“ generierten wir zwei Stichproben pro Zeitrahmen. Zehn Stichproben enthielten zum Zeitpunkt der Stichprobenerhebung zwischen 496 und 500 Live-Tweets, die wir anschließend auf unser „Annotationsportal“ hochluden (siehe Tabelle 12.1).

Tabelle 12.1: Annotationsergebnisse vor der Diskussion von Diskrepanzen

Stichprobe	Stichwort	Zeitspanne	Anzahl der Tweets (vor Diskussion)	Nicht annotiert (gelöscht/ gesperrt)	Annotiert von	%-Anteil antisemitischer Tweets
1	Jews	Jan.–Dez. 2019	500	64	jg	6,2%
1	Jews	Jan.–Dez. 2019	500	46	dm	6,2%
2	Jews	Jan.–Dez. 2019	500	84	jg	7,5%
2	Jews	Jan.–Dez. 2019	500	72	dm	5,4%
3	Jews	Jan.–Apr. 2020	500	32	jg	12,2%
3	Jews	Jan.–Apr. 2020	500	34	js	9,9%
4	Jews	Jan.–Apr. 2020	499	70	jg	12,1%
4	Jews	Jan.–Apr. 2020	500	70	js	8,4%
5	Jews	Mai–Aug. 2020	496	106	jg	12,1%
5	Jews	Mai–Aug. 2020	496	91	sm	9,4%
6	Jews	Mai–Aug. 2020	498	112	js	14,5%
6	Jews	Mai–Aug. 2020	498	102	sm	10,9%
7	ZioNazi*	Jan.–Dez. 2019	500	152	js	88,2%
7	ZioNazi*	Jan.–Dez. 2019	500	109	dm	82,4%
8	ZioNazi*	Jan.–Apr. 2020	232	83	dm	83,9%
8	ZioNazi*	Jan.–Apr. 2020	232	92	sm	85,0%
9	Israel	Jan.–Apr. 2020	500	107	js	5,0%

Stichprobe	Stichwort	Zeitspanne	Anzahl der Tweets (vor Diskussion)	Nicht annotiert (gelöscht/ gesperrt)	Annotiert von	%-Anteil antise-mitischer Tweets
9	Israel	Jan.–Apr. 2020	500	107	dm	0,4%
10	Israel	Mai–Aug. 2020	500	69	js	13,2%
10	Israel	Mai–Aug. 2020	500	88	ks	14,6%
11	kikes	Jan.–Dez. 2019	500	205	dm	35,3%
11	kikes	Jan.–Dez. 2019	500	217	sm	11,7%

Die Stichprobe „ZioNazi* (Januar bis April 2020) hatte zum Zeitpunkt der Stichprobe aufgrund der insgesamt geringen Anzahl von Tweets zu diesem Schlüsselwort nur 232 Live-Tweets. Für die „kikes“-Abfrage fügten wir einen Filter hinzu, der (die meisten) nicht-englischen Tweets mithilfe der Spracherkennungsbibliothek von Google löscht. Tweets, die keinen Text und beispielsweise nur eine URL enthielten, waren von der Spracherkennung ausgenommen.

Annotation von Tweets mit unserem Portal

Die manuelle Annotation ist der zeitaufwändigste Teil bei der Erstellung eines annotiertes Korpus, das als Goldstandard für maschinelle Lernverfahren verwendet werden soll. Annotationssoftware kann den Annotationsprozess beschleunigen und Fehler reduzieren (Neves, Ševa 2019). Wir entwickelten eine eigene Software auf einem Annotationsportal, das Tweets visualisiert, sowie ein Formular bereitstellt, das es Annotator*innen ermöglicht, schnell Fragen zum Tweet zu beantworten. Es soll die Annotation erleichtern und Annotationsfehler reduzieren. Das Annotationsportal ist unter https://annotationportal.com erreichbar und steht der wissenschaftlichen Fachcommunity offen. Abbildung 12.1 zeigt ein Beispiel für einen Tweet und das Annotationsformular. Das Annotationsportal ruft Live-Tweets der ausgewählten Stichproben auf.[3] Es enthält alle Bilder und Links zum Original-Tweet. Die Tweets in den Beispielen werden in einer voreingestellten Reihenfolge angezeigt. Zum späteren Vergleich weisen wir jedem Tweet eine Nummer zu. Änderungen in der Annotation für einen Tweet werden registriert, wenn der*die Annotator*in auf „Weiter“

3 X, vormals Twitter, gibt jedem Tweet eine eindeutige ID-Nummer. Allerdings erhielten Retweets ohne Kommentare zum Projektzeitpunkt keine eindeutige ID-Nummer, sondern trugen die ID-Nummer des ursprünglichen Tweets vor dem Retweet. Was wir im Falle eines Retweets visualisieren, ist der ursprüngliche Tweet. Dies erklärt, warum in unseren Zufallsstichproben einige Tweets mehrmals auftauchen.

klickt. Der*die Annotator*in kann jederzeit zu bearbeiteten Tweets zurückkehren und die von ihm*ihr getroffene Auswahl verändern.

Wenn Annotator*innen sich über die Bedeutung eines Tweets nicht sicher sind, können sie auf den Tweet klicken, woraufhin ein neuer Tab im Browser geöffnet wird und sie zum Tweet auf der Twitter-Seite weitergeleitet werden, wo der gesamte Thread, Antworten, Likes und Kommentare eingesehen werden können. Sie können auch auf den*die User*in klicken, um sich ein besseres Bild von ihm*ihr zu machen. Dies und die erweiterte Twitter-Suchfunktion können verwendet werden, um zu sehen, welche anderen Nachrichten der*die User*in mit demselben Schlüsselwort oder mit anderen Schlüsselwörtern gesendet hat. Dies erfolgt über die Twitter-Seite, nicht über das Portal, ist aber mit wenigen Klicks erreichbar. Annotator*innen können ihre klassifizierten Inhalte jederzeit in eine CSV-Datei exportieren. Diese enthält die Twitter-Tweet-ID, die Nummer, die wir jedem Tweet in einer Stichprobe zuweisen, und alle Annotationen einschließlich ihrer Kommentare. Das primäre Ziel unserer Annotation besteht darin, auf der Grundlage einer detaillierten Definition zu klassifizieren, ob ein Social-Media-Tweet antisemitisch ist oder nicht, wodurch zugleich subjektive Einflussfaktoren der annotierenden Personen erheblich minimiert werden. Die Annotationsmaske soll dazu beitragen, den Annotationsprozess so einfach und eindeutig wie möglich zu gestalten und sich auf die Anwendung der Definition von Antisemitismus (Jikeli et al. 2019) zu konzentrieren, die wir den Annotator*innen zur Verfügung stellen.

Die erste Frage in der Annotationsmaske lautet, ob der Tweet noch aktiv ist. Obwohl wir bei der Generierung der Stichproben ausschließlich Live-Tweets berücksichtigten, waren einige Tweets zum Zeitpunkt ihrer Annotation bereits gelöscht. Dies erklärt einige der Diskrepanzen zwischen den Annotator*innen, da sie die Stichproben nicht gleichzeitig mit Annotationen versahen. In einigen Fällen tauchten Nachrichten von zeitweise gesperrten User*innen erneut auf. Die zweite Frage lautet, ob der Tweet in englischer Sprache verfasst ist. Da Twitter im anglophonen Sprachraum am weitesten verbreitet und gleichzeitig am bekanntesten ist, konzentrierten wir uns bei der Erstellung des ersten annotierten Datensatzes auf englischsprachige Nachrichten und unsere Schlüsselwörter waren alle englisch.

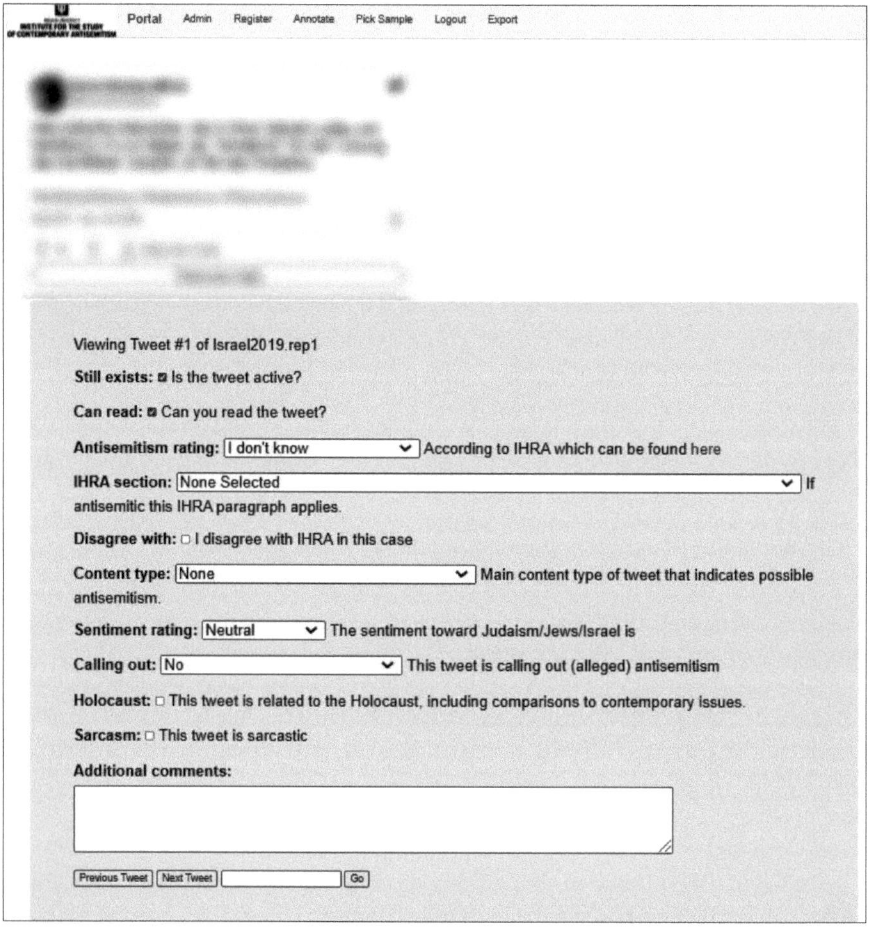

Abbildung 12.1: Annotationsportal mit Tweet-Beispiel. Dies ist ein Screenshot unseres aktualisierten Formulars. Die Frage nach dem Inhaltstyp wurde für die Annotation des hier besprochenen Datensatzes nicht verwendet. (eigene Darstellung)

Dennoch fanden sich in einigen Samples nicht-englischsprachige Tweets, die dann von unseren Annotator*innen nicht bearbeitet wurden. Die Annotator*innen hatten fünf Optionen für die Antisemitismus-Bewertung gemäß der IHRA-Definition von Antisemitismus: „sicher nicht antisemitisch; wahrscheinlich nicht antisemitisch; ich weiß nicht; wahrscheinlich antisemitisch; sicher antisemitisch“. Vor der Annotation wurden Annotator*innen anhand ausgewählter Beispiele in der Anwendung der Arbeitsdefinition geschult. Alle Annotator*innen hatten mindestens einen Universitätskurs zum Thema Antisemitismus oder eine ähnliche Ausbildung absolviert. Wir bezeichnen unsere Annotator*innen deshalb als Expertenannotator*innen. Wenn die Annotator*innen den Tweet gemäß der Definition als „wahrscheinlich antisemitisch" oder „sicher antisemitisch" bezeichneten, mussten sie einen der zwölf Absätze der Definition auswählen, der dieser Entscheidung zugrunde lag. Wenn keiner der Absätze zutraf, wurden sie angewiesen, den Tweet als nicht antisemitisch zu kennzeichnen. Sie konnten jedoch ein Kästchen ankreuzen, um anzuzeigen, dass sie mit der Definition dieses Tweets nicht einverstanden sind, und eine Erklärung in ein Kommentarfeld einfügen. Dies half den Annotator*innen dabei, sich an einem Standard zu orientieren und nicht an ihren persönlichen Interpretationen. Die Aufforderung an die Annotator*innen, zwischen einem „sehr negativen, negativen, neutralen, positiven oder sehr positiven" Gefühl, das der Tweet in Bezug auf Jüdinnen*Juden, Judentum oder Israel vermittelt, zu wählen, half den Annotator*innen außerdem, die Definition anzuwenden. So konnten sie ausdrücken, dass der Tweet negative Konnotationen hatte, auch wenn sie keinen zutreffenden Abschnitt der Definition finden konnten und die Nachricht somit laut Arbeitsdefinition als nicht antisemitisch eingestuft wurde. Viele Tweets standen im Kontext antijüdischer Äußerungen, sprachen sich jedoch gegen Antisemitismus aus und waren daher anti-antisemitisch. Annotator*innen konnten auch Tweets kennzeichnen, die sie als sarkastisch verstanden. Schließlich wollten wir wissen, ob ein Tweet in irgendeiner Weise mit der Diskussion über den Holocaust zusammenhing.

Herausforderungen und Entscheidungen im Annotationsprozess

Einer der Vorteile der IHRA-Definition besteht darin, dass der Nachweis einer antisemitischen Absicht keine notwendige Voraussetzung für die Einstufung einer Nachricht als antisemitisch ist. Eine antisemitische Absicht lässt sich im Allgemeinen nur schwer nachweisen, aber noch schwieriger scheint es im Online-Kontext zu sein, in dem User*innen oft anonym bleiben und User*innen oft nur die Nachricht sehen und sonst nichts über den*die Autor*in wissen. Außerdem scheinen Motivation und Absicht des*der Absender*in für die Beurteilung, ob die Botschaft eines bestimmten Beitrags antisemitisch ist, oft nicht relevant zu sein. Ein Beitrag in sozialen Medien kann auch dann eine antisemitische Botschaft enthalten, wenn der Absender keinen Hass gegen Juden zeigt und selbst keine negativen Ansichten über Juden hegt. Dies lässt sich anhand eines Tweets eines Twitter-Bots veranschaulichen, der zufällig ausgewählte kurze Auszüge aus Stücken von William Shakespeare verschickt. Wir stießen auf einen Tweet mit der Aufschrift „Hebrew, a Jew, and not worth the name of a Christian" (in deutscher Übersetzung nach August Wilhelm Schlegel und Ludwig Tieck aus „Die beiden Veroneser": „ein Jude, ein hebräischer Jude und nicht des Christennamens werth."), der vom User „IAM_SHAKESPEARE" gesendet wurde.[4] Ein Blick auf den Account bestätigt, dass dieser Bot alle zehn Minuten zufällige Zeilen aus Werken von Shakespeare postet. Eine antisemitische Absicht des Bots und seines Programmierers kann mit ziemlicher Sicherheit ausgeschlossen werden. Einige der Zitate können jedoch antisemitische Tropen enthalten, wie im oben erwähnten Tweet, der eine Hierarchie zwischen Jüdinnen*Juden und Christ*innen und von Natur aus negative Charaktereigenschaften von Jüdinnen*Juden impliziert. Wir betrachten daher die Social-Media-Beiträge an sich und versuchen zu beurteilen, was die User*innen, die diese sehen, wahrscheinlich daraus mitnehmen. Es ist jedoch weiterhin notwendig, den Gesamtkontext zu betrachten, um die Bedeutung und mögliche Interpretationen zu verstehen. Einige User*innen benutzen beispielsweise Aussagen in ironischer Weise mit übertriebenen Stereotypen über Jüdinnen*Juden, um Antisemitismus anzuprangern. Der Einsatz von Humor, Ironie und Sarkasmus bedeutet jedoch nicht unbedingt, dass bestimmte Stereotype nicht verbreitet werden (Vidgen et al. 2019: 83).

Auch wenn wir uns auf die Nachricht selbst und nicht auf die Motivation des*der Absender*in konzentrieren, müssen wir dennoch den Kontext untersuchen, in dem der Tweet gelesen wird, etwa die vorhergehenden Tweets in einem Thread (Diskussionsstrang). Reaktionen auf ihn können auch Aufschluss darüber geben, wie ein bestimmter Tweet interpretiert wurde. Wir schauen uns alle Informationen an, die die Lesenden wahrscheinlich auch sehen und die Teil der Nachricht sind, einschließlich eingebetteter Bilder und Links.[5] Das unkommentierte Weiterleiten von Links zu antisemitischen Inhalten betrachten wir als Form der Verbreitung entsprechender Inhalte und damit als antisemitische Botschaft. Wenn sich die User*innen jedoch direkt oder indirekt von solchen Links distanzieren und Sarkasmus oder Ironie verwenden, um deutlich zu machen, dass sie mit der betreffenden Ansicht oder dem Stereotyp nicht einverstanden sind, gilt die Nachricht nicht als antisemitisch.

Ein Teil des Kontextes, den die Lesenden sehen, sind der Name und das Profilbild des*der Absender*in. Beide sind in der Ansicht eines Tweets sichtbar. Ein Symbol, etwa eine Nazi-Flagge oder eine Waffe, beeinflusst die Wahrnehmung der Nachricht beziehungsweise kann aus einem nicht-antisemitischen Text eine antisemitische Botschaft machen, wie es bei einer Nazi-Flagge der Fall ist. Bei Grauzonen entschieden wir uns für eine vorsichtige Interpretation. Wir stuften Tweets als antisemitisch ein, wenn die Autor*innen antisemitische Inhalte in Form von selbst generierten Texten, Bildern oder Audios verbreiteten oder wenn sie antisemitische Botschaften anderer enthielten, etwa das Retweeten oder das anerkennende Zitie-

4 https://twitter.com/IAM_SHAKESPEARE/status/1333276038768504832

5 Annotator*innen wurden angewiesen, nicht mehr als fünf Minuten mit Links zu verbringen, deutlich mehr als der durchschnittliche Smartphone-Nutzer mit längeren Nachrichten verbringt (PEW Research Center 2016).

ren antisemitischer Inhalte. Die zustimmende Verwendung von Symbolen antisemitischer Bewegungen, Organisationen oder Einzelpersonen behandelten wir als Befürwortung von Antisemitismus. Wenn sie dafür stehen, Juden anzugreifen, wie beispielsweise die deutsche NSDAP, die ungarischen Pfeilkreuzler, Hamas, Hitler, bekannte Holocaustleugner, Pater Coughlin, Mahmud Ahmadinedschad, David Duke oder The Daily Stormer, dann werteten wir diese Symbole als Ausdruck von Antisemitismus. Ob die Organisationen oder Einzelpersonen aber als Chiffre für eine Zustimmung zu Angriffen auf Juden gelten können oder ob sie auch oder eher für andere Dinge stehen, hängt wiederum vom Kontext und davon ab, inwieweit sie als antisemitisch bekannt sind. Werden sie so verwendet, dass die antisemitische Position, die diese Organisationen oder Einzelpersonen vertreten, Teil der Botschaft ist? Die britische Union der Faschisten, Mussolini, die Hisbollah oder der französische Komiker Dieudonné werden wahrscheinlich, aber nicht unbedingt, auf diese Weise verwendet. Obwohl wir uns nach besten Kräften bemühen, so klar wie möglich zu formulieren, was antisemitische Botschaften sind, wird es immer noch Raum für Interpretationen und Grauzonen geben. Unsere Klarstellungen (Jikeli et al. 2019) sind das Ergebnis unserer Diskussionen über Tweets, die wir in einer Vorstudie unterschiedlich klassifiziert hatten.

Wir beobachteten darüber hinaus, dass einige Tweets in unserem Datensatz auch Stereotype und Abwertungen gegenüber anderen Gruppen zum Ausdruck bringen. Unsere Annotationen für diese Studie konzentrierten sich auf die Komponenten, die sich auf Antisemitismus beziehen, auch wenn Anfeindungen gegenüber anderen Gruppen in sozialen Medien ebenfalls weit verbreitet sind und oft mit Antisemitismus im Zusammenhang stehen.

Klassifizierungsergebnisse der geschulten Annotator*innen

Fünf Expert*innen verschiedener Glaubensrichtungen und Geschlechter arbeiteten an elf separaten Stichproben von Tweets. Jede Stichprobe wurde von zwei Annotator*innen separat klassifiziert. Tabelle 12.1 zeigt die Anmerkungsergebnisse der Antisemitismusbewertung (wahrscheinlich und sicher antisemitisch) für jede Stichprobe und jede*n Annotator*in, bevor sie ihre Diskrepanzen diskutierten. Die Annotator*innen arbeiteten teilweise zeitversetzt an den Stichproben, was die Diskrepanz in der Anzahl der Tweets, die nicht annotiert wurden, erklärt, weil einige von ihnen während des Annotationsprozesses gelöscht oder gesperrt wurden. In der Tabelle 12.1 und in unserem veröffentlichten Datensatz verwenden wir binäre Kategorien und behandeln die Bewertungen „sicher nicht antisemitisch“, „wahrscheinlich nicht antisemitisch“ und „ich weiß nicht“ als nicht antisemitisch und „wahrscheinlich antisemitisch“ und „sicher antisemitisch“ als antisemitisch. Bei den meisten Stichproben stellten die Annotator*innen fest, dass ein ähnlicher Prozentsatz der Tweets antisemitisch war.

Allerdings war die Anzahl der Tweets, die vor der Diskussion der Diskrepanzen nur von einem*einer der beiden Annotator*innen als antisemitisch bewertet wurden, in einigen Stichproben hoch, insbesondere in Stichprobe 11 mit 74 Tweets (siehe Tabelle 12.2).

Der hohe Grad an Uneinigkeit vor der Diskussion in Stichprobe 11 mit dem Stichwort „kikes" hängt damit zusammen, dass diese Stichprobe eine große Anzahl unsinniger Tweets von Bots enthält, in denen Wörter scheinbar wahllos aneinandergereiht wurden. Erst eine Diskussion dieser Tweets führte zu einem Konsens darüber, dass Tweets, die die Beleidigung „kikes" enthalten, dann als antisemitisch eingestuft werden sollten, wenn daraus geschlossen werden kann, dass dieses Wort zur Beschreibung einer Personengruppe verwendet wird und daher wahrscheinlich mit Jüdinnen*Juden in Verbindung gebracht wird. Es ist nicht antisemitisch, wenn die Wortfolge so unsinnig ist, dass nicht einmal klar ist, ob das Wort für eine Gruppe von Menschen steht. Einige der Tweets mit dem Wort „kikes" handelten von einem berühmten Fußballspieler, Enrique García Martínez, oder einem berühmten Baseballspieler, Enrique Javier Hernández, beide mit dem Spitznamen „kiké". Die meisten dieser Tweets waren jedoch auf Spanisch und sind nicht in unserem Goldstandard enthalten. Die vielen unsinnigen Tweets von Bots, eine große Anzahl anti-antisemitischer Tweets, die die Verwendung des Schimpfworts skandalisierten, und Tweets, die sich auf den Spitznamen Kiké beziehen, erklären, warum der Anteil antisemitischer Tweets bei einer Stichprobe mit der antisemitischen Beleidigung „kikes" relativ niedrig war.

Nach der ersten Annotation der Samples durch je zwei Annotator*innen identifizierten wir die Tweets, über die sich die Annotator*innen in ihrer Klassifizierung uneins waren, d.h., wenn eine*r der Annotator*innen einen Tweet als (wahrscheinlich oder sicher) antisemitisch einstufte und der*die andere nicht. Diese Tweets wurden dann besprochen.

Tabelle 12.2: Anzahl der Tweets, die von Annotator*innen im ersten Durchgang (vor gemeinsamer Diskussion) unterschiedlich bewertet wurden (antisemitisch/nicht antisemitisch)

Stichprobe	Stichwort	Zeitraum	Anzahl der Tweets mit Unstimmigkeiten
1	Jews	Jan.–Dez. 2019	9
2	Jews	Jan.–Dez. 2019	20
3	Jews	Jan.–Apr. 2020	19
4	Jews	Jan.–Apr. 2020	36
5	Jews	May–Aug. 2020	43

Stichprobe	Stichwort	Zeitraum	Anzahl der Tweets mit Unstimmigkeiten
6	Jews	May–Aug. 2020	34
7	ZioNazi*	Jan.–Dez. 2019	13
8	ZioNazi*	Jan.–Apr. 2020	4
9	Israel	Jan.–Apr. 2020	19
10	Israel	May–Aug. 2020	44
11	kikes	Jan.–Dez. 2019	74

In vielen Fällen konnten Fehleinschätzungen, ein Fehlklick oder das Übersehen einiger Aspekte des Tweets schnell erkannt werden und die Annotator*innen konnten ihre Klassifikation korrigieren. In anderen Fällen führte eine ausführliche Diskussion zur Klärung, welcher Absatz der Definition angewendet werden könnte (oder nicht), beziehungsweise der Kontext und die Bedeutung der Nachrichten wurden durch die Diskussion klarer und das führte dann zu einer eindeutigen Klassifizierung. Die Diskussionen über Bedeutung und Kontext erwiesen sich als besonders hilfreich für Annotator*innen, die anfangs mit einigen politischen Zusammenhängen oder den in den sozialen Medien prominenten User*innen aus den Vereinigten Staaten, Großbritannien, Indien oder von anderswo nicht vertraut waren. Die Annotator*innen lernten die Zusammenhänge immer besser kennen, da die Tweets sich oft um ähnliche Themen drehten. Die Annotator*innen durchliefen drei Diskussionsrunden und kamen schließlich in fast allen Fällen zu einer Einigung. Es sei hier nochmals angemerkt, dass die Klassifizierungen nicht auf der Grundlage dessen getroffen wurde, was die Annotator*innen persönlich als antisemitisch empfanden. Die Einstufung als antisemitisch bedeutet, dass mindestens ein Absatz der IHRA-Definition unter Hinzunahme unserer detaillierten Auslegungen (Jikeli et al. 2019) zutrifft. Wenn Annotator*innen der Meinung waren, dass ein Tweet antisemitisch sei, aber kein Absatz der IHRA-Definition zutrifft, stuften sie den Tweet als nicht antisemitisch laut IHRA-Definition ein und kreuzten ein Kästchen im Formular an, dass sie bezüglich dieses Tweets nicht mit der IHRA-Definition übereinstimmen. Auf dieser Grundlage konnten sich die Annotator*innen in allen Fällen bis auf zwei Fälle, in denen ausreichend Kontext fehlte, einigen. Tabelle 12.2 zeigt die Annotationsergebnisse vor der Diskussion und Tabelle 12.3 zeigt die Ergebnisse nach der Diskussion.

Nach der Eliminierung von Tweets, die aufgrund von Löschung oder Sperrung nicht kommentiert werden konnten, sowie Tweets in einer Fremdsprache, zwei Duplikate und Tweets, bei denen die Annotator*innen nicht zu einer einheitlichen Beurteilung kamen, verblieben 4.014 Tweets im Datensatz. Davon wurden 929 (23,1 %) der Tweets gemäß der IHRA-Definition von Antisemitismus als antisemitisch eingestuft. Tabelle 12.3 zeigt die Anzahl der Tweets jeder Stichprobe des Goldstandards, die von zwei Expert*innen annotiert wurden, und den Anteil antisemitischer Tweets.

Tabelle 12.3: Stichproben des vorläufigen Goldstandardkorpus

	Stichwort	Zeitspanne	Anzahl der Tweets des Gold-Standard-Korpus	Prozentualer Anteil antisemitischer Tweets
1	Jews	Jan.–Dez. 2019	435	6,2 %
2	Jews	Jan.–Dez. 2019	409	7,6 %
3	Jews	Jan.–Apr. 2020	461	12,1 %
4	Jews	Jan.–Apr. 2020	424	11,6 %
5	Jews	Mai–Aug. 2020	390	14,1 %
6	Jews	Mai–Aug. 2020	387	16,3 %
7	ZioNazi*	Jan.–Dez. 2019	371	89,2 %
8	ZioNazi*	Jan.–Apr. 2020	154	85,7 %
9	Israel	Jan.–Apr. 2020	294	11,9 %
10	Israel	Mai–Aug. 2020	408	13,7 %
11	kikes	Jan.–Dez. 2019	283	33,2 %
Summe		Jan. 2019–Aug. 2020	4.014	23,1 %

In einigen Fällen ist die Anzahl der Tweets deutlich geringer als die ursprüngliche Stichprobengröße (vergleiche Tabellen 12.1 und 12.3), weil Tweets gesperrt oder gelöscht wurden, nachdem mindestens eine*r der Annotator*innen sie bewertet hatte oder weil sie in einer Fremdsprache verfasst waren. In einigen Stichproben, etwa Stichprobe 9 mit dem Stichwort „Israel", tauchten gesperrte Tweets während des Diskussionsprozesses wieder auf und konnten dann mit Annotationen versehen werden. Dies erklärt zum großen Teil den höheren Anteil an antisemitischen Tweets nach der Diskussion im Vergleich zum Anteil an antisemitischen Tweets vor der Diskussion. Einige antisemitische Tweets gingen nach der Sperrung wieder online. Wie erwartet, wiesen unsere Stichproben mit den generischen Schlüsselwörtern „Jews" und „Israel" relativ geringe Prozentsätze antisemitischer Tweets auf. Die Abfrage „Jews" hatte zwischen 6,2 und 16,3 Prozent mit einem Durchschnitt von 11,2 Prozent (281 Tweets) für alle Stichproben und lag 2019 niedriger und 2020 höher. In den Stichproben mit der Verunglimpfung „ZioNazi*" fand sich, ebenfalls unseren Erwartungen entsprechend, ein hoher Anteil an antisemitischen Tweets, nämlich zwischen 85,7 und 89,2 Prozent. Im Gegensatz dazu gab es in der Stichprobe mit der Beschimpfung „kikes" mit 33,2 Prozent weniger antisemitische Tweets als erwartet. Dies ist zum großen Teil darauf zurückzuführen, dass viele Tweets anti-antisemitisch waren und diejenigen anprangerten, die diese Beleidigung verwendeten, oder sich auf zwei Prominente bezogen, deren Spitzname „kike" ist, wie oben erläutert.

Die Zahl der Tweets, die (tatsächlichen oder vermeintlichen) Antisemitismus verurteilten, überstieg die Zahl der antisemitischen Tweets in den Stichproben mit den Schlüsselwörtern „Jews" und „kikes". Beim Stichwort „ZioNazi*" gab es nur eine kleine Minderheit anti-antisemitischer Tweets und beim Stichwort „Israel" war die Anzahl der antisemitischen und anti-antisemitischen Tweets etwa gleich hoch. Etwa ein Viertel der Tweets in unserem Datensatz verurteilten Antisemitismus. Der Großteil der Tweets im Datensatz, 2.506 Tweets (62,4 %), sind Tweets, die durch die Abfrage mit dem Begriff „Jews" gefunden wurden. Wir konzentrieren uns daher auf eine Beschreibung dieser Stichproben.

Diskussionen über Jüdinnen*Juden auf Twitter: Antisemitismus und andere relevante Themen

Die von uns analysierten Tweets fanden wir durch eine Abfrage aller Tweets mit einem von vier Schlüsselwörtern in drei verschiedenen Zeiträumen, dem gesamten Jahr 2019, Januar bis April 2020 und Mai bis August 2020. Die Abfrage erfolgte in einem großen Datensatz, der aus einer 10-Prozent-Stichprobe aller Tweets in den genannten Zeiträumen bestand. Dadurch konnten wir zum Zeitpunkt der Stichprobenerhebung repräsentative Stichproben von 500 Live-Tweets generieren. (Die Stichprobengröße wurde kleiner, als die Annotator*innen sie bewerteten, da einige Tweets gelöscht wurden oder in einer Fremdsprache verfasst waren.) Für das Schlüsselwort „Jews" erstellten wir für jeden der drei Zeiträume zwei repräsentative Stichproben. Aus den Stichproben lassen sich einige allgemeinere Rückschlüsse auf Diskussionen über Jüdinnen*Juden auf Twitter von Januar 2019 bis August 2020 ziehen.

Ein genauerer Blick auf die Metadaten unserer Korpora liefert bereits einige Hinweise auf prominente Themen und User*innen. Sie enthalten 1.230.801 Tweets mit dem Wort „Jews", die im Jahr 2019 gepostet wurden; 238.965 Tweets mit dem Wort „Jews", die von Januar bis April 2020 gepostet wurden; und 329.804 Tweets mit dem Wort „Jews", die von Mai bis August 2020 gepostet wurden. Insgesamt sind dies 1.799.570 Tweets mit dem Wort „Jews" von Januar 2019 bis August 2020. Da unsere Datengrundlage 10 Prozent aller Tweets umfasst, lässt sich schätzen, dass es in diesem Zeitraum etwa 18 Millionen Live-Tweets gab, die das Wort „Jews" enthielten. Die Abbildungen 12.2 bis 12.4 zeigen die Zeitreihen für die drei Zeiträume unserer Abfragen. Die Werte beziehen sich auf die Anzahl der Tweets pro Tag mit dem Stichwort „Jews“ innerhalb unseres Rohdatensatzes. Die tatsächliche Gesamtzahl war also etwa zehnmal so hoch.

Die drei Zeitreihen weisen signifikante Spitzenwerte auf, die in direktem zeitlichem Zusammenhang mit bestimmten Ereignisse stehen, beispielsweise mit einer Aussage von Präsident Trump über die Illoyalität amerikanischer Juden am 20. August 2019, mit dem antisemitischen Amoklauf in Jersey City am 10. Dezember 2019, der Messerattacke auf eine jüdische Chanukka-Feier im US-Bundesstaat New York am 28. Dezember 2019, dem Holocaust-Gedenktag am 27. Januar 2020 sowie einer Erklärung des New Yorker Bürgermeisters de Blasio auf Twitter vom 28. April 2020, in der es hieß: „Meine Botschaft an die jüdische Gemeinde und alle Gemeinden ist ganz einfach: Die Zeit der Warnungen ist vorbei“ [Übersetzung GJ][6]. Dies wurde von vielen so interpretiert, dass die jüdische Gemeinschaft unter Verwendung antisemitischer Untertöne herausgegriffen wurde. Ein weiterer Spitzenwert korreliert mit einem viralen Video, in dem orthodoxe jüdische Demonstranten am 15. Juni 2020 Schlösser auf einem Spielplatz in Brooklyn aufschneiden, sowie mit einer Aussage von Nick Cannon über Jüdinnen*Juden (und seine Entschuldigung) vom 15. Juli 2020. Diskussionen über diese Ereignisse finden sich in unseren Rohdaten und auch in unseren daraus entnommenen repräsentativen Stichproben wieder.

Auch die Top-Ten-Influencer*innen, definiert als User*innen, die in Tweets am häufigsten genannt werden, geben Auskunft über unseren Datensatz und darin prominente Themen. Im Jahr 2019 waren realDonaldTrump, IlhanMN, AuschwitzMuseum, _SJPeace_, AOC, Imamofpeace, RashidaTlaib, char liekirk11, jeremycorbyn und LizaRosen101 die zehn wichtigsten Influencer*innen in Tweets mit dem Stichwort „Jews“. „realDonaldTrump“ hatte 32.173 Erwähnungen im Datensatz, „IlhanMN“ 21.967 und „AuschwitzMuseum“ 15.999.

Die herausragende Rolle von „realDonaldTrump“ in Tweets über Juden im Jahr 2019 könnte mit dem Spitzenwert von Tweets pro Tag mit dem Stichwort „Jews“ in jenem Jahr zusammenhängen, der mit einer Aussage Trumps über die angeblich doppelte Loyalität amerikanischer Juden zusammenfiel.

Zwischen Januar und April 2020 waren die Top-Ten-Influencer*innen User*innen mit den Namen AuschwitzMuseum, LizaRosen101, Imamofpeace, IlhanMN, realDonaldTrump, NYCMayor, TheRaDR, DavidAstinWalsh, DineshDSouza und DavidAsher. Am häufigsten wurde „AuschwitzMuseum“ genannt. Dies hängt mit dem zweithöchsten Spitzenwert in diesem Zeitraum zusammen, der am Holocaust-Gedenktag verzeichnet wurde. Der höchste Spitzenwert in diesem Zeitraum steht im Zusammenhang mit der oben erwähnten Aussage des New Yorker Bürgermeisters

6 https://twitter.com/NYCMayor/status/1255309615883063297

de Blasio. „NYCMayor" belegte Platz sechs im Ranking der am häufigsten genannten User*innen.

Zwischen Mai und August 2020 waren die Top-Ten-Influencer*innen die User*innen mit den Namen AuschwitzMuseum, realDonaldTrump, NYCMayor, SecPompeo, TheRaDR, jeremynewberger, DineshDSouza, CalebJHull, DonaldJTrumpJr und marklevinshow. Die Spitzenwerte waren in diesem Zeitraum weniger ausgeprägt. Der höchste Wert fiel jedoch mit der Veröffentlichung eines Videos zusammen, in dem orthodoxe jüdische Demonstranten auf einem Spielplatz in Brooklyn Schlösser aufschnitten. In Tweets, die sich auf dieses Video bezogen, wurde häufig „NYCMayor" erwähnt, der in diesem Zeitraum am dritthäufigsten genannte User*innenname unter Tweets mit dem Stichwort „Jews". Einer der häufigsten Retweets (Platz drei mit 1.066 Retweets in unserem Datensatz von Mai bis August 2020 mit dem Schlüsselwort „Jews") lautete „Juden in NYC haben gerade das Schloss durchtrennt, das @NYCMayor an ihrem Park anbrachte" [Übersetzung GJ] und zeigt ein Video davon.[7] Obwohl dies nicht antisemitisch ist, hat ein anderer beliebter Retweet, der sich auf dasselbe Ereignis bezieht, antisemitische Untertöne. Der vierzehnt-häufigste Retweet kommentiert dasselbe Bild. Er spielt auf den besonderen Einfluss und die Macht „der Juden" in New York an, wenn es heißt: „Das ist ein perfektes Beispiel dafür, dass Juden in ganz New York machen können, was sie wollen" [Übersetzung GJ]. Der zweithöchste Spitzenwert stand im Zusammenhang mit antisemitischen Äußerungen von Nick Cannon. „NickCannon" wurde 1.122-mal erwähnt und war in diesem Zeitraum der fünfzehnt-häufigst genannte User.

7 https://twitter.com/CalebJHull/status/1272669507778207744

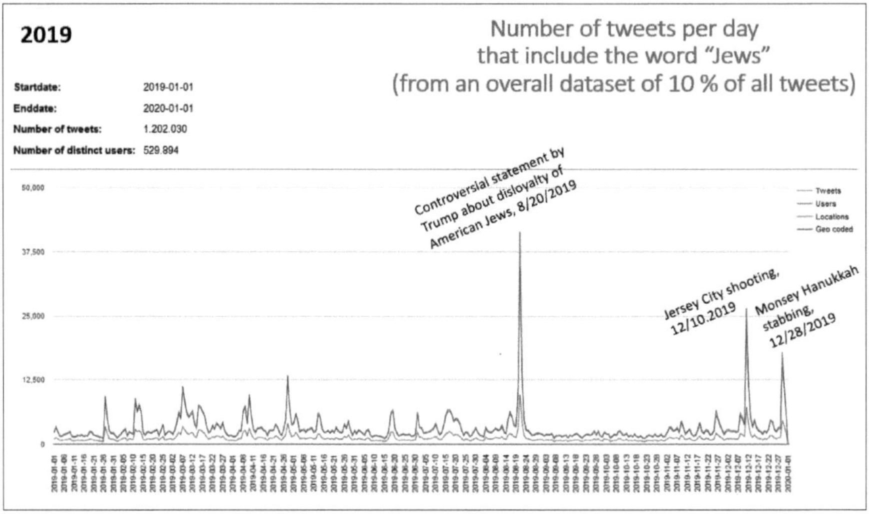

Abbildung 12.2: Anzahl der Tweets pro Tag im gesamten Jahr 2019 mit dem Stichwort „Jews" (eigene Darstellung)

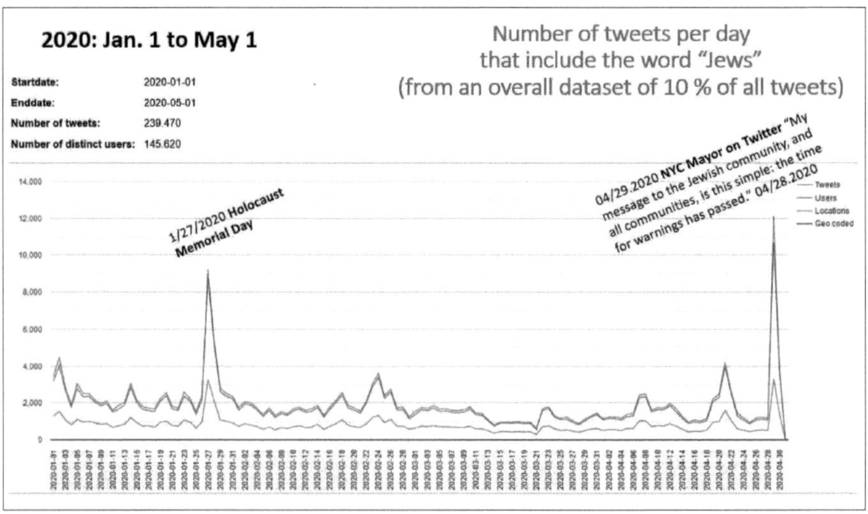

Abbildung 12.3: Anzahl der Tweets pro Tag Januar bis April 2020 mit dem Stichwort „Jews" (eigene Darstellung)

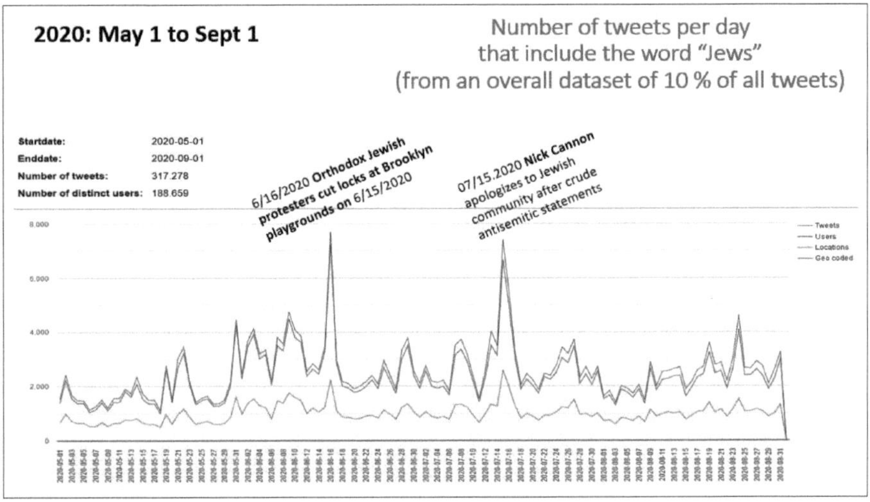

Abbildung 12.4: Anzahl der Tweets pro Tag Mai bis September 2020 mit dem Stichwort „Jews“ (eigene Darstellung)

Die meisten Tweets in den Stichproben mit dem Stichwort „Jews“ waren jedoch nicht antisemitisch. Allerdings war ein erheblicher Prozentsatz, nämlich zwischen 6,2 und 16,3 Prozent der Live-Tweets, in denen über Jüdinnen*Juden diskutiert wird, antisemitisch, je nach Zeitrahmen mit Irrtumswahrscheinlichkeiten (margin of error) zwischen 2,3 und 3,7 Prozent bei einem Konfidenzintervall von 95 Prozent. Der Absatz aus der IHRA-Definition, der am häufigsten verwendet wurde, um Tweets mit dem Stichwort „Jews“ als antisemitisch einzustufen, war 3.1.2: „Falsche, entmenschlichende, dämonisierende oder stereotype Anschuldigungen gegen Jüdinnen und Juden oder die Macht der Jüdinnen und Juden als Kollektiv – insbesondere aber nicht ausschließlich die Mythen über eine jüdische Weltverschwörung oder über die Kontrolle der Medien, Wirtschaft, Regierung oder anderer gesellschaftlicher Institutionen durch die Jüdinnen und Juden“, gefolgt von 3.1.4: „Das Bestreiten der Tatsache, des Ausmaßes, der Mechanismen (z.B. der Gaskammern) oder der Vorsätzlichkeit des Völkermordes an den Jüdinnen und Juden durch das nationalsozialistische Deutschland und seine Unterstützer und Komplizen während des Zweiten Weltkrieges (Holocaust).“ Der Anteil antisemitischer Tweets ist von 2019 auf 2020 deutlich gestiegen, siehe Abbildung 12.5.

Die Ergebnisse der beiden Stichproben jedes Zeitraums liegen deutlich innerhalb des Fehlerbereichs (*margin of error*), was die Ergebnisse weiter validiert, siehe Tabelle 12.4. 6,2 bis 7,6 Prozent antisemitische Tweets in Gesprächen über Jüdinnen*Juden im Jahr 2019 mag vielleicht nicht viel klingen. Dies entspricht jedoch einer geschätzten Zahl von 763.097 bis 935.409 antisemitischen Tweets in Gesprächen über „Juden" auf Twitter in nur einem Jahr oder zwischen 87 und 107 antisemitischen Tweets pro Stunde, und dies betrifft nur Tweets, die explizit das Wort „Jews" enthalten.

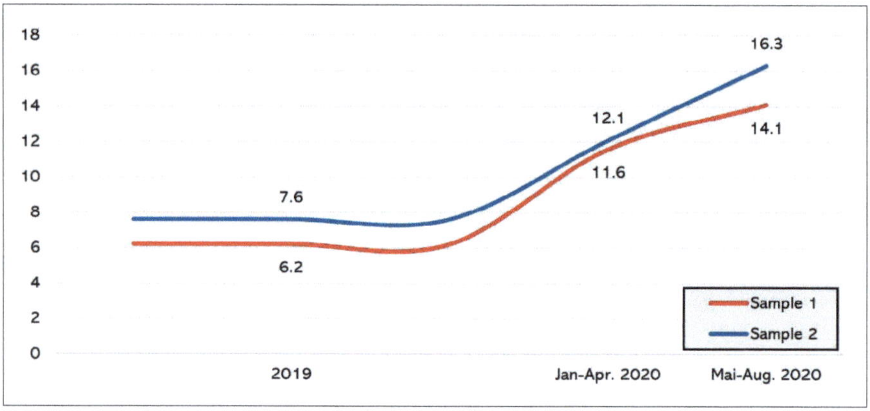

Abbildung 12.5: Trend des Anteils antisemitischer Tweets in Diskussionen über Jüdinnen*Juden, Januar 2019 bis August 2020 (eigene Darstellung)

Tabelle 12.4: Prozentsatz antisemitischer Tweets und Irrtumswahrscheinlichkeit von Stichproben mit dem Stichwort „Jews"

Stichprobe	Stichwort	Zeitspanne	Annotierte Tweets	Tweets im Datensatz (gezogen aus 10 % aller Live-Tweets)*	Prozentualer Anteil der antisemitischen Tweets	Irrtumswahrscheinlichkeit
1	Jews	Jan.–Dez. 2019	435	1.230.801 12/26/20	6,2 %	2,3 %
2	Jews	Jan.–Dez. 2019	409	1.230.801 12/26/20	7,6 %	2,6 %
3	Jews	Jan.–Apr. 2020	461	238.965 05/15/20	12,1 %	3,0 %
4	Jews	Jan.–Apr. 2020	424	238.965 05/15/20	11,6 %	3,0 %
5	Jews	Mai–Aug. 2020	390	329.804 09/01/20	14,1 %	3,5 %
6	Jews	Mai–Aug. 2020	387	329.804 09/01/20	16,3 %	3,7 %

Für den Zeitraum Januar bis April 2020 stieg die Zahl der antisemitischen Tweets in Gesprächen auf Twitter, die das Stichwort „Jews" enthielten, auf hochgerechnet 96 bis 100 pro Stunde und für den Zeitraum Mai bis August auf sage und schreibe 158 bis 182 antisemitische Beiträge pro Stunde. Dies ist ein deutlicher Anstieg gegenüber dem Jahr 2016, als eine Studie von Vigo Social Intelligence (2017) 382.000 antisemitische Posts oder 44 Posts pro Stunde auf mehreren Social-Media-Plattformen und für mehrere Schlüsselwörter fand (World Jewish Congress, Vigo Social Intelligence 2017). Twitter mag Maßnahmen ergriffen haben, um Hassnachrichten zu sperren und zu löschen. Dies hat jedoch insgesamt weder prozentual noch zahlenmäßig zu einem Rückgang antisemitischer Botschaften geführt; tatsächlich ist die Gesamtzahl der antisemitischen Tweets gestiegen. Von Mai bis August 2020 war jeder siebte Tweet in Gesprächen über Jüdinnen und Juden antisemitisch. Dies bezieht sich auf Tweets, die zum Abfragezeitpunkt noch live waren. Es ist davon auszugehen, dass der Anteil antisemitischer Tweets bei gelöschten oder gesperrten Tweets höher ist. Unsere Beobachtungen zu Gesprächen über Israel basieren auf weniger repräsentativen Stichproben. Allerdings konnten wir zwischen dem ersten Quartal und dem zweiten Quartal 2020 einen leichten Anstieg der antisemitischen Tweets von 10,2 Prozent auf 13,0 Prozent beobachten, d.h., jeder achte Tweet in Gesprächen über Israel war von Mai bis August 2020 antisemitisch.

Schlussfolgerungen und Ausblick

Unsere vorläufige Definition von Antisemitismus für KI-Zwecke, d.h. ein nach einer einheitlichen Definition annotierter Datensatz, muss weiter verbessert werden, indem ein breiteres Spektrum an antisemitischen und nicht-antisemitischen Narrativen hinzugefügt und die sich entwickelnden Narrative (ständig) aktualisiert werden. Die KI-Arbeitsdefinition kann verwendet werden, um antisemitische Inhalte in einer großen Anzahl von Beiträgen zu identifizieren und so bei der Überwachung von Antisemitismus zu helfen. Erfahrungen mit Untersuchungen aus der automatisierten Erkennung von Hassrede zeigen, dass dies menschliche Annotator*innen nicht ersetzen wird, sie aber unterstützen kann. Der Großteil der Tweets in unserem annotierten Datensatz stammt aus repräsentativen Suchanfragen mit dem Stichwort „Jews“, davon sind 11,2 Prozent antisemitisch. Es ist davon auszugehen, dass unser Datensatz Diskussionen über Jüdinnen*Juden in Englisch auf Twitter widerspiegelt und die häufigsten Themen abdeckt, zumindest, wenn das Wort „Jews“ direkt verwendet wird und für den Zeitraum, den der Datensatz abdeckt: von Januar 2019 bis August 2020. Häufig wurden stereotype Behauptungen über Jüdinnen und Juden als solche oder deren angebliche Macht genannt, gefolgt von verschiedenen Formen der Holocaust-Leugnung.

Der Datensatz umfasst auch viele zufällig generierte Tweets mit dem Stichwort „Israel“ aus den ersten acht Monaten des Jahres 2020, von denen 91 (13 %) als antisemitisch bewertet wurden. Dies vergrößert die Themenvielfalt des Korpus deutlich. In der Teilmenge der 91 antisemitischen Tweets mit dem Schlüsselwort

„Israel“ könnten jedoch wichtige Themen zu israelbezogenen Formen des Antisemitismus übersehen worden sein. Hinzu kommen zwei Stichproben mit dem Stichwort „ZioNazi*“ von insgesamt 525 Tweets, von denen 463 antisemitisch sind. Allerdings ist die Themenvielfalt dieser Teilmenge sehr begrenzt und das Stichwort wird von Twitter-Usern nicht sehr oft verwendet, wie die Abfrageergebnisse dazu zeigen.

Die Untergruppe der Tweets mit dem Schimpfwort „~~kikes~~“ könnte insbesondere für weitere Forschungsarbeiten nützlich sein, da sie dabei helfen kann, antisemitische von nicht-antisemitischen Nachrichten zu unterscheiden, die das Wort „kikes“ enthalten. Die Annahme, dass die meisten Nachrichten, die diese Beleidigung enthalten, antisemitisch seien, ist falsch. Es kommt auf den Kontext an. In unserer Stichprobe waren „nur“ 33,2 Prozent solcher Tweets antisemitisch, und mehr Tweets verurteilten andere User*innen, die diesen Begriff verwendeten.

Auf Anfrage stellen wir unseren Goldstandard zur Verfügung und gewähren der akademischen Community Zugang zu unserem Annotationsportal, sodass Forschende damit ihre eigenen Stichproben annotieren und möglicherweise sogar zu einer umfassenderen „KI-Definition von Antisemitismus“ beitragen können, was gemeinschaftlicher Anstrengungen bedarf.

Danksagungen

In diesem Kapitel wurde das *Extreme Science and Engineering Discovery Environment* (XSEDE) verwendet, das von der National Science Foundation mit der Fördernummer ACI-1548562 unterstützt wird. Wir sind dankbar, dass wir das Tool und die Daten des Observatory on Social Media (OSoMe) der Indiana University nutzen konnten (Davis et al. 2016). Eine deutlich kürzere Version dieses Kapitels stellten wir auf dem *International Workshop on Cyber Social Threats* vor, der im Rahmen der 15. International AAAI Conference on Web and Social Media am 7. Juni 2021 stattfand.

Literaturverzeichnis

Adorno, Theodor W./Horkheimer, Max (1988): Dialektik der Aufklärung. Philosophische Fragmente. Frankfurt a.M.: Fischer Verlag.

Bruns, Axel (2020): Big-Social-Data-Approaches in Internet Studies: The Case of Twitter. In: Hunsinger, Jeremy/Allen, Matthew M./Klastrup, Lisbeth (Hrsg.), Second international Handbook of Internet Research. Dordrecht: Springer Niederlande, 65–81. DOI: 10.1007/978-94-024-1555-1_3

Chandra, Mohit/Pailla, Dheeraj/Bhatia, Himanshu/Sanchawala, Aadilmehdi/Gupta, Manish/Shrivastava, Manish/Kumaraguru, Ponnurangam (2021): „Subverting the

Jewtocracy“: Online-Antisemitism-Detection using multimodal Deep Learning. arXiv:2104.05947 *[cs]*. http://arxiv.org/abs/2104.05947 [Zugriff: 24.08.2023].

Davidson, Thomas/Warmsley, Dana/Macy, Michael/Weber, Ingmar (2017): Automated Hate Speech Detection and the Problem of Offensive Language. In: Proceedings of the eleventh International Conference on Web und Social Media 2017, Montreal, QC. https://ojs.aaai.org/index.php/ICWSM/ [Zugriff: 24.08. 2023].

Davis, Clayton A./Ciampaglia, Giovanni Luca/Aiello, Luca Maria/Chung, Keychul/Conover, Michael D./ Ferrara, Emilio/Flammini, Alessandro/Fox, Geoffrey C./Gao, Xiaming/Gonçalves Bruno/ Grabowicz, Przemyslav A./Hong, Kibeom/Hui Pik-May/McCaulay Scott/McKelvey, Karissa/Meiss, Mark R./Patil, Snehal/Peli Kankanamalage, Chathuri/Pentchev, Valentin/Qiu Judy/Ratkiewicz Jacob/Rudnick, Alex/Serrette Benjamin/Shiralkar, Prashant/Varol, Onur/Weng, Lilian/Wu Tak-Lon/Younge, Andrew J./Menczer, Filippo (2016): OSoMe: Das IUNI-Observatory on social media. In: *PeerJ Computer Science,* 2, e87. DOI: 10.7717/peerj-cs.87

Fein, Helen (Hrsg.) (1987): The Persisting Question. Sociological Perspectives and Social Contexts of Modern Antisemitism. Berlin, New York: De Gruyter.

Gomez, Raul/Jaume, Gibert/Gomez, Lluis/Karatzas, Dimosthenis (2020): Exploring Hate Speech in multimodal Publications. In: *Proceedings of the IEEE/CVF Winter Conference on Applications of Computer Vision (WACV)*, 1470–1478.

Jikeli, Gunther (2021): Why is there Resistance against a Functioning Definition of Antisemitism? In: *JewThink!* https://www.jewthink.org/2021/01/15/why-is-there-some-resistance-to-a-working-definition-of-antisemitism/ [Zugriff: 24.08.2023]

Jikeli, Gunther/Cavar, Damir/Miehling, Daniel (2019): Annotating Antisemitic Online Content. arXiv:1910.01214 *[cs.CY]*. DOI: 10.5967/3r3m-na89

Langmuir, Gavin I. (1996): Toward a Definition of Antisemitism. Berkeley: University of California Press.

Lipton, Sara (2014): Dark Mirror: The medieval Origins of anti-Jewish Iconography. First edition. New York: Metropolitan Books/Henry Holt and Company.

Livak, Leonid (2010): The Jewish Persona in the European Imagination: A Case of Russian Literature. Stanford: Stanford University Press (Stanford-Studies in Jewish History and Culture).

Marcus, Kenneth L. (2015): The Definition of Antisemitism. New York: Oxford University Press.

Nelson, Cary (2021): Accommodating the New Antisemitism: A Critique of the „Jerusalem-Declaration“. In: *Fathom* (April). https://fathomjournal.org/fathom-long-read-accommodating-the-new-antisemitism-a-critique-of-the-jerusalem-declaration/ [Zugriff: 24.08.2024].

Neves, Mariana/Ševa, Jurica (2019): An extensive Review of Tools for manual annotation of documents. In: *Briefings in Bioinformatik* (bbz130). DOI: 10.1093/bib/bbz130

Nirenberg, David (2013): Anti-Judaism: The Western Tradition. New York: WW Norton & Co.

Perry, Marvin/Schweitzer, Frederick M. (2008): Antisemitic Myths: A historical and contemporary Anthology. Bloomington: Indiana University Press.

PEW Research Center (2016): Long-Form reading shows signs of life in our mobile news world. https://www.journalism.org/2016/05/05/long-form-reading-shows-signs-of-life-in-our-mobile-news-world/ [Zugriff: 24.08.2023].

Poliakov, Léon (2003a): The History of Antisemitism. From Mohammed to the Marranos. Philadelphia, Bristol: University of Pennsylvania Press; University Press Marketing.

Poliakov, Léon (2003b): The History of Antisemitism. From the Time of Christ to the Court Jews. Philadelphia: University of Pennsylvania Press.

Poliakov, Léon (2003c): The History of Antisemitism. From Voltaire to Wagner. Philadelphia: University of Pennsylvania Press.

Poliakov, Léon (2003d): The History of Antisemitism. Suicidal Europe, 1870–1933. Philadelphia, Bristol: University of Pennsylvania Press; University Press Marketing.

Postone, Moishe (1985): Bitburg: 5. Mai and after. A letter to the West German Left. In: *Radical America,* 19(5), 10–17.

Rosenfeld, Alvin H. (Hrsg.) (2013): Resurgent Antisemitism: Global Perspectives. Bloomington: Indiana University Press.

Rosenfeld, Alvin H. (Hrsg.) (2015): Deciphering the new Antisemitism. Bloomington: Indiana University Press (Studies in Antisemitism).

Sartre, Jean-Paul (1994): *Überlegungen zur Judenfrage.* Reinbek bei Hamburg: Rowohlt.

Vidgen, Bertie et al. (2019): Challenges and frontiers in abusive content detection. In: Proceedings of the Third Workshop on Missbräuchliche Sprache im Internet. Florenz: Vereinigung für Computerlinguistik, 80–93. DOI: 10.18653/v1/W19-3509

Waseem, Zeerak (2016): Are you a Racist or am I seeing things? Annotator influence on hate speech detection on Twitter. In: *Proceedings of the first Workshop on NLP and Computational Social Science.* Austin: Association for Computational Linguistics, 138–142. DOI: 10.18653/v1/W16-5618

Wistrich, Robert S. (2010): A Lethal Obsession: Antisemitism from Antiquity to Global Dschihad. New York: Random House.

World Jewish Congress, Vigo Social Intelligence (2017): The Rise of Antisemitism on Social Media. Summary of 2016. https://www.worldjewishcongress.org/en/news/an-anti-semitic-post-is-uploaded-to-social-media-every-83-seconds-wjc-research-finds-3-5-2017 [Zugriff: 24.08.2023].

13 „MELDEN ODER NICHT MELDEN“

Antisemitismus in den sozialen Medien und die Rolle der Zivilgesellschaft

Yfat Barak-Cheney und Leon Saltiel

Einleitung: Die Bedeutung der Bekämpfung von Antisemitismus in den sozialen Medien[1]

Im Jahr 2006, demselben Jahr, in dem Facebook öffentlich zugänglich gemacht wurde, weniger als ein Jahr nach der Gründung von YouTube, veröffentlichte der World Jewish Congress (WJC) einen Artikel von Haim Fireberg (2006) mit dem Titel „Antisemitischer Hass im Internet“[2]. Fireberg wies darin darauf hin, dass der „Cyberspace“ eine Herausforderung für diejenigen darstelle, die durch ihn verbreitete antisemitische Informationen – oder diesbezügliche Daten jeglicher Art – identifizieren und dokumentieren wollen, sowie für diejenigen, die gegen Hassbotschaften und deren Verbreiter*innen vorgehen wollen. Dies sei auf „die komplizierte strukturelle Zusammensetzung, die Anwendungstopologie und die Betriebssysteme des Internets“[3] zurückzuführen (Fireberg 2006). Damals musste man Menschen auf Websites locken und dazu verleiten, Chatrooms und E-Mails zu nutzen, um Nachrichten zu verbreiten und eine Community aufzubauen. „Hassverbreiter im Cyberspace müssen alle verfügbaren Mittel nutzen, um ihre Botschaften zu verbreiten“[4], bemerkte Fireberg. Er ahnte nicht, dass bald darauf soziale Medien die Verbreitung antisemitischer Botschaften per Mausklick ermöglichen würden.

Elf Jahre später, 2017, veröffentlichte der WJC einen Bericht, der auf der Analyse mehrerer Millionen Beiträge in 20 Sprachen auf Facebook, Twitter, YouTube, Instagram, Blogs und anderen Online-Foren basierte (World Jewish Congress 2016). Die Datenanalyse ergab, dass im Laufe des Jahres 2016 mehr als 382.000 antisemitische Beiträge auf Social-Media-Plattformen hochgeladen worden waren – durchschnittlich mehr als 43,6 Beiträge pro Stunde oder ein Beitrag alle 83 Sekunden

---

1 Wir möchten unserer wissenschaftlichen Mitarbeiterin Mollie Blum unsere große Anerkennung aussprechen, deren Arbeit und Engagement für die Erstellung dieses Kapitels von unschätzbarem Wert war.

2 „Anti-Semitic Hatred on the Internet.“

3 „the Internet's intricate structural composition, application topology and operational systems“

4 „Hate distributors in cyberspace must use every means available to promote their messages“

(World Jewish Congress 2016). Schon damals war klar, dass sich die sozialen Medien zu einem sich ständig beschleunigenden Megaverbreiter von Antisemitismus entwickelten, ein Trend, der bis heute anhält.

Darüber hinaus nutzen gewalttätige Extremisten soziale Medien als öffentliche Plattform, um Hass und Gewalt zu verbreiten. In den letzten Jahren haben wir antisemitische Botschaften in den Sozialen Medien gesehen, die in Verbindung mit antisemitischem Terrorismus offline stehen. Robert Bowers, der Mann, der während der Schabbat-Gottesdienste im Oktober 2018 elf Menschen tötete, hatte Social-Media-Accounts, die seinen Antisemitismus öffentlich präsentierten (Robertson, Mele, Tavernese 2018). In seiner Profilbeschreibung auf der Social-Media-Seite Gab hieß es: „Juden sind die Kinder Satans"[5] (Robertson, Mele, Tavernese 2018). Bevor Bowers die Synagoge in Pittsburgh betrat, schrieb er auf derselben Website: „Ich kann nicht zusehen, wie meine Leute abgeschlachtet werden. Ich gehe rein"[6] (Robertson, Mele, Tavernese 2018). John Earnest, der Amokläufer im Chabad of Poway in San Diego, nutzte die Social-Media-Plattform 8chan, um einen Brief zu publizieren, in dem er seinen Antisemitismus darlegt (Paul 2019). Er schrieb: „Ich wollte keine Juden töten müssen. Aber sie haben uns keine andere Wahl gelassen"[7] (Marantz 2019).

Diese Entwicklungen haben viele zivilgesellschaftliche Organisationen dazu motiviert, ihre Priorität auf den Umgang mit Hassrede in sozialen Medien zu legen. Leider sind viele in diesem Bereich tätige zivilgesellschaftliche Organisationen auch selbst Ziel von Hass in den sozialen Medien und können aus erster Hand über die Probleme berichten. Die Zivilgesellschaft, im weitesten Sinne organisierte Gruppen außerhalb der Familie, des Marktes oder des Staates, ist eine treibende Kraft im Kampf gegen Online-Hass im Allgemeinen und gegen Antisemitismus in sozialen Medien im Besonderen. Wir sind Vollzeitmitarbeiter einer solchen Organisation – dem World Jewish Congress –, und dieses Kapitel basiert auf unseren Erfahrungen.

Dieses Kapitel stellt die Arten von Interventionen und Methoden dar, die zivilgesellschaftliche Organisationen zur Bekämpfung von Antisemitismus in sozialen Medien einsetzen. Es enthält Beispiele für die Arbeit der Zivilgesellschaft und gibt Empfehlungen für die künftige Rolle der Zivilgesellschaft. Wir haben die Arbeit Dutzender verschiedener Projekte und Organisationen zum Thema Antisemitismus in sozialen Medien untersucht, darunter die von unabhängigen Denkfabriken wie dem Israel Democracy Institute (IDI) und von Forschungseinrichtungen wie dem Institute for the Study of Contemporary Antisemitism (ISCA) an der Indiana University sowie von Organisationen wie A Jewish Contribution to an Inclusive Europe (CEJI). Wo Herausforderungen besonders auffällig waren, werden sie auch erwähnt. In

5 „Jews are the children of Satan."

6 „I can't sit by and watch my people get slaughtered. I'm going in."

7 „I did not want to have to kill Jews. But they have given us no other option."

unserem Bericht suchen wir zu verstehen, an welchen Aktivitäten zivilgesellschaftliche Organisationen am meisten beteiligt sind, und herauszufinden, ob sich der Fokus der Organisationen auf andere Arten von Aktivitäten verlagern sollte.

Wir stellen fest, dass es der Zivilgesellschaft gelungen ist, das Bewusstsein für Antisemitismus in den sozialen Medien zu schärfen und ihn bei der Bekämpfung von Hass in den sozialen Medien in den Vordergrund zu rücken. Das Hauptaugenmerk lag bisher darauf, antisemitische Hassrede, wenn diese auftaucht, zu melden und zu überwachen, ob Social-Media-Plattformen ihre eigenen Richtlinien zu Hassrede einhalten. Diese Tätigkeitsbereiche sind zwar wichtig, legen aber zu viel Wert auf kurzfristige Ziele. Sie stehen auch vor technischen Herausforderungen und sind im großen Maßstab nur schwer umzusetzen. Die Zivilgesellschaft sollte ihren Arbeitsbereich daher um die Beeinflussung von Gesetzgebungsprozesse, die Gestaltung von Leitlinien auf internationaler Ebene und die Verbesserung der Richtlinien von Social-Media-Unternehmen gegen antisemitische Hassrede erweitern. Auch sollte die Meldung von antisemitischer Hassrede weniger vom Einsatz der Zivilgesellschaft abhängig sein und die Durchsetzung durch die Social-Media-Plattformen selbst verstärkt werden.

Während sich dieses Kapitel mit *antisemitischer* Hassrede befasst, sind wir der festen Überzeugung, dass die Bekämpfung von Antisemitismus Teil einer allgemeinen Strategie zur Bekämpfung von Hassrede sein sollte. Es ist wichtig anzumerken, dass das Fehlen einer gemeinsamen Definition von Hassrede und das Fehlen einer gemeinsamen Definition von Antisemitismus bzw. ihre konsequente Verwendung immer noch eine ernsthafte Herausforderung für alle darstellt, die sich gegen Antisemitismus in sozialen Medien engagieren.

Die Zivilgesellschaft und Antisemitismus in sozialen Medien – aktuelle Aktivitäten

Zivilgesellschaftliche Organisationen konzentrieren sich zunehmend auf die Bekämpfung von Antisemitismus in sozialen Medien. Diese Zielrichtung lässt sich zunächst auf eine Lücke in diesem Bereich zurückführen – Regierungen waren und sind weiterhin zu langsam, wenn es darum geht, Hassrede in sozialen Medien zu erkennen und darauf zu reagieren. Die Social-Media-Unternehmen selbst zögerten, das Ausmaß des Problems, ihre Verantwortung und ihre Fähigkeit, damit umzugehen, anzuerkennen. Insbesondere Antisemitismus bleibt ein Minderheitenthema, ein Bruchteil der Milliarden von Nachrichten und Beiträgen auf Social-Media-Plattformen. Doch die konsequente Arbeit zivilgesellschaftlicher Organisationen, fundierte Daten und leider einige reale Konsequenzen des zunehmenden Antisemitismus in den sozialen Medien haben das Thema in den Fokus gerückt. In diesem Abschnitt werden Aktivitäten zivilgesellschaftlicher Organisationen und Initiativen gegen Antisemitismus in sozialen Medien aufgezeigt.

Tabelle 13.1 präsentiert eine Liste aller im Artikel erwähnten zivilgesellschaftlichen Organisationen.

Tabelle 13.1: Erwähnte zivilgesellschaftliche Organisationen

Organisation	Land	Methode	Projekt	Website
Alfred Landecker Stiftung	Deutschland, Frankreich, Vereinigtes Königreich	Software- und KI-Entwicklung	*Decoding Antisemitism: Combating Online Hate and Imagery with Artificial Intelligence*	https://www.alfredlandecker.org/en/article/decoding-antisemitism
ActiveWatch Romania	Rumänien, Slovakei, Estland, Polen, Spanien	Software- und KI-Entwicklung	*The Open Code for Hate-Free Communication (OpCode)*	https://www.nigdywiecej.org/en/projects/the-open-code-for-hate-free-communication
Online Antisemitism Task Force	weltweit	Monitoring und Flagging	*N/A*	https://www.antisemitismtaskforce.org/
World Jewish Congress	weltweit	Monitoring und Flagging	*N/A*	
Network Contagion Research Institute	United States und Global	Forschung und Meldung	*N/A*	https://networkcontagion.us/reports/antisemitic-disinformation-a-study-of-the-online-dissemination-of-anti-jewish-conspiracy-theories/
Media Diversity Institute	Belgien, Frankreich, Deutschland, Griechenland, Ungarn, Vereinigtes Königreich	Gegenrede	*Get the Trolls Out!*	https://getthetrollsout.org/the-project
Online Antisemitism Working Group des Global Forum to Combat Antisemitism	weltweit	Bildung	*Online Antisemitism Working Group*	https://www.jewishvirtuallibrary.org/jsource/anti-semitism/onlineantisem2013.pdf

Organisation	Land	Methode	Projekt	Website
A Jewish Contribution to an Inclusive Europe	Europa	Bildung	*Facing Facts Online*	https://www.facingfact-sonline.eu/

Meldung von Antisemitismus in den sozialen Medien

Inzwischen nutzt das Gros der Maßnahmen zur Bekämpfung von Hassrede, inklusive Antisemitismus, Künstliche Intelligenz (KI). Es ist wichtig zu beachten, dass Social-Media-Plattformen keine Daten über die Art der Hassrede bereitstellen, die sie entfernen. Daher kann nicht festgestellt werden, wie viel davon mit Antisemitismus zu tun hat. Beispielsweise berichtete Facebook, dass man im letzten Quartal 2020 bei 26,9 Millionen Inhalten Maßnahmen wegen Hassrede ergriffen hat und dass 97,1 Prozent der Postings, die aufgund von Hassrede gegen Facebook-Standards verstießen, von Facebook entdeckt wurden, bevor Nutzer*innen sie gemeldet hatten (Facebook 2021). Obwohl dies beeindruckend ist, bleiben immer noch über 800.000 von einzelnen Nutzer*innen gemeldete Inhalte übrig, die gegen Facebooks eigene Definition von Hassrede verstoßen. Während sich die KI rasch verbessert, sind Social-Media-Unternehmen immer noch darauf angewiesen, dass Nutzer*innen Antisemitismus melden, um ihn von ihren Plattformen zu entfernen. Viele Plattformen verfügen über Programme, die es unter anderem zivilgesellschaftlichen Organisationen ermöglichen, erweiterte Meldemechanismen zu nutzen, die als „Trusted Flagger"- oder neuerdings „Priority Flagger"-Programme bekannt sind. YouTube verzeichnet über 200 Einzelpersonen, Organisationen und Regierungsbehörden in seinem Priority-Flagger-Programm (YouTube 2021). TikTok, ein relativ neuer Akteur auf diesem Gebiet, hat ein „Community Partner"-Programm eingeführt. Diese Programme ermöglichen es den Partnerorganisationen, auf spezielle Tools, wie bspw. die Priorisierung gemeldeter Inhalte, ein verstärktes Feedback auf die gemeldeten Inhalte, spezielle Reporting-Tools und Schulungen zu Inhaltsrichtlinien und Moderation, zuzugreifen.

Viele der befragten zivilgesellschaftlichen Gruppen führen Projekte zur Überwachung und Meldung von Antisemitismus durch. Darüber hinaus arbeiten mehrere Gruppen an der Entwicklung von Tools, die durch den Einsatz hochentwickelter KI und Algorithmen eine effizientere Überwachung von Antisemitismus in sozialen Medien ermöglichen. Beispielsweise führt die Alfred Landecker Stiftung derzeit das Pilotprojekt „Decoding Antisemitism: Combating Online Hate and Imagery with Artificial Intelligence" durch, das darauf abzielt, mithilfe von KI implizite antisemitische Social-Media-Inhalte zu erkennen (Alfred Landecker Foundation 2020).

Ziel ist es, durch Schulung und den Einsatz von KI mehr antisemitische Inhalte zur Löschung zu kennzeichnen.

ActiveWatch Romania konzentriert sich zwar nicht ausschließlich auf Antisemitismus, arbeitet jedoch mit mehreren anderen europäischen NGOs zusammen, um freie und offene Software mit dem Titel „The Open Code for Hate-Free Communication“ (OpCode) zu entwickeln, um Online-Hass, einschließlich antisemitischer Inhalte, zu überwachen und zu analysieren und die Software anschließend in Zusammenarbeit mit der Zivilgesellschaft weiterzuentwickeln (NEVER AGAIN Association Poland 2015). OpCode, das zwischen September 2019 und September 2020 in Betrieb war, zielte darauf ab, bestehende Software zur Überwachung von Hassrede zu verbessern, indem es Fälle von Hassrede auf Social-Media-Plattformen meldet, und das Interesse an Codierungssoftware zu steigern, die Hassrede aufzeigt (Erbes, Dziegielewski 2019).

Die Online Antisemitism Task Force beschäftigt weltweit über 100.000 Freiwillige, die daran arbeiten, antisemitische Inhalte zu entdecken und zu melden (Online Antisemitism Task Force 2019). Seit ihrer Gründung im Jahr 2013 hat die Task Force nach eigenen Angaben über 99.000 Hass-Posts von über 900 YouTube-Konten und mehr als 400 Facebook-Seiten gemeldet, die anschließend entfernt wurden (Online Antisemitism Task Force 2019). Freiwillige melden hasserfüllte Inhalte in mehreren Sprachen.

Der Jüdische Weltkongress (WJC) beteiligt sich an Social-Media-Melde-Partnerschaften mit vielen Plattformen, darunter Facebook, YouTube und TikTok. Der WJC arbeitet dabei in erster Linie eng mit lokalen jüdischen Gemeinden sowie anderen NGOs, Studierendenorganisationen und anderen Interessengruppen zusammen. Er meldet antisemitische Personen und Beiträge und verfolgt Trends, um das Bewusstsein zu schärfen, damit mehr Nutzer*innen sich für Veränderungen auf politischer Ebene bzw. der Ebene der Entscheidungsträger*innen einsetzen. Neben seinen internen regionalen Spezialist*innen arbeitet der WJC häufig mit externen professionellen Berater*innen und Spezialist*innen wie Historiker*innen und Anwält*innen zusammen, um Antisemitismus und Verbreiter*innen von Antisemitismus in sozialen Medien zu bekämpfen. Beispielsweise trug der WJC dazu bei, dass Dieudonné M'Bala M'Bala, ein französischer Komiker, der für seine antisemitischen Inhalte bekannt ist, von YouTube und anschließend von Facebook entfernt wurde. Dieudonnés Inhalte wurden nicht nur durch„Trusted Flagger“ direkt bei der Plattform gemeldet, sondern auch bei einem Meldemechanismus der französischen Regierung und der Regierungsbehörde, die Antisemitismus bekämpft. Auch andere Organisationen drängten auf die Entfernung des Kanals des französischen Komikers. Letztendlich wurde Dieudonné von YouTube und Facebook verbannt, was seine Sichtbarkeit und seinen Einfluss erheblich verringerte. Im Jahr 2017 listete das Institute for the Study of Contemporary Antisemitism (ISCA) der Indiana University in einem Forschungsbericht mit dem Titel „Best Practices to Combat Antisemitism on Social Media" Empfehlungen für NGOs auf (Institute for the Study of Contemporary Antisemitism 2017). Allgemein empfiehlt ISCA die Überwachung und Meldung antisemitischer Inhalte durch Crowd Reporting, um Social-Media-Unternehmen effektiv zu informieren (Institute for the Study of Contemporary Antisemitism 2017).

Allerdings weist ISCA auch auf einige Herausforderungen bei der Meldung hin. Die große Menge antisemitischer Konten, die geschlossen wurden, wird oft innerhalb von Minuten unter anderen Pseudonymen neu erstellt, was ein klares Hindernis darstellt (Institute for the Study of Contemporary Antisemitism 2017). Weitere Hindernisse sind die begrenzten Überwachungsressourcen von NGOs und einzelnen Nutzer*innen sowie der Mangel an Personal und Fachwissen auf Social-Media-Plattformen, die für die Entscheidung darüber zuständig sind, welche Inhalte entfernt werden sollen (Institute for the Study of Contemporary Antisemitism 2017). Da außerdem jede Social-Media-Plattform ihre eigene Definition von Hassrede verwendet und über unterschiedliche Arten von Inhalten verfügt, muss für jede Plattform eine angepasste Form der Meldung erfolgen (Institute for the Study of Contemporary Antisemitism 2017). Ein Video, das auf einer Plattform erfolgreich zur Entfernung gemeldet werden konnte, würde auf einer anderen Plattform möglicherweise anders behandelt.

Überwachung der Compliance

Zivilgesellschaftliche Organisationen überwachen die Einhaltung gesetzlicher Verpflichtungen, freiwilliger Standards wie des EU-Verhaltenskodex[8] und unternehmenseigener Community-Standards der Social-Media-Plattformen. „Get the Trolls Out!" [Trolle raus!], ein 2015 gestartetes interreligiöses Projekt, das vom Media Diversity Institute zusammen mit sechs anderen europäischen Partnern geleitet wird, zielt auf die Reduzierung religiöser Hassreden auf Social-Media-Plattformen durch Überwachung und Gegennarrative (Media Diversity Institute 2015). Jeden Monat veröffentlicht „Get the Trolls Out!" eine Zusammenfassung, die die Ergebnisse Überwachung der Hass-Botschaften dieses Monats darlegt und aufzeigt, wer die Täter sind. Allerdings ist der Prozess des Data-Minings, also der Gewinnung der für diese Art von Recherche notwendigen Informationen aus Social-Media-Seiten, in den letzten Jahren immer schwieriger geworden. Um Material zu fördern, das online verbleibt, muss man entweder die Social-Media-Plattformen manuell überprüfen oder automatische Systeme zum Herausziehen der Informationen einsetzen.

8 Der EU-Verhaltenskodex zur Bekämpfung illegaler Hassreden im Internet kann abgerufen werden unter: https://commission.europa.eu/strategy-and-policy/policies/justice-and-fundamental-rights/combatting-discrimination/racism-and-xenophobia/combating-antisemitism/policies-and-actions_en [Zugriff: 14.02.2024].

Eine Herausforderung, auf welche zivilgesellschaftliche Organisationen immer wieder hinweisen, besteht darin, dass es an gemeinsamen Datenbanken zu antisemitischen Wörtern, Bildern, Memes und anderen Inhalten in sozialen Medien mangelt (Network Contagion Research Institute, Rutgers University 2020), die von Organisationen, die antisemitische Hassrede in sozialen Medien beobachten möchten, zur Datengewinnung genutzt werden können. Ohne eine gemeinsame Datenbank muss jede Organisation ihre eigenen Ressourcen für das Material erstellen, das sie verfolgen möchten, was eine zeitaufwändige Aufgabe ist. Dies verringert zudem die Einheitlichkeit des Monitorings. Darüber hinaus entwickelt sich der Antisemitismus in den sozialen Medien ständig weiter, um die Moderation von Inhalten zu umgehen, was die Verwendung subtilerer und indirekterer Begriffe und Bilder fördert. Wörter, die sich auf Jüdinnen*Juden beziehen, Memes, die Jüdinnen*Juden darstellen, Hashtags, die auf antisemitische Ansichten verweisen, ändern sich schnell, und jede Datenbank muss diese Änderungen ständig verfolgen und ihre Forschung entsprechend aktualisieren (Weimann, Ben Am 2020). Darüber hinaus wird die Überwachung der Compliance immer schwieriger, da Unternehmen sogenannte *platform lockdowns* praktizieren, d.h., Material, das Wissenschaftler*innen und NGOs zuvor für Forschung und Überwachung zur Verfügung stand, ist heute, wenn überhaupt, nur noch begrenzt zugänglich. Darüber hinaus ist von Plattformen entferntes Material nicht immer für die Forschung zugänglich, da die Inhalte in der Regel aus Datenbanken verschwinden.

Einsatz für Richtlinien- und Durchsetzungsänderungen bei den Plattformen

Viele zivilgesellschaftliche Organisationen tragen mit ihrem fundierten Wissen und ihrer Erfahrung im Umgang mit Erscheinungsformen von Antisemitismus wesentlich dazu bei, dass Community-Standards von Social-Media-Plattformen analysiert und eingehalten werden und Antisemitismus dort überwacht und gemeldet wird. Sie helfen außerdem, die Richtlinien von Social-Media-Unternehmen im Zusammenhang mit Antisemitismus zu bewerten, Trends zu kennzeichnen und auf Lücken hinzuweisen. Darüber hinaus können sie Mitarbeitende der Plattformen darin schulen, Antisemitismus zu erkennen, wenn dieser auftritt. Verschiedene zivilgesellschaftliche Organisationen, darunter viele Wissenschaftler*innen, forschen zu den Bemühungen, die Social-Media-Plattformen bereits unternehmen, um Antisemitismus zu bekämpfen, und geben anschließend Empfehlungen ab. Beispielsweise veröffentlichte das Israel Democracy Institute (IDI) in Zusammenarbeit mit Yad Vashem im Jahr 2020 einen Bericht mit dem Titel *Reducing Online Hate Speech* (Yad Vashem 2019), der relevanten Stakeholdern Empfehlungen gibt, wie Hassrede im

Internet reduziert werden kann. NGOs rät der Bericht zu einer verbesserten Kommunikation zwischen Social-Media-Unternehmen und Zivilgesellschaft. Um die Kommunikation zu verbessern, könnte die Einrichtung eines „Beirats“ mit Vertreter*innen aller Beteiligten hilfreich sein, der regelmäßig den Stand der Regulierung von Hassrede im Internet bewertet und Verfahren für den Informationsaustausch unterstützt (Yad Vashem 2019).

Sowohl das Institute for the Study of Contemporary Antisemitism (ISCA) der Indiana University als auch das IDI weisen darauf hin, dass eine Partnerschaft mit Social-Media-Unternehmen nützlich ist, um eine einheitliche Antisemitismusdefinition durchzusetzen, an die sich alle Unternehmen halten, und die die sofortige Entfernung von besonders gefährlichem Material vereinfacht. Darüber hinaus unterstützen beide Institutionen die Durchsetzung einer klaren Netiquette und die Nutzung öffentlichen Drucks, um die unverzügliche Entfernung hasserfüllter Inhalte zu erreichen (World Jewish Congress 2020). Abschließend weisen sie darauf hin, dass die Zivilgesellschaft Social-Media-Anbietern dabei helfen kann, Fachwissen zur Identifizierung antisemitischer Botschaften zu erwerben.

Der Jüdische Weltkongress praktiziert dies seit vielen Jahren. In mehreren Fällen war er damit sehr erfolgreich. Im August 2020 kündigte Facebook eine Änderung seiner Community-Standards an, durch die es Facebook- und Instagram-Nutzer*innen verboten würde, hasserfüllte negative Stereotype wie „Juden kontrollieren die Welt“ zu posten. Laut Facebook kam die Idee, Inhalte, die Stereotype jüdischer Weltkontrolle verbreiten, zu verbieten, ein Jahr vor dieser Ankündigung bei einem Treffen mit mehreren jüdischen Gruppen auf, das von Facebook einberufen worden war und hauptsächlich vom WJC vorangetrieben wurde (Feldman 2020).

Ähnliche Anstrengungen wurden unternommen, um Facebook davon zu überzeugen, seine Politik in Bezug auf Holocaustleugnung zu ändern, was zu einer erfolgreichen Ankündigung von Facebook im Oktober 2020 führte, dass es die Leugnung und Verzerrung des Holocaust auf seinen Plattformen nicht länger zulassen werde (Frenkel 2020). TikTok, ein aufstrebender Star in der Social-Media-Szene, hinkte im Umgang mit Antisemitismus auf seiner Plattform zunächst hinterher. Forschung und Interessenvertretung durch zivilgesellschaftliche Organisationen und Regierungen haben TikTok dazu gezwungen, auf seiner Plattform mehr öffentliche und konkrete Maßnahmen gegen Antisemitismus zu ergreifen. Eine ausführliche Studie von Gabriel Weimann, Senior Researcher am Institute for Counterterrorism, dessen weiterführende Forschung zu TikTok in diesem Band veröffentlicht ist, war ausschlaggebend dafür, dass das Unternehmen auf das Problem aufmerksam wurde (Weimann, Masri 2020). Der vorliegende Band enthält mehrere Beispiele von Arbeiten, die darauf abzielen, Lücken in der Politik und der Bekämpfung von Antisemitismus in sozialen Medien aufzuzeigen. Solche Forschungsarbeiten haben weiterhin entscheidende Bedeutung.

Interessenvertretung auf Regierungsebene

Zwar liegt die Verpflichtung, ihre eigenen Standards und deren Durchsetzung zu verbessern, eindeutig bei den Social-Media-Unternehmen, aber auch Regierungen spielen eine wichtige Rolle. NGOs sollten sich daher auch dafür einsetzen, dass Regierungen gegen Antisemitismus in den sozialen Medien vorgehen. Der WJC arbeitet weltweit mit Regierungen zusammen, um angemessene Gesetzes-, Regulierungs- und Durchsetzungsbemühungen zu fördern, um die Ausbreitung von Antisemitismus, vor allem in den sozialen Medien, zu bekämpfen. Auch im Umgang mit randständigen Plattformen kommt den Regierungen eine entscheidende Rolle zu. Auf ihnen zeigt sich derzeit der Großteil des gewalttätigen Extremismus in den sozialen Medien und dort erreichen solche toxischen Ideen diejenigen, die für sie am empfänglichsten sind. Der öffentliche Druck auf Regierungen sollte sich jedoch nicht nur auf die Regulierung von Social-Media-Plattformen konzentrieren, sondern auch für umfassendere damit zusammenhängende Themen wie die Definition von Hassrede und Antisemitismus, die Forderung zivil- und strafrechtlicher Haftung für Antisemitismus, die Durchsetzung von Vorschriften und mehr eintreten. Und natürlich sind die Aufklärung und der Umgang mit der zugrunde liegenden Intoleranz, die sich in antisemitischen Beiträgen auf Social-Media-Plattformen manifestiert, eine zentrale Aufgabe der Regierung.

Zusammenarbeit mit internationalen und regionalen zwischenstaatlichen Organisationen

Zivilgesellschaftliche Organisationen arbeiten außerdem intensiv mit internationalen und regionalen Gremien zusammen, die eine zunehmend wichtige Rolle bei der Regulierung des Social-Media-Bereichs spielen, so auch bei der Bekämpfung von Hassrede und Antisemitismus. Das UNO-Büro für Genozidprävention und Schutzverantwortung hat nach Konsultationen, an denen auch zivilgesellschaftliche Organisationen beteiligt waren, die UNO-Strategie und den Aktionsplan gegen Hassrede (United Nations Office on Genocide Prevention and the Responsibility to Protect 2019) ins Leben gerufen. Regelmäßige Konsultationen mit der Zivilgesellschaft tragen zur Weiterverfolgung und Umsetzung des Aktionsplans bei. Diese Bemühungen zielen auf Online-Hass im weiteren Sinne ab und konzentrieren sich auf die Anwendbarkeit internationaler Menschenrechtsstandards.

Eine führende Kraft bei der Sensibilisierung für die Notwendigkeit der Bekämpfung von Antisemitismus auf internationaler Ebene ist zweifellos der UNO-Sonderberichterstatter für Religions- und Glaubensfreiheit, Dr. Ahmed Shaheed. Er berät sich regelmäßig mit jüdischen Organisationen und anderen relevanten NGOs. In seinem wegweisenden Bericht aus dem Jahr 2019, dem ersten UNO-Bericht zur Bekämpfung von Antisemitismus, forderte Shaheed Regierungen, NGOs und Medien dazu auf, über Online-Antisemitismus zu berichten und Maßnahmen zu ergreifen (Shaheed 2019). Der UNO-Sonderberichterstatter für Minderheitenfragen, Dr. Fernand de Varennes, hat außerdem eine Reihe regionaler Workshops zu den Themen Hassrede, soziale Medien und Minderheiten unter Beteiligung von Expert*innen und der Zivilgesellschaft abgehalten und der Thematik kürzlich einen eigenständigen Bericht gewidmet (Tom Lantos Institute, UN Special Rapporteur on Minority Issues [UNO-Sonderberichterstatter für Minderheitenfragen] und Bundesministerium der Republik Österreich 2020; UN Special Rapporteur on Minority Issues 2021).

Mit der gleichen Geisteshaltung hat die UNESCO ihren Fokus auf den Online-Bereich gerichtet und führt derzeit in Zusammenarbeit mit dem Oxford Internet Institute und dem WJC (United Nations Educational, Scientific, and Cultural Organisation 2021) eine Studie durch mit dem Ziel, die Leugnung und Verzerrung des Holocaust in sozialen Medien zu erfassen. Im europäischen Raum ist die EU mit dem oben genannten Verhaltenskodex zu Online-Hass führend auf diesem Gebiet. Im Rahmen der Diskussionen und Verhandlungen zum Digital Services Act der Europäischen Union arbeiten der WJC und andere große jüdische Organisationen zusammen, um dafür zu sorgen, dass Online-Antisemitismus und Antisemitismus in sozialen Medien angegangen werden (World Jewish Congress 2021). Zivilgesellschaftliche Organisationen engagieren sich regelmäßig in der EU, insbesondere in Zusammenarbeit mit Katharina von Schnurbein, der ersten Koordinatorin der Europäischen Kommission für Antisemitismusbekämpfung.

Zusammenarbeit mit Strafverfolgungsbehörden

Beim Umgang mit Antisemitismus in sozialen Medien ist auch die Strafverfolgung ein entscheidender Faktor, denn hinter den Algorithmen und Verbreitungsmechanismen stehen Menschen, die antisemitische, manchmal gewalttätige Ideen hegen können. Der IDI-Bericht empfiehlt NGOs, daran zu arbeiten, Strafverfolgungs- und Justizbehörden stärker für die Problematik von Inhalten zu sensibilisieren, die möglicherweise gegen Gesetze verstoßen, und zum Aufbau von Fachwissen bei Polizei- und Justizbehörden beizutragen (Yad Vashem 2019).

Gegenrede, Gegennarrative und Sensibilisierungskampagnen

Social-Media-Unternehmen investieren erhebliche Anstrengungen in den Einsatz von Gegenrede, das Posten von Informationen durch glaubwürdige, fähige und wohlmeinende Akteure, um antisemitischen Inhalten etwas entgegenzusetzen, als wirksame Maßnahme zur Verhinderung schädlicher Narrative. Dies ermöglicht es der Zivilgesellschaft, ihr Publikum mit Gegennarrativen und Sensibilisierungskampagnen zu erreichen. Kampagnen, Finanzierung und aktive Zusammenarbeit sind vorhanden und finden zunehmend Beachtung in der Zivilgesellschaft. Allerdings sehen NGOs dies, wie ISCA anmerkt, kritisch und einige halten es für einen „ineffektiven Ansatz, den Anbieter von Social-Media-Plattformen vorantreiben, um der Übernahme von Maßnahmen und Verantwortung zu entgehen“ (Institute for the Study of Contemporary Antisemitism 2017). Die Zivilgesellschaft bemühte sich nur selten darum, systematisch Gegennarrative zu unterstützen. Ein Beispiel ist das Projekt „Nichts Gegen Juden“ der Amadeu Antonio Stiftung, das mit Bots arbeitete, um halbautomatisierte Nachrichten zu verbreiten (Nichts Gegen Juden 2021). Der automatisierte Einsatz des Bots wurde eingestellt und sein Erfolg ist unklar. Entscheidend ist, dass die Mehrheit der Social-Media-Nutzer*innen nicht versteht, wie Algorithmen funktionieren, und dass ihre gut gemeinte Gegenrede die ursprüngliche Hassrede tatsächlich noch verstärkt.

Aufklärung

Im Jahr 2013 veröffentlichte die Online-Antisemitismus-Arbeitsgruppe des Global Forum to Combat Antisemitism (GFCA) eine Reihe von Empfehlungen für NGOs als Resultat von zuvor durchgeführten Untersuchungen und Projekten (Oboler, Matas 2013). GFCA empfiehlt, informative Websites und Social-Media-Inhalte hochzuladen, um Social-Media-Nutzer*innen über Antisemitismus aufzuklären. Facebook kündigte im Januar 2021 an, dass es Menschen mit glaubwürdigen Informationen über den Holocaust verbinden werde, indem es Nutzer*innen auf aboutholocaust.org weiterleitet, eine Website des WJC und der UNESCO, die über den Holocaust informiert (Rosen 2021). Solche Initiativen, die von den Plattformen selbst verfolgt werden, sollten auf andere Themen und Plattformen ausgeweitet werden. A Jewish Contribution to an Inclusive Europe (CEJI) leitet ein Gemeinschaftsprojekt, „Facing Facts Online“, um die Zivilgesellschaft, Strafverfolgungsbehörden und andere Gruppen über Hassrede in sozialen Medien aufzuklären (A Jewish Contribution to an Inclusive Europe 2012). Seit 2014 bietet Facing Facts Online verschiedene Kurse und individuell angepasste Schulungen für unterschiedliche Kontexte zum Thema Hassrede auf Social-Media-Plattformen, einschließlich Antisemitismus, an.

Diskussion

Unser Rückblick auf Dutzende Projekte und die Arbeit von Organisationen, die sich der Bekämpfung von Antisemitismus in sozialen Medien widmen, zeigt deutlich, dass zivilgesellschaftlichen Bemühungen einen starken Fokus auf Meldemechanismen legen. Das Melden von Antisemitismus hat unmittelbare und sichtbare Auswirkungen auf den Antisemitismus auf den Plattformen. Diese Fokussierung birgt jedoch auch Herausforderungen, darunter den enormen Aufwand, der erforderlich ist, um dies in großem Maßstab zu erreichen, die Notwendigkeit, sich sowohl in mehreren Sprachen als auch auf die Richtlinien der verschiedenen Plattformen zu spezialisieren, und dass Melden in vielen Fällen nur kurzfristig positive Wirkung hat. Wie ISCA feststellte, verfügen NGOs nicht über die Ressourcen, um antisemitische Botschaften umfassend zu überwachen und auf sie hinzuweisen (Institute for the Study of Contemporary Antisemitism 2017). Da Social-Media-Unternehmen ihren Umgang mit Hass auf ihren Plattformen gegenüber der Öffentlichkeit und der Zivilgesellschaft nur vage erläutern, ist es für einzelne Benutzer*innen oder Organisationen der Zivilgesellschaft, die nicht speziell in diesem Bereich geschult sind, schwierig, Material zu identifizieren und korrekt zu kennzeichnen. Darüber hinaus gibt es in der Regel eine Verzögerung zwischen dem Hochladen von Inhalten, die gegen die Richtlinien verstoßen, und der Meldung und Entfernung dieser Inhalte, was in der Welt der sozialen Medien bedeutet, dass sie zum Zeitpunkt ihrer Entfernung möglicherweise bereits millionenfach gesehen wurden.

Dies sendet auch die falsche Botschaft an die Social-Media-Plattformen, nämlich, dass es akzeptabel sei, sich auf die Meldungen einzelner Nutzer*innen zu verlassen. In Gesprächen mit Social-Media-Mitarbeiter*innen bei der Vorbereitung dieses Kapitels[9] erfuhren wir, dass auch sie der Meinung sind, stärkere Maßnahmen seitens der Plattformen würden den Bedarf an Meldungen durch die Zivilgesellschaft verringern. Darüber hinaus nutzen zivilgesellschaftliche Organisationen in vielen Fällen Methoden der „Massenmeldung" und fordern ihre Follower*innen auf, dieselben Inhalte zu melden, was jedoch anscheinend keinen Einfluss auf die Entfernung der Inhalte hat.

Die Plattformen verfügen über die finanziellen und sonstigen Möglichkeiten sowie über die erforderlichen Informationen, um antisemitische Äußerungen auf Social-Media-Plattformen zu entfernen, bevor sie andere Benutzer*innen erreichen. Sie sind für die Durchsetzung ihrer eigenen Nutzungsbedingungen verantwortlich und müssen zur Rechenschaft gezogen werden.

Wie oben gezeigt, ist die Arbeit der Zivilgesellschaft von entscheidender Bedeutung, um über neue Trends zu berichten, den Kontext von Themen und Ereignissen

9 Die Mitarbeiter*innen wollten anonym bleiben.

zu erklären und sicherzustellen, dass Social-Media-Plattformen umfassende Richtlinien zum Thema Antisemitismus haben und die vielfältigen Erscheinungsformen von Antisemitismus auf ihren Plattformen verstehen. Dies hat zu erheblichen Änderungen der Richtlinien und ihrer Umsetzung durch große Social-Media-Plattformen geführt. Auch haben Social-Media-Plattformen bestätigt, dass Berichte der Zivilgesellschaft wertvoll sind, um Trends, Fragen und Bedenken hinsichtlich ihrer Maßnahmen zu erkennen. Jüdische Gemeinschaften auf der ganzen Welt können helfen, indem sie beispielsweise Tendenzen von Antisemitismus in den sozialen Medien aufdecken oder Botschaften, die auf den ersten Blick nicht als antisemitisch erscheinen, kontextualisieren. Der WJC unterstützt den Informationsaustausch zwischen den von ihm vertretenen jüdischen Gemeinden und Social-Media-Plattformen. Facebook hat vor kurzem einen hochrangigen Mitarbeiter zum Public Policy Director für die jüdische Diaspora ernannt, und wir empfehlen anderen Plattformen, dasselbe zu tun, um den Fokus und die Aufmerksamkeit für das Thema zu stärken. Die Zivilgesellschaft war eine treibende Kraft der Interessenvertretung und spielte eine wichtige Rolle dabei, das Problem des Antisemitismus in den sozialen Medien bei Gesetzgebern, auf internationaler Ebene und bei regionalen Organisationen stärker ins Bewusstsein zu rücken. Zudem verdient sie Anerkennung für die verstärkten Bemühungen von Regierungen und Parlamenten, ein sicheres Umfeld in den sozialen Medien zu gewährleisten (Institute for the Study of Contemporary Antisemitism 2017).

Der Einsatz von Gegennarrativen und Aufklärungskampagnen sind beliebte, aber kostspielige Vorhaben, und ihre Auswirkungen auf das Auftreten von Antisemitismus in sozialen Medien müssen weiter untersucht werden. Bildung außerhalb der sozialen Medien bleibt natürlich eine Kernstrategie zur Reduzierung des Antisemitismus in der Gesellschaft wie auch in den sozialen Medien.

Bisher ist die Zivilgesellschaft die treibende Kraft bei der Bekämpfung von Antisemitismus in den sozialen Medien. Die von ihnen sowie von Wissenschaftler*innen und anderen Institutionen gewonnene Expertise, die auch diejenigen vertritt, die in sozialen Medien unter Antisemitismus leiden und deren Sicherheit auf dem Spiel steht, muss richtungweisend für die Gesetzgebung sowie das Entwickeln und Verbessern von Richtlinien sein. Statt sich vorrangig auf das Melden von Antisemitismus durch die Zivilgesellschaft zu verlassen, müssen Social-Media-Plattformen die eigenen Richtlinien konsequent durchsetzen.

Danksagung

Die Herausgeberinnen danken Laura von Mering für ihre Hilfe beim Editieren dieses Kapitels.

Literaturverzeichnis

A Jewish Contribution to an Inclusive Europe (2012): Facing facts online. www.facingfactsonline.eu [Zugriff: 14.07.2023].

Alfred Landecker Foundation (2020): Decoding Antisemitism. Alfred Landecker. https://www.alfredlandecker.org/de/article/decoding-antisemitism [Zugriff: 14.07.2023].

Erbes, Rainer/Dziegielewski, Andreas von (2019): The Synopsis of Research Carried out by the „NEVER AGAIN" Association within the OpCode project in September 2019–September 2020. In: *ATZ Worldwide*. 121(12). https://www.nigdywiecej.org//docstation/com_docstation/172/synopsis_opcode.pdf [Zugriff: 14.07.2023].

Facebook (2021): Community Standards Enforcement. Transparency Center. https://transparency.fb.com/data/community-standards-enforcement/hate-speech/facebook [Zugriff:14.07.2023].

Feldman, Ari (2020): Facebook banned stereotypes of Jewish global domination. Has the move satisfied Jewish groups? In: *The Forward*, 13. August. https://forward.com/news/452538/facebook-anti-semitic-policy-blackface/ [Zugriff: 14.07.2023].

Frenkel, Sheera (2020): Facebook bans content about Holocaust denial from its site. In: *The New York Times*, 12. Oktober. https://www.nytimes.com/2020/10/12/technology/facebook-bans-holocaust-denial-content.html [Zugriff: 14.07.2023].

Fireberg, Haim (2006): Anti-Semitic Hatred on the Internet. https://wjc-org-website.s3.amazonaws.com/horizon/assets/_1VgSzgA/icjp-2006_antisemitic-hate-on-the-internet.pdf [Zugriff: 22.11.2023].

Institute for the Study of Contemporary Antisemitism (2017): Best practices to combat antisemitism on social media. https://isca.indiana.edu/documents/Report-to-State-Department-on-Best-Practices.pdf [Zugriff: 14.07.2023].

Marantz, Andrew (2019): The Poway Synagogue shooting follows an unsettling new script. In: *The New Yorker.* https://www.newyorker.com/news/news-desk/the-poway-synagogue-shooting-follows-an-unsettling-new-script [Zugriff: 14.07.2023].

Media Diversity Institute (2015): The project. *Get the Trolls out.* https://getthetrollsout.org/the-project [Zugriff: 14.07.2023].

Network Contagion Research Institute, Rutgers University (2020): Antisemitic disinformation: A study of the online dissemination of anti-Jewish conspiracy theories. https://networkcontagion.us/reports/antisemitic-disinformation-a-study-of-the-online-dissemination-of-anti-jewish-conspiracy-theories/ [Zugriff: 14.07.2023].

NEVER AGAIN Association Poland (2015): The open code for hate-free communication. „NEVER AGAIN" ASSOCIATION. https://www.nigdywiecej.org/en/projects/open-code-for-hate-free-communication [Zugriff: 14.07.2023].

Nichts-gegen-Juden.de (2021) https://nichts-gegen-juden.de/ [Zugriff: 22.02.2024].

Oboler, Andre/Matas, David (2013): Online Antisemitism Working Group. Online Antisemitism: A systematic review of the problem, the response, and the need for change. https://www.jewishvirtuallibrary.org/jsource/anti-semitism/onlineantisem2013.pdf [Zugriff: 14.07.2023].

Online Antisemitism Taskforce (2019): Fighting antisemitism online. Online Task Force. https://www.milsteinff.org/supported-organizations/online-antisemitism-task-force/ [Zugriff: 2.2024].

Paul, Deanna/Mettler, Katie (2019): Authorities identify suspect in „hate crime“ synagogue shooting that left 1 dead, 3 injured. In: *Washington Post,* 27. April. https://www.washingtonpost.com/nation/2019/04/27/california-synagogue-shooting-multiple-injuries/ [Zugriff: 22.02.2024].

Robertson, Campbell/Mele, Christopher/Tavernise, Sabrina (2018): 11 killed in synagogue massacre; suspect charged with 29 counts. In: *The New York Times,* 27. Oktober. https://www.nytimes.com/2018/10/27/us/active-shooter-pittsburgh-synagogue-shooting.html [Zugriff: 14.06.2023].

Rosen, Guy (2021): Connecting people to credible information about the Holocaust off Facebook. About Facebook. https://about.fb.com/news/2021/01/connecting-people-to-credible-information-about-the-holocaust-off-facebook/ [Zugriff: 14.07.2023].

Shaheed, Ahmed (2019): Elimination of all forms of religious intolerance (A/74/358). 74th session the United Nations General Assembly. https://digitallibrary.un.org/record/1643897 [Zugriff: 15.07.2023].

Tom Lantos Institute, UN Special Rapporteur on Minority Issues and Federal Ministry Republic of Austria (2020): European Regional Forum on Minority Issues 2020. https://www.ohchr.org/en/special-procedures/sr-minority-issues/regional-forums-minority-issues. [Zugriff: 15.07.2023].

UN Special Rapporteur on Minority Issues (2021): Minority issues: Report of the special rapporteur on minority issues. https://www.ohchr.org/Documents/Issues/Minorities/SR/A_HRC_46_57.docx [Zugriff: 15.07.2023].

UNESCO (2021): Q & A: New Research to map Holocaust denial and distortion online. UNESCO. https://www.unesco.org/en/articles/qa-new-research-map-holocaust-denial-and-distortion-online. (9. März) [Zugriff: 15.07.2023].

United Nations Office on Genocide Prevention and the Responsibility to Protect (2019): United Nations strategy and plan of action on hate speech. https://www.un.org/en/genocideprevention/hate-speech-strategy.shtml [Zugriff: 15.07.2023].

Weimann, Gabriel/Ben Am, Ari (2020): Digital Dog Whistles: The New Online Language of Extremism. In: *International Journal of Security studies* 2(1). https://cris.haifa.ac.il/en/publications/digital-dog-whistles-the-new-online-language-of-extremism [Zugriff: 15.07.2023].

Weimann, Gabriel/Masri, Natalie (2020): Research note: Spreading hate on TikTok. In: *Studies in Conflict and Terrorism.* DOI: 10.1080/1057610X.2020.1780027

World Jewish Congress (2016): The rise of anti-Semitism in the social Media. https://www.worldjewishcongress.org/en/news/watch--the-rise-of-anti-semitism-on-social-media-summary-of-2016-6-1-2017 [Zugriff: 15.07.2023].

World Jewish Congress (2020): The World Jewish Congress welcomes Facebook's policy to remove content that perpetuates „harmful stereotypes.“ *World Jewish Congress*, 11. August. https://www.worldjewishcongress.org/en/news/world-jewish-congress-applauds-facebook-policy-removing-content-perpetuating-harmful-stereotypes-8-1-2020 [Zugriff: 15.07.2023].

World Jewish Congress (2021): Digital Governance: A Jewish Perspective. https://deleteantisemitism.org/ [Zugriff: 15.07.2023].

Yad Vashem (2019): Reducing Online hate speech recommendations for Social Media Companies and Internet Intermediaries. Hrsg.: Yuval Shany. https://en.idi.org.il/publications/31767 [Zugriff: 15.07.2023].

YouTube (2021): Priority flagger program. https://support.google.com/youtube/answer/7554338?hl=en [Zugriff: 15.07.2023].

14 ANTISEMITISMUS AUF SOCIAL MEDIA UND ANDEREN ONLINE-PLATTFORMEN

Ausmaß und Kontext

Michael Bossetta

Bisher ist Forschung zu digitalen Formen und digitaler Verbreitung von Antisemitismus rar. Wie dieser Band zeigt, nimmt das akademische Interesse an Antisemitismus in sozialen Medien jedoch zu. Der Großteil der bisherigen Erkenntnisse zu diesem Thema geht auf Berichte von Nichtregierungs- und Regierungsstellen bzw. auf wissenschaftliche Untersuchungen zum Umfang des online festgestellten Antisemitismus zurück. Erstere schließen zwar wichtige empirische Lücken, aber die Berichte von Repräsentant*innen der Zivilgesellschaft und staatlichen Institutionen werden nicht von Expert*innen begutachtet und verfügen in der Regel nicht über die methodische Genauigkeit wissenschaftlicher Veröffentlichungen. Ein Großteil der Forschung in diesem Bereich sind Konferenzbeiträge, die sich bemühen, das Ausmaß des Antisemitismus im Online-Bereich zu quantifizieren und automatisierte Tools dafür zu entwickeln. Bedauerlicherweise ist es schwierig, den wirklichen Umfang des vorhandenen Antisemitismus in den sozialen Medien zu ermessen. Dies hat vier Gründe: Erstens bieten mit Ausnahme von X (vormals Twitter) und Reddit die meisten Social-Media-Plattformen derzeit keine Daten zu Beiträgen von Nutzer*innen an, die Wissenschaftler*innen zur Quantifizierung von Antisemitismus in öffentlichen Online-Räumen benötigen.[1] Zweitens können antisemitische Inhalte über private Nachrichtenkanäle (wie z.B. Direktnachrichten auf Instagram oder Twitter) oder soziale Medien, die speziell für private Nachrichten entwickelt wurden (wie z.B. Facebook Messenger, WhatsApp oder Signal), verbreitet werden. Diese privaten Kanäle werden zunehmend verschlüsselt, was bedeutet, dass sie sowohl für die Plattformen selbst als auch für die Strafverfolgungsbehörden nicht lesbar sind. Drittens kann Antisemitismus auf verschleierte oder subtile Weise ausgedrückt werden, beispielsweise durch codierte Sätze oder Bilder, was die Erkennung von Antisemitismus mit rechnergestützten Methoden erschwert. Viertens konzentriert sich der Großteil der bestehenden Forschung von Wissenschaftler*innen, Organisationen und Regierungen auf „Hassrede" allgemein, und in derartigen

1 Und seit Elon Musks Übernahme ist auch Twitter bzw. nun X keine Ausnahme mehr.

Berichten wird der Anteil des Antisemitismus nur selten gesondert aufgeführt. Trotz dieser Einschränkungen haben Wissenschaftler*innen jedoch Fortschritte bei der Erkennung und Quantifizierung von Antisemitismus in sozialen Medien gemacht. Mein Ziel in diesem Kapitel ist es, die vorhandene quantitative Forschung in diesem Bereich in drei zentralen Punkten zu kontextualisieren.

Zunächst untersuche ich die vorliegende quantitative Forschung zum Antisemitismus in sozialen Medien und komme zu dem Schluss, dass seine Prävalenz viel geringer ist als allgemein angenommen. Zweitens behaupte ich, dass Social-Media-Beiträge, die Antisemitismus in Frage stellen, einen wichtigen Kontrapunkt darstellen und daher in die quantitative Arbeit einbezogen werden müssen. Drittens stelle ich das Dekonstruieren der Designkomponenten von Social-Media-Plattformen als wertvolle Heuristik für das Verständnis der Beziehung zwischen Antisemitismus und der Wahrscheinlichkeit, mit der er in verschiedenen Online-Bereichen auftritt, dar. Insbesondere diskutiere ich wichtige technologische Unterschiede zwischen Social-Media-Plattformen und Online-Foren und erläutere, wie das Design verschiedener Plattformen dazu beiträgt, dass Antisemitismus in einem breiten digitalen Ökosystem verbreitet werden kann. Zukünftige quantitative Arbeiten würden von theoriegeleiteten Ansätzen profitieren, die das Plattformdesign berücksichtigen, um plattformübergreifende Untersuchungen zu unterstützen, die aufdecken, wie antisemitische Akteure bestimmte Plattformeigenschaften nutzen, um ihre Botschaften im Internet zu verbreiten.

Diagnose des Ausmaßes von Antisemitismus in den sozialen Medien

Im Verhältnis zum gesamten Social-Media-Traffic ist das festgestellte Ausmaß an antisemitischen Inhalten in sozialen Medien äußerst gering. Natürlich möchte ich nicht behaupten, dass Online-Antisemitismus kein Problem ist; eher deuten die meisten Belege darauf hin, dass antisemitische Inhalte in den sozialen Medien viel weniger sichtbar sind als allgemein angenommen wird. In diesem Abschnitt belege ich diese These mit einer Übersicht über die vorhandene empirische Forschung, in der Absicht, den antisemitischen Diskurs in verschiedenen Online-Bereichen zu quantifizieren.

Die Übersicht beginnt im Jahr 2016 mit einem bahnbrechenden Bericht des Jüdischen Weltkongresses (World Jewish Congress 2016). Der Bericht ist bemerkenswert, da er Antisemitismus in sozialen Medien plattform- und länderübergreifend mit einem Mixed-Methods-Ansatz diagnostiziert, der quantitative Messungen mit qualitativer Kodierung kombiniert. Die Ergebnisse der Analyse gehen vorsichtig davon aus, dass im Jahr 2016 etwa 382.000 antisemitische Beiträge in sozialen Medien gepostet wurden. Weltweit erschienen laut dem Bericht die meisten antisemitischen Inhalte auf X (vormals Twitter) (63 %), gefolgt von Facebook (10 %) und Instagram (6 %).

Obwohl die Tatsache, dass antisemitische Inhalte in sozialen Medien identifiziert werden können, besorgniserregend ist, ist es wichtig, diese Zahlen zu kontextualisieren. Auf X (vormals Twitter), der Plattform, auf der die meisten antisemitischen Inhalte existieren, werden täglich mindestens 500 Millionen Tweets gepostet (Stricker 2014). Der tägliche Durchschnitt der auf Instagram geposteten Bilder und Videos betrug im Jahr 2016 95 Millionen (Abutaleb 2016) und im Jahr 2015 wurden jeden Monat 2,5 Milliarden Kommentare auf öffentlichen Facebook-Seiten hinterlassen (Facebook 2015). Auf diesen drei Plattformen kann die Menge an Tweets, Instagram-Posts und öffentlichen Facebook-Kommentaren also auf etwa 250 Milliarden Posts pro Jahr geschätzt werden. Obwohl der Bericht des Jüdischen Weltkongresses nicht jedes Land auswertete, machten die 382.000 antisemitischen Beiträge, die er identifizierte, zum Zeitpunkt der Erstellung des Berichts 0,00015 Prozent des weltweiten Datenverkehrs auf diesen drei Plattformen aus.

Ähnlich berichtet die Anti-Defamation League (2018), dass sie im Jahr 2018 durchschnittlich 81.400 antisemitische Tweets in englischer Sprache auf Twitter gefunden hat. Dies entspricht etwa 0,0002 Prozent des wöchentlichen Twitter-Verkehrs. Diese Zahlen stimmen mit einer Studie überein, die Hassrede auf Twitter in den Vereinigten Staaten während der Wahl 2016 untersuchte (Siegel et al. 2021) und durch eine deutlich gründlichere Analyse herausfand, dass antisemitische Inhalte in Tweets, in denen Donald Trump erwähnt wurde (wo laut Mainstream-Medienberichten Antisemitismus zu erwarten wäre), selten mehr als 0,0001 Prozent ausmachten.

Mir geht es hier darum, zu veranschaulichen, dass nicht-wissenschaftliche Studien, die bloße Zahlen melden, zu Fehleinschätzungen über das Gesamtausmaß des Antisemitismus in den sozialen Medien führen können. Der vorliegenden akademischen Forschung gelingt es besser, das Ausmaß des Antisemitismus durch Vergleich mit einem Gesamtdatensatz zu kontextualisieren. Allerdings berichten viele Studien, wie im oben genannten Trump-Beispiel, über den Prozentsatz des antisemitischen Diskurses im Verhältnis zu einem Stichproben-Datensatz, der möglicherweise eine überrepräsentierte Stichprobe (Oversampling) oder einen allgemeineren Bias der Fallstudie darstellt.

Im Kontext der Antisemitismusforschung bezieht sich der Bias der Fallstudie auf die Auswahl empirischer Fälle, in denen antisemitische Diskurse am wahrscheinlichsten auftreten. Dies kann sich auf das Sampling der Social-Media-Accounts rechtsextremer Gruppen (Weimann, Masri 2020), Artikel rechtsextremer Nachrichtenmedien (Barna, Knap 2019) oder Beiträge in alternativen Online-Bereichen, die bei rechtsextremen Gruppen beliebt sind (Ridenhour et al. 2020; Zannettou et al. 2020), beziehen. Andere Studien untersuchen Gespräche über Verschwörungen, die wahrscheinlich antisemitische Inhalte enthalten, wie etwa Angriffe auf religiöse Stätten (Zelenkauskaite et al. 2021) oder Erwähnungen von George Soros (Kalmar et al. 2018). Obwohl es wichtig ist, diese Räume und Ereignisse auf Antisemitismus zu untersuchen, um seine digitalen Erscheinungsformen zu verstehen, kann die Konzentration auf die Suche nach Antisemitismus dort, wo wir wissen, dass er existiert, ein Oversampling-Problem darstellen. Das heißt, dass Wissenschaftler*innen das Ausmaß des Antisemitismus in den sozialen Medien möglicherweise überbewerten, indem sie vorab Datensätze und Fälle auswählen, in denen er am wahrscheinlichsten auftaucht. Noch besorgniserregender ist, dass man durch die überproportional große Aufmerksamkeit für Bereiche, in denen antisemitische Inhalte wahrscheinlich sind, überproportional viel Aufmerksamkeit widmet, ihre Entdeckung möglicherweise gerade dort verhindert, wo sie subtiler und vielleicht auch wirkmächtiger sind.

Ein solches Oversampling ist nicht spezifisch für die Antisemitismusforschung; bei den meisten Social-Media-Plattformen, die Daten für Forscher*innen bereitstellen, ist eine Datenerfassung auf der Grundlage von Schlüsselwörtern oder bestimmten Accounts erforderlich. Dieser eingebaute Filtermechanismus bringt Forscher*innen dazu, Daten zu bestimmten Themen, Ereignissen oder Akteur*innen zu sammeln, und die resultierenden Datensätze spiegeln einen nicht-zufälligen Teil des gesamten Inhalts wider, der auf einer Plattform zirkuliert (Tromble 2019). Obwohl Oversampling aufgrund der Art und Weise, wie Plattformen Daten liefern, oft unvermeidbar ist, kann es dennoch dazu führen, dass existierende digitale Phänomene überproportional dargestellt werden, wenn sie nicht richtig kontextualisiert werden. Daher möchte ich bei meiner Rückschau auf die akademische Forschung zur Quantifizierung von Antisemitismus in sozialen Medien deren Ergebnisse in einen größeren Kontext stellen, indem ich die Anteile des gemeldeten Antisemitismus im Zusammenhang mit der Art und Weise, wie die in den Studien verwendeten Datensätze erstellt wurden, beleuchte. Aufgrund seiner traditionell offenen Datenzugriffsrichtlinien bezog sich bis zur Übernahme durch Elon Musk unverhältnismäßig viel wissenschaftliche Forschung zu sozialen Medien auf Twitter. Es ist erwähnenswert, dass Twitter, das nach dem Kauf der Plattform durch Elon Musk in „X“ umbenannt wurde, mittlerweile seinen kostenlosen Datenzugang für Forscher*innen eingestellt hat. Obwohl der Großteil der Antisemitismusforschung in sozialen Medien Twitter untersucht hat, wird sich dieser Trend daher in Zukunft möglicherweise nicht fortsetzen. Da der Bericht des World Jewish Congress von 2016 dennoch nahelegt, dass der Großteil der antisemitischen Inhalte auf Twitter gehostet wird, ist die Plattform ein geeigneter Ort, um das Ausmaß des Antisemitismus zu ermitteln. In einer der wenigen Studien zum Antisemitismus in den sozialen Medien, die ein Peer-Review-Verfahren durchlaufen haben, stellen Ozalp et al.

(2020) fest, dass sich *innerhalb eines Datensatzes von Tweets aus dem Vereinigten Königreich, in denen jüdische Schlüsselwörter und abfällige Beleidigungen erwähnt werden*, nur 0,7 Prozent der Tweets als jüdinnen*judenfeindlich erwiesen. In ähnlicher Weise stellen Kalmar et al. (2018) fest, dass *in einem Datensatz von Tweets, in denen „Soros“ erwähnt wird*, nur 0,8 Prozent der Tweets das Wort „jew“ (Jüdin*Jude) enthielten. Die Menge unter diesen Tweets, die als antisemitisch gelten könnten, wurde jedoch nicht untersucht. Dies sind wichtige Informationen, die es zu analysieren gilt. Andere Untersuchungen haben ergeben, dass nur ein Bruchteil der Social-Media-Beiträge, in denen Jüdinnen*Juden erwähnt werden, antisemitisch ist. In der Zufallsstichprobe von Jikeli et al. (2019) aus 11 Milliarden Tweets, die im Jahr 2018 gepostet wurden, erwähnten etwa 3 Millionen (oder 0,03 %) Jüdinnen*Juden. Durch eine manuelle Annotation von 400 zufällig ausgewählten Tweets aus diesem kleineren Datensatz konnten zwischen 5 und 6 Prozent von ihnen als mit Sicherheit antisemitisch eingestuft werden, während weitere 7 bis 12 Prozent „wahrscheinlich antisemitisch“ waren (Jikeli et al. 2019: 12). Wenn wir also eine Obergrenze von 20 Prozent der Tweets annehmen, in denen Jüdinnen*Juden in antisemitischer Absicht erwähnt werden, entspricht dies 0,005 Prozent ihres Gesamtdatensatzes von 11 Milliarden Tweets (wobei der tatsächliche Anteil antisemitischer Tweets wahrscheinlich niedriger ist). Woolley und Josef (2019) stellen in ihrem Datensatz von 5,8 Millionen Tweets mit politischen Schlüsselwörtern rund um die US-Wahl 2018 fest, dass 1,7 Prozent Schlüsselwörter enthielten, die mit Antisemitismus in Zusammenhang stehen. Ihre rechnerische Analyse legt nahe, dass innerhalb dieser 1,7-Prozent-Untergruppe knapp die Hälfte der Tweets (46 %) als abfällig oder tendenziell abwertend gegenüber Jüdinnen*Juden eingestuft werden könnten. Somit könnten 0,8 Prozent ihrer ausgewählten Tweets antisemitisch sein, ein Prozentsatz, der bei Betrachtung der Gesamtheit der im gleichen Zeitraum gesendeten Nicht-Wahl-Tweets wahrscheinlich deutlich sinkt.

Selbst in Online-Foren, die bekanntermaßen extreme Ansichten vertreten, wie etwa der 4chan-Subcommunity /pol (kurz für „politisch inkorrekt“), sind nicht alle Beiträge, in denen es um Jüdinnen*Juden geht, antisemitisch. Eine Studie ergab, dass zwischen Juli 2016 und Januar 2018 die Erwähnung des Wortes „Jew“ (Jüdin*Jude) zwischen 2 Prozent und 4 Prozent aller Beiträge auf /pol ausmachte, wobei die beleidigende Bezeichnung „~~kike~~“ etwa 1 Prozent ausmachte (Zannettou et al. 2020: 4). Bei der qualitativen Analyse einer Stichprobe von 100 Beiträgen, in denen „Jew“ (Jüdin*Jude) erwähnt wurde, mit einer binären Kategorisierung von hasserfüllt/nicht hasserfüllt, wurden 42 Prozent der Beiträge als hasserfüllt befunden, wobei alle Beiträge, in denen „~~kike~~“ erwähnt wurde, als hasserfüllt galten. Obwohl die Autoren anmerken, dass ihre Zahlen wahrscheinlich konservativ seien, bedeutet dies, dass weniger als 2 Prozent der Beiträge auf /pol hasserfüllt gegenüber Jüdinnen*Juden sind und zusätzlich 1 Prozent aufgrund der Erwähnung von

„~~kike~~“. So werden in einem der Bereiche im Internet, in denen der meiste Hass geäußert wird, etwa 3 Prozent der Beiträge als hasserfüllt gegenüber Jüdinnen*Juden eingestuft. Die Daten von Zelenkauskaite et al. (2021) von /pol im Februar und März 2019 kommen zu ähnlichen Ergebnissen. Ihre Ergebnisse zeigen, dass Begriffe wie „Jew“ (Jüdin*Jude) und „jewish“ (jüdisch) während der Schießereien in Christchurch und Pittsburgh in einer Moschee bzw. Synagoge zwischen 3,3 Prozent und 5,5 Prozent lagen. Posts mit dem Begriff „~~kike~~“ machten weitere 1,5 bis 2 Prozent aus. Obwohl die Autor*innen den Inhalt dieser Nachrichten nicht analysierten, um zu untersuchen, ob alle hasserfüllt waren, deuten ihre Ergebnisse darauf hin, dass zwischen 4 und 7,5 Prozent der Beiträge auf /pol Jüdinnen*Juden erwähnen oder abfällige Beleidigungen über sie verbreiten. Wenn die Ergebnisse der oben genannten Studien sowohl von /pol als auch von Twitter für ihren Fall zutreffend sind, wären wahrscheinlich weniger als die Hälfte dieser Beiträge als ausdrücklich antisemitisch, abwertend oder hasserfüllt anzusehen. Insgesamt deuten die vorliegenden Forschungsergebnisse darauf hin, dass antisemitische Inhalte einen äußerst geringen Prozentsatz des Twitter-Verkehrs ausmachen (Bruchteile eines Prozents) und bei /pol im niedrigen einstelligen Prozentbereich liegen. Obwohl der Anteil an Antisemitismus auf /pol höher ist als auf Twitter, ist es wichtig zu beachten, dass die auf /pol generierten Inhalte nur einen Bruchteil im Vergleich zu den auf Twitter generierten Inhalten darstellen. In einem der größten wissenschaftlichen Berichte über die Aktivitäten von /pol schätzen Wissenschaftler*innen, dass Nutzer*innen etwa 150.000 Beiträge pro Tag veröffentlichen (Papasavva et al. 2020). Das entspricht 0,03 Prozent der 500 Millionen Tweets auf Twitter pro Tag. Obwohl der Anteil an Antisemitismus auf /pol höher ist als auf Twitter, verblasst das Volumen der Inhalte auf /pol im Vergleich zu den täglichen Aktivitäten auf allen großen Social-Media-Plattformen.

Es ist vielleicht überraschend, die Daten auf diese Weise präsentiert zu sehen, da sie auf eine Diskrepanz zwischen dem Ausmaß des festgestellten Antisemitismus in den sozialen Medien und der gelebten Erfahrung der jüdischen Gemeinschaft schließen lassen. Jüdinnen*Juden in ganz Europa betrachten Online-Antisemitismus als eines der am weitesten verbreiteten Probleme ihrer Community (European Union Agency for Fundamental Rights 2018: 22). Es gibt drei mögliche Erklärungen für diese Diskrepanz zwischen dem geringen Anteil des beobachteten Antisemitismus in sozialen Medien und der großen Besorgnis über Online-Antisemitismus, die von der jüdischen Gemeinschaft geäußert wird. Eine wahrscheinliche Erklärung und ein wichtiger Kontextfaktor ist, dass Jüdinnen*Juden eine Minderheit der Weltbevölkerung ausmachen (etwa 0,2 %) und daher eine Minderheit unter den Social-Media-Nutzer*innen darstellen. Daher macht die reine Zahl antisemitischer Posts, die in quantitativen Studien beobachtet wurde, möglicherweise nur einen geringen Anteil am Gesamt-Traffic aus, wirkt sich jedoch unverhältnismäßig stark auf die jüdische Community aus. Eine weitere mögliche Erklärung ist der „Third-Person-Effekt"; bei Untersuchungen lässt sich beobachten, dass Menschen den Einfluss von Hassrede in sozialen Medien als schädlich für andere empfinden und nicht für sich selbst (Guo, Johnson 2020). Eine dritte Erklärung ist, dass quantitative Studien zur Messung von Antisemitismus aufgrund der begrenzten Möglichkeiten zur Datenerhebung keine nicht-öffentlichen Bereiche wie Direktnachrichten, in denen möglicherweise mehr antisemitische Angriffe vorkommen, beobachten können.

Eine aktuelle Umfrage des American Jewish Committee (2020) ergab beispielsweise, dass jede*r fünfte amerikanisch-jüdische Erwachsene angibt, schon einmal Ziel eines antisemitischen Angriffs oder einer antisemitischen Äußerung im Internet oder in den sozialen Medien geworden zu sein. Facebook war dabei die vorherrschende Plattform (62 %). Die Umfrage untersuchte jedoch nicht, ob diese Vorfälle in Kommentaren auf öffentlichen Seiten, in privaten Netzwerken oder durch Direktnachrichten erfolgten. Daten von all diesen Facebook-Kanälen stehen Forscher*innen derzeit nicht zur Verfügung, weshalb die in früheren Studien ermittelten Zahlen und Prozentsätze zu Antisemitismus wahrscheinlich nicht das gesamte Ausmaß von Antisemitismus im Internet widerspiegeln. Daher sollten Wissenschaftler*innen zusätzlich zur quantitativen Auswertung qualitative Designs bzw. Interviews mit Personen einbeziehen, die antisemitische Angriffe, insbesondere auf Facebook, erlebt haben. Das würde dabei helfen, herauszufinden, wo Antisemitismus in den sozialen Medien stattfindet und ob seine Erscheinungsformen häufiger auf Kanälen auftreten, die der computergestützten Forschung derzeit nicht zugänglich sind.

Gegennarrative zum Antisemitismus in den sozialen Medien

Neben der Kontextualisierung der Menge an antisemitischen Inhalten im Verhältnis zum Plattformverkehr wird in Studien zu Antisemitismus und sozialen Medien eine weitere Schlüsselkomponente oft übersehen – dies sind Beiträge, die Antisemitismus in Frage stellen. Studien, die bloß die Zahlen antisemitischer Inhalte angeben, können zu der impliziten Annahme führen, dass diese Beiträge unwidersprochen verbreitet werden, während Belege auf das Gegenteil hindeuten. In diesem Abschnitt wird argumentiert, dass solche Gegennarrative aus soziologischer Sicht wertvoll sind, da sie die Wirkung antisemitischer Inhalte abschwächen können, indem sie Gemeinschaftsnormen prägen, die deren Auftreten in einer bestimmten Online-Community oder auf einer Plattform zurückweisen.

Nach Schätzungen der Anti-Defamation League (2023) hat weltweit jede*r Vierte eine antisemitische Einstellung. Diese Zahlen deuten darauf hin, dass es insgesamt mehr Menschen gibt, die keine antisemitische Einstellung haben, als Personen mit einer antisemitischen Einstellung. Daher ist es unwahrscheinlich, dass antisemitische Inhalte in sozialen Medien unangefochten bleiben, und die vorliegende Forschung stützt diese Annahme. Die Ergebnisse von Jikeli et al. (2019: 12) in ihrer Zufallsstichprobe von Tweets mit der Erwähnung von „Jew" (Jüdin*Jude) und verwandten Schlüsselwörtern aus dem Jahr 2018 deuten darauf hin, dass Tweets, die „Antisemitismus anprangern", zahlreicher sind als Tweets, die starken Antisemitismus zum Ausdruck bringen. In ähnlicher Weise stellt das norwegische Ministerium für Kommunalverwaltung und Modernisierung (Norwegian Ministry of Local Government and Modernization 2016: 23) fest, dass antisemitische Diskurse in sozialen Medien selten unangefochten bleiben. Besonders vielversprechend ist der Befund von Ozalp et al. (2020), dass Tweets jüdischer Organisationen, die antisemitische Inhalte bekämpfen, einen längeren Lebenszyklus auf der Plattform haben als Tweets, die sich gegen Jüdinnen*Juden richten. Ein längerer Lebenszyklus signalisiert, dass Gegennarrative zum Antisemitismus mehr Engagement hervorrufen – wahrscheinlich in Form von Nutzer*innenempfehlungen – als antisemitische Inhalte. Es ist wichtig, antisemitische Diskurse denen gegenüberzustellen, die sie kritisieren, da Social-Media-Nutzer*innen so daran arbeiten können, Fehlinformationen (z.B. Verschwörungsmythen) zu korrigieren oder auf einer Plattform gesellschaftliche Normen zu vermitteln.

Untersuchungen zu Fehlinformationen im Gesundheitsbereich legen beispielsweise nahe, dass der Kontakt mit benutzergenerierten „sozialen Korrekturen" (Kommentaren, die falschen Behauptungen entgegenwirken) wirksam dazu beiträgt, Fehleinschätzungen zu verringern, insbesondere wenn sie durch eine glaubwürdige Quelle belegt werden (Vraga, Bode 2018). Die Studie, die sich mit Fehlannahmen in Bezug auf nachweisbare Fakten im Zusammenhang mit Erkrankungen befasst, zeigt, wie Social-Media-Nutzer*innen die Wahrnehmung anderer auf einer Plattform beeinflussen können. Darüber hinaus werden Normen angemessenen Verhaltens innerhalb einer Gruppe kollektiv ausgehandelt. Social-Media-Nutzer*innen definieren Grenzen für angemessenen Diskurs und Verhalten durch soziale Sanktionen: Nutzer*innen werden belohnt, wenn sie sich an soziale Normen halten, und diejenigen, die sie verletzen, werden bestraft (Newman 2020; Rashidi et al. 2020). Benutzer*innen können Beiträge positiv verstärken, indem sie reagieren, z.B. wenn sie einen Beitrag auf Facebook oder Instagram „liken" oder einen „Award" auf Reddit vergeben, positive Kommentare hinterlassen oder einen Beitrag in ihren Netzwerken teilen, um ihre Zustimmung zu zeigen. Ebenso kann ein*e Benutzer*in Beiträge negativ sanktionieren, indem er*sie negative Reaktionen hinterlässt (z.B. eine „wütende" Reaktion auf Facebook oder ein Downvote auf Reddit), Benutzer*innen in Kommentaren zur Rede stellt, Inhalte mit hinzugefügtem kritischem Text teilt, oder sogar Inhalte einer Community- oder Plattformmoderation meldet.

Antisemitische Posts sind nicht nur eine Form der Hassrede, sondern können auch auf unterschiedliche Weise gegen gesellschaftliche Normen einer Plattform verstoßen, etwa durch die Verbreitung falscher Informationen oder übermäßige Aggressivität. Es hat sich gezeigt, dass jeder dieser Faktoren – Hass, falsche Informationen und Aggression – Gegenreaktionen der Benutzer*innen hervorruft. Im Kontext von Rassismus und Hass haben Untersuchungen zu Facebook-Kommentaren zu kanadischen Nachrichtenmeldungen ergeben, dass die Anzahl der Kommentare, die sich gegen Rassismus aussprechen, die rassistischer Kommentare im Verhältnis 1:2 übertrifft (Chaudhry, Gruzd 2020). In einer qualitativen Studie beleuchtet Matamoros-Fernánez (2017: 940), wie bei einer rassistischen Kontroverse im australischen Fußball Social-Media-Nutzer*innen „die Führung bei der Anprangerung missbräuchlicher Praktiken übernahmen", indem sie Screenshots beleidigender Inhalte veröffentlichten. In Übereinstimmung mit den Erkenntnissen von Ozalp et al. (2020) deuten interne Untersuchungen von Twitter darauf hin, dass während des US-Wahlkampfes 2016 Retweets, die auf Desinformationen einer russischen Trollfabrik hinwiesen, achtmal so häufig angesehen wurden und zu Interaktionen mit zehnmal so vielen Nutzer*innen führte wie die ursprünglichen Tweets mit Desinformation (US Senate 2018).

Aggression hat sich inzwischen als durchgängiges Merkmal erwiesen, das sowohl auf Facebook als auch auf Nachrichten-Websites zu Kommentaren anregt (Ziegele et al. 2014). Auf einer subtileren Ebene ziehen selbst geringfügige Meinungsverschiedenheiten zwischen Kommentator*innen im Vergleich zu übereinstimmenden Kommentaren die visuelle Aufmerksamkeit von Benutzer*innen auf sich (Dutceac Segesten et al. 2020). Obwohl diese Erkenntnisse aus verschiedenen Kontexten und Quellen stammen, deuten sie allgemeinen auf den Trend hin, dass Benutzer*innen sich aktiv mit irreführenden oder beleidigenden Inhalten auseinandersetzen, was sich in sozialen Sanktionen äußern kann, die anderen signalisieren, dass solche Inhalte auf einer Plattform nicht willkommen sind.

Wenn Sanktionen und Gegennarrative mengenmäßig den Antisemitismus auf einer Plattform überwiegen, werden starke soziale Signale an andere Nutzer*innen darüber gesendet, was die Community für angemessen und unangemessen hält. Diese Sanktionen verhindern wahrscheinlich nicht die Verbreitung antisemitischer oder rassistischer Inhalte durch die lautstarke Minderheit der Nutzer*innen, die sie posten (Chaudhry, Gruzd 2020). Aber sie können den Eindruck erwecken, dass eine Benutzer*innengemeinschaft solche Inhalte als Verstoß gegen soziale Normen ansieht. Jüngste Umfrageergebnisse zeigen, dass die Wahrnehmung sozialer Normen insbesondere im Hinblick auf antisemitische Gefühle erhebliche Auswirkungen auf Vorurteile gegenüber Juden*Jüdinnen hat. Wenn Einzelpersonen wahrnehmen, dass *andere* in ihrer Gemeinschaft eine positive Einstellung gegenüber Jüdinnen*Juden haben, dann kehrt diese Wahrnehmung den bekannten Zusammenhang zwischen rechtem Autoritarismus und Vorurteilen außerhalb der Gruppe um (Górska et al. 2021).

In Fällen, in denen die Anzahl der Gegenrede zu antisemitischen Beiträgen die Anzahl der Beiträge selbst übersteigt, wird die Wirkung antisemitischer Inhalte auf die Benutzer*innengemeinschaft wahrscheinlich abgeschwächt – oder sogar umgekehrt, wenn sie ausreichend Gegennarrativen ausgesetzt ist. Experimentelle Designs eignen sich am besten, um diese Hypothese zu überprüfen, und zukünftige Forschungen sollten die Wirkung antisemitischer Beiträge auf die Einstellungen der Nutzer*innen gegenüber Jüdinnen*Juden mit und ohne Konfrontation mit Gegennarrativen messen. Wichtig ist jedoch, dass sich dieses Argument über die Wirksamkeit von Gegennarrativen in erster Linie auf die Wahrnehmungen des Nutzer*innenkollektivs bezieht. Gegennarrative tragen möglicherweise kaum dazu bei, die Auswirkungen eines gezielten antisemitischen Angriffs auf eine*n einzelne*n Benutzer*in abzuschwächen. Dennoch sind Gegennarrative und ihr Potenzial zur Gestaltung von Gruppennormen ein wichtiger Bestandteil der Social-Media-Forschung und hängen ebenso wie antisemitische Angriffe von der technischen Gestaltung eines Online-Raums ab.

Antisemitismus in sozialen Medien versus Online-Foren

Innerhalb eines bestimmten Online-Raums werden die Verbreitung antisemitischer Inhalte, sie aufzuspüren und die Möglichkeit zur Gegenrede durch die technologische Gestaltung dieses Raumes beeinflusst. Da das Design einer Plattform die digitale Kommunikation prägt (Bossetta 2018), wirken sich bestimmte Elemente des Plattformdesigns direkt auf die Art der produzierten antisemitischen Inhalte sowie darauf, wie und wo sie geteilt werden und mit wem, aus. In diesem letzten Abschnitt skizziere ich vier zentrale Merkmale des Plattformdesigns und wie sie sich auf die Produktion, Rezeption und Verbreitung antisemitischer Inhalte in sozialen Medien auswirken. Die Plattformen unterscheiden sich u.a. in der Art von Medien, die auf ihnen hochgeladen werden und in vielen Fällen aktiv beworben werden können. Beispielsweise ist YouTube in erster Linie für das Hochladen von Videos konzipiert, Instagram hauptsächlich für Bilder und Facebook ist flexibel bei der Unterstützung von Texten, Bildern und Videos. Wenn es um antisemitische Propaganda geht, sind Bilder das häufigste Medienformat (World Jewish Congress 2016: 169), und dafür gibt es zwei plausible Erklärungen: eine kulturelle und eine technische. Zum einen sind Bilder aus kultureller Sicht kraftvoll, nicht an eine bestimmte Sprache gebunden und können Symbole darstellen, die aufgeladen mit historischer Bedeutung sind. Zum zweiten sind Bilder technisch einfacher zu produzieren als Videos und beanspruchen auch weniger Speicherplatz auf einem Gerät. Das bedeutet, dass Bilder oft einfacher und kostengünstiger zu produzieren sind als Videos und schneller zwischen Benutzer*innen geteilt werden können, da sie weniger Bandbreite aus dem Internet oder Mobilfunknetz benötigen. Was Benutzer*innen, die antisemitische Inhalte verbreiten, schützen könnte, ist, dass Bilder für Sicherheitssysteme schwieriger zu erkennen sind als beleidigende Schlüsselwörter, die häufig zur Identifizierung von Antisemitismus in Forschungsanwendungen genutzt werden.

Wenn es wiederum um die Verbreitung von Inhalten in sozialen Medien geht, sind Sharing-Funktionen ein zentrales Element des Plattformdesigns, das die Sichtbarkeit von Inhalten auf einer Plattform beeinflusst. Das Teilen kann auf drei Arten erfolgen: durch privates Teilen zwischen Einzelpersonen oder Gruppen (z.B. auf WhatsApp oder Facebook Messenger), durch Teilen von Original-Inhalten in einem sozialen Netzwerk (z.B. durch das Posten eines Fotos auf Facebook oder Instagram) oder durch das Teilen von Inhalten einer anderen Person (z.B. das Retweeten eines Nachrichtenartikels auf Twitter oder das Teilen des Beitrags eines Freundes auf Facebook). Damit antisemitische Inhalte weithin gesehen werden, müssen sie typischerweise durch viele Accounts im öffentlichen Raum verstärkt werden. Den meisten sozialen Medien – mit Ausnahme von Facebook, Twitter und LinkedIn – fehlt eine Funktion, mit der Inhalte von einem anderen Account öffentlich geteilt werden können. Hier kommen die *Verbindungen zwischen den Nutzer*innen* ins Spiel, d.h. die Accounts, mit denen sich ein*e Nutzer*in in sozialen Medien verbindet, und die Regeln, nach denen diese Verbindungen hergestellt werden. Bei „sozialen" Medien geht es darum, Menschen und ihr soziales Online-Netzwerk zu verbinden. Dies wird von mehreren Faktoren beeinflusst. Einige Plattformen – wie Instagram, Snapchat, Facebook und WhatsApp – fördern die Verbindung zwischen engen Freund*innen. Bei anderen wie YouTube oder TikTok geht es eher darum, Nutzer*innen mit unterhaltsamen Videos zu verbinden, und sie dienen daher einem anderen Zweck als der Beziehungspflege mit Freund*innen aus dem echten Leben. Ein Schlüsselelement von Benutzer*innenverbindungen, das für Antisemitismus direkt relevant ist, ist die Frage, ob Accounts technisch gesehen anonym sein dürfen. Plattformen, die Verbindungen zwischen echten Freund*innen fördern, verlangen im Allgemeinen, dass Accounts mit einer Telefonnummer verifiziert werden, was dabei hilft, die Identität des*der Benutzer*in in Bezug auf einem Account zu authentifizieren. Andere, öffentlichere Plattformen ermöglichen es den Nutzer*innen, anonym zu bleiben und haben weniger strenge Regeln zur Identitätsprüfung. Untersuchungen zeigen, dass Diskussionen auf Plattformen, die Anonymität zulassen, tendenziell weniger höflich sind als auf Facebook, wo die Identität eines Menschen an einen Account gebunden ist (Halpern, Gibbs 2013). Darüber hinaus ist die Wahrscheinlichkeit höher, dass Plattformen, die Anonymität zulassen, antisemitische Inhalte haben, da die Verbreitung von Hassrede im Internet in einigen Ländern, wie beispielsweise in Deutschland, strafbar ist.

Während Anonymität einzelne Nutzer*innen möglicherweise vor der rechtlichen Verantwortung schützt, stehen Social-Media-Plattformen zunehmend unter Druck, ihre *Richtlinien zur Inhaltsmoderation* anzupassen. Dabei handelt es sich um Regeln und die Durchsetzung von Regeln durch Social-Media-Unternehmen für die Zulässigkeit von Inhalten auf ihren Plattformen. Alle sozialen Medien moderieren Inhalte (Gillespie 2018), aber die Durchsetzung dieser Richtlinien kann je nach Größe der Plattformen variieren. Größere, etabliertere soziale Medien wie Facebook und YouTube verfügen über mehr Ressourcen für das Entfernen von Inhalten, sodass es weniger wahrscheinlich ist, dass antisemitische Inhalte sehr lange auf diesen Plattformen sichtbar bleiben. Berichte der Europäischen Kommission zeigen, dass sowohl Facebook als auch YouTube etwa 80 Prozent der gemeldeten Hassrede-Inhalte in Europa entfernen, verglichen mit 40 Prozent bei Twitter (Reynards 2020). Während alle diese Plattformen explizite Richtlinien zur Inhaltsmoderation haben, die Hassrede verbieten, hängt ihre Fähigkeit, diese Richtlinien durchzusetzen, wahrscheinlich von der Menge an Ressourcen ab, die jede Plattform für deren Durchsetzung aufwendet.

Mir geht es darum, kurz zu veranschaulichen, wie vier Elemente des Plattformdesigns – unterstützte Medien, Sharing-Funktionen, Benutzerverbindungen und Inhaltsmoderationsrichtlinien – die Art, Sichtbarkeit und Reichweite aller Inhalte in sozialen Medien, einschließlich antisemitischer Inhalte, beeinflussen. Dieser Analyse zufolge verbreiten sich antisemitische Inhalte wahrscheinlich auf Plattformen, die Bilder unterstützen, über eine leicht zugängliche Funktion zum Teilen (z.B. Retweet) verfügen, Benutzer*innen Anonymität ermöglichen und über weniger restriktive oder durchsetzbare Richtlinien zur Inhaltsmoderation verfügen. Der Grund, warum Twitter als die Mainstream-Social-Media-Plattform mit den meisten antisemitischen Inhalten eingestuft wurde (World Jewish Congress 2016), ist vermutlich, dass es all diese Kriterien erfüllt.

Allerdings gibt es erhebliche Unterschiede im Design von *Social-Media-Plattformen* im traditionellen Sinn wie Instagram, Facebook oder Twitter und *Online-Foren* wie 4chan oder Reddit. Durch ihr Design bedingt, kann man auf Online-Foren normalerweise nur Bilder, Text und Hyperlinks posten; sie ermöglichen Anonymität und enthalten keine Freigabefunktionen innerhalb der Website. Darüber hinaus haben sie fast keine Inhaltsmoderationsrichtlinien, mit Ausnahme derjenigen, die menschliche Moderator*innen – oder „Mods“ – für eine bestimmte Subcommunity beschließen. Daher können diese Foren Inhalte zulassen, die Meinungen zum Ausdruck bringen, die von der Mehrheit der Gesellschaft als extrem, hasserfüllt und rassistisch angesehen werden. In Online-Foren treffen sich anonyme Personen, um Meinungen zu diesen Themen auszutauschen, Bilder zu erstellen und zu teilen, die antisemitische Tropen aufrechterhalten (Zannettou et al. 2020) und zu diskutieren, wie man empfängliche Personen für die eigene extremistische Weltanschauung gewinnen kann. Durch die Beteiligung an diesen Online-Communitys können Nutzer*innen mit anonymen Personen in Kontakt treten, die häufig die ausdrückliche Absicht haben, andere für ihre Sache zu manipulieren und zu radikalisieren.

Ein entscheidender Designunterschied zwischen den meisten Social-Media-Plattformen und Online-Foren besteht darin, wie Nutzer*innen auf Inhalte zugreifen. In sozialen Medien kuratieren und passen Algorithmen personalisierte Inhaltsempfehlungen für Benutzer*innen an, oft entsprechend dem, was sie in den eigenen *Benutzerverbindungen* durch *Sharing-Funktionen* weiterverteilt haben. Im Gegensatz dazu müssen Benutzer*innen von Online-Foren aktiv zu bestimmten, meist thematischen Subcommunitys navigieren (z.B. /pol von 4chan oder Subreddits auf Reddit). Daher entscheiden sich die Nutzer*innen größtenteils selbst für thematische Gruppen, die zu Treffpunkten für Gleichgesinnte werden können. Die Forschung von Rossini (2020) zeigt, dass intolerante Diskurse eher in Facebook-Threads auftreten, in denen Nutzer*innen ihre ideologische Zustimmung zum Ausdruck bringen, ein Ergebnis, das darauf hindeutet, dass Hassreden in sozial homophilen Netzwerken (d.h. Gemeinschaften Gleichgesinnter) häufiger vorkommen als in vielen anderen Netzwerken. Da Online-Foren in der Regel die algorithmische Kuratierung fehlt, die den Benutzer*innen unterschiedliche Meinungen präsentieren (Bakshy et al. 2015), können bestimmte Untergemeinschaften innerhalb dieser Foren – wie /pol – Umgebungen gleichgesinnter Benutzer*innen fördern, die Zugang zu nur wenig moderierten und algorithmisch ungefilterten Inhalten erhalten. Darüber hinaus macht der Mangel an Meinungsvielfalt in diesen Räumen Gegennarrative weniger wahrscheinlich. Daher wird die Förderung antisemitischer Ansichten weitgehend als prosoziale Norm belohnt und nicht als unangemessen negativ sanktioniert.

In einigen dieser Untergruppen werden Diskussionen geführt, die typischerweise mit der „Alt-Right"-Bewegung in Verbindung gebracht werden, etwa über die Vorherrschaft der Weißen, Islamfeindlichkeit und antisemitische Ansichten. Mitglieder, die an diesen Diskussionen teilnehmen, betrachten sich selbst als eine reaktionäre Gegenkultur gegen die politische Korrektheit, die ihrer Ansicht nach aus der politischen Linken, den Mainstream-Medien, sogenannten Globalisten und Feministinnen stammt. Sie wenden sich daher anonymen Online-Foren zu, um ihrer Frustration Luft zu machen, Neuigkeiten zu diskutieren und, was noch besorgniserregender ist, sich darüber abzustimmen, wie empfängliche Personen radikalisiert werden können, um ihre Weltanschauung zu teilen. Obwohl es nicht viele konkrete Beweise dafür gibt, wer in diesen Foren wahrscheinlich radikalisiert wird, besteht der allgemeine Eindruck, dass es sich um junge, weiße Männer handelt, denen es im wirklichen Leben an einem reichen sozialen Netzwerk mangelt, insbesondere im Hinblick auf Dating bzw. Frauen (Marwick, Lewis 2018). Am häufigsten versuchen Nutzer*innen dieser Foren, andere zu radikalisieren, indem sie „Memes" erstellen und teilen, Bilder, die humorvoll gestaltet und voller ideologischer und kultureller Symbole sind. Selbst mit modernen Deep-Learning-Techniken lässt sich die Erkennung von Antisemitismus in solchen Bildern aufgrund der Feinheiten von

Sarkasmus und Ironie, die oft in Memes enthalten sind, nur schwer automatisieren (Chandra et al. 2021).

Trotzdem konnte die Forschung feststellen, wie antisemitische Memes *von* Online-Foren *auf* Mainstream-Social-Media-Seiten gelangen. Zannettou et al. (2020) fanden Beweise dafür, dass die /pol-Subcommunity von 4chan sowie The_Donald von Reddit (eine Subcommunity, die sich um die Unterstützung von Präsident Trump dreht) bei der Förderung antisemitischer Memes auf Twitter wirkten. Der zweistufige Ablauf der Meme-Verbreitung stellt wahrscheinlich eine Rekrutierungsmaßnahme dar: Da die Benutzer*innen innerhalb eines Online-Forums wie /pol in der Regel in Verbindung mit Gleichgesinnten stehen, müssen Forumsmitglieder eine vielfältigere Nutzer*innenbasis in den Mainstream-Social-Media erreichen, um ihre Reichweite zu vergrößern. Technisch gesehen, können, da sowohl Mainstream-Social-Media- als auch Online-Foren Bilder unterstützen, Forumsmitglieder Memes entwickeln und innerhalb ihrer homogenen Netzwerke teilen, bevor sie versuchen, sie in den Mainstream-Social-Media-Kanälen weiterzuverbreiten.

Für eine Episode des Podcasts „Social Media and Politics" interviewte ich einen der ursprünglichen Moderatoren von „The_Donald" (Bossetta 2019), einem Subreddit, der mit der Verbreitung antisemitischer Memes in Verbindung gebracht wird (Zannettou et al. 2020). Obwohl sich unsere Diskussion auf die politischen Beweggründe des Subreddits (und nicht explizit auf Antisemitismus) konzentrierte, erwähnte der Moderator drei zentrale Eigenschaften eines erfolgreichen Memes, und erklärte, warum sie bei der Rekrutierung neuer Anhänger*innen ihrer Weltanschauung von Bedeutung sind und wie Memes als Teil eines umfassenderen Prozesses ideologischer Rekrutierung funktionieren. Seiner Meinung nach sind *Einfachheit*, *Humor* und *Sichtbarkeit* die drei Schlüsselkomponenten eines erfolgreichen Memes. Einfachheit – also ein einzelnes Bild statt eines Videos oder eines langen Textbeitrags – ist entscheidend, um die Aufmerksamkeit der Nutzer*innen in einer stark gesättigten Medienumgebung zu fesseln. Der Moderator erwähnte „Spaß" oder Humor als wichtiges Kriterium für ein erfolgreiches Meme, weil es den Gruppenzusammenhalt fördere: „Du willst die lustige Person sein, und du willst mit der lustigen Person zusammen sein." (Zannettou et al. 2020) Memes, die humorvoll sind, zielen darauf ab, gruppenpsychologische Mechanismen wie Nachahmung („die lustige Person sein") und pro-soziale Assoziation („mit der lustigen Person zusammen sein") zu nutzen.

Wichtig ist, dass der dritte Aspekt – die Bekanntheit – von entscheidender Bedeutung ist, um zu verstehen, dass Memes als erster Schritt eines umfassenderen ideologischen Rekrutierungsprozesses fungieren. Das heißt, Memes werden verwendet, um Nutzer*innen gegenüber bestimmten Ideen zu desensibilisieren, Interesse an ihnen zu wecken, und zielen letztendlich darauf ab, dass sie das Meme in ihren eigenen sozialen Netzwerken weiterverbreiten. Der wiederholte Kontakt mit

Memes trägt dazu bei, Nutzer*innen gegenüber kontroversen Ideen zu desensibilisieren und Interesse an der weiteren Auseinandersetzung mit ihnen zu wecken, wie der Moderator feststellte: „Wenn es ein Thema gibt, zu dem es jede Menge Memes gibt, stoßen Leute, die beiläufig im Internet surfen, immer wieder auf die gleiche Idee. Irgendwann könnten sie sich damit befassen." (Zannettou et al. 2020) Nachdem ein*e Nutzer*in das Thema eines Memes weiterverfolgt, indem er*sie Artikel oder Beiträge in Online-Foren darüber liest, besteht das Ziel der Meme-Ersteller*innen darin, dass konvertierte Nutzer*innen Memes über ihre Sharing-Funktionen auf Mainstream-Plattformen verbreiten.

Laut Moderator geht es um Folgendes:

> Ein Meme, das lustig ist, aber auch das gewisse Etwas hat, oder ein bisschen Wahrheit, wenn … jemand das auf Facebook oder Twitter teilt, werden die Leute danach fragen oder es kommentieren. Dann wird es für Gesprächsstoff sorgen. Leute fangen an, Artikel zu veröffentlichen. Und es festigt irgendwie ihr Verständnis davon und sie können es von dort aus weitergeben. (Zannettou et al. 2020)

Somit kann der Fluss antisemitischer Memes – von Online-Foren bis hin zu Mainstream-Medien –, den Zannettou et al. (2020) identifizieren, teilweise aus Perspektive des Plattformdesigns erklärt werden. Da Online-Foren über lockere *Inhaltsmoderationsrichtlinien* und homogene *Benutzerverbindungen* verfügen, kann der antisemitische Diskurs in diesen Räumen weitgehend unangefochten gedeihen. Obwohl sie technisch weniger ausgereift sind als Social-Media- Plattformen, unterstützen Online-Foren Bilder; allerdings fehlen ihnen die Sharing-Funktion, die für eine weite Verbreitung erforderlich ist. Um neue Mitglieder zu gewinnen und ihre ideologische Bewegung auszubauen, müssen Forumsnutzer*innen antisemitische Memes auf die Mainstream-Social-Media-Kanäle „pushen", mit dem letztlichen Ziel, Konvertit*innen in Multiplikator*innen zu verwandeln, die Memes mit ihren eigenen persönlichen Netzwerken teilen. Um besser zu untersuchen, wie sich Antisemitismus auf diese Weise im digitalen Ökosystem verbreitet, wäre die Entwicklung theoriegeleiteter Ansätze für zukünftige Forschungen von großem Interesse, die das Plattformdesign nutzen, um die empirische Fallauswahl anzuregen, anstatt zu versuchen, antisemitische Inhalte auf einer bestimmten Plattform zu quantifizieren.

Schlussfolgerungen

Ziel dieses Kapitels war es, den Antisemitismus in den sozialen Medien an drei Fronten zu kontextualisieren. Durch eine Untersuchung der vorhandenen quantitativen Forschung zu Antisemitismus und sozialen Medien habe ich zunächst argumentiert, dass das Ausmaß des Antisemitismus in sozialen Medien im Vergleich zum gesamten Plattform-Traffic äußerst gering ist.

Zweitens berücksichtigen bestehende quantitative Studien oft keine Gegennarrative zum Antisemitismus, die meiner Meinung nach ein wichtiger Bestandteil sind, um einen vollständigen Überblick darüber zu bieten, wie Antisemitismus von Social-Media-Nutzer*innen aufgenommen (und widerlegt) wird. Allerdings kursieren weiterhin antisemitische Inhalte im Internet, und mein drittes Argument war, dass das Plattformdesign theoretische Einblicke in die Frage ermöglicht, warum und wie Antisemitismus in Online-Bereichen auftaucht. Abschließend wird in diesem Kapitel argumentiert, dass die schiere Menge an Antisemitismus in den sozialen Medien weder primär einen Grund zur Besorgnis noch eine dringende Forschungsaufgabe darstellt. Nicht die schiere Menge, sondern vielmehr das Radikalisierungspotenzial antisemitischer Inhalte macht sie zu einem wichtigen Thema für demokratische Gesellschaften. Während die Einschränkung der Sichtbarkeit von Antisemitismus im Internet ein wichtiger Schritt ist, um die Online-Informationsumgebung der Nutzer*innen weniger toxisch zu gestalten, müssen noch viel mehr Anstrengungen unternommen werden, um zu verstehen, wer durch solche Inhalte anfällig für Radikalisierung ist und warum. Nur dann wird die Rolle des Online-Antisemitismus ins rechte Licht gerückt.

Literaturverzeichnis

Abutaleb, Yasmeen (2016): Instagram's user base grows to more than 500 Million. In: *Reuters*, 21.Juni. https://www.reuters.com/article/us-facebook-instagram-users-idUSKCN0Z71LN [Zugriff: 16.07.2023].

American Jewish Committee (2020): The State of Antisemitism in America 2020: AJC's Survey of American_Jews. https://www.ajc.org/AntisemitismReport2020/Survey-of-American-Jews [Zugriff: 16.07.2023].

Anti-Defamation League (2018): Quantifying hate: A Year of antisemitism on Twitter. https://www.adl.org/resources/report/quantifying-hate-year-anti-semitism-twitter [Zugriff: 06.07.2023].

Anti-Defamation League (2023): The ADL Global 100: An Index of Antisemitism. https://www.adl.org/adl-global-100-index-antisemitism [Zugriff: 08.03.2024]

Bakshy, Eytan/Messing, Solomon/Adamic, Lada A. (2015): Exposure to ideologically diverse news and opinion on Facebook. In: *Science,* 348(6239), 1130–1132.

Barna, Ildikó/Knap, Árpád (2019): Antisemitism in Contemporary Hungary: Exploring topics of antisemitism in the far-right media using natural language processing. In: *Theo Web*, 18(1), 75–92.

Bossetta, Michael (2019): Pro-Trump Social Networks: the Donald on Reddit and The-Donald.win. In: *Social Media and Politics.* https://socialmediaandpolitics.org/pro-trump-social-networks-the-donald-reddit-thedonald-win/ [Zugriff: 16.07.2023].

Bossetta, Michael (2018): The digital architectures of social media: Comparing political campaigning on Facebook, Twitter, Instagram and Snapchat in the 2016 US election. In: *Journalism & Mass Communication Quarterly*, 95(2), 471–496.

Chandra, Mohit/Pailla, Dheeraj/Bhatia, Himanshu/Sanchawala, Aadilmehdi/Gupta, Manish/Shrivastava, Manish/Kumaraguru, Ponnurangam (2021): „Subverting the Jewtocracy“: Online Antisemitism – detection using multimodal deep learning. In: *Proceedings of the 13th ACM Web Science Conference.* Virtual: ACM, 148–157.

Chaudhry, Irfan/Gruzd, Anatoliy (2020): Expressing and challenging racist discourse on Facebook: How social media weaken the „spiral of silence“ theory. In: *Policy & Internet,* 12(1), 88–108.

Dutceac Segesten, Anamaria/Bossetta, Michael/Holmberg, Nils/Niehorster, Diederick C. (2020): The cueing power of comments on Social Media: How Disagreement in Facebook Comment affects user engagement with news. In: *Information, Communication & Society.* DOI: 10.1080/1369118X.2020.1850836

European Union Agency for Fundamental Rights (2018): Experiences and perceptions of Antisemitism: Second survey on discrimination and hate crimes against Jews in the EU. https://www.jfm.se/wp-content/uploads/2018/12/fra-2018-experiences-and-perceptions-of-antisemitism-survey_en.pdf [Zugriff: 16.07.2023].

Facebook (2015): New tools for Managing Communication on Your Page. Facebook for Business. https://www.facebook.com/business/news/new-tools-for-managing-communication-on-your-page [Zugriff: 16.07.2023].

Gillespie, Tarleton (2018): Custodians of the Internet: Platforms, content moderation, and the hidden decisions that shape social media. New Haven: Yale University Press.

Górska, Paulina/Stefaniak, Anna/Lipowska, Katarzyna/Malinowska, Katarzyna/Skrodzka, Magdalena/Marchlewska, Marta (2021): Authoritarians go with the flow: Social norms moderate the link between right-wing authoritarianism and outgroup-directed attitudes. In: *Political Psychology.* https://research-repository.st-andrews.ac.uk/bitstream/handle/10023/27503/Authoritarians_Go_with_the_Flow_Author_s_accepted.pdf?sequence=1&isAllowed=y [Zugriff: 16.07.2023].

Guo, Lei/Johnson, Brett G. (2020): Third-person effect and hate speech censorship on Facebook. In: *Social Media + Society,* 6(2). DOI: 10.1177/2056305120923003

Halpern, Daniel/Gibbs, Jennifer (2013): Social media as a catalyst for online deliberation? Exploring the affordances of Facebook and YouTube for political expression. In: *Computers in Human Behavior*, 29(3), 1159–1168.

Jikeli, Gunther/Cavar, Damir/Miehling, Daniel (2019): Annotating antisemitic online content. Towards an applicable definition of antisemitism. https://arxiv.org/abs/1910.01214 [Zugriff: 16.07.2023].

Kalmar, Ivan/Stevens, Christopher/Worby, Nicholas (2018): Twitter, gab, and racism: The case of the Soros Myth. In: *Proceedings of the 9th International Conference on Social Media and Society.* Copenhagen: ACM, 330–334.

Marwick, Alice/Lewis, Rebecca (2018): Media manipulation and disinformation online. https://datasociety.net/library/media-manipulation-and-disinfo-online/ [Zugriff: 22.11.2023].

Matamoros-Fernández, Ariadna (2017): Platformed racism: The mediation and circulation of an Australian race-basedcontroversy on Twitter, Facebook and YouTube. In: *Information, Communication & Society,* 20(6), 1468–4462.

Norwegian Ministry of Local Government and Modernization (2016): Action plan against Antisemitism 2016–2020. https://www.regjeringen.no/contentassets/dd258c081e6048e2ad0cac9617abf778/action-plan-against-antisemitism.pdf [Zugriff: 16.07.2023].

Newman, David (2020): Sociology: Exploring the architecture of everyday life. London: Sage.

Ozalp, Sefa/Williams, Matthew L./Burnap, Pete/Liu, Han/Mostafa, Mohammed (2020): Antisemitism on Twitter: Collective efficacy and the role of community organizations in challenging online hate speech. In: *Social Media + Society,* 6(2). DOI: 10.1177/2056305120916850

Papasavva, Antonis/Zannettou, Savvas/De Cristofaro, Emiliano/Stringhini, Gianluca/Blackburn, Jeremy (2020): Raiders of the lost Kek: 3.5 years of augmented 4Chan posts from the politically incorrect Board. In: *Proceedings of the international AAAI Conference on web and social media.* Atlanta, GA: AAAI Press, 885–894.

Rashidi, Yasmeen/ Kapadia, Apu/Nippert-Eng, Christena/Su We, Norman Makoto (2020): „It's easier than causing confrontation": Sanctioning strategies to maintain social norms and privacy on social media. In: *Proceedings of the ACM on human-computer interaction.* Minneanapolis, Virtual: ACM, 1–25.

Reynards, Didier (2020): Countering illegal hate speech online: 5th evaluation of the code of conduct. https://commission.europa.eu/system/files/2020-06/codeofconduct_2020_factsheet_12.pdf [Zugriff: 26.07.2023].

Ridenhour, Michael/Bagavathi, Arunkumar/Raisi, Elaheh/Krishnan, Siddarth (2020): Detecting online hate speech: Approaches using weak supervision and network embedding models. In: *International Conference on social computing, behavioral-cultural modeling and prediction and behavior representation in modeling and simulation.* Virtual: Springer, 202–212.

Rossini, Patricia (2020): Beyond Incivility: Understanding patterns of uncivil and intolerant discourse in online political talk. In: *Communication Research.* DOI: 10.1177/0093650220921314

Siegel, Alexandra A./Nikitin, Evegeniy/Barberá, Pablo/Sterling, Joanna/Pullen, Bethany/Bonneau, Richard/Nagler, Jonathan/Tucker, Joshua A. (2021): Trumping hate on Twitter? Online hate speech in the 2016 US election campaign and its aftermath. In: *Quarterly Journal of Political Science,* 16(1), 71–104.

Stricker, G. (2014): The 2014 #YearOnTwitter. Twitter Blog. https://blog.twitter.com/official/en_us/a/2014/the-2014-yearontwitter.html [Zugriff: 16.07.2023].

Tromble, Rebekah (2019): In Search of meaning: Why we still don't know what digital data represent. In: *Journal of Digital Social Research,* 1(1), 17–24.

US Senate (2018): Questions for the record, senate select committee on intelligence, hearing social media influence in the 2016 US election. https://www.govinfo.gov/content/pkg/CHRG-115shrg27398/pdf/CHRG-115shrg27398.pdf [Zugriff: 26.07.2023].

Vraga, Emily K./Bode, Leticia (2018): I do not believe you: How providing a source corrects health misperceptions across social media platforms. In: *Information, communications & Society* 21(10), 1337–1353.

Weimann, Gabriel/Masri, Natalie (2020): Research note: Spreading hate on TikTok. In: *Studies on Conflict and Terrorism.* DOI: 10.1080/1057610X.2020.1780027

Woolley, Samuel/Joseff, Katie (2019): Jewish Americans: Computational propaganda in the United States. https://www.adl.org/resources/report/computational-propaganda-jewish-americans-and-2018-midterms-amplification-anti [Zugriff: 26.07.2023].

World Jewish Congress (2016): The Rise of Antisemitism on Social Media: Summary of 2016. https://www.worldjewishcongress.org/en/news/watch--the-rise-of-anti-semitism-on-social-media-summary-of-2016-6-1-2017 [Zugriff: 08.03.2024].

Zannettou, Savvas/Finkelstein, Joel/Bradlyn, Barry/Blackburn, Jeremy (2020): A quantitative approach to understanding online antisemitism. In: *Proceedings of the international AAAI conference on web and social media.* Atlanta: AAAI Press, 786–797.

Zelenkauskaite, Asta/Toivanen, Pihla/Huhtamäki, Jukka/Valaskivi, Katja (2021): Shades of Hatred Online: 4chan-duplicate circulation surge during hybrid media events. In: *First Monday,* 26(1). https://firstmonday.org/ojs/index.php/fm/article/view/11075/10029 [Zugriff: 16.07.2023].

Ziegele, Marc/Breiner, Timo/Quiring, Oliver (2014): What creates interactivity in online news discussions? An exploratory analysis of discussion factors in user comments on news items. In: *Journal of Communication,* 64(6), 1111–1138.